DISPUTA DE BENS

ALEXANDRE WERNECK
VITTORIO TALONE (ORG.)

Disputa de bens

estudos de sociologia da moral dos conflitos

mórula
EDITORIAL

FAPERJ

REVISÃO
Marilia Pereira

CIP-BRASIL. CATALOGAÇÃO NA PUBLICAÇÃO
SINDICATO NACIONAL DOS EDITORES DE LIVROS, RJ
Elaborado por Meri Gleice Rodrigues — CRB 7/6439

D639

Disputa de bens: estudos de sociologia da moral dos conflitos / organização Alexandre Werneck, Vittorio Talone. — 1. ed. — Rio de Janeiro: Mórula: FAPERJ, 2024.
540 p. ; 21 cm.

Inclui bibliografia.
ISBN 978-65-6128-065-5

1. Ciências sociais — Filosofia. 2. Conflito social. 3. Ética social. I. Werneck, Alexandre. II. Talone, Vittorio. III. Fundação Carlos Chagas Filho de Amparo à Pesquisa do Estado do Rio de Janeiro.

24-95105 CDD: 303.6
CDU: 316.48

Rua Teotônio Regadas 26 sala 103
20021_360 _ Lapa _ Rio de Janeiro _ RJ
www.morula.com.br _ contato@morula.com.br
morulaeditorial morula_editorial

Sumário

O bem em disputa

VITTORIO TALONE
ALEXANDRE WERNECK

O Núcleo de Estudos da Cidadania, Conflito e Violência Urbana (Necvu), criado em 1999 na Universidade Federal do Rio de Janeiro (UFRJ), tem desde a sua criação um interesse chave, demonstrado já em seu nome: o conflito social. Tema central da sociologia desde os clássicos — ver Misse e Werneck (2011) —, esteve sob a lupa em diferentes pesquisas a respeito de crime, "violência", incriminação, segurança pública, drogas, periferias urbanas, entre outras frentes consolidadas no Necvu. Desde o meio dos anos 2000, mas mais especialmente a partir de 2014, passou a dialogar ainda com a frente do núcleo dedicada à moral e às moralidades — notadamente a partir do ingresso dessa frente como área formal do Programa de Pós-Graduação em Sociologia (PPGSA) da UFRJ, da qual o Necvu é um braço, representante de uma linha de pesquisa atualmente intitulada "Violência, Territorialidades e Moralidades". Este livro, então, marca uma década de trabalho de jovens pesquisadores de mestrado e de doutorado nessa área no núcleo e que colabora para consolidar uma temática em franca expansão no Brasil e no mundo — cf. Abend (2010); Werneck e Ferreira (2023); Werneck (2023a, 2023b). Isso se deveu especialmente ao grupo reunido em torno de um de nós (Werneck, 2012a), que construiu e desenvolveu um núcleo de pesquisa voltado para a compreensão da violência, das disputas e do crime como objetos centralmente atravessados por moralidades em conflito; ou em disputa, como veremos. Esta não deixa, então, de ser uma feliz comemoração de dez anos de percurso de Werneck como orientador dos demais autores aqui reunidos.

Essa relação entre conflito/disputa e moral tem sido a tônica desse grupo e, como dissemos, se inscreve no DNA do Necvu. Prova disso é o livro "Conflitos de (grande) interesse: estudos sobre crimes, violências e outras disputas conflituosas" (Garamond, 2012), organizado por Michel Misse (fundador e fundamento do Necvu) e Werneck, no qual os atores afirmam que "conflitos são disputa de significados morais". Outra é "Dilemas: Revista de Estudos de Conflito e Controle Social", fundada por Misse e por Werneck em 2008, uma publicação fulcral na área, frequentada pelos autores pioneiros da "sociologia da violência" no Brasil (Lima; Ratton, 2011) e que consolida um fomento contínuo da conexão dessas frentes de pesquisa, ao propor "o debate de ideias nos temas da área de estudos dos conflitos e do controle social em ciências sociais, como: comportamentos desviantes, violências, crime, moralidade, conflitos envolvendo movimentos sociais e ação coletiva, conflitos urbanos, justiça criminal, segurança pública, instituições públicas e privadas de controle social"[1].

Pois bem, um trabalho com que pesquisadores do Necvu estiveram especificamente comprometidos na última década foi o de estabelecer e demonstrar um diálogo fundamental entre a sociologia da violência (e do crime) e a sociologia da moral. Os instrumentos de uma sociologia da moral auxiliam na compreensão de como se constrói socialmente a ideia de violência (e situações da vida social com base nela) e uma sociologia da violência tem historicamente levado em conta as diferentes pautas morais que atravessam os múltiplos contextos em análise. Abordagens sociológicas tão diversas quanto as substantivistas, construtivistas, praxiológicas e pragmatistas há muito debatem como os atores sociais lidam com notáveis diferenças de força (Werneck; Teixeira; Talone, 2020), negativizando-as

---

1. Texto retirado de seu *website*: https://revistas.ufrj.br/index.php/dilemas/index. Acesso em: 09 jul. 2024.

moralmente ou mesmo as positivando como "violência" (como coerção, por exemplo), por vezes as capturando em outras redes de significados e de agenciamentos que são por sua vez rebatidos em comportamentos práticos no mundo, demandando forte cautela semiótica por parte dos pesquisadores.

Pois o conflito está sempre ali presente. Como uma forma de interação, ele é um atributo de todas as sociedades humanas (Simmel, 1964). Ele revela, aos olhares argutos, diferenças e embates entre "visões de mundo", os dispositivos que sustentam ou arrefecem uma crítica, os procedimentos comuns das cobranças de responsabilidade: traços constitutivos do *agir no mundo*, seja como uma ação criativa (Joas, 1996; Werneck, 2014), como contestação (Boltanski, 1990), como "violência" (Werneck; Teixeira; Talone, 2020), como transformação de si e dos contextos (Corrêa, 2021; Talone, 2023), entre diversas outras possibilidades. Nesse quadro, temos o ajuste de lógicas múltiplas de operar no mundo (Boltanski, Thévenot, 2020[1991]), o fechamento para o diálogo, o moralismo (Werneck, 2022), a projeção de formas futuras e possíveis de existência (Chateauraynaud, 2011). E, nessa linha, começamos a entrar no caminho de que este livro está mais bem investido.

Werneck (2012b) já havia se perguntado: o que estamos estudando quando estudamos conflitos? A abordagem pragmática e compreensiva oferece um arcabouço metodológico e um ferramental teórico — o que está amplamente demonstrado nos textos que compõem esta obra — privilegiados para dar conta de diferentes âmbitos da conflituosidade, lançando luz em áreas normalmente ofuscadas daquilo que compõe os conflitos de interesse (Misse; Werneck, 2012).

Cabe destacar que, nas últimas décadas, consolidou-se no Brasil e no mundo uma agenda de debates, discussões e pesquisas sobre como diferentes dimensões da vida social podem ser lidas sob a ótica da moralidade ou de questões de ordem moral, no sentido amplo do termo, e de maneira dissociada de perspectivas moralistas e normativas, orientadas por parâmetros predefinidos sobre o bem, o justo, as virtudes, a escolha moral, os julgamentos etc. (Hitlin; Vaisey, 2010; Werneck, 2012a; Cardoso de Oliveira e Werneck, 2014; Weiss, 2015; Werneck e Ferreira, 2023; Hitlin, Dromi; Luft, 2023)[2]. Hoje, essas discussões se tornaram ainda mais potentes diante do contexto da recente pandemia de Covid-19, do avanço da extrema-direita e de ataques diversos às democracias ao redor do mundo — questões também exploradas por pesquisadores do Necvu (Werneck; Araujo, 2023). A moral, as moralidades e a prática ética são elementos privilegiados para avançarmos na compreensão desses fenômenos, seja sob a ótica das capacidades críticas dos atores sociais, das disputas em torno de princípios de justiça, dos estados humanos e não humanos, dos problemas públicos ou das lutas por reconhecimento, das virtudes e práticas de si, dos julgamentos e escolhas morais. A vida cotidiana, entremeada por conflitos que se atualizam, se efetivam e se renovam, é ela própria moral. São as justificativas ou os esforços de fundamentação dos atores (em seu âmbito íntimo ou em sua concatenação como coletivos), quando

---

2. O livro de 2014 é uma primeira prova da consistência desse programa no Necvu. O grupo Sociologia e Antropologia da Moral é presença regular no principal evento de ciências sociais do país, o Encontro Anual da Associação Nacional de Pós-Graduação e Pesquisa em Ciências Sociais (Anpocs). O livro "Pensando bem: Estudos de sociologia e antropologia da moral", organizado por Alexandre Werneck, coordenador do grupo desde sua primeira edição até o ano de 2015, e Luís Roberto Cardoso de Oliveira, também coordenador em seus três primeiros anos, tomou forma a partir dos textos mais importantes apresentados no grupo e foi contemplado com financiamento da Fundação Carlos Chagas Filho de Amparo à Pesquisa do Estado do Rio de Janeiro (Faperj), com lançamento no Encontro da Anpocs de 2014. O grupo ainda hoje toma forma por iniciativa de diferentes colegas. Outro importante movimento foi o I Seminário Internacional Questões de Moral, Moral em Questão: Sociologia e Antropologia do Bem em Tempos Desafiadores, que teve lugar em 2021 na UFRJ reunindo pesquisadores de vários países para discutir a temática (e contou com uma mesa exclusivamente sobre conflito e violências), organizado por Werneck e por Letícia Ferreira. O seminário resultou no livro "Questões de Moral, Moral em Questão: Estudos de Antropologia e Sociologia das Moralidades" (Mórula, 2023), organizado também por eles.

acionam suas normas e seus valores, que orientam as ações humanas e cujos efeitos podemos observar no mundo.

Assim, embora de um ponto de vista teórico o caráter fundacional do tema da moral e dos valores na sociologia possam ser remetido ao século XIX (Hitlin; Vaisey, 2010; Abend, 2010), o interesse teórico das ciências sociais sobre o tema cresce a partir dos anos 1990 como mostram o surgimento de uma nova sociologia da moralidade no mundo anglo-saxônico, a sociologia da crítica e a abordagem antiutilitarista na França, as discussões sobre reconhecimento promovidas pelas novas gerações da Teoria Crítica; a antropologia das questões humanitárias e da virada ética, englobando as antropologias da ética da virtude e das práticas de si, da ética ordinária e do *moral reasoning* e experiência moral; além da nova historiografia dos direitos humanos e do retorno ao tema clássico dos problemas públicos e das arenas públicas.

Específico ao tratamento das moralidades que marca este livro, em geral temos uma descrição da moral como gramática, i.e., como um quadro de referências gerativo para as competências dos atores. A partir da obra de Luc Boltanski e de Laurent Thévenot, temos uma leitura da moral buscando uma sofisticação capaz de permitir enxergar a normatividade "como um artefato de generalização da forma consagrada, hegemônica, de administração, gestão, de outro elemento que, dentro de um modelo mais complexo, pode surgir como variável relevante: o bem" (Werneck, 2012a, p. 281). Deve-se ter em mente uma abordagem da moral como um aparato segundo o qual o bem é concebido — outro ponto que atravessa os trabalhos aqui destacados. Lidamos com diferentes formas de sua economia: como o bem é direcionado quando falamos de coisas tão distintas quanto, como veremos, o aborto, o gosto por café especial, a acumulação capitalista, a arte, as ações de organização, a inteligência artificial, o linchamento, a vida prisional, o Sistema Único de Saúde, as utopias de futuro de vários grupos, políticas públicas, a violência urbana ou os contatos com a morte. O modelo geral presente nos textos pensa o bem como o princípio substantivo, o imperativo das ações, e o conflito em torno de seu direcionamento como questão definidora das sociedades modernas, modelando então a teoria da ação aqui presente. A compreensão das ações sociais em análise torna-se:

> A modelização das maneiras como os atores — seja consciente seja inconscientemente, seja orientados estruturalmente, seja orientados pelo interesse ou pelo livre-arbítrio racionalmente e/ou conscientemente percebido — direcionam seu investimento actancial, ou seja, como direcionam suas ações... na direção do bem (Werneck, 2012a., p. 282).

Uma sociologia da moral deve, é claro, ser diferenciada de uma sociologia moral. Não assentamos nossas pesquisas em pressupostos a respeito de *um bem* (seja para uma dada coletividade, para um grupo social específico ou para a sociedade como todo) e da pergunta e orientações sobre como alcançá-lo. No final das contas, nesses casos, está-se dando conta de uma normatividade, de elucubrar a respeito de como o mundo deveria ser. Em vez disso, nos presentes textos encontramos um tratamento em que a moral (ou melhor, as moralidades) são o objeto: diferentes gramáticas morais — repertórios de sentido que modelam as ações, quadros de referência abstratos de administração do bem — são diferentemente construídas e operadas. O "como?" desse processo orienta os textos.

Voltando ao conflito, não se trata de o pensar como "capítulo de outra sociologia", a sociologia da moral, mas de o compreendermos como um dos polos do eixo central dessa sociologia (Werneck, 2012b): "a sociologia da moral é uma sociologia do conflito e do controle social, ambos em sentido amplo" (Ibid.). Para uma sociologia da moral de inspiração pragmática e pragmatista, a vida moderna foi assim compreendida como um período em que as relações sociais são marcadas por regramentos de disputa, por uma disposição para o acordo não presente anteriormente. As diferenças de grandeza entre os entes são notadas/percebidas como tal e podem ser questionadas, com isso, cobranças de prestação de contas, de *accountability*, e justificações precisam ser desenvolvidas e fornecidas, evitando uma lógica de ação da "violência", em que uma dada ordem seria rompida (Boltanski, 1990). Com isso, torna-se necessário dar conta dos elementos, dos dispositivos e das visões de mundo por eles composta, que os atores sociais mobilizam para sustentar suas posições, suas grandezas, suas críticas, suas ações. Analisada por esse ângulo, a conflituosidade toma novas cores.

Para finalizarmos esta breve síntese, pois cremos que o material rico deste livro está nos capítulos que se seguem, cabe salientar o conceito de "efetivação" (Werneck, 2012a, 2024). O empreendimento em um movimento de consolidação de uma sociologia da moral de inclinação pragmatista/pragmática e compreensiva encontra um ponto de apoio (e apoia) uma sociologia da ação e uma sociologia da agência. Sua questão central é a maneira como se dá a efetivação, definida como o fenômeno segundo o qual se torna real no mundo uma situação:

> É, então, de um situacionismo metodológico que estamos falando. Na situação, uma circunscrição no espaço e no tempo na qual se pode reconhecer que algo definido está acontecendo ali, se fundem o decurso de uma ação (ou agregados de ações, definindo um agregado complexo) em movimento de ocorrência, os envolvidos tanto em sua operacionalização quanto em sua avaliação/interpelação de sentido (essas duas categorias de gente que chamamos de atores sociais) e elementos do mundo ali capturados e relacionados a esses processos e em relação com essas pessoas (Id., Ibid.).

Nesse sentido, as situações seriam uma forma privilegiada de entender o social, é onde ele toma forma e é de situações típicas em análise que tratam os textos aqui reunidos. Portanto, o leitor encontrará neste livro debates em torno de questões morais, da moral e das moralidades. Princípios, normas e valores morais são constitutivos da vida social e dos conflitos que a definem, estão implicados na ação, nas relações e nas mudanças sociais. Buscamos reunir trabalhos representativos da pluralidade de objetos e da multiplicidade de debates que olhares sociológicos e/ou antropológicos sobre a moral despertam. Trata-se de um exercício pujante em vista da configuração atual do debate político, da sua penetração em diversos âmbitos da vida social, das potencialidades e críticas que a ciência tem enfrentado, bem como das respostas possíveis das ciências humanas frente a problemas contemporâneos. Uma ênfase nessa forma permitiu tecer uma galeria ampla dos fenômenos morais, com ênfase na mecânica, na gramática da moralidade. Pensar a pluralidade de gramáticas da produção de consequências das/nas definições de situação, abre as análises para as várias orientações do bem simultaneamente cabíveis para os diferentes atores em suas visões de mundo e avaliações. A moral/as moralidades são aquilo que geram consequências no mundo, no sentido de produzirem efeitos, tais quais os que seguem no material desta obra.

REFERÊNCIAS

ABEND, Gabriel. What's New and What's Old about the New Sociology of Morality. HITLIN, Steven; LUFT, Aliza; DROMI, Shai. *Handbook of the Sociology of Morality*. Cham (Suíça): Springer, 2010, pp. 561-582.

BOLTANSKI, Luc. *L'Amour et la justice comme compétences:* Trois essais de sociologie de l'action. Paris: Métaillié, 1990.

BOLTANSKI, Luc; THÉVENOT, Laurent. *A justificação:* Sobre as economias da grandeza. Rio de Janeiro: Editora UFRJ. 2020[1991].

CORRÊA, Diogo. *Anjos de fuzil:* uma etnografia das relações entre pentecostalismo e vida do crime na favela Cidade de Deus. Rio de Janeiro: EdUERJ, 2021.

CHATEAURAYNAUD, Francis. *Argumenter dans un champ de forces:* Essai de balistique sociologique. Paris: Pétra, 2011.

HITLIN, Steven; VAISEY, Stephen. (org.). *Handbook of the sociology of morality*. New York: Springer. 2010.

HITLIN, Steven; LUFT, Aliza; DROMI, Shai. (org.). *Handbook of the Sociology of Morality*, vol. 2. Londres/Nova York: Springer.

JOAS, Hans. *The Creativity of Action*. Chicago: University of Chicago Press, 1996.

LIMA, Renato S; RATTON, José L. (org.). *As ciências sociais e os pioneiros nos estudos sobre crime, violência e direitos humanos no Brasil*. São Paulo: Anpocs/Urbânia, 2011.

MISSE, Michel; WERNECK, Alexandre. (org.). *Conflitos de (grande) interesse:* Estudos sobre crimes, violências e outras disputas conflituosas. 1. ed. Rio de Janeiro: Garamond, 2012.

SIMMEL, Georg. *Conflict*. Nova York: The Free Press. 1964.

TALONE, Vittorio. *A força da memória:* Lembranças de situações de ferimento, tensão e morte. Rio de Janeiro: Mórula Editorial. 2023.

WEISS, Raquel. *Apresentação do dossiê:* Sociologia e Moral. Sociologias, v. 17, n. 39, 2015, pp. 16-24.

WERNECK, Alexandre. *A desculpa:* As circunstâncias e a moral das relações sociais. 1. ed. Rio de Janeiro: Civilização Brasileira,. v. 1. 2012a, p. 378.

WERNECK, Alexandre. 'A contribuição de uma abordagem pragmatista da moral para a sociologia do conflito'. In: MISSE, Michel; WERNECK, Alexandre. (org.). *Conflitos de (grande) interesse:* Estudos sobre crimes, violências e outras disputas conflituosas. 1ed.Rio de Janeiro: Garamond, 2012b, p. 337-354.

WERNECK, Alexandre. Sociologia da moral, agência e criatividade. In: WERNECK, Alexandre; OLIVEIRA, Luis Roberto Cardoso de. (org.). *Pensando bem:* Estudos de Sociologia e Antropologia da Moral. 1ed.Rio de Janeiro: Casa da Palavra, 2014, p. 114-138.

WERNECK, Alexandre. Covid para bater boca: O moralismo ostentatório na "disputa de marra" entre presidente e governadores sobre o enfrentamento da pandemia. In: GODOI, Rafael; MOTTA, Eugênia; MALLART, Fábio. (org.). *Tempos sombrios:* Reflexões sobre a pandemia. 1ed. São Paulo: Funilaria, 2022, p. 127-180.

WERNECK, Alexandre. Uma sociologia pragmática da moral da política: crítica, "bem de todos"/"bem comum" e "comparecimento". In: WERNECK, Alexandre; FERREIRA, Letícia. (org.). *Questões de moral, moral em questão:* Estudos de sociologia e antropologia das moralidades. 1ed.Rio de Janeiro: Mórula, 2023a, p. 197-221.

WERNECK, Alexandre. "Is There Such a Thing as Moral Phenomenon, or Should We Be Looking at the Moral Dimension of Phenomena?" *In*: HITLIN, Steven; LUFT, Aliza; DROMI, Shai (Orgs.). *Handbook of the Sociology of Morality*, vol. 2. Cham (Suíça): Springer, 2023b, pp. 25-41.

WERNECK, Alexandre. Apontamentos para uma sociologia da efetivação (isto é, uma sociologia pragmática). In: NEVES, Fabrício; CORRÊA, Diogo; PETERS, Gabriel. (org.). *Existe teoria social no Brasil?* Conceitos e debates contemporâneos. Rio de Janeiro: Telha, 2024, p. 299-313.

WERNECK, Alexandre; CARDOSO DE OLIVEIRA, Luis Roberto. (org.). *Pensando bem:* Estudos de Sociologia e Antropologia da Moral. 1. ed. Rio de Janeiro: Casa da Palavra, 2014.

WERNECK, Alexandre; TEIXEIRA, Cesar; TALONE, Vittorio. *An Outline of a Pragmatic Sociology of 'Violence'*. Sociologias, v. 22, 2020, p. 286-326.

WERNECK, Alexandre; ARAUJO, Marcella. (org.). *Reflexões na pandemia:* Questões sociais, isoladas pela Covid-19. 1. ed. Rio de Janeiro: Lamparina, 2023.

WERNECK, Alexandre; FERREIRA, Letícia Carvalho. (org.). *Questões de moral, moral em questão:* Estudos de sociologia e antropologia das moralidades. 1. ed. Rio de Janeiro: Mórula, 2023.

Crimes, acusações e identidades

O fim da caminhada de uma guerreira

os diversos motivos para familiares de presos encerrarem uma trajetória

ANA PADILHA LUCIANO DE OLIVEIRA

> 17 de abril de 2020
> Sei que é difícil, sei que a caminhada é longa, mas tô tranquila, porque não é perpétua, assim como os cadeados se fecham, eles também se abrem, Deus não demora ele capricha, apenas confiar! 😍♡🔐🔒🙏
> #SoltaOMeuAmorSeuJuiz 😓🙌🔨📝🔒[1]

> 21 de agosto de 2020
> Quando meu marido foi preso várias pessoas até mesmo da família dele me disse que eu não iria aguentar que eu não iria visitar ele e blá blá". Agora me diz ai quem está la firme forte enfrentando fila seja na chuva ou no sol? Sim, eu mesma!! A única que está do lado dele. Agora me diz se essas pessoas que me falaram tudo isso e muito mais me ajudaram? Hahaha Nem se quer num sabonete parceiro. Julgar e moleza quero ver aguentar o mundo nas costa, como eu estou aguentando. SÓ SAIO DESSA CAMINHADA COM O SEU ALVARÁ NA MÃO. 🔐💑

---

1. Todos os signos utilizados nas postagens foram mantidos, inclusive emojis, partes integrantes do conteúdo e comumente utilizados em redes sociais. Também não houve correção ortográfica ou gramatical do conteúdo retirado da internet, nem qualquer tipo de destaque para eventuais erros, por entender necessário manter sua originalidade.

As postagens acima, extraídas do *Facebook*, são de autoria de mulheres de preso[2] e integram o acervo obtido em grupos e páginas dessa rede social dedicadas a familiares de homens privados de liberdade, em que ingressei para observação e pesquisa no início de 2020, para minha pesquisa de mestrado (Padilha, 2022). O grupo "Sonho da Liberdade🔒🔐🔒💥 Guerreiras de Fé", espaço virtual em que foram postadas, com 12,1 mil membros, é dedicado a familiares de presos do gênero feminino: companheiras, esposas, namoradas e mães, em sua grande maioria. Nesses espaços de interação, mulheres podem, com relativa liberdade, trocar experiências, dicas e informações sobre o sistema prisional, oferecer e contratar serviços especializados para esse público, organizar-se coletivamente para fins específicos ou simplesmente desabafar.

Dentre os tipos de postagens comuns nesses grupos, chamaram-me atenção aquelas motivadas pelo que essas mulheres denominavam de fim da caminhada e têm em comum a consciência do término de uma fase de suas próprias vidas. Nelas são feitos relatos, seguidos de prestações de contas sobre as motivações que as levaram a entenderem suas caminhadas como finalizadas, submetidos à apreciação e julgamento de outras mulheres do grupo.

---

2. Utilizei em minha pesquisa (Padilha, 2022) e utilizo aqui a categoria escolhida pelos próprios atores. As familiares estudadas se denominam "mulher de preso" ou "mãe de preso", salientando por meio dos termos a importância de suas relações com o ente querido que cumpre pena de prisão e, como essas relações contam com uma característica adjetiva em relação a identidade. Assumindo essa denominação, reafirmam orgulho de sua condição e negam constrangimento por terem relações com criminosos. Também não se sentem ofendidas por "serem de alguém" (interpretando o pronome possessivo como posse e não relação).

As familiares de presos como sujeitos autônomos de pesquisa

Estudar familiares de presos exige dois esforços: partir da grandiosidade da prisão como objeto de estudo para mudar de mirada, para alcançar seu entorno, dando protagonismo aos familiares de presos, como sujeitos autônomos da análise sociológica. Foi a partir do olhar de Foucault (2010, p. 147) que a ideia de porosidade e de permeabilidade dos muros das prisões foi lançada por sociólogos (Godoi, 2015; Lago, 2019; Mallart, 2014; Padovani, 2015) que possibilitou os novos estudos sobre prisão, a partir do protagonismo dos familiares de presos, específicos em relação aos clássicos sobre sistema prisional.

Assim, a partir da superação do clássico paradigma de prisão como mundo à parte, surge a ênfase nos fluxos entre o interior e o exterior da prisão, gestada por Rafael Godoi (2015), essencial para análise das interações de presos e seus familiares. Os muros, portanto, ao tempo que cindem espaços, permitem realidades mutuamente relacionadas. E nesse universo, constrói-se a identidade da familiar, afetada pela separação, mas também por proximidade e aderência à causa de um indivíduo rotulado como bandido pela sociedade (Misse, 2010).

Partindo, portanto, do protagonismo das familiares de presos como sujeitos de pesquisa autônomos, estudei suas interações em grupos de *Facebook*, compreendidos como espaços virtuais tendentes à concórdia e à interação confortável de suas integrantes, permitindo um ambiente de diálogo e proteção de discursos de ódio, verdadeiros mundos de coordenação, sob a gerência de administradoras com a responsabilidade de evitar hostilidades e violências contra suas integrantes (Padilha, 2022, 2023). Nesses grupos, as familiares de presos falam de vários temas referentes a seu universo, entre eles o sofrimento vivenciado por seus entes queridos nas prisões, reforçando a humanidade desses. Por meio de seus discursos, agem como porta-vozes, provedoras e intercessoras (Biondi, 2009; Comfort, 2008; Ferraz De Lima, 2013; Duarte, 2015; Padovani, 2015).

Esses discursos valorativos, muito frequentes nas postagens, a respeito de si mesmas e de seus cotidianos, revelam a intensa pressão sofrida por elas e a falta de reconhecimento social da causa abraçada. As postagens deixam evidente o peso de uma luta em geral não reconhecida pela sociedade que a repulsa aos presos impõe às familiares. Em contraposição a isso, surge o reconhecimento por elas a uma virtude das que "fecham com o preso"[3], das que o "fortalece"[4] e das que cumprem o código de conduta moral cujo objetivo principal é instituir e manter uma rede de apoio sólida durante o cárcere de seus entes queridos (Padilha, 2022, 2023).

Partindo desse sujeito de pesquisa autônomo, apesar de imerso na realidade prisional, analisei a figura da guerreira, mobilizada frequentemente por elas como autodenominação no âmbito dos grupos estudados (Padilha, 2022, 2023). A metáfora remete a um imaginário que engloba desde a sobrevivência da mulher ao lado de fora da prisão e o cumprimento de pena para o homem, até seu acolhimento e volta para casa, numa referência clara à volta para casa da figura masculina no fim de uma batalha. A identidade da guerreira também está ligada a sentimentos como a saudade, a espera e a esperança e, apesar de guardar relação com a figura do guerreiro, representação típica no universo prisional do preso, tem características próprias que a tornam autônoma.

---

3. "Fechar com o preso" significa não o abandonar (Ferraz De Lima, 2013).

4. "Fortalecer" é uma expressão muito utilizada por familiares nos grupos, fortalecer o preso significa agir no sentido de proporcionar uma gama de cuidados a ele direcionados, desde o aporte de alimentação, medicamentos e produtos de higiene e limpeza até o apoio emocional por meio de visitas e outras formas de atenção. É um atributo derivado da metáfora de guerreira, crucial por trazer uma ideia de apoio ativo, de estar ao lado do preso proporcionando o aumento de sua força, tanto em sua dimensão material como na moral. Retira-se do sentido original qualquer aspecto de violência, restando-lhe um sentido novo, de positivação da identidade do preso por meio de cuidados materiais e de afetos que lhe são dispensados.

Nesse sentido, visto que estamos tratando de familiares de preso, cuja condição as categoriza, ressalta-as e afasta-as de alguns indivíduos, atravancando a possibilidade de atenção para seus demais atributos pessoais, a categoria *estigma*, proposto por Goffman (1982[1963]), é o ponto de partida para a análise de seus discursos. Mais importante do que o próprio conceito, o mecanismo percebido pelo autor de mobilização de estratégias, a partir do desconforto causado pelo estigma, para ocultá-lo e facilitar a sociabilidade de seus portadores, é uma pista para explicar o surgimento da "guerreira" como autodefinição. Essas mulheres, portanto, manejam seu estigma e, a partir de uma identidade atingida negativamente por ele, "fazem do limão uma limonada", ou seja, apropriam-se do estigma para seu proveito. Portanto, nas postagens aqui analisadas, veremos mulheres orgulhosas de sua condição de "guerreiras", modo pelo qual se autointitulam, sejam mulheres ou mães, relatando e justificando um momento importante de suas trajetórias: aqueles em que elas percebem que, por motivos diversos, uma fase de sua vida chegou acabou.

Os fins de caminhada

Toda caminhada termina um dia. Existem poucas certezas na vida de uma familiar de preso, mas a transitoriedade da situação vivenciada em virtude da prisão de um ente querido é muito presente em seus discursos. Como elas dizem: "a pena é longa, mas não é perpétua". O discurso das familiares de presos em grupos de *Facebook* por mim estudados (Padilha, 2022) se refere, em geral, ao fim do período do cumprimento de pena ou da progressão de regime, momento esperado em que se alcança o ideal da liberdade. Com esse objetivo e a partir dele, essas mulheres constroem suas identidades.

Esses momentos tão importantes para elas trazem alterações significativas a seus cotidianos, passíveis de encerrar a rotina de cuidados em que se envolveram. Cabe salientar que deixar os grupos não necessariamente exige uma despedida, o que se percebe facilmente a partir da variação do número de membros nos grupos ao longo do tempo. Contudo, é muito comum que, antes de saírem, sejam postadas mensagens sobre fins de caminhadas e suas exposições de motivos. Também não é necessária a desfiliação daquelas mulheres que fecharam seu ciclo relacionado à vivência da prisão, desde que continuem empáticas à causa. Nesses casos, porém, é recomendável que manifestem e justifiquem sua decisão sobre a permanência nos grupos. Por essa razão, são comuns as duas atitudes: algumas preferem sair dos grupos e se desfiliam da categoria imediatamente, enquanto outras preferem ficar, por manterem identificação com o universo prisional.

> 22 de março de 2020
> A lili do meu filho cantou 🙌semana passada ele saiu do presídio mais o presidio nao saiu de mim ainda sinto pelos que la estão e pelos seus familiares 😢

> 30 de novembro de 2020
> Boa noite meninas a liberdade canto mas ele preferiu fica com quem boto ele lá dentro não vou sai do grupo pq quero vê a vitória de todas vcs bjs 😓😚😚

Nas postagens acima, uma mãe e uma companheira expõem o motivo pelo qual suas caminhadas terminaram e declaram que não sairão do grupo, pois ainda sentem identidade com as outras integrantes. No primeiro caso, uma mãe comemora a liberdade de seu filho, mas justifica sua permanência no grupo pela empatia que continua sentindo pelos presos e suas familiares. No segundo, a companheira informa o fim da pena do preso, mas se ressente por ter sido abandonada por ele. E justifica sua permanência no grupo para comemorar com as integrantes as vitórias a serem vividas.

Percebe-se, portanto, que os discursos narrando fins de caminhada nem sempre se referem à liberdade esperada e são tão diversas que podem ser acompanhadas de expressões de alívio, alegria, orgulho, afetividade, esperança, medo, angústia, frustração, tristeza, raiva e rancor. Foram quatro os temas mais observados nos grupos que, de alguma forma, remetem a esse momento: o fim do relacionamento afetivo, a morte dos presos, a esperança na ressocialização e o fim de sua pena privativa de liberdade. Seja planejando o futuro, comemorando o presente ou lamentando o passado, elas reafirmam a certeza de que suas vivências de prisão, de um jeito ou de outro, um dia acabam. Adiante, apresentarei cada um dos quatro tipos e suas peculiaridades.

"O quanto dói a ingratidão": quando o afeto termina

Um fim de caminhada exclusivo das mulheres de presos é causado pelo rompimento dos relacionamentos amorosos. A dedicação e a capacidade de sacrifício são colocadas à prova nesse momento crítico, conferindo dramaticidade às narrativas. É cobrada dos presos uma atitude de gratidão em contrapartida à mudança de vida, ao esforço financeiro, à perda de tempo operados no cotidiano de suas mulheres e a tudo que socialmente significa ser uma delas.

> 11 de julho de 2020
> A liberdade dele canto mas foi como se a gente nunca tivesse nos conhecido e ele nunca me visto antes tenho até uma tatuagem com o nome dele 💔😭😑😑😑😑😑😑😑😑😑
>
> 28 de março de 2020
> Meninas estou saindo do grupo minha caminhada acabou a Lili não cantou mas meu casamento 🪦 sim obrigada a todas boa sorte que Deus abençoe vcs

É até possível que declarem o fim e saiam dos grupos sem prestar contas. Mas quando abandonadas, é frequente a mobilização de críticas aos presos. Seu abandono à causa pode vir acompanhado da exposição dos motivos para aquele desfecho, como a infidelidade conjugal, o retorno dos presos à rotina de atividades criminosas ou alguma manifestação de ingratidão. Um imperativo de prestação de contas a outras integrantes parece manifestar-se na situação, provavelmente motivada pelo interesse da guerreira em conservar seu valor, que depende da força e da determinação em esperar e aguentar até o fim. O relacionamento acabou, mas a exposição de motivos tem como objetivo eximi-la de responsabilidade.

> 12 de abril de 2020
> Minha caminhada termina aqui com a consciência limpa que fui td que ele precisava. Mais como todo cachorro vira lata, pode da a melhor ração que ele vai fuça a lixeira. Então que coma carniça 😂Boa sorte para vcs que tenha valor por q porta de cadeia não é parque de diversões, só vai quem ama e eu amei dei o meu melhor, mais tive mentiras e traições então ele que lute sozinho que eu vou ser feliz por que graças a Deus não preciso dele pra nada 😉bjs pra vcs tô por aqui ainda por que acho vcs maravilhosas guerreiras sempre 😍

A vida comunitária nos grupos cria uma sociabilidade própria, laços de amizade e relações de confiança, de maneira que o fim do relacionamento afetivo com os presos não significa, necessariamente, a saída das mulheres. O rompimento da relação com determinado preso não precisa ser o fim da caminhada da guerreira, pois muitas vezes não encerra os agenciamentos úteis dos grupos, muito menos os agenciamentos afetivos e a militância, decorrentes do pertencimento trazido pelos grupos.

A ruptura dos relacionamentos anunciada nesses espaços é bastante frequente e ocorre durante ou logo após o cumprimento de pena privativa de liberdade. Como são esperados dessas mulheres os atributos de uma guerreira, não são bem-vistos relatos de fins de relacionamento ocasionados por desinteresse afetivo delas, envolvimento com outros parceiros ou cansaço ocasionado pela dura rotina. Por óbvio, as regras do que é ser uma guerreira ditam o que não é ser uma. Se o relacionamento acabou e os grupos não são mais relevantes, sempre resta o caminho de deixá-los silenciosamente. Mas se a mulher de preso quer prestar contas, com a finalidade de obter o respeito das outras e até a permissão de continuar nos grupos, deve construir uma narrativa para demonstrar que não teve culpa do rompimento.

Na postagem a seguir, a autora, autodenominada guerreira, por nunca ter deixado faltar nada para o preso e ter sempre corrido atrás dos processos para ele, denuncia uma traição. Percebe-se, pela preocupação da autora em demonstrar seu valor, que a construção de sua identidade é operada por meio de múltiplas aprovações: a primeira refere-se à autodenominação, pois a guerreira entende-se guerreira. Somam-se a ela outras peças de um quebra-cabeças: a gratidão do preso, sujeito e objeto de sua atenção e o reconhecimento de sua dedicação por pessoas de sua comunidade, principalmente por membros da família do preso, com as quais convive. Mas, sobretudo, o que a guerreira busca, quando a gratidão do preso e de seus familiares lhe faltam, é o reconhecimento de suas iguais.

O rompimento da relação afetiva traz, portanto, um abalo para a identidade da guerreira, cuidadosamente construída e positivada. O equilíbrio anteriormente alcançado se desfaz. A guerreira é do guerreiro, afinal? Ou existem dispositivos de manutenção daquela identidade, mesmo após o rompimento afetivo?

> 4 de outubro de 2021
> Oiii meninas vem aqui com muita tristeza me despedir minha caminhada termina. Descobri que meu marido que visito a 4 anos estava de conversinha com a menina de 16 anos no Facebook eu tenho filhos com ele eu fiz de tudo por

> ele eu tenho 37 anos sou guerreira Nunca deixei faltar o juro 15:15 sempre estava ali presente lado a lado correndo atrás dos processos e de repente eu descubro que ele estava me traindo com uma menina de 16 anos e que colocou no Face relacionamento sério casado sendo casado comigo então se ele escolheu ela ele fique com ela vou viver minha vida mais tarde ele vai quebrar a cara porque ela não vai fazer o que eu sempre fiz e Vida que Segue boa sorte para todas

A consciência de que está sendo avaliada moralmente por vários atores a impele de prestar contas (Scott; Lyman, 2008[1968]), porque busca apresentar motivações específicas para dispensar a gratidão do preso e de seus familiares. A *accoutability* social a que é submetida (preso, familiares dele e integrantes do grupo) a impele de mobilizar uma justificação (Boltanski; Thévenot, 1991; Werneck, 2012, 2013) que dê conta da situação crítica gerada com a ruptura do relacionamento e lhe possibilite permanecer guerreira, ou ao menos manter seu valor. A autora, apesar do fim inapropriado da caminhada, rejeita qualquer avaliação pejorativa de suas atitudes, relatando circunstâncias alheias à sua vontade. Denomina-se guerreira e expõe seus motivos: nunca deixou faltar o "juro 15:15"[5], sempre esteve ao lado dele, inclusive acompanhando sua defesa jurídica. Mas ele a traiu, e isso a desonera da responsabilidade de manter o vínculo.

A seguir, a autora declara não ter suportado a vida de mulher de preso, narrando uma longa história de abnegação e sacrifícios em contraste com a ingratidão e a falta de afeto dele durante a caminhada. Ela e seu filho, muitas vezes, teriam passado necessidade em função de seus pesados encargos financeiros. A próxima prestação de contas envolve a trajetória pessoal da autora: relata que entrou para a igreja e deixou o mundo do crime, compartilhada anteriormente

---

5. Ajuda ao preso de 15 em 15 dias.

com o preso, mas que não percebe nele a mesma intenção. Segundo ela, o preso demonstra não querer mudança, contrastando com sua decisão pessoal de tomar outro rumo. Resumindo, a prestação de contas mobilizada pela autora tem três motivações decisivas para sua decisão de rompimento: a exploração financeira e a falta de afeto de que se sentia vítima e a falta de decisão do antigo companheiro por uma mudança de vida.

> 12 de agosto de 2020
> Quando uma mulher decide deixar o preso não quer dizer que o amor dela era de emocionada nem quer dizer que ela não o amava, quer dizer que se ela o deixou alguma coisa aconteceu. Para a familia do preso a mulher é vagabunda pq deixou o preso lá ai o que eles dizem "ABANDONOU" mas esquece que o filho, o irmão ou seja lá o que for, preso pq santo não era mas é disso meu desabafo e sim pq eu cansei de tirar de mim para dar a ele passei minha gravidez em fila de penal e sem contar mas dividas que eu pagava e meu filho sem nenhuma roupa ou fralda mas mesmo assim a gente ainda é ruim meu filho só teve as coisinhas dele pq umas irmas da igreja fizeram um baby chá. Mesmo com dor eu tava lá com a sacola lotada de coisas pra ele pra quando eu chegar lá dentro ele olha pra mim e perguntar conseguiu pagar a conta lá 🙅‍♀️ e depois que meu filho nasceu eu continuei mesmo já desgostada pensando que da só uma fase e ele iria melhorar mas não levei o filho pra ele vê e o único assunto dele era as contas 🤯 então em março decidi dizer que não dava mais e a única coisa que ele falou foi para com isso vê se consegue um dinheiro pra mim comprar um radio 😕 então eu disse novamente que ele deveria arrumar uma pessoa do corre pq eu queria mudar minha vida e sair do mundo do crime e ele não levou a serio e veio a pandemia e não teve visitas e eu estava seguindo minha vida na presença de Deus e estou até hoje ta meninas 🙌 e a mãe dele pediu para eu deixar o Nenem ficar com eles OK deixei, mas já em fevereiro eu não

> ia mas nas visitas pq já tinha dito que tinha cansado então depois que fez quase 6 mês as irmãs dele ainda me julgam não me relacionei com ninguém e não quero de nen uma forma o preso pq para a familia dele ele manda carta de um jeito e pelos presos que vão saindo manda de outro jeito resumindo ele mente pra familia mas pra mim ainda mostra que não quer mudança fazendo planos adversos coisas que já não faz mais parte da minha vida pq o caminho que eu escolhi foi o de Cristo vocês acham que eu to errada ou certa? Não tenho grampo como iria viver pagando conta 😕

Voltando à análise da múltipla aprovação pretendida pelas guerreiras, percebe-se que a autora inicia a narrativa com a afirmação de seu valor, mas finaliza com a indagação às suas iguais sobre o mesmo tema. Ela apresenta seu processo decisório, motivando pormenorizadamente sua decisão: "vocês acham que eu tô errada ou certa?", pergunta ela. Afirma que nunca foi respeitada ou valorizada pelo preso. Tampouco conta atualmente com a aprovação da família dele, que a acusa de tê-lo abandonado. Em dúvida sobre seu valor, sem o reconhecimento do preso ou de sua comunidade, ela busca, como último recurso, a empatia e a valorização de suas iguais. Apresenta, então, uma justificação, para eximir-se das duras críticas sofridas.

Para Werneck (2012, 2013), uma acusação parte do princípio de que alguém errou e que sabia muito bem o que estava fazendo, ou seja, é "uma afirmação de agência mal-usada" (2013, p. 709). Ora, a autora da postagem presta contas nesse sentido: ela se enxerga como agente competente, ou seja, plenamente responsável por sua tomada de decisão, e afirma serem injustas as acusações feitas pelos familiares do preso de que ela o teria abandonado. Com base em três sólidos argumentos, conclui pela ruptura do relacionamento e agora opõe uma justificação (Boltanski; Thévenot, 1991) a fim de demonstrar o bom uso de sua capacidade crítica. Caso as guerreiras do grupo aceitem suas ponderações, ela se sentirá mais segura e valorizada, não só pelo grupo mas também por si própria.

É possível, ainda, outro tipo de reação, quando a mulher de preso faz questão de mostrar superação e dá a entender que a ruptura será positiva em sua vida. A seguir, a autora subverte o bordão "Lili cantou", mobilizado pelas familiares para festejar a liberdade dos presos: ela ironicamente comemora a própria liberdade, declara ter recebido seu alvará, apto a libertá-la da realidade prisional. A ingratidão do preso e o sacrifício feito por ela e por seus filhos são citados com rancor e ironia.

> 19 de setembro de 2020
> Meninas a Lili canto pra mim pois meu marido terminou comigo, e me deu o alvará. Sabe pq a ingratidão é fogo tem pessoa que pensa que é facil viaja horas deixa seus filhos com os outros pra viajar.
> EDT: muito obrigado a todas que me deram concelhos. Vo viver minha vida. — 😌sentindo-se grata.

A postagem é carregada de insinuações, por meio de mensagens com duplo sentido. Ela critica o preso de forma dissimulada por duas vezes, sendo a primeira quando diz "ingratidão é fogo" e a segunda por meio da expressão "tem pessoa que pensa que é fácil". Mas sua necessidade de eximir-se de culpa veicula uma prestação de contas. Ela está mudando de vida, mas não há do que se arrepender, pois fez o que era esperado de uma guerreira. Não teve qualquer responsabilidade pelo rompimento e agora está liberta para mudar de vida.

A recorrência do termo ingratidão nessas postagens traz uma pista sobre a contrapartida esperada dos presos, por conta de sua dedicação durante a caminhada e da consciência de sua importância. Elas apontam para a ingratidão, porque entendem que seus feitos merecem uma compensação por parte deles. Elas esperam por isso e, quando não o recebem, entendem ter motivação suficiente para romper a relação, sem serem julgadas por suas iguais, ou seja, sem serem questionadas sobre seu valor. Ser guerreira, portanto, exige gratidão — e muita — do companheiro.

> 26 de abril de 2021
> Que raiva. Ele na condicional, eu cuidando muito pra ele não vacilar. Mostrando outros caminhos que não levam pra trás daqueles muros. Eu trabalho o dia inteiro, quando chego em casa cadê meu marido? Foi preso Conheceu uma abençoadinha a qual, beberam, fumaram e cheiraram, Até que ele foi invadir uma residência para furtar. Pego em fragrante. Agora é uma mistura de sentimentos que nem sei como resolver. Desculpem o desabafo.

Quanto às mães, não encontrei relatos de fins da caminhada de sua autoria, por rompimento da relação com seus filhos, nem relatos de ingratidão dos presos. Não pude, na pesquisa, por não ser esse seu escopo, comprovar se são verdadeiros os relatos trazidos pelas mulheres de presos sobre desistências das mães em cuidar dos filhos, nem entender o motivo dessas decisões. Minha aposta é que é pouco provável a aceitação, pelas demais familiares, da ingratidão como motivação para que uma mãe pare de visitar seu filho, razão pela qual esse tema não é explorado. Para além da disputa entre mães e mulheres de presos, encontrei apenas um *post* em que a mulher defende a mãe, dando a entender que o sentimento de ingratidão pode ser sentido por qualquer familiar, apesar de não declarado. A seguir, apresento um relato de uma mulher de preso, sobre uma cena presenciada em um dia de visita:

> 17 de junho de 2019
> To 4 anos nessa luta, ontem presenciei uma coisa muito chata, nunca fui de reparar nas visitas mais ontem fiquei bem chocada com uma situação a mãezinha tinha levado um jumbo[6] *completo* pro filho e nisso tinha uma nutella aquela

6. "Jumbo": bolsa contendo alimentos, produtos de limpeza e de higiene levada à unidade prisional pela familiar. No Rio de Janeiro chama-se "sucata".

> pequena sabe? O filho olhou pra mãe disse assim "Isso nao dá nem pra quarta feira, pq a senhora veio então". a mãezinha sem graça abaixou a cabeça e disse "do jeito q você come filho, nao vai sobrar nada nao". Na hora ele levantou e pediu pra mãe ir embora, gente a coitada só chorava... que ingratidão tem vezes q nao temos um real no bolso pedimos emprestado pra poder levar uma coisa diferente quando chega la o filho trata como ela fosse nada...passei o dia inteiro com aquela imagem na MINHA cabeça e me pergunto COMO O SER HUMANO PODE SER TÃO INGRATO

Percebe-se que a autora faz uma denúncia pública (Boltanski, 1990), em que ela é a denunciante, a mãe do preso é a vítima, o preso ingrato é o perseguidor e o juiz é o leitor da postagem. A injustiça exposta à opinião pública traz um caso que entende paradigmático e que, apesar de singular, tem potencialidade de generalização. O protesto que a denunciante pretende ver reconhecido é a respeito da possibilidade de ingratidão do preso com sua mãe. Ela parece saber que o tema é controvertido e que chamará a atenção no grupo.

A ruptura de relacionamento entre presos e mães também é citada por mulheres de presos em suas disputas com mães pelo título de melhores cuidadoras. Com alguma frequência relatam que, com exceção delas próprias, toda a família do preso o abandonou, incluindo a mãe.

> 18 de fevereiro de 2020
> Dinheiro é gasto
> Amigos vão embora
> E no final só resta sua mãezinha e sua mulher pra correr por vc 😢
>
> COMENTARISTA 1: As vezes nem a mãe
>
> COMENTARISTA 2: No meu caso a mãe saiu fora é só eu aí e só eu e meus filhos pra core atrais
>
> COMENTARISTA 3: Alguns não sobra nem isso, pq não merecem.

O *post* sobre a equivalência de mães e mulheres como cuidadoras dos presos foi bastante respondido. Muitas pessoas apoiaram integralmente a assertiva da autora. Outras disseram que mulheres apoiam mais e que mães abandonam e vice-versa. Os relatos sobre a desistência das mães feitos em terceira pessoa e nunca em primeira reforçam a ideia de que as relações de presos com mulheres são mais equilibradas que com suas mães. Nas primeiras, a expectativa de recompensa pelo sacrifício feito é natural, como se vê nos discursos sobre a ingratidão dos presos como desculpa para romper a relação e manter o respeito de outras familiares. A ingratidão é a singularidade da situação da mulher de preso apontada para opor uma desculpa que a redima do fim abrupto da caminhada (Boltanski; Thévenot, 1999; Werneck, 2008). Em relação às mães, há uma expectativa maior de sacrifício e renúncia, dificultando a elaboração de um discurso mobilizador da ingratidão do preso como causa da desistência.

"Melhor a saudade passageira do que uma saudade eterna": a morte do preso

Outra narrativa de fim da caminhada é a morte do preso. No período em que acompanhei a movimentação dos grupos, encontrei alguns relatos de óbitos ocorridos no interior da unidade prisional. Adoecer na prisão é muito frequente, por conta de diversos fatores e, ao mesmo tempo, um grande risco. Condições deficientes de higiene, má alimentação, superlotação nas celas, presença de fungos, parasitas, precariedade no atendimento médico na unidade, demora de translado para hospitais em caso de urgência e o descaso dos administradores e funcionários com as queixas dos presos são algumas causas declaradas pelas familiares.

Tendo iniciado a pesquisa de campo em plena pandemia da Covid-19, pude acompanhar as discussões nos grupos sobre o risco de surto no interior das unidades prisionais, as reivindicações por vacinação dos presos antes da vacinação por faixa etária[7], distribuição de máscaras e álcool em gel, isolamento dos presos com comorbidades e idosos, além da polêmica sobre a conveniência do retorno das visitas, em vista da possibilidade de aumento de risco de surtos no interior das unidades. Os intensos diálogos para inclusão das pessoas privadas de liberdade como grupo prioritário de vacinação no Plano Nacional de Operacionalização da Vacinação contra a Covid-19 são ilustrativos para entender o medo real dos familiares de que haja negligência (ou mesmo vontade direta de eliminação) em relação aos cuidados básicos essenciais com os presos, apta a causar-lhes direta ou indiretamente a morte[8].

No caso específico da pandemia, não é possível ter a real dimensão epidemiológica apenas com os dados oficiais sobre infecções e óbitos fornecidos pelo Depen, inicialmente pelo baixo índice de testagem

---

7. No Plano Nacional de Operacionalização da Vacinação contra a Covid-19, 5ª edição, proposto pelo Ministério da Saúde e publicado em 15 de março de 2021, consta em 17º lugar a População Privada de Liberdade (PPL), dimensionada em 753.966 pessoas, logo depois da população em situação de rua e uma posição antes dos funcionários do sistema de privação da liberdade, dimensionado em 108.949 pessoas. Segundo o Plano Nacional, o planejamento e a operacionalização da vacinação nos estabelecimentos penais serão articulados com as Secretarias Estaduais e Municipais de Saúde e Secretarias Estaduais de Justiça (Secretarias Estaduais de Segurança Pública ou correlatos), de acordo com a Política Nacional de Atenção Integral à Saúde das PPL no Sistema Prisional (Pnaisp).

8. No início da elaboração do Plano Nacional de Operacionalização da Vacinação contra a Covid-19 (PNOV-COVID-19), as PPL integravam a fase 4 de vacinação, depois dos profissionais de saúde, idosos, indígenas e pacientes com comorbidades, em vista dos riscos elevados de infecção por Covid-19 por essa população. Todavia, após a repercussão negativa gerada por essa inclusão, o Governo Federal apresentou uma nova versão do Plano ao Supremo Tribunal Federal (STF) sem incluir a população prisional nos grupos prioritários, em processo que discute a distribuição de vacinas contra o coronavírus para toda a população (ADPF nº 754/DF). Novas críticas, feitas por ativistas, ONGs, juízes, promotores e defensores de varas de execução penal, entre outros, desta vez em apoio à vacinação da população carcerária, acabaram levando à revisão do plano e envio da última versão ao STF para reincluí-la como grupo prioritário (Sanchez, 2021).

nos presos e pela suspensão em alguns estados das necropsias, nos casos suspeitos de óbito por Covid-19 ou síndrome respiratória grave (SRAG) ocorridos durante a pandemia, protocolo diverso do seguido para a população que não está presa (Sanchez, 2021). Mas, mesmo que indeterminados, os números de casos e de óbitos, os *posts* expressam que a pandemia é uma realidade assustadora para as familiares. Primeiramente pelo risco de morte para a população privada de liberdade. Em seguida, pela longa suspensão da visitação, que tira da familiar a possibilidade de acompanhar de perto o preso e de ajudá-lo. Acompanhei a preocupação das familiares com a falta de notícias, a torcida pela vacinação dos presos e pela volta das visitas de uma forma segura, por entenderem que sua ausência na vida dos detentos pode ser ainda pior que o risco de surtos de Covid-19:

> 31 de janeiro de 2021.
> QUERO DEIXAR AQUI REGISTRADO A MINHA INDIGNAÇÃO, REVOLTA, TRISTEZA, DOR, ANGÚSTIA TOTAL, DESESPERO E PRINCIPALMENTE DESCASO COM A VIDA DO MEU FILHO.
> (...) Meu filho a mais de uma semana pedindo enfermaria, com dor no corpo e febre muito alta, depois de tanta insistência por parte dos outros presos levaram pra enfermaria deram não sei ainda qual medicação e mandaram de volta pra cela onde ele teve uma reação alérgica grave a medicação, levaram ele de volta a enfermaria na quarta feira dia 27 e lá você fica jogado literalmente, no dia 28 ele teve uma parada cardíaca, onde ai sim decidiram leva-lo ao PS más já era tarde a infecção já tinha tomado conta de todo o seu corpo, quando você chegou no hospital já era tarde. (...) Não é Covid. Imprudência, omissão de socorro (...) e por isso hoje seria o dia da sua visita, essas horas 8:30 da manhã era pra estar me preparando pra te visitar, más por causa desses desalmados, hoje eu estou me preparando más para enterrar seu corpo. Todo sonho do familiar do apenado é o grande dia do alvará

de Soltura. Hoje eu não saio como alvará de soltura nas mãos e sim com a certidão de óbito, em vez de alegria, a dor, a tristeza, a indignação, o desrespeito ao próximo, E HOJE TRAGO VOCÊ MÁS NÃO PRA NOSSA CASA, PRO SEU QUARTO, SUA CAMA, SUAS COISAS QUE ESTÃO DO JEITO QUE VOCÊ DEIXOU. HOJE TRAGO VOCÊ DENTRO DE UM CAIXÃO E PRO CEMITÉRIO. MÁS PODE TER TODA CERTEZA MEU MENINO ESSE CRIME, ESSA MALDADE QUE FIZERAM COM VOCÊ, NÃO VAI FICAR IMPUNI, NÃO, NÃO, VOCÊ NÃO ESTÁ MAIS AQUI MÁS A SUA MÃE (RAPOSA VELHA) COMO VOCÊ ME CHAMADA VAI FAZER JUSTIÇA POR VOCÊ. MEU MENINO MALUQUINHO. Quem te conheceu sabe a sua força de vontade e a sua garra, más infelizmente roubaram isso de você.

18 de agosto de 2020
Oi meninas eu nao consegui responde todas pois estou tomando calmante pq n consigo acredita q meu marido morreu naquele lugar sozinho eu gostaria de fala pra vc como aconteceu ele um mes atraz ele me disse q estava com muita dor de cabeça ai fiquei preuculpada por conta desse covid mais pensei n la ta protegido ai passou ele melhorou colheu o exame do covid deu positivo ele me contou ali meu coração ja chorava ele ficou isolado 7 dias e sai do isolamento estava super bem n sentia nada e de sexta pra sabado ele sentiu uma forte falta de ar e n teve socorro aquele presidio matou meu marido ele deu positivo do covid e eles simplismente isolou 7 dias e pronto e hj meu marido deixou 3 filhos e mt saudade olha meninas n quero q pense q estou aqui pra assusta vcs n mais me diz eles tirou a visita pra q se a cadeia ta cotaminada tinha 50 com meu marido infectado hj oq me resta e acha força aonde n tenho pra continua pelo meus filhos obg pela atençao 😭😭😭💔💔

Considerando as condições degradantes a que são submetidos os presos em muitas unidades prisionais, os óbitos ocorridos no Sistema não são surpreendentes. Contudo, a morte de um preso sempre é tratada com algum espanto pelas familiares. Como abordei anteriormente, são comuns as frases que contrastam a morte e a prisão. Essa seria uma proteção para alguns presos, que estavam em risco do lado de fora, por pertencerem ao mundo do crime. Quando um preso morre na prisão, essas duas pontas soltas se juntam e se confundem, trazendo insegurança para todas as integrantes dos grupos: a conclusão das familiares é que, afinal, eles não estão protegidos lá dentro.

O cárcere como uma forma de evitar um destino pior — a morte — é uma ideia recorrente nos discursos. Há várias frases famosas nos grupos que demonstram esse sentimento: "Mais vale uma saudade longa, do que uma eterna! ❤". Familiares muitas vezes relatam que seu ente querido, antes de ser preso, estava num "ritmo", numa vida tão perigosa que acabaria sendo morto e que o cárcere é uma medida dura, mas provisória, frente ao caráter definitivo, absoluto da morte.

> 27 de maio de 2020
>
> Bom dia meninas alguma com marido jurado de morte aqui fora prefere que ele fique la um tempo do que saia morrer aqui fora??ou vale o risco pra ta junto aqui fora? algumas ate ouvi dizer mudam de cidade pra tentar manter em segurança Editando gurias.....eu vi camaradas dele serem mortos recentemente dentro de casa com a familia vendo sabe...isso me apavora e ao mesmo tempo vejo a vontade dele sair pra rua o sofrimento la dentro e isso doi tambem.... ai oq fazer como ajudar como manter seguro ele e nossa familia tbem??

Se, por um lado, percebe-se uma expectativa das familiares de que a prisão opere toda uma transformação na vida dos presos, por outro, elas demonstram assumir certa obrigação de incentivá-los a "sair do crime" e "ter uma vida justa", para que fujam dos dois finais mais prováveis dos indivíduos rotulados como bandidos: a cadeia ou a morte.

> 14 de setembro de 2018
> Vida bandida é assim, tu tem que tá preparado ou pra morte ou pra cadeia, tem mulher que bate no peito pra falar MEU MARIDO É BANDIDO!! um conselho? se você ama de verdade você incentiva ele a sair do crime, porquê nem sempre a saudade é longa, as vezes ela é eterna.. 😔
> Como eu queria que fosse um pesadelo Saber que não vou te ver mais. Enquanto tava quardado eu sabia q um dia iria te ve... Mais hoje ja não vou ver mais meu menino... 😥😭😭
> #LUTOETERNO 💔💔 — 😔sentindo-se de coração partido

A autora do *post*, ao declarar seu luto pela morte do companheiro, reforça a ideia de prisão como mecanismo de proteção da vida de indivíduos envolvidos no mundo do crime. No cárcere, ela afirma, ele "estava guardado". O fim da caminhada imposto pela morte decorreu da escolha dele pelo mundo do crime, inclusive depois da soltura.

> 05 de fevereiro de 2022
> Guerreira é a mulher que apóia seu marido a ser trabalhador, honesto e não entrar na vida do crime, se está lá e pq está pagando por algum crime, o passar a mão na cabeça só os deixa mais convencidos de o errado é certo, abram os olhos famílias de quem fazem coisas erradas, abram os olhos antes que seja tarde, pq se tá vivo aínda tá em tempo, pq depois que tiver no caixão não vai mais adiantar.

A autora exorta as outras a incentivarem os presos em seus projetos de mudança de vida, para evitar a morte. Ao estabelecer uma relação direta entre escolha de uma vida honesta e apoio da familiar de preso, mais uma responsabilidade é atribuída às mulheres que se entendem guerreiras.

“Mulher que é mulher te tira do crime”: a ressocialização do preso

A liberdade é um desfecho apenas até ser alcançada. Ponto final de uma fase complicada da vida dos presos e de suas familiares, é também o início de outro momento extremamente desafiador. A vida fora da prisão traz outras questões e, principalmente, o medo de que os presos não se adaptem, voltem para o mundo do crime, não consigam livrar-se dele, sejam presos novamente ou morram. A liberdade, portanto, traz à tona um outro desejo, de muitas familiares: que seus maridos e filhos mudem de vida. A ressocialização dos presos passa a ser um objetivo, mesmo que as familiares objetivamente não saibam por onde começar.

Misse, Godoi, Teixeira e Maciel (2019) buscam compreender os sentidos atribuídos à prisão a partir de uma nova mirada sobre ressocialização, questionando o antigo pressuposto de que o único sentido da pena privativa de liberdade é incapacitar os indivíduos[9]. A ideia do fim de qualquer objetivo ressocializador na pena de prisão, proposta por Garland (2008), recebida praticamente sem críticas por estudos posteriores, acabou por limitá-los, na medida em que ignorou essa dimensão muito presente no imaginário das pessoas privadas de liberdade, dos egressos e de outros atores do sistema prisional, como os

---

9. Os estudos sobre prisões debateram muito sobre as reais função e efetividade desse tipo de pena. Para Garland (2005, p. 42), uma das mudanças mais importantes na política criminal nos últimos 30 anos, o declínio do ideal de reabilitação como objetivo das instituições penais deu-se de maneira brusca e foi crucial na forma como as prisões passaram a ser analisadas não apenas por acadêmicos, operadores do Direito e autoridades, mas também pelo público em geral. Todo criminoso passou a ser visto como potencialmente violento, não recuperável pela prisão — cujo objetivo primordial passa a ser simplesmente proteger a sociedade do preso. Segundo o autor, a reabilitação do preso havia sido, até aquele momento, o suporte das práticas e ideologias sustentadoras da existência das prisões. As possibilidades reabilitadoras das medidas da Justiça penal se subordinaram, a partir dessa guinada, a outros objetivos; em particular, à retribuição, à incapacitação e à gestão do risco.

familiares: a ressocialização pensada como uma espécie de direito a ser exigido. O intuito não é analisar a existência de alguma efetividade em políticas ressocializadoras e na prisão como ambiente propício para esse fim, mas evidenciar a relevância sociológica desse ideal, mobilizado como projeto potencializador de agência. Tudo isso a partir da análise de dados empíricos que efetivamente demonstram a importância atribuída por presos, familiares e outros atores do sistema prisional à mudança de vida após a liberdade.

Na esteira dessa proposição, com o objetivo de somar a esse projeto minhas contribuições, apresento aqui algumas postagens em que encontrei a presença do ideal da ressocialização do ponto de vista das familiares de presos integrantes dos grupos pesquisados. A chance de uma nova vida refere-se à ideia de um novo começo. Sob o enfoque de uma sociologia de viés pragmático e com ênfase na dimensão moral, o caráter de instituição total da prisão (Goffman, 2001[1974]) deve ser questionado a ponto de não retirar a agência dos atores envolvidos, mas considerado para entender a força gravitacional exercida pela prisão sobre familiares de presos, mais especificamente sobre as mulheres aqui estudadas. A ressocialização deve ser pensada, ultrapassando a ideia de que a prisão engloba todos os aspectos das vidas dos presos e de seus familiares, em coordenação com agenciamentos efetivos e implicando novos engajamentos no plural promovidos pelos familiares em torno das experiências que envolvem o aprisionamento de um ente querido.

O processo de egressão no Sistema, pensado por Camille Porto como uma carreira definida por Goffman (1974[1961])[10], é apresentado pela autora em três fases (Porto, 2017, p. 14): o peso das

---

10. Intimamente ligada à definição de instituição total, a carreira moral, definida por Goffman como "a sequência regular de mudanças determinadas no *self* da pessoa e em seu esquema de imagens para julgar a si mesma e aos outros" (1974[1961]), surge para pensar as transformações identitárias em pessoas submetidas às instituições totais. A prisão pensada sob esse prisma opera como um mecanismo de transformação do *Self* (Mead, 1934), e exerce sua influência também sobre as familiares de presos.

fases do pré-cárcere e do cárcere é ponderado e avaliado cognitivamente pelos egressos quando estão no pós-cárcere. A esperança dessas mulheres parece estar ligada a essa transformação, da qual se entendem como atores fundamentais, sendo responsáveis por acompanhá-los nessa trajetória (Silvestre, 2012) para efetivar a transição para o pós-cárcere, projetando no futuro suas esperanças, de várias formas possíveis: pelos nomes dos grupos, pelos emojis utilizados, pelas *hashtags* e frases frequentemente repetidas. Eles têm uma carreira a ser percorrida; elas, outras, afinal, também foram sujeitos de uma transformação: tornaram-se guerreiras no percurso.

> 11 de junho de 2020
> Mulher que é mulher te tira do crime, e não se gaba por ter um marido bandido ✌💰 $$ não é meninas? o amor quebra Barreiras 💑♡ foco que a liberdade vai canta!!

A carreira moral das guerreiras inclui, portanto, guiar os presos no processo que vai da prisão à liberdade. A próxima postagem foi replicada algumas vezes nos grupos. Trata-se de carta de uma familiar para o preso, nas vésperas do Natal. Apesar de não haver referência religiosa explícita no texto, figuras como o erro (pecado), o pecador, a redenção pelo sofrimento, o arrependimento, a transformação e a vida nova a depender das atitudes dele são muito presentes. O tempo da prisão é visto como um momento de reflexão e de mudança. A mensagem apela para uma sensação descrita por Porto (2017, p. 26) como uma ressaca, um mal-estar profundo, apto a impedir que alguém repita um ato que trouxe graves consequências, quando realizado. No caso das familiares, elas querem incutir nos presos essa sensação, mostrando a eles a relação de causalidade entre suas escolhas e a prisão. É uma ressaca que elas sentem e querem que eles sintam também:

22 de dezembro de 2020

Olá meu querido,

Deve ser triste avistar as luzes da cidade em um momento como este, não é mesmo? Imaginar tantas pessoas e familiares se parabenizando, se beijando e comemorando o natal. Seria melhor se estivesse longe desse lugar. Sei disso.

Mas, infelizmente, algumas atitudes erradas te trouxeram para este momento, sei que é triste e que se arrepende, acredite, arrepender-se é apenas a metade do caminho que precisa para se redimir, portanto, saiba que hoje não estará, mas no próximo...

Escrevo neste momento para lhe dizer para não ficar tão triste, pense no próximo natal, tudo será diferente e poderemos olhar para trás e lembrar de toda sua experiência, com certeza não vai repetir os mesmos erros e com certeza, teremos uma ótima lição.

Acredite em você como eu acredito, sei que as coisas vão mudar e que essa data será importante para você pensar, para reavaliar sua vida e perceber que todos nós podemos errar, mas que podemos de alguma maneira aprender com eles.

Lembre-se, você não está mais sozinho, estou aqui para ajuda-lo no que precisar, se quer reconstruir sua vida, eu estarei ao seu lado para criar os alicerces, para te ajudar a voltar a vida que acabou perdendo por não pensar nas consequências.

Mas, neste momento, quero que feche seus olhos, que pense em minhas palavras e imagine o próximo natal, faremos uma grande festa para comemorar a sua liberdade, para comemorar sua nova vida que se inicia, um novo homem que renasce mediante suas próprias atitudes, um homem mais preparado para ensinar e mostrar, que devemos sempre permanecer no caminho certo.

Por enquanto, feliz natal e saiba que meus pensamentos estão em você e que rezarei para que Deus conserve seu coração e lhe transforme de uma maneira maravilhosa nesse dia. Em pensamentos, eu estarei ai com você.

O comentário da postagem a seguir é um contraponto para o que é esperado pela maioria das pessoas de uma familiar de preso, razão pela qual sua autora sente necessidade de explicar-se:

> 9 de fevereiro de 2020
> A Mulher que Te apoia Na vida Errada, Gosta do Seu Dinheiro e não de Você 👍
>
> COMENTARISTA 1: Mentira, nunca apoiei meu esposo a está na vida errada, mas conselho já dei de mas, até emprego já arrumei, mas ele sempre falou q se sair dessa vida morre, ele tem seus motivos, só que sempre q posso tento ajuda ele só q como o pastor falou Deus não pode muda quem não quer ser mudado... eu não apoio mas nem por isso eu discrimino meu esposo por está nessa vida 😔😔😔 tá preso mas tá guardado mas antes uma saudds q sei q vou mata doque uma saudade eterna.

A postagem se origina na página de um homem e é replicada por uma das mulheres do grupo. O alerta é dirigido aos presos que antes do cárcere ganharam dinheiro do crime, um dinheiro muitas vezes considerado problemático em comparação com o do "trabalho honesto" (Porto; Werneck, 2021), mas alcança também suas mulheres. Espera-se que elas não apoiem a vida errada. As que o fazem seriam interesseiras, segundo as próprias mulheres de preso. A aversão à vida errada, o dinheiro e o afeto são os ideais ressaltados. Percebe-se que a autora da postagem se sentiu pessoalmente atingida e que efetivou uma prestação de contas para quem alega sua condescendência com o marido, aliando elementos de justificação com a mobilização de marra (Werneck, 2015), contra-acusando quem a acusa de preconceito.

Declara não apoiar sua permanência no mundo do crime — o apoio é, segundo ela, a ele, não à sua "decisão profissional". Ela afirma ter conseguido emprego para ele, conversar com o pastor a respeito disso, e aceitar, ainda que a contragosto, suas razões para não sair dessa vida. Por fim, conclui que nada disso é motivo para que o rejeite. Apesar da narrativa de continuidade na vida errada, percebe-se que há uma contraposição dessa com o ideal de uma nova vida, a ser alcançada exclusivamente, no entender da comentarista e do pastor, se o marido quiser a mudança.

Por fim, muitas integrantes ironizam a possibilidade de ressocialização dos presos, apostando em sua provável reincidência no crime. A seguir, apresento duas postagens, sendo a segunda um diálogo em que elas demonstram não acreditar na mudança. Todas baseiam sua falta de esperança em experiências anteriores frustradas.

> 12 de setembro de 2021
> Meu marido: Ae vida eu juro que quando eu sair daqui vou larga mão dessa vida vou ficar tranquilo Saiu [e menos de um mês voltou
> Eu: 🤡🤡🤡(complementando a postagem, a foto da autora com expressão séria e triste com filtro em que o rosto está pintado de palhaço)
>
> 30 de outubro de 2020
> Meu marido "Tô falando sério, vo sai nao vo faze corre nenhum e nem ir atras dos mano "😂
> Eu: (complementando a postagem, há uma imagem de mulher olhando com incredulidade)
>
> COMENTARISTA 1: Já ouvi isso. E meu marido com 1 mês na rua voltou preso... nao cumpriu cm sua palavra é muito triste mas creio que dessa vez será diferente! Pelo menos asim espero 🙏
>
> COMENTARISTA 2: 2 dias na rua tava no corre kkkkkkk só Deus
>
> COMENTARISTA 3: O meu falou isso né vamos ver kkk sinceramente eu não acredito só vendo kkk

Concluo que a consciência das familiares sobre sua importância no processo de ressocialização e as expectativas quanto à possibilidade de mudança de rumo dos presos podem variar bastante nos discursos. Contudo, a preocupação quanto ao futuro deles é uma constante e planejar uma forma de ajudá-los nessa transição é considerado atributo de uma guerreira.

"Mais um dia, menos um dia": o fim da pena

A caminhada, termo mobilizado por familiares e pelos próprios presos para nominar o lapso temporal entre o evento prisão e a liberdade, além do conjunto de experiências vividas durante esse período, tem um sentido metafórico repleto de dimensões: o espaço percorrido, o início, o fim, o destino e, além de tudo, o passar do tempo. Caminha-se de um lugar a outro, de um momento a outro e, embora o início e o fim sejam relevantes, o percurso entre eles, para essas mulheres, é ressaltado pela escolha do termo. A experiência do tempo da prisão de um ente querido salienta alguns atributos das familiares de presos: a paciência, a capacidade de sacrificar-se pelo outro e de ter esperança.

Os nomes dos grupos e das páginas remetem a essa projeção no futuro: "Guerreiras a espera do réu, Liberdade Vai Cantar🙏🔒, A Liberdade Vai Grita♡, Cadeia Não é perpetua juiz Vai te que solta, Nosso Objetivo é a Liberdade, Sonho de Liberdade $2". Trata-se de algo tão almejado que se personifica de forma afetiva: "Lili", como chamam, é a liberdade que canta e grita. Nesses e em outros nomes, é frequente o uso de frases imperativas, dirigidas ao juiz, para que solte os presos. Das 13 comunidades virtuais pesquisadas, quatro usam a palavra liberdade em seus nomes e quatro demandam ao juiz a soltura dos “réus”[11]. O mesmo ocorre com as páginas. Outra ideia comum encontrada em nomes de páginas e em *hashtags* se refere à inevitabilidade da soltura. É recorrente a frase “Prisão não é perpétua, vai ter que soltar”, direcionada também à figura do juiz. Por fim, o alvará de soltura, instrumento legal que possibilita o livramento do preso, é mais um símbolo do futuro almejado.

A expressão das familiares de presos pela espera da liberdade nas postagens frequentemente guarda a estrutura de uma prece. “[*A*] cadeia é longa, mas não é perpétua” é um exemplo de expressão que mobiliza a inexorabilidade do passar do tempo e da chegada do futuro. Expressões como “os cadeados rompendo”, “as grades se abrindo” ou “as correntes quebrando” são concretizações do desejo mais comum dos presos. Percebe-se ainda a vinculação da ideia de felicidade da família à liberdade dele.

> 21 de janeiro de 2021
> Sempre vai ter uma nova chance de vida...
> Cadeia é longa mais não perpétua, melhor uma saudade passageira do que uma saudade eterna😔😔♡ 🙏😍😭
> Canta lili
> Vem liberdade 🔒🔑🔑🔐🔒🔒🔗🔗
> Tem grades rompendo e cadeados si abrindo correntes quebrando e Famílias felizes🙏🙏🙏🙏
> Saudades bate forte atrás das grades 😭🔑🔑
> PJL pra todos q estão no privado 100 excessao 🙏🙏🙏

11. O termo “réu” é usado nos grupos e nas páginas para se referir a todos os presos em sua relação com o Judiciário, englobando pessoas já condenadas e ainda não denunciadas.

> 14 de novembro de 2020
> Ostentação de uma guerreira é ver o alvará do marido cantando! 🙏🥰👩‍❤️‍👨🔒

O tempo, portanto, qualifica o elemento central da definição da guerreira, à medida que a longa espera é uma das principais causas do sofrimento experienciado por elas. E é pela tenacidade, ou seja, pela capacidade de resistir não apenas aos males do tempo, mas também a outros percalços que elas são avaliadas moralmente umas pelas outras. Discursos encorajadores para suportar a caminhada e torná-la menos solitária são recorrentes. E, por fim, caso os presos se mostrem merecedores da dedicação a eles direcionada e gratos aos sacrifícios vividos por elas, estar a seu lado no momento de sua saída para liberdade é o objetivo almejado por elas e coletivamente comemorado.

As notícias de liberdade são as mensagens mais festivas dos grupos. Geralmente acompanhadas de fotos ou de vídeos, são muito comentadas e curtidas pelas outras integrantes. Toda a caminhada, como denominam a experiência de ser familiar de preso, só é tolerável diante dessa perspectiva. Encerro este capítulo com algumas dessas comemorações.

> 19 de maio de 2018
> A Lili cantou
> Mozão tá em casa graças a Deus
> O sofrimento acabou 🙏

> 21 de novembro de 2019
> Vim aqui compartilhar minha alegria...a lili gritou pro meu filho...meu coração ta pulando de alegria...depois de muito sofrimento hj vou dormir tranquila. Tenham fe que logo a lili cantara pros seus filhos maridos etc...so tenho a agradecer a Deus...to feliz feliz feliz 😢😢😢💖👐
> #meuamorestarcmg 💕

2 de janeiro de 2020
Bom dia meninas estou muito feliz pois meu filho recebeu alvara no sabado ----- antes do ano novo entaó para mim eh para ele foi uma vitoria estou mt feliz !!!!! Desejo ha vcs que logo os seus marido ou filhos tbm vai ter essa vitoria ♡ 🙏 👏☝🙋‍♀️ somente so tenho que agradeçer ha deus pela vitoria 😇 sentindo-se abençoada.

4 de abril de 2020
Boom diia Cuunhadas...
Vim Aque Agradecer a Voçes Por Toda Força, atenção e Conselhos Que todas vcs mim deram. ♡🥺
Lili Cantou pro Meu Marido Ontem 🙌🔐♡😍
Então Vim Compartilhar Miinha Felicidade Cm Vcs, Ele ta Aque Dormindo e Eu como uma Boba Toda feliz sem Coragem de Acordalo Pra Tomar Café rsrs 😁😂😍
Então Cunhadas Deus Esta No controle De Tudo e Logo Logo Vaii chegar a Vez de vcs, Nunca Desistam e nem Percam a fé 🙏♡😍
Obriigado por Tudo Cunhadas 😍♡♡♡

29 de junho de 2020
Passei aqui só pra compartilhar essa felicidade com vcs meninas... A #Liberdade do meu #Irmão. Ela não cantooo elaaaa gritoooo. & ele já está em casa... #a hora de cada uma gritar #LIBERDADE #CANTOO aqui tbm vai chegar. e tá bem mais próxima doque imaginam Deus é o Juiz... #AdeusPotimDoMal & #SeDeusQuiser #NUNCAMAIS #PELA #HONRRA & #PELAGLORIA #DOSENHOR 🙏 😍🥺— 🙂 sentindo-se feliz.

20 de setembro de 2020
Demooroou Mas Cantooo Obg Meu deus 😍😍😍🤲ela nao Cantoou Mas Gritooo

8 de novembro de 2020
venho falar um pouco aqui Guerreiras. minha caminhada acabou. amém. ñ desista nunca do amor da sua vida. Deus no comando sempre — 😆sentindo-se muito feliz

8 de abril de 2021
Elaaa não canto ela gritoooooooooo♡♡♡ O tempo de cantar chegou, quero dizer pra vs que tem um familiar que se encontra atrás de uma grade nunca desista porque Deus onra a fé e realiza o impossível hoje foi meu dia logo será o de vcs 🙌🙏😍 #CurtindoooooooMuitoooooo

15 de abril de 2021
Só tenho a agradecer a deus por cd dia fortalecido por cd segundo q ele esteve akí lado é no lado do meu filho... hj novamente ele me dar esse grande privilégio d ver a liberdade do meu filho só gratidão por td se q tiver noite longas lágrimas q não paravam d Cair tiver momento q achei q eu iria morre d tanta saudade mas aquele q habita em mim nunca desistiu d nós e hj a nossa Vitória tem saber d mel. Confie é te já deu certi 👩‍👦👩‍👦 a Lili chegou

14 de junho de 2021
Minha caminhada acabou a lili cantou eu nem acredito. Que deus de forca p vc guerreira. Depois de 12 anos na espera tao sonhada ela chegou. ☺ sentindo-se feliz.

REFERÊNCIAS

BIONDI, Karina. *Junto e Misturado:* imanência e transcendência no PCC. São Carlos: Ufscar, 2009.

BOLTANSKI, Luc. *L'amour et la Justice comme compétences:* Trois essais de sociologie de l'action. Paris, Métailié. 1990.

BOLTANSKI, Luc; THÉVENOT, Laurent. *The Sociology of Critical Capacity*. European Journal of Social Theory, vol. 2, n. 3, 1999, p. 359-377.

BOLTANSKI, Luc; THÉVENOT, Laurent. *A justificação:* Sobre as economias da grandeza. Rio de Janeiro: Editora UFRJ, Tradução brasileira de Alexandre Werneck. 2020[1991].

COMFORT, Megan. *Doing time together:* love and family in the shadow of the prison. Chicago: The University of Chicago Press, 2008.

DUARTE, Thais Lemos. *Amor em cárcere:* Relações afetivas no sistema penitenciário do Rio de Janeiro. Tese de doutorado. UERJ, 2015.

FERRAZ DE LIMA, Jaqueline. *Mulher Fiel.* As famílias das mulheres dos presos relacionados ao Primeiro Comando da Capital, São Carlos: Ufscar, 2013.

FOUCAULT, Michel. *Prefácio (in Jackson).* In Foucault, Ditos e Escritos, vol. 4. Rio de Janeiro, Forense, Universitária, 2010, pp. 146-151.

FOUCAULT, Michel. *Vigiar e Punir:* história da violência nas prisões. Petrópolis: Vozes, 2014[1975].

GARLAND, David. *A cultura do controle:* Crime e ordem social na sociedade contemporânea. Rio de Janeiro, Revan, 2008.

GODOI, Rafael. *Fluxos em cadeia:* as prisões em São Paulo na virada dos tempos. Boitempo, 2017.

GOFFMAN, Erwin. *Manicômios, prisões e conventos*. São Paulo, Perspectiva, 1974[1961].

GOFFMAN, Erwin. *Stigma:* Notes on The Management of Spoiled Identity. New York, Prentice Hall, 1963.

LAGO, Natália Bouças do. *Jornadas de visita e de luta:* tensões, relações e movimentos de familiares nos arredores da prisão. 2019. Tese (Doutorado em Antropologia Social) — Faculdade de Filosofia, Letras e Ciências Humanas, Universidade de São Paulo, São Paulo, 2019. DOI: 10.11606/T.8.2019.tde-20122019-174339.

MALLART, Fábio. *Cadeias dominadas:* a Fundação CASA, suas dinâmicas e as trajetórias de jovens internos. 1. ed. São Paulo: Editora Terceiro Nome/Fapesp, 2014, p. 264.

MEAD, George Herbert. *Mind, Self, and Society:* From the Standpoint of a Social Behaviorist. Chicago, University of Chicago Press, 1934.

MISSE, Michel. *Crime, sujeito e sujeição criminal:* Aspectos de uma contribuição analítica sobre a categoria "bandido". Lua Nova, 79, 2010, p. 15-38.

MISSE, Michel; GODOI, Rafael; TEIXEIRA, Cesar; MACIEL, David. *Os sentidos do cárcere: incapacitação e ressocialização na realidade prisional brasileira*. Projeto de pesquisa. Edital universal CNPQ, 2019. Disponível em: http://necvu.com.br/2019-os-sentidos-do-carcere-incapacitacao-e-ressocializacao-na-realidade-prisional-brasileira-contemporanea/.

PADILHA, Ana. *Guerreiras:* um estudo das relações familiares de presos em grupos de uma rede social. Dissertação (Mestrado) — Universidade Federal do Rio de Janeiro, Rio de Janeiro, 2022.

PADILHA, Ana. *O palco suplicial de uma guerreira:* O estigma de ser mulher de preso em um episódio de linchamento virtual. Revista Dilemas: Revista de Estudos de Conflito e Controle Social, Rio de Janeiro, Edição Especial no 5, 2023.

PADOVANI, N. *Sobre casos e casamentos:* afetos e "amores" através de penitenciárias femininas em São Paulo e Barcelona. Tese (Doutorado em Antropologia) — Universidade de Campinas, Campinas, 2015.

PORTO, Camille. *Selves em cadeia:* Um estudo sociológico sobre a carreira moral de "egressantes" do sistema penitenciário fluminense. Dissertação (Mestrado em Sociologia e Antropologia) — Universidade Federal do Rio de Janeiro, Rio de Janeiro, 2017.

PORTO; Camille; WERNECK, Alexandre. *O valor de uma existência.* UFRJ, Rio de Janeiro, 2021.

SCOTT, Marvin B.; LYMAN, Stanford. *Accounts.* Dilemas: Revista de Estudos de Conflito e Controle Social, Vol. 1, no 2, 2008[1968], pp. 139-172.

SILVESTRE, G. *Dias de visita:* uma sociologia da punição e das prisões. São Paulo: Alameda, 2012.

SÁNCHEZ, Alexandra *et al. Por uma estratégia equitativa de vacinação da população privada de liberdade contra a COVID-19.* Cad. Saúde Pública, Rio de Janeiro, v. 37, n. 4, e00068221, mar. 2021.

WERNECK, Alexandre. Uma definição sociológica do dar uma desculpa: Do senso comum à sociologia pragmática. In: MISSE, Michel. (org.). *Acusados e acusadores:* Estudos sobre ofensas, acusações e incriminações. Rio de Janeiro, 2008.

WERNECK, Alexandre. *A desculpa:* As circunstâncias e a moral das relações sociais. Rio de Janeiro, Civilização Brasileira, 2012.

WERNECK, Alexandre. *Sociologia da moral como sociologia da agência.* Revista Brasileira de Sociologia das Emoções, Vol. 12, n. 36, 2013, pp. 704-718.

WERNECK, Alexandre. *Dar uma zoada, botar a maior marra*: Dispositivos morais de jocosidade como formas de efetivação e sua relação com a crítica. Dados: Revista de Ciências Sociais, vol. 58, n. 1, 2015, p. 187-222.

Entre problemas públicos e definições de situação

o nascimento e a vida cotidiana de uma política pública para drogas

CAMILLE PORTO

Introdução

Na madrugada de 8 de novembro de 2019, autoridades públicas evacuaram a região parisiense conhecida como *Colline du crack*[1] situada no entorno do *Boulevard Périphérique*, um anel rodoviário que contorna a cidade, na altura de *Porte de la Chapelle*, no *18ème arrondissement*[2]. A notícia sobre a operação — que consistia na remoção de um agrupamento composto por cerca de 600 pessoas ali estabelecidas em condições extremamente precárias, configurando a principal cena aberta de consumo e venda da substância em Paris — já havia sido anunciada pelo então prefeito da região da *Île-de-France*, Michel Cadot, e veiculada pela mídia. Um colega do Step[3] — o Programa de Troca de Seringas (PTS) onde eu trabalhava na época — havia sido convocado para prestar assistência no local às 4h. O Step é um dos estabelecimentos médico-sociais

---

1. Em português, Colina do Crack.

2. Os *arrondissements* de Paris se referem a uma divisão administrativa que decompõe a cidade em 20 regiões distribuídas em espiral (cada *arrondissement* pressupõe um passo no movimento de "rodear" – *arrondir* – a cidade), a partir do centro do mapa.

3. Sigla para: "*Seringues, tampons, eau et préservatifs*". Em português: "Seringas, absorventes, água e preservativos".

administrados pela Associação *Espoir Goutte d'Or* (EGO-Aurore[4]), responsável também por um *Centre d'Accueil et d'Accompagnement à la Réduction des Risques pour Usagers de Drogues*[5] (Caarud) e um *Centre de Soins, d'Accompagnement et de Prévention en Addictologie*[6] (Csapa) —, igualmente situados no 18ème, região norte da cidade.

A EGO e outras associações enviaram seus representantes à Colina com o objetivo de encaminhar aquela população a alojamentos sociais e a dispositivos[7] de Redução de Riscos[8] (RDR), tais como os PTS, Caarud e Csapa. Segundo meu colega, a evacuação ocorreu de maneira pacífica e sem recurso à violência por parte dos policiais, os quais estavam concentrados em dispersar os usuários e não em fazer prisões. Na França, assim como no Brasil, o uso de drogas é criminalizado no Código Penal desde a década de 1970, todavia, com

---

4. A EGO foi incorporada em 2012 pela Aurore — associação criada em 1871 que atua desde então fornecendo alojamento, cuidado e acompanhamento a pessoas em situação de precariedade e de exclusão, a fim de inseri-las social e profissionalmente. Mas, apesar dessa fusão, que rendeu à EGO a alcunha de "serviço", ela continua sendo reconhecida e chamada diariamente entre funcionários e beneficiários pelo nome de "associação", e, por isso, me refiro a ela deste modo.

5. Em português: Centro de Acolhimento e de Acompanhamento em Redução de Riscos para Usuários de Drogas.

6. Em português: Centro de Cuidados, de Acompanhamento e de Prevenção em Adictologia.

7. Refiro-me a esse termo não no sentido conferido por Foucault (1984a, 1984b, 1987, 1993, 1994), mas em um sentido pragmatista (Peeters; Charlier, 1999) que ultrapassa o primeiro (e a conotação negativa que o acompanha), tomando-o não como instrumento de alienação, mas de autonomização. Isso porque, como demonstrarei ao longo do texto, os dispositivos de RDR não orientam o indivíduo: é o indivíduo que se orienta no interior deles.

8. O registro semântico da política que faço objeto varia conforme o local — a expressão "Redução de Danos" é utilizada no Brasil, no Canadá e na Grã-Bretanha, por exemplo, enquanto se utiliza "Redução de Riscos" na França e na Suíça, ou "Redução de Riscos e Danos" na Espanha. Para Pierre Brisson (1997), o vocábulo "riscos" remete à noção imediata de perigo enquanto o de "danos" remete à noção de prejuízos e problemas mais amplos.

o reconhecimento legislativo da RDR no Código de Saúde Pública, no início dos anos 2000, o consumo de drogas vem sendo tolerado e viabilizado com vistas à prevenção. Falamos, portanto, de uma dissonância, aquilo que Stark (2009) descreve quando concepções diferentes, ou mesmo antagônicas, se sobrepõem, estabelecendo um confronto entre princípios avaliativos que competem entre si e cuja consequência é a recombinação de recursos disponíveis, já que não há uma única métrica possível, mas duas coevoluindo, e levando a organização até então estabelecida a se tornar sistematicamente incapaz de seguir sua rotina e conhecimentos cristalizados.

Em outro trabalho, apresento alguns exemplos concretos do que chamo de tensão subjacente (Porto, 2022) entre os mundos da segurança e da saúde pública naquele contexto; mas o fato é que, nesse caso, e como em qualquer dissonância, trata-se não apenas de um contato entre lógicas aparentemente concorrentes, mas de uma integração por justaposição de seus sistemas de valor, que passam a conviver de forma organizada. Muito embora sejam regulares as cenas de policiais quebrando os artefatos descartáveis para consumo de drogas fornecidos pelos dispositivos de RDR, sobretudo os cachimbos para uso de crack, como me narraram diversos usuários; meu colega do Step descrevia a ação policial, inclusive na Colina, como "muito mais estratégica e midiática do que efetiva. Todo ano eles fazem isso para mostrar que estão fazendo alguma coisa... e todo ano os usuários voltam". Após a evacuação do ano anterior, em 2018, a associação EGO consagrou a edição subsequente de seu jornal quadrimestral, intitulado Alter Ego, inteiramente ao tema, elaborando um conteúdo a partir da experiência cotidiana de sua equipe com os consumidores de crack da região, a fim de desconstruir estereótipos difundidos pela imprensa[9] (Olivet, 2018).

9. Majoritariamente vinculados à figura do cracudo (Brandão, 2015; Veríssimo, 2015), tal como ocorre no Brasil.

O texto de abertura do jornal se propõe a responder a principal pergunta que estampava as matérias jornalísticas sobre o assunto naquele ano, tal como no ano seguinte: "Por que esse espaço, que é simultaneamente um lugar de venda, consumo e de vida para usuários de crack, continua a se recompor, a despeito das intervenções da força de ordem?" (Alter Ego, 2018, p. 3). De fato, a Colina foi evacuada em 27 de junho de 2018 e já se reconstituía cinco dias depois — motivo pelo qual se estabeleceu a citada operação de 2019. Para explicar o porquê, a associação recorre aos preceitos da adictologia — competência médica para quem a adição consiste em um comportamento repetitivo incontrolável, que ocorre a despeito do conhecimento e da experimentação das consequências negativas produzidas sobre a vida do adicto (Goodman, 1990). Diante disso, eles afirmam: usuários de uma substância tão aditiva quanto o crack, que não dispõem de recursos financeiros, tampouco de residência fixa, vão consumir onde quer que a substância esteja disponível. Se eles permanecem na Colina, destacam, não é por opção, mas porque aquele ambiente é adaptado às trocas de dinheiro e de serviços que permitem a pessoas sem rendimentos consumir.

A associação considera que, para resolver os problemas emergentes daquele território, intervir sobre os usuários mais precários ali instalados seria uma medida insuficiente, já que esse agrupamento é "apenas a ponta do iceberg" (Idem). A Colina é um ecossistema complexo — por isso, o título do texto: "A Colina das complexidades" (Idem) —, ali se configuram as cenas abertas, o consumo e a venda de drogas, mas também a prostituição e uma grande variedade de permutas das quais centenas de pessoas, mais ou menos inseridas naquele universo, desfrutam e, por vezes, dependem. Desse modo, declaram no jornal, evacuar o local não vai levar à extinção de suas práticas correntes; no máximo, vai deslocá-las para outro lugar — o que, de fato, ocorreu em 2019. Como destaca Anne Souirys (EELV), representante da saúde pública da prefeitura de Paris, em uma entrevista ao jornal *Libération*, em 2020: "a polícia percebia que a cada vez que procedia a uma evacuação, era pior do que antes". Mesmo os políticos de direita, complementa a representante, "dizem estar com a gente [enquadrando a questão mais no âmbito da saúde] porque nós não podemos deixar as coisas como estão" (Libération, 2020).

Nesse tipo de configuração — seja dentro ou fora da Colina — se concentram três problemas públicos (Gusfield, 1963, 1981; Cefaï, 1996, 2009, 2017, 2019) dotados de características e trajetórias distintas, que parecem impulsionar a criação e o desenvolvimento da política francesa de redução de riscos. O objetivo do texto[10] é demonstrar como eles comparecem no nascimento dessa política pública no país e como se dissolvem em uma situação de redução de riscos — categoria ampla mobilizada por mim para designar diferentes tipos de situação em que profissionais operacionalizam essa abordagem travando contato com usuários e vice-versa. Fruto de minha pesquisa de doutorado, os dados a serem apresentados foram obtidos a partir de entrevistas compreensivas (Kaufmann, 2013) com personagens-chave da cena parisiense de RDR, como profissionais e militantes atuantes no âmbito dessa abordagem; uma etnografia no interior (e ao redor) de três estabelecimentos médico-sociais administrados pela associação EGO, os quais eu frequentei cotidianamente na condição de voluntária, atuando juntamente aos profissionais de atendimento e participando de um curso de formação em RDR oferecido pela própria instituição a sua equipe de interventores; além da participação em diversos eventos, físicos e virtuais, direcionados a técnicos e pesquisadores da área, como colóquios, seminários, debates, mesas redondas e outros cursos de formação.

---

10. Este texto se articula a um estudo financiado pela Fundação Carlos Chagas Filho de Amparo à Pesquisa do Estado do Rio de Janeiro (FAPERJ), Processo SEI 260003/019659/2022.

Um nascimento em seis atos

Em seu posfácio a Joseph Gusfield, Daniel Cefaï (2009) define um problema público como um problema social dotado de características suplementares — cujo inconveniente, perigo ou risco não se reduz a um "problema individual", produzindo consequências nocivas para um conjunto de indivíduos, grupos, ou organizações, que compartilham a experiência (percepção, avaliação, compreensão, experimentação) dessas consequências, a despeito de seus interesses imediatos e opiniões pessoais. O problema público é aberto a um público indefinido de sujeitos que se mostram capazes de se constituir como cidadãos, sensíveis ao sentido e ao alcance de projetos que transcendem o horizonte de suas experiências imediatas e suas atividades privadas. A exigência de definição e de resolução de um problema público provoca uma intensa atividade de associação, de comunicação e de cooperação entre atores, organizações e instituições —, além de argumentações, denúncias e reivindicações, seja em estúdios de mídia seja em assembleias públicas, recorrendo ao repertório de ações coletivas e constituindo coletivos que se mobilizam para interpelar não somente a opinião pública, mas também os poderes públicos.

Em outros trabalhos (Porto, 2022; 2023; 2025), argumento que a política de redução de riscos parece responder a três problemas públicos que se apresentam à vida pública francesa e exigem uma solução: 1) um problema epidemiológico entre usuários de drogas injetáveis, identificado na década de 1980, com a proliferação do HIV via compartilhamento de seringas no interior dessa população; 2) um problema de adição entre usuários de psicoativos lícitos e ilícitos, identificado na década de 1990 graças à ascensão da adictologia, nova competência médica situada no campo da saúde pública, e, portanto, da intervenção estatal; 3) um problema de ecologia urbana entre usuários de drogas e moradores/transeuntes/comerciantes dos bairros mais afetados pela venda e uso dessas substâncias, identificado desde a formação de cenas abertas de consumo de heroína e outras drogas injetáveis, intensificado com a chegada do crack ao país, tornando-se um elemento cada vez mais presente nos debates e nas intervenções sobre o espaço público, agravando-se no século XXI (Cf. Alves; Pereira, 2021).

Desse modo, tomo o advento da epidemia de HIV como um momento de definição acompanhado de uma série de processos investigativos (Dewey, 1938) que ajudaram a criar ensejo para a elaboração, justificação e desenvolvimento dos dispositivos de redução de riscos nas décadas seguintes (Cf. Porto, 2021). Esse processo pode ser ordenado em seis atos correspondentes às etapas de uma investigação deweyana, os quais apresento a seguir.

Primeiro ato: experimentação de uma situação problemática, em um primeiro momento, por homossexuais (não à toa seria chamada de "câncer gay[11]"), em seguida também por usuários de drogas injetáveis, hemofílicos, e, posteriormente, outros agrupamentos sociais. Argumento que no contexto epidêmico, problemas tipicamente experimentados por usuários de drogas, como a contração e a transmissão de infecções virais, foram construídos como problemas públicos capazes de mobilizar diferentes públicos, ultrapassando "o círculo de pessoas imediatamente envolvidas, para se referir a um maior número de pessoas" (Cefaï, 2017, p. 190). Nesse contexto, se estabelecia um processo de publicização em torno do compartilhamento de seringas, ancorado em duas situações reconhecidas como problemáticas: de um lado, o consumo crescente de heroína, que levou à França a decretar, em 1972, a proibição da comercialização

---

11. Cognome apresentado no jornal A2, edição das 20h, da emissora pública *Antenne 2* (hoje, *France 2*), do dia 27 de março de 1982, em que se falava no "desenvolvimento [*nos Estados Unidos*] de uma forma de câncer [*sarcoma de Kaposi*] entre homossexuais masculinos, cuja evolução ocorre muito rapidamente". Em uma reportagem em Nova York, médicos entrevistados declaram interesse nessa situação nova e rara que "possibilitará fazer novas descobertas para a luta contra o câncer".

desses artefatos no país[12]; de outro, a emergência de um vírus letal, que levou a diferentes segmentos da sociedade a reivindicar, a partir de meados dos anos 1980, sua venda e distribuição a usuários de drogas, com vistas à contenção do HIV (Porto, 2021).

Segundo ato: definição e localização do problema no decorrer da década de 1980 por ONGs internacionais, profissionais do campo médico-social, militantes, soropositivos e seus próximos, usuários de drogas injetáveis, ex-usuários, moradores de bairros periféricos com altos índices de contaminação por compartilhamento de seringas, associações locais etc. Naquele momento, começaram a surgir articulações como a que deu origem à associação *Espoir* (esperança, em português) *Goutte d'Or*, em 1987. Diante do quadro sanitário e social alarmante naquele território, que se tornou, no início dos anos 1980, o epicentro da venda e do consumo das chamadas drogas "duras" da cidade — principalmente, em função do fechamento dos *spots*[13] de *Ilot Chalon* e *Université de Vincennes*, pelo processo de gentrificação; uma rede informal de atores se articulava em reuniões públicas semanais a partir de 1985: usuários e ex-usuários de drogas, soropositivos ou não, reivindicando seu direito à própria vida; moradores da *Goutte d'Or* reivindicando seu direito ao próprio bairro, tomado pelas drogas e por seringas descartadas (e provavelmente contaminadas) no espaço público e trabalhadores sociais reivindicando uma abordagem de saúde coletiva. Com uma demanda comunitária, essas pessoas "envolvidas em relações cotidianas (...) chega[*ram*] à conclusão de que algo est[*ava*] errado; de que não pod[*iam*] manter-se daquela forma por mais tempo; de que algo deve[*ria*] mudar" (Boltanski; Thévenot, 1999, p. 359).

---

12. Sucedendo a criminalização do consumo de entorpecentes pela lei *Mazeaud* de 1970 e aderindo ao movimento vigente nos Estados Unidos de "Guerra às Drogas". Para ver sobre os efeitos dessa política em uma escala situada (cf. Morelatto; Reid, 2020).

13. A palavra, originária da língua inglesa e corrente no francês, faz menção a pontos de venda e consumo de drogas.

Terceiro ato: primeiras hipóteses e tentativas de resolução do problema no seio da sociedade civil, ainda sem respaldo legal, entre diferentes (e, por vezes, divergentes) segmentos sociais, a partir de 1985. Não somente a EGO, mas muitas outras associações voltadas aos públicos concernidos surgiram naquele período, coordenando-se com ONGs internacionais. Tomo essas associações como "dispositivos de compromisso" (Cefaï; Veiga; Mota, 2011) destinados a estabelecer acordos locais em torno de princípios comuns, configurando uma experiência coletiva e uma ação pública. Um exemplo de iniciativa dessas associações remete à criação de espaços como a *accueil de jour* da EGO, inaugurada em 1987 na *Goutte d'Or*, bairro que lhe dá o nome, situado no 18ème *arrondissement* parisiense: antigo centro de acolhimento e acompanhamento direcionado aos usuários de drogas, já com uma orientação de redução de riscos, oferecendo diferentes tipos de auxílio para essa população. Como afirma a associação na primeira edição de seu jornal quadrimestral, seus representantes buscavam "favorecer as trocas em nosso bairro, informar e agir sobre problemas de saúde, particularmente os ligados à droga e à Aids". Outro exemplo desse tipo de ação remete à distribuição clandestina de seringas em Toulouse, sudoeste da França, pela associação AIDES — cujo nome se refere simultaneamente à palavra *aid* em inglês e à sigla AIDS, oriunda da mesma língua —, criada em 1984, pelo sociólogo Daniel Defert, companheiro de Michel Foucault, portador de Aids e falecido no mesmo ano.

Quarto ato: elaboração de propostas formais de resolução do problema na esfera pública, como no Ministério da Saúde, que instituiu, em 1987, o "Decreto Barzach[14]" suspendendo as disposições do Decreto de 1972 e autorizando a venda livre de seringas nas farmácias do país — medida vigente temporariamente e condicionada à

---

14. A peça legislativa recebe o nome da então ministra da Saúde do governo Chirac, Michèle Barzach, que decreta a primeira medida não repressiva após a votação da lei de 1970.

avaliação científica para sua permanência. Em 1989, são instalados experimentalmente os três primeiros Programas de Troca de Seringas em Paris, administrados pela organização *Médecins du Monde:* associação médica de solidariedade internacional que se engaja há mais de 40 anos em torno de e junto a usuários de drogas. A epidemiologia nascente da Aids estabelecia uma linha tênue entre ciência e política (Buton, 2006), engendrando um processo de sanitarização da política de drogas não somente na França, mas na Europa, de maneira mais ampla (Bergeron, 2005). Essa porosidade entre os polos científico e político fomentou processos de problematização, publicização e politização do conceito de *adição*, que se difundia gradativamente no país desde a década de 1980 (Cf. Adès, 2001). Não à toa, nos anos 1990 surgem os primeiros Tratamentos de Substituição aos Opiáceos[15] (TSO), inicialmente oferecidos de maneira experimental e limitada em apenas três *Centres Spécialisés de Soins aux Toxicomanes*[16] (CSST) situados em Paris — antigos estabelecimentos médico-sociais voltados ao cuidado de usuários de drogas ilícitas, distribuídos por todo o país.

Quinto ato: verificação e comprovação das primeiras propostas de resolução no plano empírico, evidenciadas por diversas pesquisas e relatórios encomendados por representantes públicos. A prometida avaliação do Decreto Barzach chega em 1988, provocando um choque cognitivo: contrariamente ao que previam os opositores, não foi observado o aumento do consumo de drogas injetáveis posteriormente à liberação de seringas. Além disso, sua comercialização

---

15. Os opiáceos são substâncias derivadas do ópio, um líquido leitoso presente na planta chamada *Papaver Somniferum*, popularmente conhecida como papoula do oriente. Aqueles que não sofrem nenhuma modificação química em sua estrutura são chamados de naturais e alguns exemplos desse tipo são a morfina e a codeína. Os opiáceos resultantes de modificações parciais das substâncias naturais são chamados de semi-sintéticos e um exemplo desse tipo é a heroína, produzida a partir da morfina.

16. Em português: Centros Especializados de Cuidado para Dependentes Químicos.

revelou provocar um impacto significativo sobre a prática de compartilhamento. Uma pesquisa realizada pelo Instituto de Pesquisa em Epidemiologia da Farmacodependência (Irep), apresentada por Rodolphe Ingold (1988), e, posteriormente, outra realizada pelo Instituto Nacional da Saúde e da Pesquisa Médica (Inserm), apresentada por Françoise Facy (1989), apontou que 52% dos usuários encontrados nas ruas afirmaram utilizar somente seringas pessoais, compradas em farmácias, em contraponto aos 71% que outrora declararam compartilhar o material. A partir disso, os usuários viriam a ser representados, cada vez mais, como "agentes de sua própria saúde" (Chappard; Couteron, 2013).

Em 1993, foi promulgada a circular DGS nº 72, transformando os modos de cuidado no país com o alargamento da oferta de TSO incluindo a prescrição de metadona e, posteriormente, buprenorfina[17]. Assim, a França passou de três CSST com essa modalidade de tratamento, que oferecia 52 vagas para pacientes inscritos no programa exclusivamente em Paris, para 45 Centros que atendiam a mais de 1.600 usuários por todo o território nacional (Augé-Caumon *et al.*, 2001). Naquele momento, se desenhava uma reorientação política no âmbito das drogas que refletia novas tomadas de consciência e de decisão suscitadas pela epidemia de Aids. Em 1994, são

---

17. Opiáceos totalmente sintéticos, cuja classe ganha o nome de opióide. Embora a estrutura da substância seja modificada, seus efeitos farmacológicos se assemelham aos dos opiáceos naturais e semi-sintéticos – o que, em tese, permite aos pacientes em tratamento de substituição reduzir ou largar o consumo de substâncias como a heroína sem sentir os efeitos de abstinência, muito embora alguns usuários tenham me relatado outra experiência na prática.

instalados os primeiros distribuidores automáticos de seringas[18] nas ruas e, em 1995, as associações como EGO foram autorizadas pelos poderes públicos a distribuir gratuitamente esses artefatos. No mesmo ano, os PTS foram reconhecidos oficialmente no Código de Saúde Pública e os TSO passaram a contemplar todas as CSST da França, por meio de uma circular ministerial que inseriu essa modalidade de tratamento "em uma estratégia terapêutica geral para a dependência" (DGS, 1995). Mas justamente quando cresciam as ações direcionadas a usuários de drogas injetáveis, com a proposta de cuidados, objetos e dispositivos específicos para essa população, o tráfico e o consumo de crack começavam a ocupar o espaço público de Paris, sobretudo as estações de metrô e a praça de *Stalingrad*, no 19ème.

Para Fortané (2010), duas publicações parecem ter criado uma "janela de oportunidade política" (Kingdon, 1984) para a elaboração de uma política de saúde pública comum a todas as drogas. Em primeiro lugar, o "Relatório Tassin" (1992), que se apoiava em um estudo realizado poucos anos antes por uma equipe italiana (Di Chiara; Imperato, 1988), cujos resultados apontavam para a ação de anfetaminas (substâncias estimulantes do sistema nervoso central) em áreas cerebrais até então consideradas como exclusivas da ação de morfina (depressoras do mesmo sistema), tomando a dopamina como substância comum a todos os psicoativos. A partir de então, o binômio dopamina/substâncias psicoativas (assim chamadas por provocarem efeitos nos neurônios) se tornaria a chave mestra de

---

18. O distribuidor automático de seringas, chamado *Totem*, disponibiliza um kit de injeção simples em troca de moedas chamadas *jetons*, onde aparecem os dizeres *Prévention Sida* — isso é, "Prevenção à Aids" —, concedidas até hoje em Programas de Troca de Seringas, como o Step. Essas máquinas foram instaladas em diversos pontos da cidade, como no *boulevard de la Chapelle*, onde se encontram o Step e o Csapa-EGO. Seu principal benefício é a possibilidade de obter um material descartável de injeção em qualquer momento do dia, sobretudo de madrugada, quando os PTS e as farmácias estão fechados.

todo discurso sobre as adições (Fortané, 2010). Em segundo lugar, o Relatório Roques, encomendado por Bernard Kouchner — cofundador do *Médecins sans frontières* e do *Médecins du monde* — no exercício de seu mandato no Ministério da Saúde[19], entre 1992 e 1993. O Relatório, publicado em 1998, permite tomar substâncias até então diferenciadas pelo estatuto de legalidade como semelhantes em função dos potenciais aditivos, de neurotoxidade e periculosidade, entre outros fatores, a exemplo do álcool e da heroína, que aparecem lado a lado segundo os critérios analisados.

Nesse contexto, o conceito de adição ascendia progressivamente, assumindo uma tripla condição de problema público, termo científico e categoria de intervenção estatal (Idem). O conceito surge pela primeira vez em uma política de saúde pública em 1999, no Plano Trienal da *Mission Interministérielle de la Lutte contre la Drogue et la Toxicomanie*[20] (MILDT) — renomeada posteriormente como *Mission Interministérielle de la Lutte contre les Drogues et les Conduites Addictives*[21] (Mildeca) —, cuja implantação fundiu os dispositivos voltados ao alcoolismo, ao tabagismo e às drogas ilícitas. Em 1997, Bernard Kouchner volta ao Ministério da Saúde e encomenda o relatório chamado "O acesso à metadona na França", publicado em

---

19. Cadeira que recebe representantes importantes para o processo de institucionalização da RDR na França, desde Michèle Barzach, no final dos anos 1980. Outros políticos dignos de nota são Claude Evin, responsável pela criação de *l'Agence Française de Lutte contre le Sida* (AFLS), em 1989, que financiou o primeiro sindicato francês de usuários de drogas, criado em 1992, o ASUD (Auto-Suporte de Usuários de Drogas); além do próprio Bernard Kouchner e sua sucessora, Simone Veil, responsável pela criação das chamadas *boutiques*, que acolhiam usuários de drogas com uma orientação de redução de riscos ainda na década de 1990.

20. Em português: Missão Interministerial de Luta contra a Droga e a Dependência Química.

21. Em português: Missão Interministerial de Luta contra as Drogas e os Comportamentos Aditivos.

2001, indicando que a metadona e a buprenorfina provaram a sua eficácia em TSO no período de 1994 a 2000 e legitimando a abordagem de RDR.

Em 2004, a redução de riscos passa a incorporar o Código de Saúde Pública da França, inaugurando dois estabelecimentos médico-sociais responsáveis por sua operacionalização, regulamentados e financiados pelo Estado: os já citados Centros de Acolhimento e de Acompanhamento em Redução de Riscos para Usuários de Drogas (Caarud), que substituíram as antigas *accueils de jour* e *boutiques*; e os Centros de Cuidados, de Acompanhamento e de Prevenção em Adictologia (Csapa), que carregam essa disciplina no próprio nome e substituem os antigos CSST e *Centres de Cure Ambulatoire en Alcoologie*[22] (CCAA). Igualmente, no início dos anos 2000, surgia às bordas do periférico parisiense, em *Porte de la Chapelle*, a Colina onde se estabeleceu o principal local de venda, consumo e habitação para usuários de crack na cidade e que seria alvo de sucessivas intervenções nas décadas seguintes.

Sexto ato: aquisição de um método confiável para a resolução desse e de outros problemas similares no futuro, estabelecendo um costume duradouro de procedimento. Na segunda década dos anos 2000, é inaugurada a *Salle de Consommation à Moindre Risque*[23] (SCMR) de Paris, sob administração da associação Gaïa[24], seguida de uma segunda SCMR na cidade de Strasbourg, norte da França. As SCMR oferecem um espaço para consumo supervisionado de drogas injetáveis, como heroína, e, em menor escala, inaláveis oralmente, como crack. Pela pouca oferta de dispositivos direcionados

---

22. Em português: Centros de Cura Ambulatorial em Alcoologia.

23. Em português: Sala de Consumo de Menor Risco.

24. Criada em 2005, a associação foi fundada pela organização *Médecins du Monde* (Médicos do Mundo), visando acolher e auxiliar usuários de drogas em seu contexto social, médico e psicológico, e administrando atualmente, assim como a EGO, um Csapa e um Caarud, além da SCMR e outros dispositivos de RDR.

aos usuários do último, somada ao enorme aumento populacional desse agrupamento nas décadas precedentes, e à intensificação dos problemas situados na (e para além da) Colina, novos dispositivos de redução de riscos foram inaugurados, no início de 2020, justamente nessa e em outra região ocupada por seus frequentadores após a evacuação (Cf. Cosnard, 2021): respectivamente, *Porte de la Chapelle* e *Jardins d'Eole*, ambos situados no 18ème. Trata-se dos Espaces de Repos[25], estabelecimentos médico-sociais destinados exclusivamente a usuários de crack, oferecendo cuidados primários, acompanhamentos técnicos, sala de repouso, entre outros serviços, e que se pretendia transformar em novas SCMR — ou, *Haltes Soins Addictions*[26], sua nova denominação (Jauffret-Roustide, Dambélé; Porto, 2023) — para consumo de crack, antes mesmo de sua inauguração (Porto, 2022).

A vida cotidiana em duas temporalidades

A aquisição de um método confiável para a resolução de problemas vai produzindo um novo estado de crença, de conhecimento, de relativa tranquilidade em relação à situação problemática que lhe deu origem, cujo fenômeno "envolve o surgimento, em nossa natureza, de uma regra de ação, ou, digamos com brevidade, o surgimento de um hábito" (Peirce, 1966, p. 121). Para Mead (1934), igualmente, processos de institucionalização, tal como o que descrevo aqui, envolvem não apenas *habitats* materiais, mas também hábitos, isso é, atitudes, maneiras e convenções baseadas em seus próprios padrões de solução de problemas e em sua percepção e valorização de dinâmicas de meios e fins. Se, para Dewey, o uso do termo "crença" seria

---

25. Em português: Espaços de Repouso.

26. Em português: Paradas de Cuidado em Adictologia – mais um exemplo do embasamento da redução de riscos nessa disciplina.

problemático em função de seu emprego "popular", pertinente a um conteúdo psicológico desvinculado de qualquer pesquisa objetiva; ele toma esse estado mental, assim como o hábito, como um elemento indispensável para se chegar a um resultado significativo de investigação — não por constituir um guia definitivo de ação, mas uma teoria em constante estado de provação mediante novos fatos e situações concretas.

Ou seja, com a institucionalização das práticas, dos procedimentos e dos hábitos de prevenção e seu desenvolvimento no decorrer de um período prolongado, o modelo da RDR vai sendo cristalizado nas mentes e na vida das pessoas concernidas, gerando determinados modos de ação e reação e engendrando situações-tipo que se produzem e reproduzem no exercício cotidiano dessa política pública. Essas situações são permeadas por determinados quadros e roteiros, no sentido de Goffman (1959), constituindo um nexo específico de narrativas. Seus membros são inseridos em "campos de experiência" (Mead, 1934, p. 90) que orientam a forma como eles sentem, percebem, avaliam, escolhem, agem, falam e organizam suas vidas privadas e em comum nesses "habitats experienciais" (Idem, p. 349). Para compreender como se constitui uma situação de redução de riscos, procedi a um modo de tratamento etnográfico, analisando os elementos responsáveis por efetivá-la cotidianamente: seus personagens, seus dispositivos, suas práticas, suas mecânicas, suas disputas, conflitos, seus modos de avaliação, seus enquadramentos (Goffman, 2012; Beraldo, 2021) valorativos e as formas de ajustamento entre eles e os outros elementos.

Partindo de uma abordagem fundamentalmente pragmatista (Peirce, 1992a, 1992b; James, 2011[1898]; Thomas, 1966[1923]; Thomas e Thomas, 1938; Dewey, 1938; Mead, 1934), recorro a uma inversão analítica segundo a qual tudo o que está diante de nossos olhos é resultado de processos que podem e devem ser reconstituídos para entender como foram efetivados pragmaticamente (Werneck, 2024). Desse modo, tomo a situação de RDR como resultado dos processos — ou problemas — identificados e descritos acima. Para W. I. Thomas, e outros clássicos do pragmatismo filosófico, como Mead e Dewey, as situações seriam uma forma privilegiada de compreensão do social uma vez que ele se faz propriamente no decurso delas. Para analisá-las, mobilizo um situacionismo metodológico (Cicourel, 1964; Knorr-Cetina, 1981; Collins, 1981; Joseph, 1984, 2000) que me permite tomá-las como objeto e interpretá-las como circunscrições no tempo e no espaço nas quais se reconhece que algo discreto está acontecendo e se leva a sério como determinante no social o seu processo de definição (Thomas, 1923). A definição de situação não é um gesto cartesiano individualista, uma mecânica segundo a qual cada indivíduo pode definir ao sabor de sua própria vontade; ela é, ao contrário, um imperativo social partilhado entre seus participantes, que operam suas ações na situação com base em experiências anteriores. Trata-se de uma aposta e um investimento agencial em relação ao "que está acontecendo aqui" (Goffman, 2012, p. 16), cuja comprovação depende de uma verificação na prática, uma testagem da realidade social — uma investigação, nos termos de Dewey — entre os envolvidos, estabelecida no decurso da própria situação.

A política de RDR é operacionalizada por meio de uma intervenção de profissionais de diferentes setores do campo médico-social sobre os modos de consumo e os aspectos mais gerais da vida de usuários de drogas no interior e através de seus dispositivos. Como dizem os operadores da associação EGO — e como observei em seus estabelecimentos —, essa intervenção se destina estritamente ao acompanhamento do público-alvo, o que significa, conforme as suas interpretações, caminhar junto a eles na direção que decidem seguir — seja ela para o consumo, para a abstinência ou para uma (ou mais uma) recaída. Nesse percurso, são oferecidos diferentes materiais, substâncias, informações e atendimentos voltados ao bem-estar físico, psicológico e social dos assistidos, sem questionar suas decisões individuais — ainda que elas dificultem ou até mesmo inviabilizem o acompanhamento proposto. Essa aparente contradição institucional deriva de uma ainda mais fundamental e apriorística: o duplo reconhecimento dos usuários: 1. como seres autônomos e dotados de uma capacidade decisória sobre suas trajetórias de consumo e suas vidas cotidianas, cuja condição atribui a eles o direito de contestar, rejeitar ou abandonar os conselhos, métodos, procedimentos, objetos e fármacos distribuídos pelos profissionais e, simultaneamente; 2. como seres desprovidos de total autonomia em função da influência exercida pelos psicoativos sobre as suas faculdades psíquicas e decisórias, que tende a inseri-los em uma condição de vulnerabilidade e constitui justamente o que a abordagem se propõe a reconstruir.

Essa reconstrução é executada por meio de dois eixos de intervenção que atravessam a vida cotidiana da política pública em questão, ancorados em temporalidades distintas. O primeiro responde às demandas mais urgentes do público-alvo, em um registro temporal imediatista, atendendo às necessidades mais básicas de sobrevivência, que se revelam para boa parte dos usuários como situações problemáticas (Dewey, 1938): a quem passa frio, os profissionais da EGO oferecem casacos usados (e outros tipos de roupa); a quem passa fome, oferecem café da manhã e, com menos frequência, almoço; a quem não tem acesso à higiene, oferecem uma ducha e itens de autocuidado; a quem não tem onde dormir oferecem alojamentos de emergência. O segundo eixo de intervenção responde às demandas mais constantes na vida dos usuários e se ancora em um registro temporal de longo prazo, buscando torná-los cada vez mais aptos a romper com a exclusão e a marginalidade que atuam sobre eles. A quem está doente, ou necessita de acompanhamento psicológico, ou não goza de direitos, ou está desempregado, ou se encontra sem recursos financeiros, ou em situação de rua, os profissionais oferecem atendimentos médicos, psicológicos, jurídicos e de assistência social, além de outros dispositivos de inserção profissional e de moradia. Ainda nesse eixo, para evitar a contração e a transmissão de doenças, oferecem artefatos descartáveis para uso de drogas e locais de consumo supervisionado.

Certa vez, ouvi em campo uma metáfora culinária que ilustra bem essa distinção temporal que se estabelece no acompanhamento aos usuários: cozinhar um alimento por 2min em fogo alto não é o mesmo que cozinhá-lo por 20min em fogo baixo, porque o ponto de cozimento não será o mesmo. Isto significa dizer que a redução de riscos é uma abordagem de efeitos progressivos: ela não visa somente suprir as demandas imediatas dos assistidos, mas também garantir que elas sejam cada vez menos frequentes em suas vidas ao longo do tempo. A principal diferença entre essas temporalidades é que, no segundo caso, quem aplica a RDR são os próprios usuários: são eles que decidem se irão seguir os conselhos institucionais de prevenção e cuidado, se irão empregar artefatos descartáveis ou de outra natureza em situações de uso, se irão destiná-los ao consumo próprio ou compartilhá-los com colegas, se irão seguir corretamente os tratamentos de substituição, se irão comparecer às consultas e atendimentos de ordem médica, psicológica e social etc. Desse modo, eles são tomados como atores de sua própria saúde — quando não de saúde pública (Noblet, 2017) —, como "agentes competentes" no sentido atribuído por Garfinkel (1967), e não como seres "dopados" pela droga, tampouco pela instituição.

Assim, se a vida cotidiana dessa política pública envolve uma forma de gestão, que oferece dispositivos, métodos, estratégias, saberes e artefatos com vistas a conter os riscos e danos previstos pelo uso de drogas, administrando os corpos e os hábitos individuais, modelando e manipulando (no sentido mais brando do termo) as práticas e os deslocamentos cotidianos dessa população, o que permite tomá-la, de um lado, em termos biopolíticos (Foucault, 2008a, 2008b); de outro, ela se estabelece por meio do respeito e da promoção à autonomia do público-alvo, cuja premissa rompe com certa noção de poder e estabelece barreiras incontornáveis ao exercício dessa gestão populacional. Trata-se, portanto, de um agenciamento dos usuários que assegura os limites de sua própria agência, expressando duas mecânicas que, aprioristicamente, anulam uma à outra, mas, nesse caso, coexistem pacífica e produtivamente. Desse modo, tomo a política de RDR como resultado e operação da vontade individual — e nesse sentido como uma afirmação da agência dos usuários — e, simultaneamente, como resultado e operação de governo das populações — e nesse sentido como uma afirmação da agência institucional, militante, médica e política que atua sobre eles.

As situações-tipo dessa política pública são definidas, assim, por meio de uma indefinição da situação (Werneck, 2020), isso é, um movimento de postergação estratégica de sua definição, com o objetivo de estabelecer uma condição híbrida e permitir aos envolvidos se beneficiar de múltiplas possibilidades entre o livre-agenciamento dos usuários e a intervenção plena sobre sua agência. Embora haja um investimento e uma expectativa institucional de que os usuários absorvam e incorporem os elementos materiais e discursivos oferecidos pelos profissionais dentro e fora dos dispositivos de RDR, em palestras, oficinas, ateliês, consultas, atendimentos e conversas informais; há um espaço de ação consideravelmente amplo e devidamente arraigado que permite aos assistidos fazerem uso desse serviço do modo como lhes convêm. Isso significa, por exemplo, buscar atendimento com o fim exclusivo de obter alimentos, doações de roupas, itens de higiene e suprir outras demandas ancoradas no registro temporal das urgências, sem se comprometer com os elementos que viabilizam um acompanhamento (e resultados) de longo prazo. Essa abordagem compreende, então, duas formas de empreendimento — dos usuários e do plano institucional —, sem definir de partida em que medida cada um deles irá operar nas situações. Nesse ambiente de indefinição, se estabelece o que venho chamando de gestão compartilhada (Porto, 2022) entre profissionais e usuários sobre os corpos, hábitos, modos de consumo e outras práticas cotidianas dos últimos, cujo modus *operandi atribui* determinados recursos a serem mobilizados por cada um dos participantes situadamente: aos profissionais, os saberes, os objetos, as técnicas, a experiência prévia e a legitimidade social e legalmente atribuída;

aos usuários, a liberdade, a autonomia, o direito de recusa, de afastamento e de consumo nas condições de sua própria escolha.

Conclusões

Não por acaso, no mesmo lugar onde se concentram os três problemas públicos responsáveis por impulsionar a política francesa de redução de riscos — a Colina do Crack —, foi implantado um dispositivo capaz de dissolvê-los através de suas situações-tipo. As situações que se configuram no Espaço de Repouso administrado pelas associações EGO e Gaïa, inaugurado em janeiro de 2020, em *Porte de la Chapelle*, se assemelham, em maior ou menor grau, às estabelecidas nos Caarud, Csapa, PTS, SCMR e outros dispositivos de RDR de Paris e do restante do país. Com a oferta de duchas e acompanhamento médico-social de uma equipe composta por 15 profissionais — trabalhadores sociais, educadores, médicos e enfermeiros, como de praxe —, o local funciona de domingo a domingo, em jornadas integrais. Financiado pela prefeitura de Paris e pela Agência Regional de Saúde (ARS), o Espaço integra o "Plano 2019-2021 de luta contra o crack", junto ao fortalecimento das *maraudes*[27] de RDR nas ruas e em estações de metrô do nordeste parisiense — sobretudo da linha 12, que leva à *Porte de la Chapelle*, servindo como ponto de acesso à Colina e abrigo para seus frequentadores, além de ponto de venda e consumo de drogas; e ao financiamento de alojamentos sociais (L'Express, 2019).

27. As *maraudes* são executadas por profissionais do *Samusocial* — um dispositivo urbano de urgência social e de luta contra a exclusão — por meio de uma intervenção no espaço público que oferece a pessoas em situação de rua cuidados médicos e de higiene, acompanhamento psicossocial, alimentos, alojamentos sociais etc. (Cf. Cefaï; Gardella, 2011). As chamadas "*maraudes* de redução de riscos" oferecem o mesmo serviço, juntamente à distribuição de materiais de consumo descartáveis, testagem de doenças infecciosas, inserção dos usuários em dispositivos fixos de RDR etc.

Segundo Michel Cadot, então prefeito da Região Île-de-France, o objetivo do Plano era "responder, de maneira urgente, aos moradores [*de áreas marcadas pelo consumo de drogas*], garantindo a ordem pública, e retirar os usuários de crack do ciclo da adição com um acompanhamento médico e social" (Beaulieu, 2019). Para Anne Souyris (EELV), o plano compreende 4 objetivos: acompanhar os usuários para reduzir os riscos sociais e sanitários do consumo, reforçar a capacidade de alojamentos sociais, intervir sobre o espaço público — tanto no que concerne aos usuários quanto aos moradores — e ampliar o conhecimento institucional sobre os públicos concernidos (Destombes, 2020). Mas apesar de se direcionar, parcialmente, aos frequentadores da Colina, oferecendo a eles cuidados, alimentos, um teto etc.; o dispositivo foi inaugurado, ironicamente, quando essa população perdeu a possibilidade de acesso e permanência na região por meio de uma operação (e posterior ocupação) policial. O ajuste realizado entre as duas categorias de profissionais que ocupavam o território — os representantes da RDR e da ordem pública — foi o seguinte: os primeiros deveriam ir buscar os usuários individualmente no entorno da Colina, onde era permitida a sua presença, e acompanhá-los até o interior do dispositivo — mais um exemplo da dissonância entre os polos da segurança e da saúde pública, cuja integração permite sua convivência nem sempre de maneira harmoniosa, mas organizada.

No Espaço de Repouso, assim como nos demais dispositivos de RDR, o problema epidemiológico é combatido por meio da distribuição de artefatos descartáveis para consumo de drogas injetáveis e inaláveis (nasal e oralmente), de testes de despistagem, vacinação e conscientização sobre infecções virais e seus modos de transmissão. O problema de adição é aplacado por meio de acompanhamentos médico, psicológico, social e jurídico, que permitem aos usuários administrar em alguma medida os prejuízos decorrentes dessa condição; do acesso a itens básicos e essenciais à sobrevivência, como alimentos, vestimentas e artigos de higiene; de auxílio para o andamento de processos burocráticos/administrativos necessários à reconstrução de sua cidadania e validação de direitos; do encaminhamento a dispositivos de inserção profissional, entre outros. O problema de ecologia urbana, por sua vez, é dissolvido por meio da contenção dos usuários em um espaço físico durante o dia; do encaminhamento a alojamentos emergenciais, como o *Sleep'In*[28], onde podem passar as noites, e a dispositivos de inserção residencial; da oferta de pontos de descarte de material de consumo usado etc.

No dia da evacuação, a Colina foi o assunto comentado por todos os usuários que passaram pelo Step: "Será que dessa vez é para sempre?", era a pergunta que não queria calar. A ampla maioria dos frequentadores contava aos profissionais espontaneamente como estavam, o que fariam diante daquilo e para onde pretendiam ir — como a equipe EGO reconhece (Alter Ego, 2018), os usuários não trocam facilmente os contatos sociais ligados ao consumo de drogas e à sociabilidade que emerge a partir e em torno dessa prática pela solidão de um quarto de hotel providenciado pelo Estado. Um dos objetivos da associação com sua proposta de intervenção é justamente despertar outros interesses, para além do consumo, no público frequentador, sobretudo, por meio da oferta de ateliês, passeios culturais e pequenas viagens, na expectativa de que seus interesses se modifiquem espontaneamente e os levem a almejar novos horizontes, como, por exemplo, uma moradia fixa e um trabalho.

Esse movimento não ocorre de uma hora para a outra, tampouco por meio de uma operação policial, mas no decorrer de um acompanhamento contínuo e gradativo, que remete à metáfora culinária anteriormente citada. Nesse processo, a associação investe no diálogo — "a única maneira democrática de produzir mudanças" (Idem, p. 2)

---

28. Estabelecimentos que acolhem os usuários entre 20h30 e 8h30 pelo valor de €1,50 e permitem o consumo de drogas em seus aposentos – o que leva alguns beneficiários que estão tentando largar o vício em tratamentos de substituição à decisão de dormir nas ruas para fugir da "tentação".

— como uma de suas principais ferramentas de trabalho, aliada à criação de vínculos e relações de confiança com os assistidos. Isso porque, para que a redução de riscos ocorra de maneira efetiva — e se estabeleça, assim, uma gestão efetivamente compartilhada entre profissionais e assistidos —, não basta somente a oferta pontual de insumos, tratamentos, alojamentos ou café da manhã (Idem); é preciso formar uma rede de apoio e cuidado mais ampla e constante na vida dos usuários, garantindo-lhes, por exemplo, o seu lugar em uma comunidade, mesmo quando forças policiais os removem do território no qual estabelecem suas rotinas cotidianas e que lhes conferem alguma noção de pertencimento — por vezes, a única.

REFERÊNCIAS

ADES, Jean. *La place de l'alcoolisme parmi les addictions*. Le Carnet PSY, 61, 2001, p. 14-15.

ALTER EGO. *La colline des complexités*. Alter Ego, été (96):3, 2018.

AUGE-CAUMON, Marie-Josée *et al. L'acess à la méthadone en France:* Bilan et recommandations: rapport au Ministre de la santé. Vu le 13 juin 2024: L'acces a la methadone en France. Bilan et recommandations: rapport au | vie-publique.fr, 2001.

ALVES, Ygor Diego Delgado; PEREIRA, Pedro Paulo Gomes. *O surgimento da Cracolândia como problema público:* O desenvolvimento do mercado lucrativo do crack e sua exploração político-midiática. Dilemas: Revista de Estudos de Conflito e Controle Social, 14/2, 2021, p. 465-488.

BEAULIEU, Cécile. *Paris:* un plan à 9 millions d'euros inédit pour endiguer le fléau du crack. *Le Parisien*. Vu le 13 juin 2024. 2019. Disponível em: https://www.leparisien.fr/paris-75/paris-un-plan-a-9-meur-inedit-pour-endiguer-le-fleau-du-crack-27-05-2019-8081103.php.

BELAÏCH, Charlotte. *Interview Anne Souyris*, Il faut des salles de consommation partout. *Libération*. Vu le 13 juin 2024: Anne Souyris, Il faut des salles de consommation partout — Libération (liberation.fr), 2020.

BERALDO, Ana. *Entre a vida e a morte:* Normatividades, negociações e violência em uma favela de Belo Horizonte. Dilemas: Revista de Estudos de Conflito e Controle Social, 14/1, 2021, p. 27-51.

BERGERON, Henri. *L'État et la toxicomanie*. Histoire d'une singularité française. Paris: Presses Universitaires de France, 1999.

BERGERON, Henri. Europeanisation of Drugs Policies: From Objective Convergence to Mutual Agreement. In: STEFFEN, Monika. (éd.). *Health Governance in Europe:* Issues, Challenges and Theories. Londres: Routledge, 2005, p. 174-187.

BERGERON, Henri. *Sociologie de la drogue*. Paris: Éditions La Découverte. Boltanski, Luc e Thévenot, Laurent. 1999. The Sociology of Critical Capacity. European Journal of Social Theory, 2 (3): 2009, p. 359-377.

BRANDÃO, Beatriz. Usos do crack na cidade: antropologizando sinais do corpo. In: *Anais da V Reunião Equatorial de Antropologia*. Maceió: Edufal, 2015.

BRISSON, Pierre. *L'approche de réduction des méfaits:* sources, situation, pratiques. Comité permanent de lutte à la toxicomanie (CPLT), Gouvernement du Québec, 1997.

BUTON, François. *De l'expertise scientifique à l'intelligence épidémiologique:* l'activité de veille sanitaire. *Genèsis*, 65, 2006, p. 71-91.

CEFAÏ, Daniel. *La construction des problèmes publics:* Définitions de situations dans des arènes publiques. *Réseaux*, 14 (75), 1996, p. 43-66.

CEFAÏ, Daniel. *Públicos, problemas públicos, arenas públicas...* O que nos ensina o pragmatismo (Parte 1). Novos Estudos Cebrap, Parte 1, 36(1): 187-213/ Parte 2, 36(2), 2017, p. 129-142.

CEFAÏ, Daniel. Les problèmes, leurs expériences et leurs publics: Une enquête pragmatiste. In: *Sociologie et sociétés* 51(1 e 2), 2019, p. 33-92.

CEFAÏ, Daniel; GARDELLA, Edouard. *L'urgence sociale en action.* Ethnografie du Samusocial de Paris. Paris: La Découverte, 2011.

CEFAÏ, Daniel; VEIGA, Felipe Berocan; MOTA, Fabio Reis. Introdução. In: *Arenas públicas: por uma etnografia da vida associative*. Niterói: EDUFF. 2011, p. 09-63.

CHAPPARD, Pierre; COUTERON, Jean-Pierre. *Salle de shoot:* Les salles d'injection supervisée à l'heure du débat français. Paris, Éditions La Découverte, 2013.

CICOUREL, Aaron Victor. Method and Measurement in Sociology. Nova York: Free Press of Glencoe. Collins, Randall. Micro-translation as a Theory-building Strategy. In: KNORR-CETINA, Karin; CICOUREL, Aaron. (org.). *Advances in Social Theory and Methodology:* Towards an Integration of Micro and Macro-Sociologies. Londres: Routledge/Kegan Paul. 1964, p. 81-108.

COSNARD, Denis. *A Paris, un jardin public ouvert la nuit pour les consommateurs de crack*. Le Monde, 18 mai. 2021, Société, Paris. 2021. Disponível em: https://www.lemonde.fr/societe/article/2021/05/18/a-paris-un-jardin-public-ouvert-la-nuit-pour-les-accros-au-crack_6080627_3224.html.

DESTOMBES, Christelle. *Un Plan crack à Paris. Vih.org*. Vu le 13 juin 2024. Disponível em: https://vih.org/20200110/un-plan-crack-a-paris/.

DEWEY, John. *Logic:* The Theory of Inquiry. New York: Holt, Rinehart and Winston. 19, 1938.

DEWEY, John. *Le public et ses problèmes*. Paris: Gallimard. 2010(1927).

DI CHIARA, Gaetano; IMPERATO, Assunta. *Drugs Abused by Humans Preferentially Increase Synaptic Dopamine Concentrations in the Mesolimbic System of Freely Moving Rats*. Proceedings of the National Academy of Sciences, 85, 1988.

FACY, Françoise. *Enquête épidémiologique:* toxicomanes et partage des seringues, Inserm U 302, rapport. 1989.

FORTANE, Nicolas. *La carrière des addictions:* D'un concept médical à une catégorie d'action publique. Genèses 1(1), 2010, p. 5-24.

FORTANE, Nicolas. *La (les) trajectoire(s) du changement*. La naissance de l'addictologie. Actes de la recherche en sciences sociales 205(5), 2014, p. 42-57.

FOUCAULT, Michel. *Vigiar e Punir.* Petrópolis: Editora Vozes, 1987.

FOUCAULT, Michel. *Le souci de soi*. Paris: Gallimard. 1984a.

FOUCAULT, Michel. *L'usage des plaisirs*. Paris: Gallimard. 1984b.

FOUCAULT, Michel. *Microfísica do poder*. Rio de Janeiro: Graal. 1993.

FOUCAULT, Michel. *Dits et écrits 1954-1988*. Tome III: 1976-1979. Paris: Gallimard. 1994.

FOUCAULT, Michel. *Segurança, território, população:* Curso dado no Collège de France (1977-1978). São Paulo: Martins Fontes. 2008a.

FOUCAULT, Michel. *Nascimento da biopolítica:* Curso dado no Collège de France (1978-1979). São Paulo: Martins Fontes. 2008b.

GARFINKEL, Harold. *Studies in Ethnometodology*. Englewood Cliffs: The Free Press. 1967.

GOFFMAN, Erving. *The presentation of self in everyday life*. Nova York, Anchor Books. 1959.

GOFFMAN, Erving. *Os quadros da experiência social:* uma perspectiva de análise. Petrópolis: Editora Vozes. 2012(1974).

GOODMAN, Aviel. *Addiction:* definition and implications. British Journal of Addiction 85: 1990, p. 1403-1408.

GUSFIELD, Joseph. *Symbolic Crusade:* Status Politics and the American Temperance Movement. Urbana: University of Illinois Press. 1963.

GUSFIELD, Joseph. *The culture of public problems:* Drinking-Driving and the Symbolic Order. Chicago: University of Chicago Press. 1981.

GUSFIELD, Joseph. *La culture des problèmes publics.* L'alcool au volant: la production d'un ordre symbolique. Traduction et postface de D. Cefaï. Paris: Economica. 2009.

INGOLD, Rodolphe. *Les effets de la libéralisation de la vente des seringues*: rapport d'évaluation. IREP, Paris, 1988.

JAMES, William. *Philosophical Conceptions and Practical* Results. Princeton: Princeton University Press, 2011(1898), pp. 66-78.

JAUFFRET-ROUSTIDE, Marie; DAMBELE, Sayon; PORTO, Camille. *La construction du crack à Paris comme un problème épidémiologique, de prise en charge et d'écologie urbaine*. Psychotropes, dossier: Le crack, n. 4, v. 29, 2023, p. 7-29.

JOSEPH, Isaac. *Goffmann et l'écologie urbaine*. Les Annales de la recherche urbaine 95, 2004, p. 130-133.

JOSEPH, Isaac. *Erving Goffman e a microssociologia.* Rio de Janeiro: FGV. 2000.

KAUFMANN, Jean-Claude. *A entrevista compreensiva:* um guia para pesquisa de campo. Petrópolis: Vozes, 2013.

KNORR-CETINA, Karin. The Micro-Sociological Change of the Macro-Sociology: Towards a Reconstruction of Social Theory and Methodology. In: KNORR-CETINA, Karin; CICOUREL, Aaron Victor. (org.). *Toward an Integration of Micro- and Macro-Sociologies.* Boston e Londres: Routledge & Keegan Paul, 1981, pp. 1-47.

L'EXPRESS. *À Paris, un nouveau plan pour lutter contre le fléau du crack.* Vu le 13 juin 2024: À Paris, un nouveau plan pour lutter contre le fléau du crack — L'Express (lexpress.fr). 2019.

MEAD, George Herbert. *Mind, Self and Society:* From the Standpoint of a Social Behaviorist. Chicago: University of Chicago Press, 1934.

MORELATTO, Ana Carolina Batista; SANTOS, Reid dos; PEREIRA, André Filipe. *Intervenção federal e a guerra contra os pobres na cidade do Rio de Janeiro*. Dilemas: Revista de Estudos de Conflito e Controle Social, 13/3, 2020, p. 711-736.

NOBLET, Claire. *Quand les patients deviennet des acteurs de santé publique*. Alter Ego, automne (93):9, 2017.

OLIVET, Fabrice. *Idées reçues sur le crack et les crackers*. Alter Ego, été (96): 15, 2018.

PEETERS, Hugues; CHARLIER, Philippe. *Contribuitions à une théorie du dispositif*. Hermès, La revue 3(25): 15-23, 1999.

PEIRCE, Charles S. Questions Concerning Certain Faculties Claimed for Man. In: *The Essential Peirce:* Selected Philosophical Writings, v. 1 (1867-1893). Bloomington (EUA): Indiana University Press, 1992a, pp. 11-27.

PEIRCE, Charles S. How to make our ideas clear. In: *The Essential Peirce:* Selected Philosophical Writings, v. 1 (1867-1893). Bloomington (EUA): Indiana University Press, pp. 124-141, 1992b.

PEIRCE, Charles S. *Selected Writings*. New York: Dover Publications. 1996.

PORTO, Camille. *Os usuários são atores de seu acompanhamento:* A situação de redução de riscos em Paris, França. Tese em Sociologia, Universidade do Estado do Rio de Janeiro (UERJ)/École des Hautes Études en Sciences Sociales (EHESS), 2022.

PORTO, Camille. *A política de redução de riscos e os três problemas originais*. Civitas: revista de Ciências Sociais. No prelo, 2025.

PORTO, Camille. *Sobre seringas e cuidados:* O papel do HIV no desenvolvimento da política de redução de riscos para usuários de drogas na França. Interseções: Revista de Estudos Interdisciplinas, 23(2), pp. 360-381, 2021.

ROQUES, Bernard. *La dangerosité des drogues*. Paris: Odile Jacob, 1998.

TASSIN, Jean-Pol *et al. État des connaissances neurobiologiques sur les produits de consommation illicite*. Paris, INSERM/DGLDT, 1992.

THOMAS, William I. *Unadjusted Girl:* With Cases and Standpoint for Behavior Analysis. Nova York, Harper and Row, 1966(1923).

THOMAS, William I; THOMAS, Dorothy S. *The Child in America:* Behavior Problems and Programs. Nova York: A.A. Knopf, 1938.

VERÍSSIMO, Marcos. *"Quem são os cracudos"?* Apontamentos para o estudo antropológico de um "problema social". Dilemas: Revista de Estudos de Conflito e Controle Social, 8/2, 2015.

WERNECK, Alexandre. *Graça em tempos de desgraça?* A jocosidade como operador da crítica nos memes na pandemia. Dilemas: Revista de Estudos de Conflito e Controle Social, Reflexões na Pandemia (sessão excepcional), 2020, p. 1-16.

WERNECK, Alexandre. Apontamentos para uma sociologia da efetivação (isto é, uma sociologia pragmática). In: NEVES, Fabrício; CORRÊA, Diogo; PETERS, Gabriel. (org.). *Existe teoria social no Brasil?* Conceitos e debates contemporâneos. Rio de Janeiro: Telha, 2024, p. 299-313.

“Justificativas morais” nos linchamentos

discursos acionados para legitimar essas práticas

DANIELLE RODRIGUES

Este capítulo é fruto de uma dissertação defendida em setembro de 2012 (Rodrigues, 2012), a primeira ligada a esse grupo de pesquisa da Sociologia da Moral, integrante do NECVU (IFCS/UFRJ). Apesar de Martins (2005) afirmar que somos dos países que mais lincham no mundo, a bibliografia sobre o tema realizada no Brasil era escassa, à época. Dessa forma, esse estudo impõe sua relevância no campo a partir do momento em que traz novas metodologias de análise desse fenômeno, como entrevistas com pessoas que presenciaram linchamentos e outras que se declararam linchadoras e não estavam no sistema penal — eram transeuntes e moradores de bairros em que esses fenômenos aconteceram e análise de vídeos desses episódios publicados no site *Youtube*, que naquele momento histórico tinha uma grande relevância na publicação e divulgação de informações.

O primeiro método deste estudo, as entrevistas, foi realizado através do recolhimento de todas as notícias sobre linchamentos divulgadas na mídia *on-line* de cinco jornais direcionados para a Região Metropolitana do Rio de Janeiro, que tinham um caderno dedicado para ações policiais ou de violência — O Dia, Extra, Meia Hora, O Povo e O São Gonçalo — desde janeiro de 2010 até janeiro de

2012[1]. Através das notícias encontradas pela verificação semanal nos *sites* desses periódicos, utilizando as palavras chaves "linchamento", "linchado" e "linchar", busquei ir até os locais indicados nas notícias para entrevistar pessoas que se dispusessem a dar algum relato sobre a ocorrência do linchamento. Nem todas as tentativas foram bem-sucedidas, por conta disso, foi realizado um estudo de caso. Dessa maneira, trabalhei com o estudo de quatro casos distintos e representativos na Região Metropolitana do Rio de Janeiro: 1) Favela Vila Ipiranga — Niterói; 2) Santíssimo — Zona Oeste; 3) Nilópolis — Baixada Fluminense; 4) Guadalupe — Zona Norte. Ao todo, foram entrevistadas 13 pessoas, sendo cinco linchadores e oito moradores que haviam estado presentes na cena do linchamento.

Na ocasião, não havia uma lista fechada de perguntas para os entrevistados, porém, uma série de questionamentos devia ser tratada de alguma forma durante a entrevista, sendo os principais "como ocorreu o linchamento", "quem era o linchado e os linchadores", "como a comunidade reagiu ao ocorrido", "quais foram as impressões ouvidas pelos vizinhos durante e após o ocorrido", e "como eles avaliavam a necessidade do linchamento". Durante esses questionamentos realizados de maneira informal[2], os entrevistados encaminhavam justamente a ideia de luta de "bem" contra "mal" e seus posicionamentos a respeito de justiça e autoproteção. Essa discussão foi encaminhada em Rodrigues (2012b), ocasião em que percebemos que as falas dos moradores se propõem a dizer que haveria apenas um tipo de comportamento moral admitido como adequado e que aquele indivíduo que não o pratica seria percebido como fora do

1. Essa escolha se mostrou efetiva para uma pesquisa de encaminhamento qualitativo, já que divulga casos, permitindo-se servir como uma janela informativa que conduz para os eventos a serem pesquisados a fundo.

2. Pelo fato de que uma entrevista formal com perguntas fechadas não foi bem recebida pelos moradores e linchadores. Quando fechei o caderno e comecei a realizar a entrevista em forma de conversa, sem me ater fixamente às perguntas, ela fluiu de maneira satisfatória atendendo às expectativas deste trabalho.

padrão considerado "normal". Então, o linchador, imbuído na sua missão de preservar o "bem", lincha como uma forma de reificar essa moral. A punição promovida pelo linchamento sustenta esses valores do que é o "bem" para os personagens da cena. Dessa forma, o linchamento tem para os seus *personagens* — que lincham, apoiam o linchamento, e se avaliam como "pessoas de bem" — o significado de estarem extinguindo o "mal" do seu círculo social.

Já a segunda metodologia empregada foi o uso do site *Youtube*. Para auxiliar na compreensão da escolha dele na busca de vídeos sobre linchamentos é importante também localizar o traço inovador que esse site detinha: era a possibilidade dos usuários publicarem vídeos feitos por suas câmeras de celular — o que também era uma novidade naquele momento, dada a chegada dos primeiros aparelhos com câmera no Brasil nos anos 2000. O site *youtube.com* tinha uma grande relevância no mercado de vídeos. De acordo com dados divulgados pela pesquisa de mercado da empresa Comscore[3], ele era o fornecedor dominante de vídeos online nos Estados Unidos com mais de 10 bilhões de visualizações pelo mundo até dezembro de 2007, o que significava que a cada três vídeos *on-line* assistidos, um estava no *Youtube*. Esta mesma pesquisa informa ainda que mais de 48 horas de vídeos foram vistos por minuto no mundo em sua plataforma. O *youtube.com* era o terceiro site mais visitado na Internet, atrás apenas dos sites *google.com* e *facebook.com*.

Então, acessar os vídeos publicados pelos usuários sobre os linchamentos trouxe um ineditismo para essa pesquisa, pois pela primeira vez acionamos o recurso de analisá-los como fonte primária, não apenas levando em conta entrevistas e relatos, como ocorreram

3. "*Mais de 10 bilhões de vídeos foram assistidos na web em dezembro, diz pesquisa*". Jornal Extra. 08 de fevereiro de 2008. Saúde e Ciência. Disponível em: https://extra.globo.com/noticias/saude-e-ciencia/mais-de-10-bilhoes-de-videos-foram-assistidos-na-web-em-dezembro-diz-pesquisa-460141.html. Acesso em: 11 de jun. 2024.

em pesquisas anteriores. Cardoso (2009) chamou a atenção metodológica para a possibilidade da democratização que os sites de compartilhamento de vídeos e imagens trazem para a nossa sociedade, permitindo que na internet tenhamos acesso a uma realidade comum, captadas por câmeras digitais ou de telefonia celular, que tem nos trazido à tona "um intenso fluxo de cenas amadoras que registram a 'realidade'" (ibidem: 156).

O objetivo do uso dessa filmografia de linchamentos disponíveis no *Youtube* foi estabelecer padrões existentes nessas ações e produzir generalizações que permitiram analisá-los como fenômenos que são corriqueiros na vida cotidiana, pelo menos nas grandes Regiões Metropolitanas brasileiras. Dessa maneira, foi possível delimitar um *modus operandi* dos linchamentos, que mesmo passados mais de 10 anos desta pesquisa, ainda se mostra atual. Essa análise (Rodrigues, 2013; 2014) nos fez apreciar como há um modo normativo em ação, que estabelece uma cena e personagens que constroem um consenso a respeito das atitudes admitidas no interior daquele espaço e que pune aqueles que transgridem essa norma. Segundo os acusadores, a violação de um princípio apresentado como universal, indiscutível, é percebida como algo praticado conscientemente pelo acusado, ou seja, significa que, na situação, ele teve agência, pôde decidir o que fez. Nesse caso, a punição se apresenta não apenas como algo legítimo, mas como, mais que isso, algo necessário. Então, sua ocorrência é nomeada para fins analíticos como um processo de acusação.

Outro recurso também disponível no *Youtube* são os comentários aos vídeos, que estão localizados abaixo de cada um deles, como uma seção de interação. Nos valemos também desse recurso ao percebermos que ali estava contido um volume grande de avaliações sobre os linchamentos e continham vários discursos que poderiam ser expressivos no que tange a uma análise moral desses episódios. Sendo assim, esta pesquisa analisou 42 vídeos e 11.437 comentários, publicados entre os anos de 2007 e 2012. A escolha desses vídeos se deu pela utilização das palavras-chave "linchamento", "linxamento", "linchado", "linxado", "linxar" e "linchar" e a seleção de conteúdos que realmente tratavam do tipo de linchamento que esta pesquisa concebe: "um grupo de pessoas que se reúne para espancar e/ou matar um indivíduo acusado de ter cometido algum crime" (Rodrigues, 2012a), pois muitos vídeos publicados com esse vocábulo (foram localizados 502, em 27/07/2011) não se tratava dessas ocorrências. Este capítulo se dedicará a essa análise e verificando como ela, mesmo sendo realizada por pessoas que não expõem sua identidade real[4], demonstra um universo de mensagens e justificativas que são percebidas no senso comum a respeito de como e por que os linchamentos são mobilizados, e como as pessoas avaliam esse tipo de ocorrência na sociedade. Esses comentários refletem impressões acerca dos linchamentos e vão ao encontro dos argumentos utilizados pelos entrevistados (Rodrigues, 2012a; 2012b). A vantagem de se expressar um comentário nessa plataforma é a invisibilidade daquele que o manifesta e a pluralidade de propostas colocadas em pauta pelos comentadores. É flagrante a diferença entre o que dizem os comentadores dos vídeos no *Youtube* e aquelas proferidas pelos entrevistados nesta pesquisa: enquanto esses últimos tinham cautelas quanto às suas declarações, ao usarem palavras menos incisivas, os primeiros escreviam mais abertamente sobre seu apoio ou rejeição aos linchamentos. Parece que a proteção oferecida pela internet confere mais liberdade e menos censura em suas falas. O fato de estarem identificados através de apelidos permitiu que suas declarações não parecessem intimidadas por qualquer artifício.

4. Diferenciando da "identidade virtual", que permite a uma pessoa se identificar com o que é chamado de "*fake*", uma identidade fantasiosa, que pode ser, inclusive, a de uma pessoa famosa real. Não há na maioria dos sites de compartilhamento, redes sociais ou mesmo na produção de e-mails a necessidade de uma identificação de fato condizente com a vivida pelo indivíduo fora do mundo virtual.

O comentador — como será chamado quem reage de forma escrita a esses vídeos na plataforma *Youtube* — é um indivíduo que, a partir da visualização dos vídeos, se prontifica a realizar comentários a respeito deles no próprio site. A característica fundamental desse ator social é, não apenas assistir um vídeo, mas a disposição para manifestar uma opinião. Essa condição acaba permitindo que os diversos comentadores dialoguem entre si a respeito do filme que veem ou mesmo promovam discussões a respeito de opiniões opostas às suas. O fato dessa plataforma dispor de uma grande variedade de vídeos, faz com que o comentador tenha características parecidas com a do *voyeur* clássico, mas por ser um *voyeur* digital não precisa se esconder, dado que a tela do computador permite que ele visualize cenas inusitadas, sem se arriscar pela já corriqueira figura das fechaduras das portas. Scott e Lyman (2009[1968]) chamam a atenção para o fato da fala estabelecer os aparatos morais que sustentam nossa sociedade. Através dela somos capazes de receber e dar satisfações e prestações de conta em torno das atitudes que tomamos ou defendemos. É essa "afirmação feita por um ator social para explicar um comportamento imprevisto ou impróprio" (ibidem: 140) que eles formalizaram como um *account*. Os *accounts* têm relação com o vocabulário de motivos (Wright Mills, 1940) que os atores sociais verbalizam em determinadas situações para apresentar suas condutas, justificando a razão pela qual empreenderam determinadas ações. O *account* se mostra, dessa maneira, como um dispositivo linguístico propício para dar conta dos motivos e argumentos mobilizados pelos atores para justificar o porquê se impulsionaram na prática de um linchamento. Sendo essa ação percebida como imprópria, verificamos nos comentários respostas em que o ator social comentador se responsabiliza, aponta suas motivações do uso daquela ação, ou seja, apresenta seu *account*: o ato de dar satisfação, a prestação de contas (Scott; Lyman, 2009, p. 140).

Os comentários disponíveis nos vídeos de linchamentos analisados revelam uma relevante diversidade de ideias entre os comentadores.

Dessa forma, selecionei dois grupos de personagens presentes que serão apresentados abaixo, pelo fato deles serem os mais presentes e também por serem capazes de estabelecer conexões que realizarei após essa exposição.

Grupo 1: Nós apoiamos a morte/espancamento dos linchados

Esse grupo de comentadores utiliza um discurso que manifesta apoio explícito ao linchamento contra suspeitos de terem cometido algum crime. A maioria dos comentários analisados pertence a esse grupo[5]. Eles empreendem seu apoio centralizando as falas em: 1) a necessidade do espancamento, já que esse serviria para que o acusado aprendesse a lição; 2) na ideia de que os acusados não podem ter uma segunda chance e, por isso mesmo, merecem morrer.

No corpo desses discursos, a rejeição aos indivíduos acusados de ter praticado alguma ação criminosa é intensa; sua morte é tida como uma solução evidente e qualquer sentimento de compaixão seria inviabilizado, já que a capacidade de ter cometido uma ofensa contra um cidadão considerado "de bem" torna esses linchados personagens indignos de viver. Segundo essa perspectiva, se todos os criminosos fossem punidos dessa mesma maneira, a criminalidade não seria tão intensa nos dias atuais, pois seguiria uma sequência lógica: eles aprenderiam a lição e não voltariam a cometer as infrações de que são acusados. Na outra linha, está a condição de que o linchamento traz a morte e essa, por si só, é uma medida eficaz na resolução/controle desses conflitos, já que elimina aquele indivíduo identificado como "problema".

5. Todas as referências dos vídeos estão em uma lista ao final do capítulo. Os vídeos serão identificados por números entre parênteses em remissões no texto. Todos os vídeos indicados aqui foram acessados em 31/01/2012.

Alguns comentários selecionados são reproduzidos abaixo para ilustrarem os apontamentos desse grupo:

> ladrão quando apanha não é vítima, e bater em ladrão não é agressão ou violência, é apenas uma resposta tática... e quando um bosta desses morre não é tragédia, é motivo para comemorar... (1).
>
> Se o cara for pego em flagrante tem que fazer isso mesmo, chega de deixar bandido ser preso, tem que matar essa raça, se deixar vivo volta a roubar, estuprar, matar. (1)
>
> ai sim se em todos os lugares fizessem isso com os ladrões garanto que a criminalidade seria bem menor ... (1)
>
> POw as pessoas se matam de trabalha sol a sol chuva frio calor !! mo sofrimento ... aii chega um a toa sem o qe fazer e rouba !! pou bicho[,] tem qe tomar um espanco msm [,] mesmo nao sendo do gosto de deus [,] mas nos vivemos a lei do silencio [, a lei] do cão ..(1)
>
> Os policiais chegam e evitam uma tragedia???? Tragedia e o cara naum ter morrido (1)
>
> "barbarie o que fizeram com o assaltante", aaaaaaa vai toma no cú esse froxo, ridiculo, é obvio que ele vai fala isso, mor[a] em condominio, tem segurança privada, anda armado e dirige seu c[a]rro blindado. E quando um assaltante entra dentro da casa, rouba, mata e estupra, dai ninguem deles fala que isso é barbarie; que bom que tenha morrido esse lixo do video, devia ter sofrido mais. (2)
>
> Lugar de bandido é no inferno!!! Na minha casa comiamos arroz com feijão e farinha. Nem por isso virei ladrão!!! Pedi a Deus forças trabalhei muito e venci! (2)

Verificamos aqui comentários que acionam valores como: a reincidência, caso não sejam mortos; e acionamentos religiosos, como "mesmo não sendo do gosto de Deus (a morte)", "lugar de bandido é no inferno" e "pedi a Deus forças". Em todos eles é mobilizada uma reflexão que leva para o caminho da eliminação de um "mal" e a consequente sensação de justiça.

Grupo 2: Polícia? Justiça? Nunca vi isso. Aqui é a gente que resolve!

Para esses comentadores, o linchamento é um tipo de justiçamento utilizado como alternativa à ausência do Estado, localizado nas figuras da polícia e da Justiça. Devido a essa ausência, a população precisa encontrar alternativas para se defender, e o linchamento surge como uma ação perfeitamente válida, e entre as mais enérgicas. Por meio dessa prática seria possível fazer aquilo que os agentes públicos não conseguiram fazer, ou seja, punir e anular (uma anulação que nesse caso pode chegar à morte, o que não estava contemplado na alternativa estatal, que contemplaria apenas a prisão) aqueles indivíduos identificados como criminosos e que estariam trazendo algum tipo de prejuízo para a comunidade. Linchar, por essa interpretação, seria uma medida usada devido ao descaso das instituições formais que deveriam regular os conflitos e garantir a paz.

Outro ponto tratado pelos atores é o fato de que a Justiça estaria errada ao punir de maneira "branda" certos indivíduos, atribuindo-lhes penas alternativas ou mesmo permitindo que alguns respondam em liberdade. Para eles, essa seria uma medida de injustiça, já que não propiciaria a diminuição dos crimes. Já a crítica em relação à polícia diz respeito a sua ausência (de um espaço em que ela deveria estar presente, que seriam as áreas mais violentas) e a sua corrupção, que faria com que ela "fechasse os olhos" para a criminalidade em certos lugares, pelo benefício de receber alguma vantagem financeira.

Linchar, então, seria uma medida acionada quando os cidadãos se veem sem alternativa para se proteger da criminalidade e que seria, inclusive, mais eficaz do que é realizado pela Justiça e pela polícia nesses locais.

> a justiça não julga para defender a sociedade??? então!! deixa que a sociedade resolve!! e uma coisa eu garanto...a sociedade vai resolver MESMO...coisa que a justiça não faz!!! (3).
>
> ah sim [,] o cara que não aguenta mais os policiais [,] a demora deles que não fazem absolutamente nada, a[í] a população de revolta bate no bandido e o bandido é o coitadinho e a população é presa e o bandido não [?] ISSO AI BRASIL CONTINUA ASSIM [.] policiais corruptos VÃO TOMA NO CU DE VOCÊS CARALHO! (3)
>
> É isto mesmo...O Estado se omite e a população, cansada de esperar, entra em ação... Acho que é este mesmo o futuro do Brasil...Cada um que cuide de si, já que a Polícia e a Justiça não aparecem ou resolvem. E quando a população entra em ação, é de vez ! Pra torar no meio mesmo ! (4).
>
> O COMENTARISTA AINDA DIZ QUE PODE FAZER JUSTIÇA COM AS PROPRIAS M[Ã]O[S] PQ AGENTE TEM POLICIA E JUSTIÇA?????????? ONDE VCS VEEM JUSTIÇA E POLICIA???? (1).
>
> ladrão tem que trata no esculacho, tem que ripa o laço. não ter um emprego, ser pobre, isso não é desculpa pra roubar. a policia não tem culpa dessas coisas, a policia faz o trabalho dela, prende quem tem que prender, o problema é que as leis brasileiras soltam quem a policia prendeu, isso é que fode. então tem que mete o laço mesmo pra aprender a não roubar mais (6).

Aqui verificamos justificações morais que atribuem a polícia e a justiça práticas de corrupção e morosidade e, por isso, não seriam confiáveis e, como tal, indignos de resolverem esse problema social.

Com base nesses comentários, Werneck (2012) nos ajuda a analisar essa série de argumentos. Segundo ele, as pessoas e as coisas não são alocadas e classificadas a partir do que elas são intrinsecamente, mas sim a partir das posições que elas ocupam em determinadas situações. Dessa maneira, percebemos por meio da pluralidade de comentadores o desenvolvimento de convencimentos a respeito dos arcabouços morais a que cada grupo de comentadores se apropria. O momento em que isso eclode pode ser chamado de "momento crítico" (Boltanski; Thévenot, 2009), ou seja, a ocasião em que uma pessoa/grupo se coloca a questionar as posições tomadas por outros e estes, por sua vez, precisam achar argumentos que justifiquem o motivo pelo qual usaram determinados termos que estão sendo criticados. Aqueles que criticam precisam achar argumentos baseados em uma conformidade aceitável, suas críticas devem estar estruturadas em justificativas vistas como legítimas. Esse momento crítico, movido pela ideia de reivindicação de justificações é o que pudemos ver nos comentários dos vídeos.

Werneck (2012) nos diz que quando se critica, se supõe um questionamento no sentido de admitir diversos aparatos morais. Ao realizar a crítica a alguém, estamos dando oportunidade para aquele usar as diversas entidades morais para justificar o porquê realizou uma ação de uma forma e não de outra. O que critica manifesta discordância e aguarda uma resposta (responsabilização), um *account* do uso daquele aparato moral específico e não outros. Distintamente, quando se acusa se admite a veracidade de apenas um aparato moral e se aponta este como o melhor, o que leva ao "bem". A pessoa que acusa se investe do poder (mesmo do dever) de acusar o outro de alguma negatividade. Como o indivíduo acusado não usou o aparato supostamente correto, a acusação serve para apresentar aos outros que aquela ação não está se encaminhando em direção ao bem comum e, por isso, abre a possibilidade de puni-lo por esse encaminhamento "mau". Dessa maneira, vemos que nos comentários expostos pelo grupo que apoia os linchamentos há uma tendência de encaminhar essas críticas. Contra o linchado, os comentadores apoiam as agressões e mobilizam, em muitos casos, o apoio à sua morte. Quando os personagens expõem suas críticas eles estão também apresentando publicamente quais são os quadros de referências morais que sustentam suas argumentações. Os comentadores, ao apenas visualizarem os vídeos de linchamento e não estarem de fato na cena, não interferem em sua ocorrência. Mas ao mobilizarem em sua maioria um tipo de argumento que aprova o linchamento, possibilitam que os linchamentos continuem a ocorrer, posto que essa ação não se dá, caso não haja um grupo majoritário favorável a ela. Ao possibilitarem a acusação por meio das mensagens que publicam no site, eles demonstram a agência de suas palavras, que possibilitam a justificação da ocorrência do linchamento. Ao empreenderem uma crítica aos linchados, desqualificando-os ou promovendo um tipo de argumento de aceite para a punição intentada contra eles, os comentadores estão colocando em prática o processo de acusação.

Mais uma vez, é importante diferenciar crítica de acusação para nos darmos conta do que de fato os comentadores estão operacionalizando quando publicam seus posicionamentos. O momento da crítica é aquele em que o indivíduo percebe que a ação dos outros não está de acordo com a esperada por ele. Desse modo, ele promove um questionamento que pretende fazer com que esse discordante perceba esse distanciamento e mobilize alguma prestação de contas. Ao criticar, espera-se do outro alguma responsabilização, ou seja, que ele argumente justificando sua ação baseado em uma gramática moral compatível. Ao se criticar, pretende-se mostrar ao outro a falta de sentido daquela sua ação, já que o que critica espera do outro uma ação que corresponda a um quadro de referência moral legítimo. Ao produzir essa crítica, espera-se que o criticado produza uma resposta, que se responsabilize, dê contas de suas ações. Ambos reconhecem a variedade de "vocabulários morais" (Wright Mills, 1940) de ação e ao se exigir uma responsabilização, aguarda do criticado os argumentos que o fizeram agir daquela maneira, e não de outra. "A aposta da crítica, então, é que todos nós, diante de uma crítica, somos lembrados de nossa responsabilidade com o mundo ao sermos responsabilizados pela falta de sentido do que aconteceu e pelo próprio acontecimento em si: fomos nós que o causamos, logo somos nós que devemos dar a ele sentido." (Werneck, 2012, p. 52). Diferentemente da crítica, a acusação dá conta de ser uma estratégia que culpa o indivíduo do encaminhamento da ação; por ela, pretende-se fazê-lo perceber que a ação que ele empreendeu é negativa indiscutivelmente e que a culpa daquele acontecimento cabe a ele.

Dessa maneira, a culpabilização serve para obter permissão e legitimidade para uma punição (podendo ser respondida com um pedido de desculpas, mas em geral sendo conduzida para uma penalização). Podemos dizer que sua diferença básica está na definição de que "(...) enquanto a crítica é operacionalizada por meio de um dispositivo cognitivo chamado responsabilidade, a acusação é por meio de outro, chamado culpa." (ibidem: 50). O que está em jogo em ambos os casos é perceber que nesses processos se questiona a agência do ator, que é entendido como o dono de suas ações, e por isso mesmo, responsável pelas suas consequências: somente ele pode dar conta dos motivos que o levaram a empreender um ato e não outro.

Sendo assim, o indivíduo possui agência e é capaz de julgar tanto suas ações como a dos outros. E se pode julgar, pode ser julgado. Dessa forma, ao se chamar à responsabilização ou mesmo ao se culpar um indivíduo pelo empreendimento de uma ação, está-se questionando quais gramáticas morais — e, em sua direção quais *accounts* — ele mobilizou ao executar seu feito. Por meio dessa compreensão, podemos dizer que a punição do linchamento pode ser compreendida a partir da noção de que ali se está exigindo o caminhar de acordo com uma moral específica. Acusa-se o indivíduo que rompe com a moral e, por isso, ele precisa ser culpabilizado e punido pela sua fuga do "caminho" (entendendo esse caminho como a moral que deveria ser seguida). O interessante a se colocar aqui é que o linchamento culpa e, portanto, não oferece oportunidade para que o linchado use argumentos para se defender. Sua culpa é percebida como uma ofensa tão grave que se avalia que nenhuma justificação dá conta de fundamentar seu ato. A acusação realizada aqui admite o linchado como definitivamente culpado, sem abrir possibilidades para que ele acesse alguma gramática para promover a justificação por seu ato.

Quando os comentadores publicam um comentário que desqualifica a figura do linchado, apoiando a ação do linchamento que visualizam na cena e apontando a culpa desse último, acabam promovendo uma ideia centrada na necessidade da punição como uma forma de reificação da moral deles, comentadores. Essa proposta se sustenta na percepção de que quando se realiza a punição, está em processo uma crítica pelo fato do acusado não ter seguido uma determinada moral valorizada e seguida pelo grupo, e sim, seguido seus próprios princípios morais, que são discordantes daqueles que o julgam. Mas como existiria, no discurso dos comentadores, apenas um tipo de "bem", não se admitem outras formas de "fazer" ou "praticar" o seu "bem" (como, por exemplo, ao se roubar algo, que é uma forma de se obter algo em seu próprio favor). Ao ter rompido com essa moral, o linchado precisa ser punido para que dessa maneira se valide ainda mais aquela moral que foi questionada e agredida pelo linchado. Ao punir, eles estão demonstrando que há uma ação esperada e como o linchado, por ser portador de agência, escolheu pôr em prática uma moral discordante, ele precisa ser culpabilizado. E o linchamento advém como forma física dessa necessidade. O linchamento, assim, torna-se a expressão máxima da manifestação de culpa dos acusados. Pois apesar de realizar observações externas ao linchamento e não influírem na realização do mesmo, os comentadores, com seus argumentos publicados no *Youtube*, validam a corporificação da acusação na forma da punição do linchado, ou seja, o próprio linchamento.

Essa acusação/punição mobilizada contra o acusado não é realizada apenas no plano da linguagem, em que se esperariam falas que dessem conta dessa operação, mas sim realizada contra o corpo do acusado. As falas dos comentadores dão conta de uma necessidade de punição que é verificada no corpo, em que a agressão física — e, se se chegar a ela, a morte — é pensada como forma de punição. A acusação, nesse caso, serve para analisar quais são as ações que "devem" ser desencadeadas. Não é admitido pela maioria desses comentadores um posicionamento por parte dos linchadores, que dê oportunidades para que o linchado se defenda. Ele, por estar sendo linchado, já é percebido como culpado, mesmo que não se saiba o crime que ele supostamente cometeu. A gramática moral mobilizada pelos comentadores é a mobilização da máxima energia física contra alguém apontado como culpado. A "gana" que os linchadores têm em punir o linchado é verificada como medidor do indício de culpa. Dessa maneira, a concretização da acusação, verificada nos vídeos, é a realização de uma punição sem limites, por meio do linchamento contra os acusados.

E é interessante verificar que os comentários inseridos nos vídeos do *Youtube* não podem ser qualificados como distantes da realidade, uma "realidade virtual". Quando colocamos essas falas em comparação ao que foi dito pelos entrevistados desta pesquisa (Rodrigues, 2012a), verificamos que elas coincidem com um mesmo acionamento punitivo, já que utilizam as mesmas "justificativas morais": apoiadores da prática do linchamento, de maneira irrestrita; e descrença na polícia e justiça como mobilizadora de punição adequada:

> Ah, o pessoal pedia pra matar ele, né? Pessoal não aceita isso, não. Pessoal já tá cansado, pô! Toda vez isso, nunca resolve. Como é que você vai aceitar um camarada que fez uma coisa contigo passar na sua frente, não vai fazer nada? É ruim, hein! Na hora você nem pensa! Não dá pra esperar a Justiça. O certo seria, né? Mas não dá, ela é muito lenta. Dá pra ficar

> esperando não, você tem que resolver a situação, senão toda hora vai ficar acontecendo isso, toda hora. A coisa aqui é feia [risos]. — Jorge[6], entrevistado em Nilópolis.
>
> Agora, eles [os moradores] veem que é melhor a gente aqui [os linchadores] do que ninguém, porque pelo menos tem um pessoal na praça ou nas escadas... Pessoal bem ou mal tá monitorando a área [os linchadores e outros moradores]. Agora se não tiver ninguém... a polícia não passa! Policiamento não tem aqui, então a segurança quem faz são os próprios moradores. — Rodrigo, entrevistado na Favela Vila Ipiranga.
>
> Eu acho que se mudasse a lei, se fosse mais rígido, mais sério, acho que a sociedade não ia agir dessa forma. Mas como a lei sofre um... [longo silêncio] Daqui a pouco ele vai tá solto de novo, pô! Ele [o suposto estuprador linchado] fez uma vez, já ficou preso e foi solto. Não adianta. Se o cara morresse pelo linchamento? Tranquilo... ia ser um peso a menos no mundo. (...) Nesse crime, tem que morrer! — Rodrigo, entrevistado de Vila Ipiranga, Niterói.
>
> Do mesmo jeito que ele [o acusado] tava ali roubando o velhinho, podia ser meu pai que tava ali sendo assaltado, a minha avó... Se a gente chama a polícia ali na hora... A maioria das pessoa não acredita na polícia, assim, na hora. Porque nunca... Na maioria das vezes nunca dá nada. Vai lá fazer um boletim de ocorrência e tal. Então, é mais vantagem, assim. Vai apanhar. — Wellington, entrevistado em Guadalupe (Ibidem: 68; 89; 93).

A acusação realizada em um linchamento promove a desqualificação do acusado e ao não permitir que ele se defenda, os agressores definem que esse indivíduo não é possuidor de direitos. Aos linchadores não importa apontar aquele que de fato tenha cometido

---

6. Todos os nomes dos entrevistados são fictícios.

o crime, mas sim, alguém que possa incorporar essa negatividade, um possuidor da sujeição criminal (Misse, 1999), e que possa ser punido da forma encarada como justa por aquele grupo.

O comentador que assiste aos vídeos de linchamentos no site *Youtube* e cria comentários sobre eles, fortalece gramáticas morais e corrobora o apoio do linchamento como uma forma de punição sem limites.

Essas "justificações morais", ao serem partilhadas por um senso comum, dão aos comentadores, às pessoas que assistem aos linchamentos e aos próprios linchadores uma espécie de satisfação, já que elas estão frente a uma ocorrência que caminha para a instituição de uma paz local. Entendem a ação dos linchamentos como um caminho para resguardar valores familiares e da coletividade positivos, sem questionar essas ações como também pertencentes a práticas violentas e/ou ilegais.

Essa pesquisa também permitiu perceber que o linchamento — por mais catártico e cenicamente épico que se apresente — não interfere nas atividades rotineiras dos indivíduos que dela fazem parte. Logo após a ação, em todos os casos entrevistados, todos alegaram ter seguido sua vida normalmente após o linchamento: alguns se dirigem para o trabalho, outros retornam para casa, vão para o futebol ou mesmo para uma festa. No caso dos vídeos, alguns comentários chamam a atenção, pois o linchamento é visto como um vídeo cômico, de relaxamento:

> adorei!!! porque cortaram o video? que merda!!! queria ver mas uma desgraça indo conhecer o inferno depois de morrer merecidamente. kkkkkkkkkkkkkkkkkkkkkkkkkkkkkkkkk kkkkkkkkkkkkkkkkkkkkkkkkkkkkkkkkk (3).

> antes de dormir smp [sempre] é bom dar uma passada por aqui KKKKKKKKKKKKKK, engraçado hoje aconteceu com meu colega o que acontece aos 0:32 (minutos), o massa é que ele caiu sozinho para pegar o ônibus kkkkkkkkkkk. (7).

O linchamento teria feito apenas com que eles se atrasassem em suas funções rotineiras, mas não impediu o prosseguimento de seus planos. A ocorrência do linchamento foi percebida como uma "janela" no cotidiano. Ela faz parte da constante prática de reafirmação de valores partilhados pela coletividade.

Praticar um linchamento não é uma atividade que interfere na imagem do indivíduo de uma forma negativa, mas pelo contrário, ela aciona o valor de "alcance do bem" e, por isso, recorrentemente é elogiada:

> Pô, cheguei no futebol e contei pros moleques que a gente tinha pegado um ladrão no ônibus e todo mundo achou maneiro, deram parabéns e tal. Em casa também, quando contei pra minha mãe, ela ficou um pouco preocupada, de acontecer alguma coisa comigo, mas ela também achou que foi legal. — Diogo, entrevistado em Guadalupe/RJ. (Rodrigues, 2012a: 96).

Como já foi tratado em Rodrigues (2012b), o linchador pode, inclusive, ser visto como um super-herói para a comunidade, ao executar alguma punição contra aquele que é considerado uma ameaça, sendo digno de receber "parabéns", como o trecho destacado acima.

Esta pesquisa, realizada no âmbito da Sociologia da Moral, verificou que no linchamento é acionado um consenso com relação a discursos de que o linchador é um promotor do "bem", no sentido de que, através da sua ação, ele preserva a moral. As falas analisadas nos comentários do *Youtube* e também nas entrevistas realizadas se propõem a dizer que haveria apenas um tipo de comportamento moral admitido como adequado e que aquele indivíduo que não o pratica seria percebido como fora do padrão considerado "normal". Então, o linchamento não pode ser entendido apenas pelo viés da punição legal, como trataram Martins (1995) e Sinhoretto (1998), mas também para "preservar o bem". A contribuição que este estudo se dedica é afirmar que ele também serve para reificar uma moral: as justificativas servem para enfatizar o significado de estarem extinguindo o "mal" contido no indivíduo, ao afastá-lo (com o não retorno, pelo medo de ser novamente linchado ao cometer outra ação ilegal na região) ou eliminá-lo (com a morte) do seu círculo social. Dessa forma, o linchamento é útil para a promoção de um cotidiano pacífico.

ANEXO | Vídeos do *Youtube* citados no texto

1. Tentativa de linchamento em Belém
DATA DE POSTAGEM: 24/12/2009
LINK: http://www.youtube.com/watch?v=cZ_Zr5mihOI

2. Bandido é espancado até a morte em Belém Pará
DATA DE POSTAGEM: 11/09/2007
LINK: http://www.youtube.com/watch?v=-cxjUJGwMWg&feature=results_main&playnext=1&list=PL5F45469E1D19F56E

3. Homem joga pedra em ônibus e é linchado
DATA DE POSTAGEM: 25/07/2011
LINK: http://www.youtube.com/watch?v=ChjTFtH7eqY&feature=related

4. LINCHAMENTO LADRÃO
DATA DE POSTAGEM: 19/02/2009
LINK: http://www.youtube.com/watch?v=JhoFrZ72shc

5. Homem é linchado depois de roubar táxi em Teresina
DATA DE POSTAGEM: 29/01/2011
LINK: http://www.youtube.com/watch?v=GK6NyCYBFhU

6. Homem é linchado por populares em Salvador (BA)
data de postagem: 02/09/2011
LINK: http://www.youtube.com/watch?v=L_NYEh4-pCs&feature=related

7. Linchamento ao vivo. Aviso: COITADO! Cenas fortes
DATA DE POSTAGEM: 25/07/2011
LINK: http://www.youtube.com/watch?v=G8RjiwhC38o

REFERÊNCIAS

BERG, Manfred; WENDT, Simon. *Globalizing Lynching History*, vigilantism and extralegal punishment from an internacional perspective. Palgrave Macmillan, 2011.

BOLTANSKI, Luc; THÉVENOT, Laurent. *A sociologia da capacidade crítica*. Antropoliticas, n. 23, 2009.

CARDOSO, Bruno. Voyeurismo digital: representação e (re)produção imagética do outro no ciberespaço. In: GONÇALVES, Marco Antônio Teixeira; HEAD, Scott. (org.). *Devires imagéticos: a etnografia, o outro e suas imagens*. 1 ed. Rio de Janeiro: Sete Letras, v. 1, 2009, p. 154-178.

CARDOSO DE OLIVEIRA, L. Direito, Insulto e Cidadania: existe violência sem agressão moral?. In: *Volume 371 de Série Antropologia*. Departamento de Antropologia, Universidade de Brasília, 2005.

MARTINS, José de Souza. *As condições do estudo sociológico dos linchamentos no Brasil*. In: Estudos Avançados, Vol. 9, n. 25, 1995, pp. 295-310.

MARTINS, José de Souza. *Dos países que mais lincham no mundo, o Brasil exibe um vácuo entre a cultura popular e a jurídica*. In: Jornal Folha de São Paulo. 2005.

MATZA, David; SYKES, Gresham. Techniques of neutralization. In: *American Sociological Review*. Vol. 22, No. 6, 1957.

MISSE, Michel. *Malandros, marginais e vagabundos:* A acumulação social da violência no Rio de Janeiro. Tese (doutorado), Iuperj, 1999.

MISSE, Michel. Crime, sujeito e sujeição criminal: Aspectos de uma contribuição analítica sobre a categoria "bandido". In: *Lua Nova:* Revista de Cultura e Política, n. 79, 2010. pp. 15-38.

RODRIGUES, Danielle. *O círculo da punição:* um estudo sociológico da "cena" acusatorial do linchamento e seus "personagens". Dissertação (mestrado). Rio de Janeiro: PPGSA-IFCS/UFRJ, 2012a.

RODRIGUES, Danielle. A luta dos "de bem" contra os "do mal": justificações dadas para linchamentos. In: MISSE, Michel; WERNECK, Alexandre. (org.). *Conflitos de (grande) interesse:* estudos sobre crimes, violências e outras disputas conflituosas. 1ªed. Rio de Janeiro: Garamond, v. 1, 2012b, p. 155-177.

RODRIGUES, Danielle. *O círculo da punição:* O linchamento como cena de acusação e denúncia criminal. Dilemas: Revista de Estudos de Conflito e Controle Social, v. 6, 2013, p. 625-643.

RODRIGUES, Danielle. O círculo da acusação: o linchamento como processo de indiscutibilidade da negatividade moral do ato e cena de punição sem limites. In: WERNECK, Alexandre; OLIVEIRA, Luís Roberto Cardoso. (org.). *Pensando bem:* Estudos de Sociologia e Antropologia da Moral. 1ed. Rio de Janeiro: Casa da Palavra, v. 1, 2014, p. 389-408.

SCOTT; LYMAN. *Accounts [1968]*. Dilemas: Revista de Estudos de Conflito e Controle Social, Vol. 2, n. 2, 2009.

SINHORETTO, Jacqueline. *Linchamentos e resolução de litígios*: estudo de caso de periferias de SP. XXII Encontro Anual da ANPOCS. Paper apresentado no grupo de Trabalho 21. Caxambu/ MG, outubro, 1998.

SINHORETTO, Jacqueline. *Os justiçadores e sua justiça:* linchamentos, costumes e conflito. São Paulo, IBCCRIM, 2002.

TEIXEIRA, Cesar Pinheiro. *A construção social do "ex-bandido"*: Um estudo sobre sujeição criminal e pentecostalismo. Rio de Janeiro, 7 Letras, 2009.

TEIXEIRA, Cesar Pinheiro. "Frios", "pobres" e "indecentes": Esboço de interpretação de alguns discursos sobre o criminoso. In: MISSE; WERNECK. (org.). *Conflitos de (grande) interesse*: estudos sobre crimes, violências e outras disputas conflituosas. Rio de Janeiro, Garamond, 2012 (no prelo).

WERNECK, Alexandre. *De Adão ao Bom Ladrão*: As desculpas que damos e seu papel na manutenção das relações sociais. Rio de Janeiro, Civilização Brasileira, 2012.

WRIGHT MILLS, Charles. Situated Actions and Vocabularies of Motive. *In*: *American Sociological Review*, Vol. 5, n. 6, 1940, pp. 904-913.

Accountability social do aborto provocado nos inquéritos policiais[1]

MAÍRA LEMOS

Este capítulo analisa os documentos contidos em processos judiciais sobre o crime de aborto. Por meio das motivações declaradas nos autos processuais de testemunhas e acusadas de terem recorrido ao aborto diante uma gravidez indesejada, analiso a gramática moral dos relatos das mulheres e dos funcionários de clínica conforme esses se organizam em justificações e/ou desculpas. Visto que, o aborto é permeado pelo estigma social mesmo em contextos legalizados, aponto para a criminalização do aborto como produtor da sujeição criminal que afeta os atendimentos em saúde para as pessoas que tiveram um aborto, provocado ou não, além de ser um fator possível para a contaminação dos serviços de saúde que atuam como extensão do Sistema de Justiça Criminal. Com o mapeamento dos motivos trazidos pelas mulheres, elaborados a partir da sistematização das narrativas, proponho caminhos para uma compreensão legitimada do aborto com referência em pesquisas que se aprofundaram nos discursos e sentimentos que pessoas gestantes expressaram após o abortamento.

---

1. A pesquisa foi financiada pelo CNPq durante o mestrado no Programa de Pós-graduação em Sociologia e Antropologia (PPGSA/UFRJ). Este capítulo é um recorte do conteúdo abordado na dissertação.

Foram consultados 14 processos judiciais com acusação pelo artigo 124 do Código Penal (CP)[2] entre o período de janeiro de 2005 a abril de 2019. Foram seis processos abertos a partir de batidas em clínicas clandestinas e oito de aborto provocado pela gestante, com o total de 19 mulheres incriminadas, segundo o Art. 124 do CP. Para este texto, analiso o corpo documental que compõe os inquéritos policiais, em especial, os Registros de Ocorrência (ROs), Autos de Apreensão em Flagrante, Autos de Qualificação e Termos de Declaração, pois são os documentos que registram os depoimentos dados pelas testemunhas e acusadas na Delegacia de Polícia (DP). Dessa forma, foram acessados 34 depoimentos de mulheres presentes nas batidas de clínicas e sete de mulheres denunciadas por terceiros em casos de aborto autoprovocado.

Quanto à abertura das ocorrências, com a exceção de uma clínica clandestina que teve inquérito aberto a partir do desaparecimento de uma mulher, as demais tiveram os inquéritos instaurados por denúncias encaminhadas às delegacias, seja por meio da Subsecretaria de Inteligência (Ssinte) da Secretaria de Segurança Pública (Seseg) ou mesmo pelo e-mail de um desembargador para a DP. Dessa forma, as delegacias especializadas como a Delegacia do Consumidor (Decon/Sul), a Delegacia de Atendimento à Mulher (Deam), a Delegacia de Criança e do Adolescente Vítima (Decav) majoritariamente atuaram nas batidas de clínicas.

Já as delegacias distritais cobriram grande parte dos casos de queixas de autoaborto, geralmente feitas a partir de autoridades militares que auxiliaram as mulheres em situação de abortamento no trajeto para o hospital, ou mesmo por parte de algum profissional de saúde dentro da rede hospitalar. Não foi observado mudanças significativas nos modos de atuação entre as DPs que não fosse a

2. Aborto provocado pela gestante ou com seu consentimento (Art. 124): Provocar aborto em si mesma ou consentir que outrem lhe provoque. Pena — detenção, de um a três anos (Brasil, 1940).

origem da instauração do inquérito, com exceção do valor elevado da fiança estabelecida pelo delegado da 14ª DP do Leblon — 2.000 reais enquanto a média das demais DPs ficaram no entorno de 522 reais — e o não oferecimento de fiança pelo delegado da 13ª DP de Copacabana — o que resultou, em ambos os casos, no encaminhamento à prisão de duas mulheres acusadas por autoaborto, ainda que elas tivessem um perfil socioeconômico semelhante às demais rés. Vale ressaltar que as duas eram mulheres negras, faveladas, com 22 anos e mães de crianças com menos de 4 anos que somente puderam responder em liberdade após passarem pelo plantão judiciário.

Nesse sentido, os casos de autoaborto são marcados por mulheres em maior situação de vulnerabilidade, uma vez que recorrem ao uso do medicamento abortivo Cytotec em gestações avançadas ou com informações inseguras, sem um acompanhamento qualificado, o que as direciona para a emergência hospitalar onde acabam sendo criminalizadas. Ainda é possível observar que elas oferecem menos gastos financeiros no procedimento: a média gasta nos casos de autoaborto foi de 785 reais na compra de comprimidos do medicamento, enquanto nos procedimentos das clínicas a média foi por volta de 2.027 reais. Além do alto valor, a idade gestacional das mulheres que abortaram nas clínicas clandestinas era, em sua maioria, anterior à 12ª semana de gestação. Eram mulheres mais velhas, com média no entorno de 27 anos, e percorreram maiores distâncias em busca da clínica — já a compra dos medicamentos de autoaborto circulam pelos contatos próximos de familiares ou amigos, pela internet ou nos arredores onde vivem. Das informações presentes nos autos processuais, das 29 mulheres presentes nas clínicas clandestinas, 12 eram brancas e 14 eram negras, enquanto das 8 mulheres incriminadas por autoaborto, 7 eram negras e 1 era branca.

A consulta foi realizada por meio do registro fotográfico dos autos processuais no balcão das varas criminais, bem como pelo acesso aos processos eletrônicos mediante uma senha provisória. Por implicações éticas, apesar do caráter público dos processos judiciais, como os envolvidos no processo não foram consultados para autorização, nem para conhecimento da pesquisa, optei por não compartilhar os números dos processos e manter o anonimato dos atores com a substituição dos nomes e ocultação das referências em documentos que possam identificá-los. Manterei as referências ao número tabelado dos processos, às Varas Criminais e ao gênero e cargos dos agentes públicos, uma vez que estes compõem as disposições do TJRJ. Em todas as citações de trechos dos documentos será mantida a grafia original.

Dessa forma, o material da análise é composto pelo seguinte quadro:

TABELA 1 | **Quantidade de mulheres incriminadas e testemunhas que depuseram declaração em inquéritos policiais de aborto provocado ou aborto consentido por processo na capital do RJ – Art. 124 e 126, CP**

PROCESSO	ANO DO REGISTRO DE OCORRÊNCIA	DELEGACIA	CASO	QUANTIDADE DE MULHERES INCRIMINADAS	QUANTIDADE DE TESTEMUNHAS NAS CLÍNICAS
1	2011	Delegacia do Consumidor	Clínica	2 mulheres	Nenhuma
2	2011	Delegacia de Atendimento à Mulher	Clínica	1 mulher	Nenhuma
3	2014	Delegacia de Homicídios	Autoaborto	1 mulher	–
4	2011	14ª DP do Leblon	Autoaborto	1 mulher junto à mãe	–
5	2008	Delegacia de Atendimento à Mulher	Autoaborto	1 mulher	–
6	2013	Delegacia de Homicídios	Clínica	3 mulheres	2 mulheres e 2 acompanhantes"
7	2011	19ª DP da Tijuca	Clínica	2 mulheres	7 mulheres e 1 acompanhante"

TABELA 1 | **Quantidade de mulheres incriminadas e testemunhas que depuseram declaração em inquéritos policiais de aborto provocado ou aborto consentido por processo na capital do RJ – Art. 124 e 126, CP** (CONTINUAÇÃO)

PROCESSO	ANO DO REGISTRO DE OCORRÊNCIA	DELEGACIA	CASO	QUANTIDADE DE MULHERES INCRIMINADAS	QUANTIDADE DE TESTEMUNHAS NAS CLÍNICAS
8	2008	30ª DP de Marechal Hermes	Autoaborto	1 mulher junto ao companheiro	–
9	2007	14ª DP do Leblon	Autoaborto	1 mulher	–
10	2012	13ª DP de Copacabana	Autoaborto	1 mulher	–
11	2015	33ª DP de Sulacap	Autoaborto	1 mulher	–
12	2016	22ª DP da Penha	Autoaborto	1 mulher junto ao companheiro	–
13	2014	35ª DP de Campo Grande	Clínica	2 mulheres	3 mulheres
14	2013	Delegacia da Criança e do Adolescente Vítima	Clínica	1 mulher junto ao companheiro	5 mulheres e 4 acompanhantes"

FONTE: TJRJ, 2019. Elaboração própria.

As motivações do aborto (*accountability*)

Boltanski (2013[2004]) define dois tipos de imperativos/constrangimentos no processo gestacional, apreendidos tanto pela gestante quanto pelos diferentes atores sociais: o engendramento pela carne e o engendramento pela palavra. Esses constrangimentos diferenciam o estatuto de humanidade dos conceptos gestados, sendo o engendramento pela carne um processo biológico que começa a partir da gravidez, enquanto o engendramento pela palavra é realizado pela inscrição desse em um projeto de vida. Esse último imperativo só pode ser realizado oficialmente sob um entendimento do projeto parental, onde a diferenciação entre os dois constrangimentos é aceita por um Estado que incorpora a assistência médica para administração do aborto legal. O autor constrói três tipos-ideais de entendimentos pelos quais o aborto é restrito à esfera do oficioso — não reconhecido oficialmente, mas tolerado em sua prática: o entendimento do Criador, do Parentesco e do Estado-nação, em que o engendramento pela carne e pela palavra acontecem *a priori*, visto que o poder dos corpos gestantes é subordinado a uma autoridade exterior. Esses quatro entendimentos são construídos a partir de diferentes momentos históricos da sociedade ocidental, tendo em vista a relação entre intercurso sexual e engendramento, como também a agência legitimada a consumar os imperativos e constrangimentos do engendramento na dimensão oficial.

A partir do mapeamento das motivações de mulheres pela escolha, ou não, do aborto, o autor busca compreender a legitimação do aborto em suas questões éticas, os conflitos morais e sua contradição no modelo, proposto por ele e por Laurent Thévenot (Boltanski; Thévenot, 2020[1991]) das Economias da Grandeza (EG), por conta do rompimento com o princípio de humanidade comum. Nesse sentido, Boltanski aponta que o ato de abortar não se dá pela forma do bem comum, mas em uma ordem do mal menor. Sendo assim, a legitimação do aborto não seria possível nos princípios morais inseridos no modelo da EG, pois um "feto autêntico", aquele inscrito na palavra, corporalmente não apresenta nenhuma diferença em relação ao "feto tumoral", esse somente engendrado na carne — o que suscita o problema da humanidade comum. Em consequência disso, o aborto estará perpetuamente em disputa de legitimação, pois, alocado em uma gradação de males em relação a bens, ele sempre será passível de apontamentos no horizonte de um mal maior. Dessa forma, o autor conclui que o aborto se restringe ao regime da desculpa em vez de ao regime da justificação. Enquanto a justificação demanda por um princípio moral que dê conta da situação, alegando a sua legitimidade, na desculpa, as circunstâncias são enfatizadas de modo a apontar que uma ação legítima não foi possível.

> É precisamente a isso que me refiro quando digo que o aborto *não é legitimável*, porque não pode ser tratado como um bem, nem pode ser justificado com referência a um preceito legítimo com magnitude de generalidade, *mesmo que [também] não possa ser penalizado* (Boltanski, 2013[2004], p. 237, grifo do original).

Embora, para os casos em análise, o entendimento dominante esteja circunscrito ao Estado-nação, especificamente no que concerne à atuação legitimada pela autoridade das instituições, os demais entendimentos — do Criador, Parentesco e projeto parental — coexistem como dispositivos e enquadramentos de moralidades reconhecidas para justificações sobre o aborto. Apesar dos esforços médicos-legistas e jurídicos de interpretar os matizes do que é o aborto — quando ele é provocado, consentido ou espontâneo —, o seu período de abrangência e quais os limites que definem o início de uma vida compreendida como constituída, insuficiente ou em formação, Débora Diniz (2012) enfatiza que:

> A disputa a respeito de quando se origina a vida não se resume a um confronto argumentativo de descobertas e hipóteses científicas. Trata-se, acima de tudo, de um embate moral sobre o sentido simbólico da gênese humana, tema sobre o qual jamais haverá consenso. (...) O reconhecimento da diversidade moral que fundamenta os diferentes discursos sobre o aborto permite, por um lado, retirar qualquer pretensão de absoluto natural nesse campo e, por outro, abrir espaço para a legítima expressão do pluralismo (Diniz, 2012, p. 409).

Assim como apontado pela autora, mesmo nos laudos de exame pericial, a comprovação da prática do aborto medida pela diferença do ato provocado para o natural, na investigação de haver vida extra-uterina e a causa da morte, é frequentemente inconclusa, o que deixa as provas judiciais do crime de aborto sob uma disputa moral dos operadores do direito. Mesmo quando essas lacunas são preenchidas, elas não são utilizadas no julgamento. Assumindo que a prática do aborto existe em diversos planos de entendimentos e, portanto, se baseiam em justificações e desculpas em uma pluralidade de expressões que buscam legitimidade, proponho uma análise das motivações do aborto por meio dos *accounts* de mulheres no seu depoimento na delegacia de polícia durante o inquérito policial que investiga o crime de aborto.

Ainda que traduzidos (Lowenkron; Ferreira, 2014) em Termos de Declaração ou Autos de Qualificação, ou seja, conduzidos e reduzidos a termos[3] pelos policiais com objetivo incriminatório, as motivações do aborto, as dúvidas sobre a gestação e os itinerários abortivos aparecem registrados nos inquéritos policiais.

Nas operações policiais em clínicas, além do depoimento das acusadas como autoras, as demais pessoas presentes são levadas à delegacia para depor como testemunhas. Nos depoimentos, entre essas mulheres que depõem como testemunha, algumas confessam estar buscando pelo procedimento abortivo após uma gravidez indesejada, enquanto outras sabem da gravidez, mas relatam buscar por mais informações sobre a sua condição de saúde. E há ainda mulheres com o atraso na menstruação e procuram um diagnóstico ou outros

---

3. As autoras apontam para o ato de se "reduzir a termos" quando, na elaboração do documento em que consta o depoimento de testemunhas, autoras e envolvidos, as narrativas prestadas são recolocadas em termos em linguagem jurídica operada pelos policiais, ou seja, não são depoimentos registrados em sua integralidade. Nas palavras das autoras, "converter o discurso oral em escrita, nesse caso, significa reduzir e substituir respostas dadas pelas pessoas interrogadas pelo discurso indireto do interrogador" (*ibid.*, p. 88).

exames ginecológicos de rotina. Das confissões que envolvem testemunhas e autoras, os preços cobrados pelas clínicas variam de R$ 900 a R$ 4.500 e o período gestacional no momento do procedimento é de 4 a 16 semanas. Sobre os itinerários abortivos, as mulheres relatam procurar informações assim que desconfiam da gravidez, obtendo os contatos das clínicas por meio de amizades próximas, de parentes ou pela internet. Elas vão sozinhas, acompanhadas de uma amiga, de familiares ou do companheiro. Nem sempre as pessoas de seu círculo afetivo apoiam a decisão do aborto. Ainda assim, é possível verificar casos em que permanecem nos relatos os esforços das redes próximas para obter e fornecer informações, auxílio financeiro ou companhia às gestantes em sua tomada de decisão:

> Que a declarante tentou convencê-la a não fazer o procedimento informando-lhe sobre os riscos para a sua saúde; (...) sabia que o procedimento que TATIANA iria se submeter é crime e avisou TATIANA, mas foi com TATIANA pois tinha medo de deixá-la sozinha (Processo 6).

A clandestinidade, nesse contexto, aparece na fala dos atores caracterizando o receio do procedimento inseguro. Em alguns depoimentos, a precariedade do local para abortos cirúrgicos é evidenciada pela ação dos policiais, o que deixa transparecer que o depoimento oral no RO é composto por um entrelaçamento dos princípios normativos da equipe policial imiscuídos ao relato das acusadas:

> Que a declarante afirma que ainda está muito confusa diante de tudo o que aconteceu, mas que está aliviada, pois não deu tempo de realizar o procedimento de aborto pq a polícia chegou e, *agora, ficou sabendo que foi apreendido diversos medicamentos com data de validade vencida e bastante chocada por saber como acontece o procedimento em relação ao feto.* Que *a declarante jamais podia imaginar que o procedimento de aborto*

em relação ao feto fosse tão chocante, apenas não desejava essa gravidez por estar passando um problema financeiro e estar desempregada (Processo 1, grifo meu).

Quando, no processo 13, o responsável pelo procedimento na clínica atuava com um CRM falso, pois não concluiu o curso de medicina, fica registrado pela acusada "(...) que acreditou sinceramente que o mesmo fosse um médico". Nessa mesma linha de intervenção moral dos agentes policiais nas ações relatadas pelas envolvidas, Letícia Ferreira, ao investigar os atos de documentar no Setor de Descoberta de Paradeiros (SDP) da Delegacia de Homicídios da capital do Rio de Janeiro (Ferreira; Lowenkron, 2014), salienta os efeitos de uma interação dos policiais com os familiares de pessoas desaparecidas por meio de conselhos, sugestões e orientações, também registrados na redação documental. Analisando os casos de três meninas adolescentes, Ferreira destaca os sentimentos de culpa, arrependimento e a firmação de compromissos entre os familiares e as desaparecidas, orientadas pelos policiais no desfecho dos inquéritos.

Em resposta às intervenções e inquirições policiais, os envolvidos prestam contas de suas condutas, momento em que expõem os valores que orientaram a ação e também negociam suas identidades, e os papéis exercidos na ação questionada. De acordo com Marvin Scott e Stanford Lyman (2008[1968]), os *accounts* — a prestação de contas na vida social — são classificáveis em justificações ou desculpas. Os autores definem a diferença entre elas em termos de responsabilidade e a negatividade do ato: na justificação é admitida a responsabilidade, mas negado o sentido pejorativo a ele atribuído, enquanto na desculpa é consentido a negatividade do ato, mas é negada a plena responsabilidade sobre a ação. Em aprofundamento sobre a economia moral dos *accounts*, na definição de desculpa proposta por Alexandre Werneck (2012, 2013), a ordem moral não é questionada, situação em que os atores esclarecem sua conduta por alguma intervenção sobre seu poder de agência, seja por limitações momentâneas da sua capacidade cognitiva para tomar decisões, seja por impedimentos externos que se colocam na situação. Nas justificações, os atores apresentam valores divergentes das regras morais estabelecidas, teoria aprofundada por Boltanski e Thévenot no modelo das EG. No momento crítico, em que ocorrem as disputas morais que interrompem a sociabilidade da rotina a partir da crítica, segue-se a avaliação de provas por meio das comprovações (*épreuves*), em que os dispositivos mobilizados ordenam um sistema actancial que permitem a eleição de quadros morais.

Retornando ao inquérito policial, das 18 acusadas de cujos autos obtive o Termo de Declaração[4], 16 declararam o interesse ou mesmo a confissão do aborto, enquanto uma mulher negou a prática e uma se absteve da declaração. Pôde-se observar, então, que o inquérito policial das mulheres incriminadas por aborto em minha amostra é caracterizado pela confissão do ato pelas acusadas. Além disso, se levarmos em conta as testemunhas presentes na clínica no momento da batida policial, de um total de 24[5], 15 sinalizam a procura pelo abortamento ou por informações relacionadas ao aborto, enquanto sete negam qualquer interesse e até uma ética contrária à interrupção da gravidez, e quatro declaram a marcação da consulta para tirar dúvidas sobre a saúde e os exames de gravidez. Já entre os funcionários da clínica que receberam o Auto de Apreensão em Flagrante, 11 negaram qualquer prática abortiva na clínica, 14 manifestaram

---

4. Do total consultado, há 20 mulheres envolvidas no ato de consentir ou praticar aborto. Entretanto, destas, uma veio a falecer durante o procedimento, enquanto, em um outro processo, o depoimento da acusada ainda não havia sido juntado aos autos por ser muito recente à data da obtenção do material da pesquisa.

5. O quadro de testemunhas, aqui descrito, é composto por outras gestantes que esperavam pelo atendimento nas clínicas ou seus acompanhantes, sejam homens ou mulheres, parentes ou amigos. Para um recorte de análise dos *accounts* dados por pessoas que estariam em busca de abortar, está fora dessa descrição os policiais da operação, que também configuram como testemunhas no inquérito.

seu direito de permanecer em silêncio diante da inquirição e apenas um funcionário confessou ocorrerem os abortos no local. Assim, em princípio, em grande parte, a *accountability* registrada nos depoimentos prestados pelas mulheres se constituem por vocabulários da *desculpa*, enquanto os funcionários predominam sob o vocabulário de negação. Para Chateauraynaud, após uma situação que reconfigura o estatuto das provas — e esse é o caso das batidas policiais sobre clínicas ginecológicas que exerceriam atividades ilegais sob a fachada de um consultório médico, excedendo os depoimentos com a apreensão de objetos e instrumentos nos locais como prova criminal —, passa-se:

> À prova fulgurante, capaz de quebrar de uma só vez toda a argumentação: é o equivalente no mundo das coisas do delito por flagrante para os humanos. Mesmo se os protagonistas se recusam a nisso ver uma "prova", o acontecimento marcante constitui a matriz de argumentos que será produzida posteriormente e o custo cognitivo e social é muito elevado para aquele que sustentar que nada aconteceu (Chateauraynaud, 2012, p. 10).

Em acordo com esse raciocínio, a linha narrativa dos policiais é de fato protagonista no relatório final de inquérito que tiveram a participação de algum agente na operação que gerou a denúncia. Nesse sentido, o momento de prova do inquérito policial é dividido entre as confissões das mulheres e da negação ou abstenção do relato dos funcionários das clínicas sobre as atividades que estariam em andamento no momento da batida policial. Grosso modo, nos relatos das mulheres, o aborto é um ato que toma lugar fora da esfera do seu poder de agência, quando uma quantidade de fatores se apresentam de maneira tal que, como descreve Werneck (2013, p. 707), "algo mais forte atuou sobre mim", ou, como elaborado pelo mesmo autor, em que, naquela situação, os dispositivos de configuração de agência/actância tornaram-se efetivos para a tomada de decisão pelo aborto, o que, em condições outras, depreende-se que elas não o fariam, já que a legitimidade do aborto, neste espaço de incriminação, não é questionada. É significativo ressaltar novamente que esses documentos compõem o inquérito policial, com perguntas conduzidas pelos policiais e redação elaborada por um escrivão. Dessa maneira, essa análise não pretende se estender à compreensão dos motivos pelos quais as gestantes abortam, e sim se concentra no que é registrado pela investigação policial como relevante no exercício de controle social e persecução criminal, e, por conseguinte, os dispositivos morais que produzem consequências na vida social e na Justiça Criminal. Como propõem Das e Poole (2005, p. 15), e reforçado por Ferreira e Lowenkron:

> O que é particularmente interessante é que este modo de gestão se torna efetivo, porque acha o seu caminho no papel, revelando fortemente que os documentos oficiais "carregam o duplo sinal da distância do Estado e a sua penetração na vida cotidiana" (Ferreira; Lowenkron, 2014, p. 105).

Assim, a ambivalência da agência — como apresentado por Werneck (2013), ora no sujeito, ora na estrutura, questão diretamente ligada à economia moral dos *accounts* — presente nos depoimentos é marcada pelo "filtro competente" dos agentes policiais durante o registro documental, incluindo as transcrições em forma de crítica, como aparece no registro denunciador de uma contradição de que "a ora investigada no presente feito por praticar aborto, *disse que não se recordar, mas começou a relatar*" (Processo 13, grifo meu). Da mesma maneira, os documentos são marcados por vícios de linguagem e escrita de jargões jurídicos, algumas vezes com depoimentos que, apesar de concedidos por pessoas distintas, são extremamente semelhantes entre si — o que evidencia o processo de tradução e redução a termo, citados anteriormente. Estes variam caso a caso, mas, a partir das respostas, é possível elaborar um roteiro de base que busca as seguintes perguntas: 1) Por que/como engravidou (se fazia contracepção, se foi de uma relação consensual ou se era gravidez de risco)? 2) Como abortou (nos casos de clínica, explicitando as funções de cada pessoa no procedimento; se sozinha, como conseguiu o remédio — já que as mulheres da pesquisa relataram ter feito uso do medicamento Cytotec)? 3) Por que abortou? 4) O que está sentindo no momento do depoimento (se está arrependida ou o que sofreu durante o procedimento)? 5) Tem ciência de que o ato é crime? 6) Quanto pagou pelo procedimento? 7) Perguntas gerais sobre a sua condição de vida.

Nesse roteiro, o aborto é evidenciado pelo vocabulário das vidas doméstica e financeira, podendo passar pela investigação do controle reprodutivo feminino: os relatos se concentram no momento da busca pelo aborto em seu círculo social ou por buscas na internet, passando pelos relacionamentos familiares e amorosos, podendo chegar aos métodos contraceptivos utilizados pela acusada, colocando em questão não apenas o aborto, mas o próprio ato de engravidar, como no Termo de Declaração a seguir:

> Que tomou o medicamento porque quiz, pois não tem condições financeiras para ter um filho atualmente; Que ficou grávida porque não estava fazendo uso de anticoncepcionais nem utilizou preservativo quando manteve relações sexuais com IGOR; Que esqueceu também de tomar a pílula do dia seguinte; Que IGOR não era seu namorado, apenas tinham relações sexuais frequentemente (Processo 4).

Os motivos citados variam entre os planos de estudo e/ou profissionais, a relação da gestante com a família, problemas financeiros e desemprego, crise ou violência no relacionamento conjugal, até a concepção como fruto de um relacionamento furtivo ou a impossibilidade de criar um, ou "mais um", filho, além do não desejo de gestar uma criança para entregá-la para adoção — marcando não haver apenas fatores externos que contabilizam a interrupção da gravidez, mas também a escolha de não levar à frente aquela gestação, ou seja, por uma decisão autônoma de interrupção da gravidez, motivos que extrapolam a mera desresponsabilização da maternagem e/ou da maternidade. Esses motivos raramente se manifestam isoladamente, indicando haver diferentes quadros morais mobilizados na decisão do aborto, às vezes expressado apenas por sentimentos de "desespero", "trauma" ou "infelicidade" pela gravidez, mas muitas vezes uma junção de vários desses quadros.

> QUE a declarante, que ja possui dois filhos, sendo uma de quatro e outro de um ano e nove meses, de pais diferentes; QUE a declarante tendo certeza de que não teria condições financeira e psicológicas de criar mais um filho sozinha, ficou desesperada; QUE então começou a reunir condições financeiras para interromper a gravidez (Processo 3).

Nesse sentido, apesar de desculpas, o que coloca suas ações para além da sua capacidade de agência, a decisão pelo aborto é tomada mesmo sob a clandestinidade. As acusadas manifestam o entendimento do ato de abortar baseado em suas condições de vida. Tal como apontado por Boltanski (2013[2004]), a impossibilidade de inserir a gestação em um projeto parental é predominantes nos relatos que aparecem nos Termos de Declaração de autoras e testemunhas[6].

---

6. Aqui, levei em consideração os relatos de gestantes que estavam presentes no momento das batidas de clínicas, mas que não foram processadas criminalmente pela Justiça, configurando somente como testemunhas durante o inquérito policial. Pela semelhança dos seus relatos com o das mulheres incriminadas, considerei-os como tão relevantes quanto os das mulheres processadas criminalmente.

Esse dado pode estar enviesado pelo roteiro de interrogatório policial, entretanto, encontra similaridade nos dados apresentados por Boltanski. Além dos problemas financeiros e relacionados ao emprego que uma gravidez indesejada impediria no projeto de vida das mulheres, questões relacionadas ao companheiro foram citadas em maior número pelas mulheres. A seguir, destaco dois quadros com os motivos citados nos inquéritos policiais, primeiro pelo relato de 27 mulheres nos estouros de clínicas e, em seguida, por 7 mulheres incriminadas pelo autoaborto, totalizando o relato de 34 mulheres.

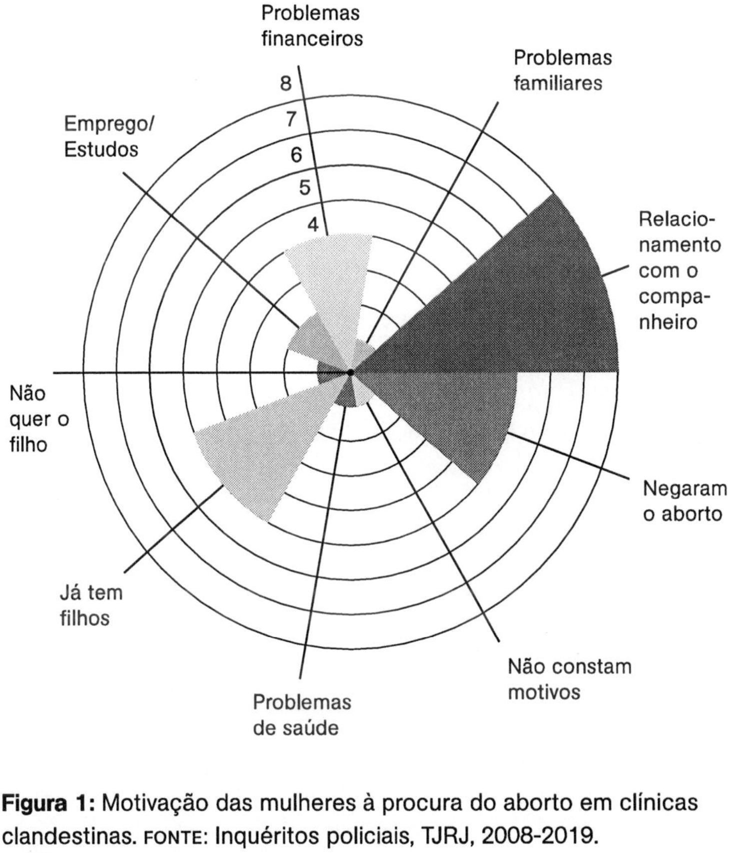

Figura 1: Motivação das mulheres à procura do aborto em clínicas clandestinas. FONTE: Inquéritos policiais, TJRJ, 2008-2019. Elaboração própria.

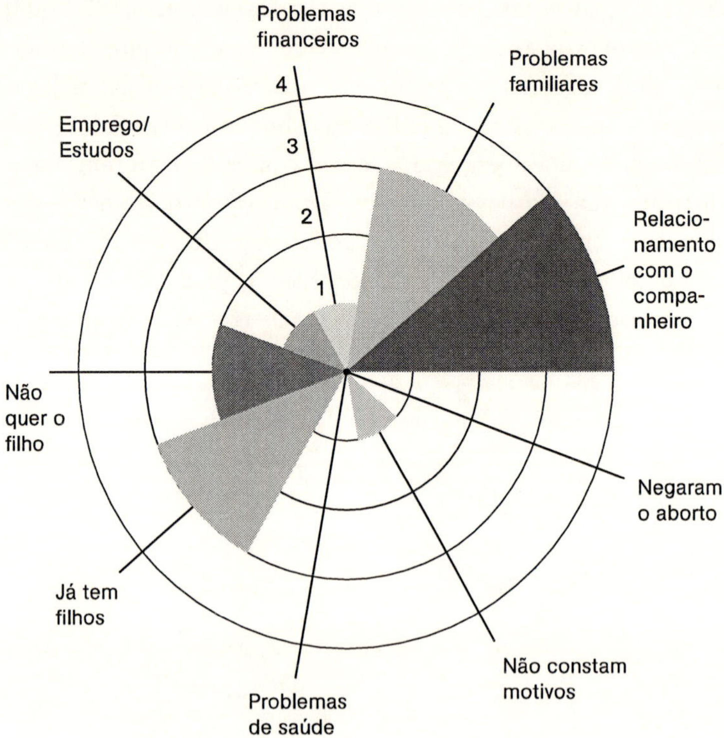

Figura 2: Motivação das mulheres que provocaram aborto.
FONTE: Inquéritos policiais, TJRJ, 2008-2019. Elaboração própria.

Os problemas de relacionamento passam por casos furtivos (em maioria), violência doméstica, crise no relacionamento, a condição precária de saúde do companheiro ou de um dos responsáveis ser casado com outra pessoa. Nesse sentido, ou ambos concordaram com o aborto ou a mulher se viu sozinha para tomar uma decisão sobre o seu projeto de vida, seja por conta da ausência do companheiro/genitor ou por não mais tolerar o relacionamento. Das 19 mulheres incriminadas, apenas quatro foram incriminadas junto aos seus companheiros, que também confessaram a decisão pelo aborto. Apesar de haver mais casos dos companheiros envolvidos na prática abortiva, também há negação do seu consentimento no ato, fazendo com que o aborto e as consequências criminais recaíssem unicamente sobre as mulheres. A maioria, entretanto, são de casos em que as mulheres não envolvem os parceiros na situação, seja por não contar sobre a gestação, seja porque os genitores se afastaram depois de saberem da gravidez. Nos relacionamentos, os entendimentos de Parentesco e projeto parental são mesclados na medida em que se baseiam na construção e manutenção de uma família legítima, bem como na formação da família como projeto de vida.

Os problemas familiares se referem ao suporte e base da vida da mulher, seja por ela ainda depender da família nuclear ou por morar e cuidar de outros parentes, condições em que um novo ente modificaria todas as relações familiares. Optei por alocar empregos e estudos à parte de problemas financeiros, pois esses foram expressamente citados em casos de um planejamento futuro na vida das mulheres, como a posse em um concurso público ou a continuidade nos estudos, também característicos de um projeto. Os problemas financeiros são ligados aos recursos materiais e desemprego, seja da mulher ou do casal, enquanto o problema de saúde aparece somente em um caso no qual a gestante procurava saber dos riscos da sua gravidez e a possibilidade do aborto. Considero esses dois últimos entendimentos cabíveis a uma crítica da apreensão de Estado, já que diferentemente do Estado-nação, o Estado de bem-estar social asseguraria as condições mínimas de direito à maternidade e saúde das pessoas que gestam.

Apesar de haver lacunas para compreender os impedimentos específicos de cada mulher diante das implicações de uma nova gestação, o "já ter filhos" é uma enunciação que confronta diretamente a perspectiva de que as mulheres que abortam recusam um lugar na maternidade. "Não querer o filho" está ligado à decisão do aborto como única opção possível, em que a interrupção imediata da gravidez seria necessária, uma vez que a própria gestação é problemática na medida em que ela implica no desenvolvimento de um ente que jamais seria concebido pela palavra. Nesse sentido, a dimensão do corpo é indissociável para as pessoas que gestam, uma vez que a gravidez faz o seu caminho na carne, transformando e tecendo o corpo, âmago e vida das gestantes. Essas duas últimas categorias têm um entendimento na decisão soberana das mulheres sobre o seu corpo e da autonomia sobre a sua vida reprodutiva.

Como colocado por Boltanski (2013[2004]), na modernidade, sexo e reprodução são apreendidos separadamente em consequência dos avanços de métodos contraceptivos. Nesse sentido, uma gravidez indesejada é ponto de partida para uma tomada de decisão, não somente pelo viés da compreensão do feto em sua potencialidade de vida, mas da continuidade mesma da gestação. Para o autor, o engendramento pela carne é um processo biológico, decorrente do intercurso sexual e pressuposto para o engendramento pela palavra, quando a autoridade responsável apreende o feto como uma vida humana. Todavia, o "engendramento pela carne", como processo, tem em si mesmo diferentes apreensões pelos atores sociais, tal como explicitado por Débora Diniz:

> Interromper a gestação, descer a regra, desmenstruar, tirar, descer o sangue preso, regular a menstruação, parir antecipadamente e menstruar por susto são algumas das expressões culturais atribuídas ao que a biomedicina e algumas legislações internacionais qualificam como aborto (Diniz, 2012, p. 405).

Boltanski aponta para essa distinção a partir da divisão entre público e privado, os discursos oficiais e oficiosos que permeiam a prática do aborto na cultura ocidental. Quando o controle reprodutivo era uma questão de âmbito privado das mulheres, anterior a autoridade e poder do Estado moderno, a gestação poderia:

> Ser marcada pela ambivalência das mulheres sobre o seu próprio estado, ou, vista por uma perspectiva diferente, pelo deslocamento da tensão entre a autoridade e o poder, entre o oficial e o oficioso, que se alocam no centro do debate. A mulher envolvida poderia "oficiosamente" temer estar grávida enquanto atuaria "oficialmente", em relação a si mesma e sem nunca trazer essa tensão a público, como se o atraso na menstruação tivesse uma causa patológica da qual ela precisaria solucionar com o uso de remédios apropriados (Boltanski, 2013[2004], p. 71).

Para o autor, os entendimentos coexistem ao longo do tempo, ou seja, não há uma substituição total de valores ao longo da história. Atualmente, com a reorganização do mercado de trabalho, a emancipação das mulheres para além do domínio familiar e as pautas acerca dos direitos sexuais e reprodutivos, principalmente pensadas pela perspectiva feminista que contribuíram para a legalização do aborto em diversos países a partir dos anos 80, e continuam em constante transformação, há uma dimensão do aborto autoprovocado diferente dos entendimentos do Criador e do doméstico[7], que permanecem no entorno da incerteza da gestação e das relações de parentesco. O que quero dizer é que há uma concepção pensada sobre a escolha da maternidade e sobre o próprio corpo não observada pelas utopias dominantes, uma vez que o entendimento sobre gestar também se alterou com as novas tecnologias e com o avanço científico. Além dos entendimentos do aborto, que partem da interrupção da gestação pela impossibilidade de projeção do concepto na vida social, o processo de engendramento na carne, pelo feto tumoral, e a rejeição desse processo pela gestante também podem

7. Destaco esses dois entendimentos, pois oficiosamente as gestantes teriam maior poder de atuação nesses arranjos, uma vez que os sintomas da gestação são autodiagnosticados antes de serem declarados.

representar entendimentos sobre a prática do aborto ainda não contemplados pelos quatro entendimentos levantados. Em outras palavras, o tempo de engendramento pela carne e do engendramento pela palavra também foram alterados pelos avanços tecnológicos, e a posição das mulheres na tomada de decisão pelo aborto se complexificaram na medida em que é possível confirmar uma gestação com precisão e o abortamento é uma realidade tangível como prática segura e autogestionada, desde que bem informado e com acompanhamento competente[8].

Apesar de relatos como o medo, dor e desamparo, as mulheres ainda podem relatar os sentimentos positivos de alívio e alegria após o procedimento (Menezes; Lima; Rolim, 2008; Carneiro; Iriart; Menezes, 2013; Burton; Peralta, 2016; Beraldo; Birchal; Mayorga, 2017; Duarte; Silva; Wernersbach Pinto, 2020; Souza, 2021) — citado

---

8. Para uma genealogia do conhecimento e prática dos acompanhamentos feministas aos abortos autogestionados por via medicamentosa na América Latina e Caribe após a década de 2000, ver Mel Bleil Gallo (2021). Para um aprofundamento nos coletivos feministas que atuam na descriminalização social do aborto e no acompanhamento feminista latino-americano para o acesso a um aborto seguro mesmo na clandestinidade, ver Marcelle Souza (2021). Após décadas de atuação de coletivos feministas, o aborto à distância feito com medicamentos é atualmente reconhecido pela OMS (*World Health Organization*, 2022) e foi definitivamente recomendado para garantir o funcionamento de serviços essenciais em saúde durante a pandemia da Covid-19 (Anis: Instituto de Bioética, Direitos Humanos e Gênero; *Global Doctors For Choice Brasil*; Núcleo de Atenção Integral a Vítimas de Agressão Sexual Nuavidas, 2021). A médica ginecologista e obstetra Helena Parto do Hospital das Clínicas de Uberlândia (HCU) da Universidade Federal de Uberlândia (Ufu) tem contribuído para os serviços de aborto legal no Brasil também implementarem os abortos por telessaúde — uma prática médica de acompanhamento de abortamentos à distância — uma vez que, além da segurança do método, o aborto com medicamentos propicia a efetivação do acesso aos serviços de aborto legal para gestações de até nove semanas (Almeida; Brito, 2022). Nesse sentido, é importante ressaltar que o conhecimento produzido por mulheres, pessoas que gestam e ativistas feministas — profissionais, cientistas ou de conhecimento leigo — tem impulsionado o avanço tecnológico e científico sobre as técnicas, dados empíricos e epistemologias feministas que dão inteligibilidade às experiências abortivas.

também na norma técnica para a atenção humanizada ao abortamento[9] (Brasil, 2014, p. 23) — um sentimento que passa ao largo da pesquisa de Boltanski. Como bem destaca Nanda Duarte ao analisar as múltiplas narrativas compartilhadas no site *Women on Web* sobre as experiências de autoaborto:

> A experiência com aborto provocado é uma *multiplicidade* de experiências. Não apenas no sentido de que são diversos os contextos, mas principalmente porque a descoberta da gestação, a procura por métodos abortivos, a realização do procedimento em contexto de clandestinidade e estigma, e a elaboração a partir da confirmação da efetivação do aborto conformam múltiplas experiências *dentro* da experiência, inclusive para a mesma pessoa. O desespero da descoberta da gestação e a suspensão da normalidade que ela provoca não é exatamente o mesmo desespero que uma intercorrência durante o abortamento pode provocar. O "trauma do aborto" pode ser uma dor profunda com a própria decisão por realizá-lo, sim, mas também pode ser uma revolta com as condições brutais que precisaram ser enfrentadas, ou mesmo pode sequer existir na narrativa. O exercício de "abrir" a experiência narrada sobre aborto provocado em várias experiências possibilita problematizar em que contexto e a que situações determinadas emoções e sentidos se referem, evitando tomar a experiência com o aborto como um ato único e homogêneo (Duarte, 2019, p. 89).

9. Incluído no tópico de "Acolher e Orientar", a norma técnica antecipa que "a mulher que chega ao serviço de saúde em situação de abortamento espontâneo, induzido ou provocado, está passando por um momento difícil e pode ter sentimentos de solidão, angústia, ansiedade, culpa, autocensura, medo de falar, de ser punida, de ser humilhada, sensação de incapacidade de engravidar novamente. Todos esses sentimentos se misturam no momento da decisão pela interrupção, sendo que para a maioria das mulheres, no momento do pós-abortamento, sobressai o sentimento de alívio".

Como verificado por Boltanski, a legalização do aborto não tornou menos difícil a discussão sobre os abortamentos de maneira natural na vida pública, uma vez que as mulheres preferem manter a decisão pelo aborto em privacidade, compartilhando a situação com poucas pessoas do seu ciclo social. Nesse sentido, a prática e diálogos sobre aborto carregam um estigma social[10], conceito socioantropológico trazido por Erving Goffman (1981[1963]), tanto para as mulheres, quanto para os profissionais de saúde, como apontado por Adesse *et al.* (2016) em revisão sistemática das pesquisas brasileiras sobre aborto e estigma social, o que tem causado "baixa qualidade, maus tratos e discriminação" (p. 3820) nos atendimentos de abortamentos em curso, inclusive no acesso ao aborto legal em ambientes hospitalares. É pela precariedade da saúde e pelo hospital ser porta de entrada para o SJC (Defensoria Pública Do Estado do Rio de Janeiro, 2017) que haveria de se pensar em uma sujeição criminal (Misse, 1999, 2008, 2011, 2014) das mulheres que chegam em situação de abortamento ou que procuram pelo serviço de aborto legal.

Como foi observado nesta pesquisa, das oito mulheres incriminadas por autoaborto, quatro foram denunciadas pelos profissionais de saúde que estavam no atendimento das mulheres que chegaram em situação de abortamento, momento em que o material expelido é coletado e encaminhado às delegacias. Em dois casos, consta nos autos que policiais civis e militares lotados nos hospitais fizeram a denúncia. Dessa maneira, a sujeição criminal teria

---

10. Uma marca física ou social, incorporada pelo *self* (Goffman, (2002[1959]), que participa das interações entre os atores sociais, seja por uma introjeção do estigma que moldará a apresentação do ator estigmatizado na vida cotidiana, seja na relação dos outros atores em relação ao ator estigmatizado, o que se estende à teoria da rotulação. Para ver mais sobre estigma social, além da própria revisão de Adesse *et al.* (2006), que circunscreve o desenvolvimento do conceito nos estudos de aborto e saúde, ver também o desenvolvimento do estigma social à teoria da rotulação em uma sociologia do desvio e do crime, ver Werneck (2013).

no ambiente hospitalar um lugar de profissionais de saúde afetados pelo estigma social do aborto, de maneira a atuarem junto às autoridades policiais como vigilantes das situações de abortamento, o que recai também sobre as mulheres que precisam de atendimento e passam por processos de violências ou mesmo do adiamento, por medo e insegurança, da busca por atendimento médico (Carneiro; Iriart; Menezes, 2013).

Com a sujeição criminal, há uma punição extralegal atribuída às mulheres que se submetem aos abortos inseguros, sem acesso à informação, em clínicas clandestinas que podem ser coordenadas pela milícia ou por medicamentos de procedência desconhecida, em que colocam suas vidas em risco, com métodos desconhecidos e longe de assistência médica quando necessária. O evitamento da procura do hospital implica na chegada de mulheres em estado grave de saúde e, consequentemente, no aumento de mortes maternas causadas por abortamento inseguro (Domingos; Merighi, 2010). Uma vez que há uma dimensão do aborto que é criminalizada — no Brasil, todos os casos que não se encaixam nos permissivos do CP — e que as diretrizes de cuidado e o direito ao aborto legal se entrelaçam com um ambiente inquisitorial de produção de provas e apresentação de boletins de ocorrência, onde a mulher que procura atendimento passa por uma ordem de suspeição, como na procura pela verdade do estupro para acesso ao aborto legal (Diniz *et al.*, 2014), que a sujeição criminal do crime de aborto pode ter uma especificidade ligada à capacidade de gestar.

Se mesmo em países em que o aborto é legalizado, como na França, há um tabu sobre o aborto, como bem relata Boltanski (2013[2004], p. 149), as condições de precariedade no atendimento se desenvolvem em diferentes níveis que variam desde a ilegalidade do aborto ao estigma social. No Brasil, mesmo nos serviços de aborto legal, predomina o uso da curetagem uterina no pós-abortamento, seja ele espontâneo ou não, método que é mais doloroso, invasivo e menos recomendado que a Aspiração Manual Intra-Uterina (Amiu), que requer qualificação profissional (Brasil, 2014). O aborto medicamentoso realizado somente com misoprostol, uma vez que as instituições brasileiras não reconhecem o mifepristona — comprimido recomendado para abortamentos seguros pela Organização Mundial de Saúde (World Health Organization, 2022) — também demonstra a falta de atualização dos serviços de abortamento. Dessa forma, a criminalização do aborto não afeta somente a relação médico-paciente das mulheres que procuram o serviço de saúde, ou das relações de trabalho em que os profissionais estão inseridos, mas as políticas públicas de saúde para efetivação dos serviços de aborto legal também se encontram defasadas por métodos e normas desatualizadas, que são mais penosas às pacientes. A precariedade dos cuidados oferecidos às mulheres também provocam desamparo e medo em um aborto legalizado.

Por novas utopias para a compreensão do aborto seguro e desejado na vida das gestantes

A partir da divulgação das fotografias de guerra entre EUA e Iraque, que demonstravam as violações de direitos humanos praticadas pelos soldados americanos, e das poesias escritas pelos prisioneiros de Guantânamo, Butler propõe a analítica dos enquadramentos para investigar a distribuição diferencial da precariedade da vida — conceito elaborado pela autora para refletir sobre "as condições que tornam a vida possível", que diferenciam as vidas passíveis, ou não, de luto, ligadas também à potenciais de reconhecimento e violabilidade, em que os discursos, seja feito por imagens ou pela escrita — mas sobretudo pela linguagem e produção de sentidos — delimitam sujeitos (de direitos), distinguindo a inteligibilidade de "vidas que podemos apreender daquelas que não podemos" (Butler, 2015[2009], p. 17). Assim, a autora sugere três eixos de análise das condições da vida precária: os enquadramentos, as normas (que compreende as ontologias) e o sofrimento. Ainda que Butler lance luz dos enquadramentos como molduras — o que bem serviu a esta pesquisa no tratamento de documentos que transitam pelo SJC —, Ana Beraldo (2021) apresenta a possibilidade dos enquadramentos serem modeláveis, como "massinhas de modelar", para dar conta de situações de conflito nas quais há negociações de vidas enlutáveis e vidas precárias no reconhecimento dos atores em uma situação crítica. Se os enquadramentos contém normas que definem uma ontologia social, como nas cités, os conceitos de enquadramento e vidas precárias trazidos pela autora podem contribuir para um entendimento sobre o abortamento que está além das cités apresentadas na obra original do modelo das EG. Para Butler, a humanização dos seres, na forma de sujeitos, se constitui:

> Mediante normas que, quando repetidas, produzem e deslocam os termos por meio dos quais os sujeitos são reconhecidos. Essas condições normativas para a produção do sujeito produzem uma ontologia historicamente contingente, de modo que nossa própria capacidade de discernir e nomear o "ser" do sujeito depende de normas que facilitem esse reconhecimento (Butler, 2015[2009], p. 17).

Normas e entendimentos enunciam a humanidade dos seres. Nesse sentido, Butler sugere que a apreensão da humanidade é generalizada pela condição de precariedade da vida. A partir de uma ontologia social para compreensão da vida como vivível, a autora desenvolve os conceitos de vidas precárias e da precariedade da vida para dar conta de decisões de vida e de morte que escapem o enquadramento de uma ontologia do individualismo, bem como do antropocentrismo que escapa à reflexão da limitação humana sobre os domínios de vida e morte na natureza, da distinção da vida humana da vida animal ou da concepção do sujeito como pessoa.

> Não há vida sem as condições de vida que sustentam, de modo variável, a vida, e essas condições são predominantemente sociais, estabelecendo não a ontologia distinta da pessoa, mas a interdependência das pessoas, envolvendo relações sociais reproduzíveis e mantenedoras, assim como relações com o meio ambiente e com formas não humanas de vida, consideradas amplamente. (...) A questão não é saber se determinado ser é vivo ou não, nem se ele tem o estatuto de "pessoa"; trata-se de saber, na verdade, se as condições sociais de sobrevivência e prosperidade são ou não possíveis (Butler, 2015[2009], p. 38).

Para a autora, a condição de vida precária é generalizável, porque não depende somente de um impulso interno de vida, mas se baseia em uma concepção do corpo que é dependente e condicionado pelo que está fora de si mesmo — de condições sociais, instituições externas e relações afetivas para se tornar uma vida vivível.

> Nessa perspectiva, portanto, podemos compreender as maneiras de justificar a pesquisa com células-tronco quando fica claro que o uso de células vivas pode aumentar as possibilidades de uma vida mais vivível. De forma similar, a decisão de abortar um feto pode perfeitamente estar baseada na suposição de que as formas de suporte social e econômico necessários para tornar aquela vida vivível estão ausentes (Butler, 2015[2009], p. 41).

Esse deslocamento da humanidade comum como condição generalizada no modelo de Boltanski para uma apreensão da precariedade da vida como condição generalizada pode ampliar o alcance do modelo para a leitura de quadros morais que complexificam as compreensões de vida e da humanidade à condição de vida vivível, não somente da vida humana ou do sujeito como pessoa — condições rompidas pela humanidade comum.

> Se certas vidas são consideradas merecedoras de existência, de proteção e passíveis de luto e outras não, então essa maneira de diferenciar as vidas não pode ser entendida como um problema de identidade nem sequer de sujeito. Trata-se, antes, de uma questão de como o poder configura o campo em que os sujeitos se tornam possíveis ou, na verdade, como se tornam impossíveis (Butler, 2015[2009], p. 232).

Dessa maneira, o conceito de precariedade da vida sugerido pela autora, bem como a sua analítica dos enquadramentos vêm de encontro à complementar e expandir um novo entendimento dos quadros morais elaborados por Boltanski e Thévenot no modelo das EG (2020[1991]). Quando as motivações das mulheres pelo aborto envolvem não apenas a impossibilidade de ter o filho por um fator que está além do seu controle, ocasião em que a decisão se situa em um mal menor, quando a decisão se baseia na vontade e desejo de não gestar, de não ter aquele filho ou de não maternar, a autonomia das mulheres pelo aborto pode ser levada à sério como parte da vida sexual, em que não se quer a reprodução e a interrupção da gravidez é um alívio — um entendimento que pode dar conta de um espaço desestigmatizado de abortamento legal, desejado, autoprovocado e do reconhecimento do aborto como justificação.

Em pesquisa realizada com mulheres engajadas em movimentos feministas que realizaram o autoaborto, Ana Beraldo, Telma Birchal e Claudia Mayorga (2017) apontam que "as ideias feministas representaram um suporte para a decisão, amenizando possíveis sentimento de culpa ou remorso" (p. 1154). Retomando Boltanski, Julia Burton (2021), a partir de estudos dos acompanhamentos de abortos clandestinos pelo coletivo feminista Socorristas en Red[11] na cidade de Neuquén (Argentina), propõe que a legitimação do aborto passa por entender o alívio das mulheres no abortamento: primeiro, no sentido fisiológico da gestação, que abrange as mudanças afetivas e emocionais; em segundo sentido, pela palavra dita pelas pessoas que abortam, na enunciação da prática e compartilhamento das experiências que podem tirar o aborto de um lugar oculto e solitário, potencializando novas epistemologias que permitam diferentes tomadas de decisão pela vida. Nesse sentido, para Butler:

> Se ampliarmos nossos enquadramentos atuais ou permitimos que eles sejam interrompidos por novos vocabulários, isso vai determinar, em parte, nossa habilidade de consultar tanto o passado quanto o futuro para nossas práticas críticas atuais (Butler, 2015[2009], p. 231).

Dessa forma, apesar dos limites do RO como fonte de experiência das mulheres, seja pela tradução, pela condução inquisitória e a natureza incriminatória do documento, além do estado de precariedade

---

11. O coletivo *Socorristas en Red – feministas que abortamos* – surge em 2012, dentro da *Campaña Nacional por el Derecho al Aborto Legal, Seguro y Gratuito* – uma frente de mulheres filiadas a partidos, organizações, coletivos e militâncias autônomas que se reúnem desde 2005 para articulações políticas pela legalização e descriminalização do aborto na Argentina. O coletivo auxilia em abortos clandestinos através da disseminação de informação sobre os métodos de abortamento seguro, bem como na realização do que chamam de *socorrismo* (Maffeo *et al.*, 2015; Burton; Peralta, 2016): o acompanhamento das mulheres em todas as etapas do abortamento, atuando, assim, na construção de afetos, na sistematização dos saberes produzidos, tantos de saúde quanto demográficos, na produção de vínculos amigáveis com profissionais de saúde e na ressignificação do aborto por meio de uma prática socializada de acompanhamento feminista. Nesse sentido, o acompanhamento socorrista pretende desarmar o estigma social do aborto, superando a ordem do não-dito para uma ordem da escuta com apoio mútuo e experiências compartilhadas, de modo que os abortamentos sejam ressignificados sob uma concepção prática feminista.

das mulheres que abortaram na clandestinidade e foram denunciadas pelas autoridades que prestaram socorro, os motivos de busca pela interrupção da gravidez encontram eco em outras pesquisas sobre o acesso ao aborto legal, nas declarações colhidas "à beira do leito" e de abortos provocados em ambientes clandestinos seguros. Mesmo com itinerários abortivos precários, à toda sorte dos riscos de vida e desconhecimento de cuidado que tornam os abortamentos inseguros, da vulnerabilidade que passam no sistema de saúde que pode atuar como extensão do SJC, as mulheres ainda decidem pelo aborto como um bem inevitável para seguir as suas vidas. Burton (2021) propõe o reconhecimento do desejo pelo aborto, já que "o aborto também pode ser uma decisão e uma vivência que gera felicidade, alegria, que se vincula com os desejos. Consequentemente, em narrativas sobre o aborto livre de padecimentos e vitimismos eternos" (p. 4). Assim, proponho como hipótese o desenvolvimento de uma nova abordagem sobre a humanidade comum no modelo das EG, a fim de abarcar uma cité que possa dar conta dos processos de abortamentos produzidos em espaços de acolhimento, de modo a ouvir as mulheres e outras pessoas com útero que optam pelo poder de controle do seu corpo e projetos de vida para além dos limites impostos por autoridades externas e estigmas sociais. Em um enquadramento que reconhece a vida como condicionada às relações sociais, em uma cadeia interdependente que a possibilita se desenvolver e gerar novas vidas, fetos tumorais e fetos autênticos não compartilham a mesma humanidade, mas compreende a precariedade da vida de uma gestação indesejada e engrandece a potência de vidas enlutáveis.

REFERÊNCIAS

ADESSE, Leila; BONAN, Claudia; SILVA, Katia Silveira da; FONSECA, Vania Matos. *Aborto e estigma:* uma análise da produção científica sobre a temática. Ciência & Saúde Coletiva, Rio de Janeiro, v. 21, n. 12, 2016, pp. 3819-3832.

ANIS: Instituto de Bioética, Direitos Humanos e Gênero; Global Doctors For Choice Brasil; Núcleo de Atenção Integral a Vítimas de Agressão Sexual Nuavidas. *Aborto legal via telessaúde:* orientações para serviços de saúde. Brasília: Letras Livres, 2021. Disponível em: https://anis.org.br/publicacoes/aborto-legal-via-telessaude-orientacoes-para-servicos-de-saude-2021/. Acesso em: 13 jul. 2023.

AUSTIN, John. A Plea for Excuse. *Proceedings of the Aristotelian Society.* vol. 57 (1956 — 1957), 1956, pp. 1-30.

BERALDO, Ana. *Entre a vida e a morte:* Normatividades, negociações e violência em uma favela de Belo Horizonte. Dilemas: Revista de Estudos de Conflito e Controle Social, vol. 14, n. 1, 2021, pp. 27-51.

BERALDO, Ana; BIRCHAL, Telma de Souza; MAYORGA, Claudia. *O aborto provocado:* um estudo a partir das experiências as mulheres. Revista de Estudos Feministas, Florianópolis, vol. 25, n. 3, 2017.

BRASIL. *Lei nº 2.848*, de 07 de Dezembro de 1940. Código Penal.

BRASIL. *Lei nº 12.527*, de 18 de novembro de 2011. Regula o acesso a informações previsto no inciso XXXIII do art. 5º, no inciso II do § 3º do art. 37 e no § 2º do art. 216 da Constituição Federal; altera a Lei nº 8.112, de 11 de dezembro de 1990; revoga a Lei nº 11.111, de 5 de maio de 2005, e dispositivos da Lei nº 8.159, de 8 de janeiro de 1991; e dá outras providências. Brasília, 2011.

BRASIL. Ministério da Saúde. *Atenção Humanizada ao Abortamento.* Norma Técnica. Brasília, 2014.

BOLTANSKI, Luc. *The Foetal Condition:* A Sociology of Engendering and Abortion. Polity Press: Cambridge, 2013[2004].

BOLTANSKI, Luc; THÉVENOT, Laurent. *A Justificação.* Sobre as economias da grandeza. Rio de Janeiro: Ed. UFRJ, 2020[1991].

BUTLER, Judith. *Quadros de guerra:* Quando a vida é passível de luto? Rio de Janeiro: Civilização Brasileira, 2015[2009].

BURTON, Julia. *La legitimidad de abortar.* Descentrada, v. 5, n. 1, 2021.

BURTON, Julia; PERALTA, Guilhermina. *Redes en torno al Aborto Clandestino:* Vínculos de Socorristas y Sistema de Salud en Neuquién, Argentina. Clivajes — Revista de Ciencias Sociales, Ano III, n. 6, Universidad Veracruzana, Mexico, 2016, pp. 158-181.

CARNEIRO, Monique França; IRIART, Jorge Alberto Bernstein; MENEZES, Greice Maria de Souza. *Largada sozinha, mas tudo bem:* paradoxos da experiência de mulheres na hospitalização por abortamento provocado em Salvador, Bahia, Brasil. Interface, v.17, n.45, 2013, p. 405-18.

CHATEAURAYNAUD, Francis. *A prova do tangível:* Experiências de investigação e o surgimentoda prova. Rio de Janeiro, Sociofilo, Iesp/Uerj, 2012.

DAS, Veena; POOLE, Deborah. State and Its Margins: Comparative Ethnographies. In: DAS, Veena; POOLE, Deborah. (org.). *Anthropology in the Margins of the State.* Oxford University Press, 2004, pp. 3-34.

DEFENSORIA PÚBLICA DO ESTADO DO RIO DE JANEIRO. *Relatório traça perfil de mulheres criminalizadas pela prática do aborto.* Rio de Janeiro, 2017.

DINIZ, Debora. Aborto. In: LIMA, Antonio. (org.). *Antropologia & Direito:* temas antropológicos para estudos jurídicos. Editora Contra Capa, 2012, pp. 405-411.

DINIZ, Débora; DIOS, Vanessa Canabarro; MASTRELLA, Miryam, MADEIRO, Alberto Pereira. *A verdade do estupro nos serviços de aborto legal no Brasil.* Revista Bioética, v. 22, n. 2, 2014, pp. 291-298.

DOMINGOS, Selisvane Ribeiro da Fonseca; MERIGHI, Miriam Aparecida Barbosa. *O aborto como causa de mortalidade materna:* um pensar para o cuidado de enfermagem. Escola Anna Nery Revista de Enfermagem, v. 14, 2010, pp. 177-181.

DUARTE, Nanda Iselle Gallas. *O dispositivo da maternidade em tensão:* A polifonia das narrativas sobre aborto provocado em uma comunidade online. Dissertação (Mestrado em Saúde Pública) — Escola Nacional de Saúde Pública Sérgio Arouca, Fundação Oswaldo Cruz, Rio de Janeiro, 2019.

DUARTE, Nanda Isele Gallas; SILVA, Vera Lucia Marques da; WERNERSBACH PINTO, Lian. *A "amiga que já abortou":* um olhar sobre experiências partilhadas em uma comunidade virtual. Ciencia & Saúde Coletiva, Rio de Janeiro, v. 25, 2020. p. 1689-1698.

BLEIL GALLO, Mel. *Acompanhamento feminista ao aborto na América Latina e Caribe: justiça reprodutiva e resistência decolonial à biopolítica.* Dissertação (Mestrado em Ciências Humanas e Sociais) — Universidade Federal do ABC, São Bernardo do Campo, 2021.

GOFFMAN, Erving. *A Representação do Eu na Vida Cotidiana.* Editora Vozes, 10ª edição, 2002[1959].

GOFFMAN, Erving. *Estigma — Notas sobre a Manipulação da Identidade Deteriorada.* Editora Zahar, 1981[1963].

HOGEMANN, Edna Raquel Rodrigues Santos; ALMEIDA, Eliane Vieira Lacerda; BRITO, Lorenna Medeiros Toscano de. Teleaborto: direito ao acesso à justiça reprodutiva no Brasil. Suprema: revista de estudos constitucionais, Brasília, v. 2, n. 2, jul/dez 2022, p. 155-188.

LOWENKRON, Laura; FERREIRA, Letícia Carvalho de Mesquita. *Anthropological perspectives on documents.* Ethnographic dialogues on the trail of police papers. Vibrant — Virtual Brazilian Anthropology, vol.11, n.2, 2014, pp. 76-112.

MAFFEO, Florencia; SANTARELLI, Natalia; SATTA, Paula; ZURBRIGGEN, Ruth. *Parteras de nuevos feminismos.* Socorristas en Red — feministas que abortamos: una una forma de activismo corporizado y sororo. Revista Venezolana de Estudios de la Mujer, vol. 20/n.44. p. 217-227. Enero-Junio. 2015.

MENEZES, Tereza, Cristina Vidal; LIMA, Francisca Elisângela Teixeira; ROLIM, Karla Maria Carneiro. *Conhecimentos e sentimentos de mulheres que vivenciaram um processo de abortamento.* Revista Brasileira em Promoção da Saúde, Fortaleza, vol. 21, num. 2, 2008, pp. 144-150

MISSE, Michel. *Malandros, marginais e vagabundos:* a acumulação social da violência no Rio de Janeiro. Tese (Doutorado em Sociologia) — Instituto Universitário de Pesquisas do Rio de Janeiro, Universidade Cândido Mendes, Rio de Janeiro, 1999.

MISSE, Michel. Sobre a Construção Social do Crime no Brasil: Esboços de uma Interpretação. In: MISSE, Michel. (org.). *Acusados e Acusadores:* Estudos sobre ofensas, acusações e incriminações. 1ª ed. Rio de Janeiro: Editora Revan, 2008, pp. 13-32.

MISSE, Michel. *O papel do inquérito policial no processo de incriminação no Brasil:* algumas reflexões a partir de uma pesquisa. Revista Sociedade e Estado, Brasília, v. 26, n. 1, jan./abr. 2011.

MISSE, Michel. Sujeição criminal: quando o crime constitui o ser do sujeito. In: BIRMAN, Patricia; LEITE, Marcia Pereira; MACHADO, Carly; CARNEIRA, Sandra de Sá. (Org.). *Dispositivos urbanos e trama dos viventes:* ordens e resistências. Rio de Janeiro: Editora FGV, 2014.

SCOTT, Marvin B.; LYMAN, Stanford M.. Accounts. *American Sociological Review*, vol. 33, n. 1, 2008[1968], pp. 46-62.

SOUZA, Marcelle Cristine de. *"No estás sola":* Aborto seguro e acompanhado como estratégia feminista para a descriminalização social na América Latina. Tese (Doutorado em Integração da América Latina) — Integração da América Latina, Universidade de São Paulo, São Paulo, 2021.

WERNECK, Alexandre. *A desculpa:* As circunstâncias e a moral das relações sociais. 1ª edição. Rio de Janeiro: Civilização Brasileira, 2012.

WERNECK, Alexandre. *Sociologia da moral como sociologia da agência*. RBSE — Revista Brasileira de Sociologia da Emoção, v. 12, n. 36, 2013, pp. 704-718.

WORLD HEALTH ORGANIZATION. *Abortion care guideline*. 2022.

Variações de *self*

a continuidade da vida após contato com a morte violenta

VITTORIO TALONE

Introdução[1]

A filha única de Joana[2] foi atropelada em uma importante avenida da cidade do Rio de Janeiro em 2011, falecendo ainda no local. Joana era mãe solteira e sustentava a sua filha e a sua mãe. Diz que vivia por elas. O conjunto das atividades cotidianas, dos planos e dos afetos comuns que compunham o seu dia a dia foi desmanchado pelo evento. Após a morte de seu ente querido, ela diz ter se tornado "outra pessoa", irritadiça, deprimida, confusa ao lidar com as lembranças de sua filha e do acidente, sofrendo com mudanças em seu corpo, como com a queda repentina de seus dentes. Joana diz ter começado a se "equilibrar" apenas ao frequentar um grupo de apoio, não esquecendo ou silenciando a sua experiência, mas a tomando como motivação para

---

1. Uma versão deste capítulo foi publicada anteriormente em inglês: TALONE, Vittorio. *Variations of the Self:* The Continuity of Life after Contact with Violent Death. Dilemas – Revista de Estudos de Conflito e Controle Social, v. 16 n. 2, 2023. Este texto resulta de pesquisa de Doutorado financiada pela Coordenação de Aperfeiçoamento de Pessoal de Nível Superior (Capes) – Código de Financiamento 001 – e de reflexões no âmbito de um Pós-doutorado (2020-2024) financiado pela Fundação Carlos Chagas Filho de Amparo à Pesquisa do Estado do Rio de Janeiro (FAPERJ), processo E-26/202.009/2020, e do Projeto nº 88887.691889/2022-00 da Coordenação de Aperfeiçoamento de Pessoal de Nível Superior (Capes), por meio de sua bolsa de Pós-Doutorado Estratégico (PDPG).
2. Os nomes de todos os pesquisados são fictícios.

ações de conscientização no trânsito e para auxílio de outras mães em situações semelhantes. De mãe solteira e trabalhadora, diz ter se tornado uma "morta-viva" e agora uma "guerreira".

A circulação de lembranças (como um conjunto de imagens, afetos e emoções) no rescaldo de uma "experiência extrema" (Pollak, 1990; Talone, 2020; 2022a) atua nas compreensões de si de uma pessoa. A partir de uma pesquisa com 1) pessoas cujos entes queridos (filhos/as, marido, pai, mãe) foram vítimas fatais no trânsito carioca, assistidas pelo Núcleo de Apoio a Vítimas de Trânsito (Navi) do Departamento de Trânsito do Estado do Rio de Janeiro (Detran-RJ); 2) PMs em trabalho administrativo — interno aos BPMs — devido a experiências de extrema tensão e perigo vivenciadas; 3) civis e policiais que sofreram com graves acidentes, atualmente cadeirantes e atletas treinados no projeto Renascer, Servir e Proteger, que funciona no Centro de Formação e Aperfeiçoamento de Praças (CFAP) da PMERJ; analisarei a atuação específica de suas memórias a partir da variação por eles sentida em seus próprios selves[3].

---

3. Cabe destacar que mobilizo o termo "*self*" em português, pois 1) ele vem sendo amplamente trabalhado na psicologia social e na sociologia (Mead, 1934; Cooley, 1902; Goffman, [1963]2008; Strauss, 1999; Archer, 2003; Porto, 2017; Porto e Werneck, 2021); e 2) não temos na língua portuguesa um termo que dê conta de todos os seus sentidos. "Eu", "mim", "eu mesmo" e "identidade", por exemplo, são inexatos e/ou não comunicam substantivamente o sentido expresso nas discussões científicas. É necessário e sociologicamente mais profícuo adotar o termo em inglês. De mais substantivo para a presente pesquisa, vale mencionar que o *self* — como o consideraram James e Mead, por exemplo — é uma unidade de individuação sígnica composta, por sua vez, por outras unidades. Nesse sentido, tanto o "eu" quanto o "mim" são *selves* e partes componentes do *self*. Em uma definição meadiana, o *self* como "eu" é o da imagem da memória que age em relação a si mesmo e em relação a outros. Ele diz respeito ao âmbito (mais) interior e constante, abarcando formas de agir que emergem frente à iteração de comportamentos sociais. O mim é a parcela mais variante, que apreende sobre si com os outros significativos. A consciência "mim" surge da ação do outro. O "eu" da introspecção é o *self* que entra nas relações sociais com outros seres; e o "mim" da introspecção é o objeto da conduta social dos outros.

Pessoas que viveram "experiências extremas" realizam um esforço para dar continuidade a seus próprios selves (Pollak, 1990; Lemieux, 2008), a uma ideia delas mesmas como um todo minimamente coerente que, embora enfrente percalços mais ou menos graves, perdura no tempo de suas vidas. Com a fenomenologia abordada na presente pesquisa, lida-se com um âmbito de incertezas/mudanças/violências mais intensas do que aquelas em momentos de estabilidade e de momentos críticos — no sentido de Luc Boltanski e de Laurent Thévenot (1999[1991], 2020), em que uma crítica tem lugar. Portanto, ao falar de "experiência extrema", refiro-me a vivências de violação mais graves e/ou penosas (não hierarquizáveis entre si) em relação ao curso de experiências correntes tidas como "normais" ou mesmo não ideais, mas aceitáveis na vida cotidiana.

Em ambos os grupos de apoio e entre os PMs em funções administrativas, encontram-se pessoas com uma experiência em comum: todas vivenciaram situações de contato concreto com a morte (Talone, 2020; 2022b; Araujo, Talone, 2021) — direta ou indiretamente — causado por terceiros, seja no âmbito daquilo representado mais comumente como "violência urbana", envolvendo signos como trocas de tiro, agressões e balas perdidas (Machado da Silva, 1993; Misse, 1999; Porto, 1999), ou da chamada "violência no trânsito" (Russo, 2012), englobando atropelamentos e colisões de meios de transporte nas vias urbanas. A lembrança-imagem desses acidentes (o corpo de alguém sem vida, a ida ao hospital, manchas de sangue), as sensações de medo ou de entorpecimento que as caracterizam, as emoções de tristeza e de raiva subsequentes, entre outros elementos, passam a marcar as atividades cotidianas dessas pessoas, surgindo repentinamente e/ou no exercício de rememoração em grupos de apoio, evidenciando, para elas mesmas, mudanças em si.

Por complexas reconstruções e reconstituições, a memória compreende processos de escolha (não necessariamente consciente, reflexiva e/ou racional), sendo parcial e seletiva (Halbwachs, 1990[1925]; Pollak, 1989; 1992). Os elementos distintos/guardados são relevantes para sustentar uma interpretação presente de situações vivenciadas: o lembrar é essencial para o que está acontecendo correntemente, é parte de cada ação (Casey, 2000). Neste texto, lido com o conjunto articulado de lembranças e seus diferentes actantes[4] (objetos, sons, pessoas, desenrolar de eventos etc.), experiências correntes sucedendo-se a cada momento e afetos e emoções vivenciadas de um passado desdobrando-se paralelamente com o esboço de planejamentos futuros e com a sustentação da ação presente. Denominei esse conjunto de elementos e a sua atuação como memória actancial (2020; 2022b)[5].

Assim, busco avançar na compreensão dos elementos cognitivos-afetivos que contribuem com as ações presentes dos atores e tensionam as suas "noções de si mesmos", a partir das situações vivenciadas de ferimento, tensão e morte, e da constatação dos efeitos (Peirce, 1998; James, 1907) diversos gerados por elas. As pessoas aqui retratadas relataram enfrentar os "piores momentos de suas vidas", seja por perderem entes queridos que amavam (e davam sentido às suas existências, como colocam muitas participantes do Navi); por terem seus corpos alterados de forma abrupta (como no caso de ex-policiais e civis que se tornaram paraplégicos

---

4. A ideia de *actante* é derivada da semiologia de Algirdas J. Greimas. Trata-se daquele ou daquilo que pratica ou sofre um ato, seres ou coisas a participar de um processo (Greimas, Courtés, 1979), fazendo diferença na narrativa. É um ente (pessoa, ideia, grupo, coisa etc.) dotado da capacidade de influenciar as ações de outros. Latour (1987) utiliza-se do conceito, construindo a *simetrização*: "inclusão de todos os entes contidos em uma situação em um mesmo plano analítico" (Werneck, 2014a, p. 29).

5. Actancial no sentido de que seus componentes comparecem como elementos fortes (isto é, com forte actância) na "definição da situação" (Thomas, 1923, p. 42) em curso. Ela não é composta apenas por elementos de uma rememoração contemplativa, e sim dá *preensão* (Chateauraynaud, 2011; 2022) à realidade vivida por cada um. A *actância* (Greimas, Courtés, 1979) diz respeito à potencialidade de um ente não simplesmente em termos de decisão (e, nesse sentido, de agência), mas de efetividade (Werneck, 2012) no quadro situacional.

ou tetraplégicos após algum confronto armado ou acidente); ou por sofrerem recorrentemente com pesadelos e serem acometidos por ansiedades e medos de forma repentina na sequência de ocorrências com possibilidades de morte própria e/ou presença da morte de um terceiro; para citar alguns poucos exemplos. Isso provoca alterações em seus selves e em todas suas relações com o mundo externo — conteúdo da primeira seção deste capítulo, em que mobilizarei a ideia de "situação biográfica" (Schütz, 2012).

A recuperação destas lembranças permite acompanhar as operações de manutenção de si ao longo da vida, seja buscando estabilizar sua história ou a modificar, ressignificando-a, silenciando-a, narrando-a, entre tantas outras possibilidades — ponto em que a segunda seção está investida. A pesquisa sobre experiências limites de cunho pragmatista (como a aqui apresentada) evidencia o quão difícil pode ser a manutenção da própria continuidade e coerência (cf. Corrêa, 2021). Mostro como os dispositivos mnemônicos das pessoas atuam em diferentes situações e em quais qualificações resultam, afetando, alterando e/ou reformulando seus selves.

O objetivo geral do texto é oferecer caminhos para pensarmos os selves (suas variações e composições distintas) sem nos forçar a buscar uma primazia dos fenômenos de sua constituição: seja por considerar o senso contínuo de *self* como desenvolvido de nossa emergência das formas em que somos biologicamente constituídos e da interação com o ambiente externo (Archer, 2000, 2003); seja por considerar o homem mais do que um objeto físico, mas como um *self social*, "refletido na mente por um mundo de impressões pessoais" (Cooley, 2017[1922], p. 178). Aqui interessa compreender o *self* a partir da efetivação de ações que podem ser constatadas e entender como essas se tornaram possíveis (Peirce, 1998; James, 1907; Werneck, 2014a). Evidencio como é necessária, de acordo com os pesquisados, uma gestão da memória.

O trabalho de campo foi realizado como uma *Grounded Theory* (Glaser, Strauss, 1967) por meio de observação participante (Becker,

1993), conversas informais e entrevistas compreensivas (Kaufmann, 2013) com os diferentes grupos citados[6]. Tratou-se de uma pesquisa empírica envolvendo três agrupamentos distintos de pessoas em uma análise simétrica (Latour, Woolgar, 1997, pp. 23-24), cujo objeto são vivências e lembranças de situações de ferimento, tensão e morte violenta causadas por outrem, tendo como consequência o contato com o óbito de terceiros próximos e/ou a possibilidade própria de falecimento.

As variações de *self* no pós-proximidade com a morte

Uma pessoa, ao longo de sua vida, é constituída por diferentes e variadas concepções de si[7]. A própria capacidade de agência humana está intimamente relacionada com as ordenações e os processos do *self* (Emirbayer, Mische, 1998). Nesta seção, dedico-me aos efeitos das alterações de *self* na vida das pessoas após contato(s) com a morte provocada por terceiros — conforme constatado e caracterizado como algo central por elas mesmas.

---

6. A GT e as entrevistas compreensivas implicam que o pesquisador busque compreender a realidade dos pesquisados entendendo as pessoas como depositárias de um saber substantivo a ser apreendido por meio de seus *quadros de valores*, buscados pelo aprofundamento *fundamentado* em dados recolhidos em campo e pela compreensão das categorias mais próximas do cotidiano de quem lhe forneceu as informações.

7. Simmel (1950, p. 58) escreveu sobre a capacidade de um indivíduo naturalmente se "decompor em partes e compreender qualquer [*dessas*] como seu próprio *self*". Essas poderiam colidir entre si, resultando em uma luta pelo controle majoritário sobre as ações do indivíduo. Todo indivíduo consiste em muitas partes diferentes igualmente importantes e às vezes contraditórias, dando forma a conflitos internos observáveis na vida cotidiana de cada um (Chalari, 2009).

No Navi e no Renascer (tanto por parte dos coordenadores quanto dos próprios assistidos) há o esforço de se conduzir noções de *self* afastando-se do *self* "desmotivado", do "depressivo", do "apático", do "zumbi", entre outras possibilidades — sem se forçar um esquecimento ou um silenciamento da dor vivenciada. Tais variações de *self* são constatadas por meio das potencialidades de ação ou por como são definidas determinadas situações no presente em grande dissonância com as ações anteriores à experiência extrema: o "PM por vocação" não consegue mais atuar nas ruas e em operações de tensão; as mulheres tornam-se mães de vítimas[8] ou enlutadas; os ex-PMs ou civis são agora cadeirantes e/ou atletas paraolímpicos — são os exemplos mais substantivos.

Mas, ao traçarem planejamentos futuros e buscarem alterar suas tonalidades afetivas (Corrêa, 2021), as pessoas almejam mudar a si próprias. A memória corresponde a uma fonte inesgotável (Bergson, 1999[1939]) para um ser remodelar a sua resposta a determinadas situações e a como interpreta suas próprias competências a cada momento, possibilitando a ele conceber novos horizontes. Na sequência, embora analise os pontos em comum entre os grupos analisados de forma simétrica, esta seção trata separadamente de cada um visando um melhor desenho da argumentação.

As assistidas do Navi

Marcela, cujo filho de 11 anos morreu atropelado próximo à sua residência, deixou de conseguir frequentar certos locais ou de realizar atividades que antes compunham o seu dia a dia. Disse se sentir outra pessoa. Muitas vezes tinha de "forçar" uma forma de ser ela mesma não mais vigente: "[*As amigas da igreja*] veem uma

8. Adriana Vianna e Juliana Farias abordam em seus trabalhos esta categoria. Para mais referências sobre o tema, ver o artigo escrito por elas (2011).

grande força em mim. (...) [*Mas*] eu queria ficar em casa dormindo, deitada. Sem cabeça nenhuma para as atividades da igreja. Mas elas pedem, eu vou".

Durante as atividades em grupo, Marcela gostava de fazer graça com as outras assistidas, que pareciam apreciar. Ela dizia ser assim também na igreja: tentava "animar o local", puxando cantos, rezas, fazendo piadas e organizando eventos. Após a perda de seu filho, ela confessa: essa forma de ser por vezes a cansa, pesa em seu cotidiano, pois sua "cabeça [*ficou*] ruim", fazendo-a perder parte da energia e interesse por uma série de afazeres. Somam-se a tais mudanças, as alterações em seu corpo, segundo descreve: uma qualidade de pele diferente e um ciclo menstrual irregular. Com tudo isso, ela não consegue mais se harmonizar com seus hábitos antigos (presentes por lembranças), por exemplo, o seu sono ficou completamente alterado, deixando-a cansada o dia inteiro: "E eu não sou assim, não é legal para mim". Para ela, ficar cansada e inerte em uma situação é a prova de sua mudança. Há uma dimensão de *self* desmotivado (termo analítico) reconhecida no rescaldo da morte de seu filho. Uma noção de si que se enxerga apenas como ex-mãe. Os psicólogos do Navi procuram trabalhar sobre isso em seções individuais ou em rodas de conversa, fazendo as assistidas desenvolverem um *self* engajado, "batalhador", que ainda se pensa como mãe — embora todos reconheçam uma flutuação nem sempre controlável das interpretações de si.

Joana, logo após a morte de sua filha, em processo contra o rapaz que a atropelou, diz ter vivenciado uma amargura mais acentuada por sequer ter conseguido falar com o juiz designado para seu caso — o que pensava ser possível. Com isso, afirma ter batalhado enormemente para deixar de ser uma "pessoa angustiada" e com desejo de justiça/vingança. Para transitar de um *self* desmotivado ao engajado, conta: "Você tem que pensar nos momentos bons que você viveu com a sua filha, com o seu filho, com aquela mãe, com aquele pai". A seleção e o destaque proposital de "boas lembranças", cujas sensações consubstanciais[9] complementariam o desejo de mudar a própria potência de agir presente, marca a busca por um *self* não angustiado. No rescaldo do acidente, Joana se viu em um estado muito "negativo" com que luta para não o reproduzir, algo que depende do contexto: "Eu não gosto de [*estar*] deprimida, eu não gosto de [*estar*] para baixo, eu procuro sempre lutar contra... No dia de morte, o aniversário de morte é o que mais me abala mesmo". Como afirma James (1890), a família imediata é também parte de uma pessoa: "[*O*]ssos de nossos ossos e carne de nossa carne. (...) Quando eles morrem, uma parte de nossos selves vai embora" (Id., Ibid, p. 292). Em certos momentos, como relatam outras mães, Joana diz ter se tornado um "zumbi", uma "morta-viva", e frequentou terapias no intuito de trabalhar seus afetos e suas emoções e como se portava nas mais diversas situações.

Cláudia relata suas transformações, sobretudo, pela alimentação, pois ficou mais de 3 anos apenas se alimentando de água, pão e biscoito. Joana e Claudia constatam a perda de partes de si mesmas,

---

9. As lembranças-afetos e as lembranças-emoções, como mostrei em outra oportunidade (Talone, 2023), de experiências extremas dizem respeito à circulação atuante no presente das sensações e das energias sentidas no contato com a morte ou em seu rescaldo, e não apenas das imagens. Tais afetos e emoções podem afetar as interações correntes (Collins, 2004; Araujo, Talone, 2021). Randall Collins, por exemplo, explora como *energias emocionais* são transmitidas por interações face-a-face: "O 'tipo de eletricidade' que Durkheim metaforicamente atribui ao grupo em seu estado de alto excitamento é armazenado em [*espécies de*] baterias (...). A participação no ritual [*inclusive no cotidiano*] dá ao indivíduo uma forma especial de energia" (Id. Ibid., 38). Nesse sentido, no que pode tangenciar uma sociologia das emoções (Torres, 2013), operei com as concepções de afetos, sensações e, de forma mais geral, tonalidades afetivas. Para análises específicas sobre esse tema, ver Corrêa (2021) e Talone (2023).

alterando seus selves, levando-as ao *self* desmotivado ex-mãe[10]. Além de parar de comer, Cláudia comenta ter ficado apática, "aérea, surda, cega": "Quando eu parei no mundo, eu parei para tudo. Minha vida parou para tudo, para tudo. Eu parei para tudo. Eu não cozinho, eu só lavo a minha roupa mesmo". Ela credita a sua "evolução" ao núcleo, pois "as peças do quebra-cabeça estão sendo colocadas de volta no lugar" com as novas atividades — ela descrevia uma representação de si mesma como desarranjada nos três anos seguintes à morte do filho. Hoje, Claudia reconhece e discorre sobre outras mudanças em relação a sua pessoa antes da morte do filho. Afirma estar "nascendo novamente para a vida". Vejamos sua descrição:

> [*Todo*] mundo fala para mim: "[*Cláudia*], se você está triste, então seu filho vai estar triste. O seu filho não era alegre? Não era brincalhão? Então, ele quer ver você bem. Ele quer ver você feliz". Aí, eu falei para a psicóloga: "eu acho que meu filho tá muito feliz agora onde é que ele está". Ele devia tá triste até porque não tava vendo eu comer, ele não tava vendo eu caminhar. Mas agora ele tá me vendo caminhando. Ele tá vendo. Ele deve estar me vendo. Ele tá vendo eu caminhando e eu tô me alimentando, né? Eu acho que ele tá muito feliz. (...) Eu tô muito feliz agora. Eu acho que eu tô sendo uma nova criatura, né? E, daqui para frente, eu quero ser

---

10. Cooley (1902, p. 98), ao descrever uma dimensão do que propõe como *self social*, coloca: "[*P*]oderíamos dizer que as luzes [*projetadas*] próximas ao centro da parede [*são*] de uma cor particular – digamos, vermelha – que se desvanecem, não muito abruptamente, em direção às bordas. Esse vermelho representaria o sentimento de si [*self-feeling*], e outras pessoas seriam mais ou menos coloridas por ele de acordo como eram ou não intimamente identificadas com (...) atividades apreciadas. Na mente de uma mãe, por exemplo, seu filho ficaria por completo na área mais íntima e avermelhada. Assim, o mesmo sentimento de si pode pertencer ao *self* e a várias outras pessoas ao mesmo tempo". As pessoas próximas e os entes queridos constituiriam substantivamente nosso próprio "sentimento de si".

> diferente. Eu não quero ser mais como eu sou. Eu quero ser diferente daqui para frente. Eu já botei na minha cabeça que eu quero ser diferente. (...) Eu só sei que hoje eu tô sendo uma nova criatura. E posso dizer a você: tô feliz que eu voltei a me alimentar, né? Eu sinto que eu tô feliz, sei que tem muita gente feliz. (...) Então, eu tô mudando. É um processo.

A criadora do Navi, uma mulher que perdeu a mãe e a filha em um mesmo acidente, diz ter se preocupado com as pessoas "que ficam a vida inteira em torno/em questão da perda", tornando-se mortos-vivos, zumbis. Ela diz ter permanecido nesse estado por um tempo, sempre desligada e entorpecida — o *self* zumbi assemelha-se, pela descrição das entrevistadas, ao *self* desmotivado (mobilizarei tais categorias analíticas analogamente). Os "zumbis" seriam pessoas presas em uma fase do luto de rompimento com o passado e com a sensação de perda e de desorientação.

O *self* como um todo — pois as pessoas reconhecem continuidades de si ao longo do tempo — fica marcado por tais experiências[11]. Pensar o *self* a partir da memória (actancial, como antes definida) permite a compreensão de como os seres entendem a si mesmos como alguém contínuo ao longo do tempo de suas vidas, mas que apresenta variações e enfrenta percalços, e percebe alterações em suas competências por não conseguir mais efetivar certas ações e devido às tonalidades afetivas o marcando no momento. As pessoas continuam sendo as mesmas no sentido de reconhecerem os humanos, os não humanos, os afetos e as emoções comuns e relevantes perenemente em suas vidas presentes e passadas; mas identificam mudanças por definições

---

11. Segundo James (1890b), o *self total* seria tudo aquilo causando as mesmas emoções em uma pessoa. Este *self* total seria constituído pelos seguintes *selves*: o *self* material, o *self* social, o *self* espiritual e o ego puro. Cooley (1902) indica que, para James, *self* designa "todas as coisas que têm o poder de produzir em um fluxo de consciência uma excitação de certo tipo peculiar" (Id., Ibid., p. 138).

de situação[12] agora marcadas pela lembrança de "algo ruim". É diferente da mudança de definição de situação pela maturidade, pelo agregar de mais conhecimentos, pela mudança de moradia (de um país a outro, por exemplo) etc. A alteração pela proximidade concreta com a morte violenta marca uma limitação penosa, ao menos a princípio, em relação a potencialidades passadas.

Paul Ricœur (2007) diferencia dois usos principais do conceito de *identidade*: a identidade como *mesmidade* (*idem*) e a identidade como si-próprio (*ipse*). Por "mesmidade" expressa-se a identidade alcançada a partir da permanência substancial no tempo; "ipseidade" implica uma identidade construída pela temporalização de si próprio (um núcleo cambiante da personalidade apresentando certa manutenção de si). O *idem* traduz o indivíduo como uma entidade neutra e o *ipse* manifesta a presença a si próprio de uma pessoa (Correia, 2000). Ricœur privilegia essa última noção, dando atenção ao sentido de identidade na ideia de "permanência *apesar* do tempo", referindo-se à continuidade ou a algo que pode ser localizado por meio da

---

12. Pensar a "definição de situação" implica uma abordagem situacional que estuda "as reações de comportamento e de formação de hábitos em uma grande variedade de situações comparativamente" (Thomas; Thomas, 1928, p. 561). A possibilidade de estudo se dá na visualização das reações de comportamento nas mais diversas situações, pois o comportamento imediato de alguém estaria intimamente relacionado com sua definição da situação, ao "como se" de sua compreensão situacional.

temporalidade[13]. A memória como a analisei, pelas lembranças-imagens, afetos e emoções que tensionam definições presentes de situação, permite o exame das variações da identidade "apesar do tempo".

Os PMs

Na PMERJ, mudanças são constatadas pelos PMs quando não conseguem mais atuar "plenos", como dizem — os PMs entrevistados eram praças, categoria que engloba os cargos mais baixos da hierarquia da instituição. Eles mudam de função na corporação e apresentam comportamentos lesivos nas folgas. Um policial do BPM pesquisado conversa comigo sobre as operações envolvendo perigo, em que PMs devem assumir um estado em que "nada abala", mas que se torna difícil de sair posteriormente: a concentração e o medo que atuam a seu favor em um dado momento tornar-se-iam fardos para o restante de sua vida, e o PM se "transforma". Isso pode se tornar um conflito interno de selves dos próprios PMs, pois carregam a ideia de serem policiais por vocação[14], ou seja, de serem pessoas nascidas ou que naturalmente

---

13. Tais dimensões seriam aspectos de uma complexa "identidade narrativa", como proposta pelo autor. Ela implica uma reflexão sobre a identidade como uma rearticulação entre um ente e suas trajetórias. É uma forma de compreender o ser na experiência vivida que parte de uma tradição que toma a "reflexividade pessoal" como algo que gera efeitos na ação íntima. É "como o meio graças ao qual se institui um campo de renegociação e reinvenção reiterado de uma trajetória biográfica" (Corrêa, 2021, p. 556) — para um mapeamento sobre concepções de reflexividade, ver Corrêa e Talone (2021). Cabe destacar que lido com pessoas que passaram por situações abalando, modificando, quebrando, entre outras possibilidades, suas histórias e narrativas. Como escreve Strauss (1999), histórias íntimas são identidades pessoais vistas analiticamente ao longo do tempo. Ao refletirmos sobre as múltiplas conexões possíveis das biografias com as histórias, abordamos tanto os aspectos temporais das identidades pessoais quanto o fluxo e a reconstrução dos eventos sociais.

14. Algo afirmado pelos entrevistados. Por vezes, a partir das perguntas "como decidiu entrar para a PMERJ?" ou "Como veio a trabalhar aqui?".

desenvolveram competências adequadas ao "fazer policial" (Muniz, 1999; Poncioni, 2021), mas que, a partir de determinadas situações, não conseguem mais exercer essa função e suas ações.

Para Weber (2004), a vocação diz respeito a uma tarefa confiada por uma entidade e à disposição para um "chamado" [*calling*] que deve ser reconhecido por cada um. As definições fornecidas pelos próprios PMs podem se aproximar da leitura de Weber, como vemos nas seguintes colocações: "Nasci para isso"; "Sempre tive aptidão"; "Tenho esse faro [*a mais*]". Eles as descrevem como se fossem características inatas de seus selves. Pelo menos assim seria até a vivência de experiências extremas, pois mesmo o *self* policial, vocacionado, se "altera": "Tem gente que vai levando. É nossa vocação, né? Mas quem diz que não fica mexido, tá mentindo. Mexe, sim. O corpo, o teu olhar muda", comenta um PM sobre mudanças em relação ao início de sua carreira. Vejamos a fala de seu colega:

> E, muitas vezes, o cara que saiu sem preparo pode até imaginar como [*são as situações de perigo*]. Mas quando enfrentar mesmo, aí vai ficar maluco, vai fazer besteira, vai dar baixa. Garoto novo mesmo. Até os cascudos também saem [*de Licença para Tratamento de Saúde*] com psicológico. Trocar tiro, colocar sua vida na reta, não é uma coisa que se acostume. [*Mas a*] gente vai todo dia, é nossa *vocação*, é minha profissão, eu tô aqui pra proteger os cidadãos.

Esse choque entre ser policial como vocação e não conseguir mais atuar nas ruas inquieta os PMs, que percebem mudanças em seus âmagos por tremedeiras de tensão, arritmia cardíaca, sensações de nervoso, dores musculares, receio de estar fardado em público etc. Uma construção comum ao "policial por vocação" é a ideia do "policial máquina". Essa seria a forma de ser do PM que não se deixa abater por nada, em que sempre se está disposto a enfrentar perigos e "servir à sociedade" — é, nesse sentido, a efetivação plena dessa vocação ideal. O *self* do PM como máquina diz respeito a uma ideia dos próprios PMs sobre o início de suas carreiras ou sobre a percepção de como oficiais e civis os observam. Esse "policial máquina" é aquele que vem a atingir o extremo, o limite "dos nervos", sofrendo consequências físicas e, sobretudo, emocionais (Miranda, 2016).

O PM Eduardo discorre sobre essas características. Para ele, o que motivaria PMs para continuar na carreira, mesmo com as situações de proximidade com a morte, seria a vocação. Ele explica: em momentos de perigo, quem "não tem [*vocação*], corre. (...). Mas [*para quem tem*] acontece um troço, você vê, você não consegue não fazer [*nada*], entendeu? Pelo menos quem é policial de verdade não consegue. (...). Então, parece que corre no sangue". No entanto, esse *self* pode se colocar em situações limite, alterando sua própria tonalidade afetiva: "O policial não é uma máquina, não pode funcionar 100% atento toda hora, senão a panela de pressão explode. Isso dá problemas de saúde que alteram a pessoa". A isso se somam as características pessoais partilhadas pelos policiais máquina, que se pensam super-heróis (Muniz, 1999; Rocha, 2013), inabaláveis[15], sérios e, logo, recusam qualquer ajuda psicológica. Eduardo argumenta: "Porque tem aquela coisa do 'Eu sou policial' (...), 'Eu não sou fraco', 'Eu não choro', e é mentira. A gente chora, a gente sente dor, a gente sente medo, entendeu? Como qualquer outra pessoa em qualquer outra profissão".

Os problemas psicológicos/emocionais, se tornar apto B ou C[16], por exemplo, marcam a quebra desse PM como máquina, que atuava

---

15. E que, com isso, conseguiriam fazer frente à "grande força" mobilizada por bandidos (Werneck; Talone, 2019; Caminhas; Beato, 2024).

16. Categorias técnicas relativas à aptidão do policial. Normalmente fala-se de quatro tipos de avaliação: Apto A são aqueles em condições de realizar o trabalho normalmente; Apto B significa que há alguma restrição para a atividade, normalmente física; Apto C diz respeito ao policial que não pode trabalhar na atividade-fim por não poder portar arma de fogo (normalmente por questões "psicológicas" ou "emocionais"); e LTS significa licença para tratamento de saúde — o policial está liberado de comparecer.

por vocação; é o momento de uma nova compreensão de si marcada por limites quanto à própria ação e quanto a situações seguramente efetivadas no passado, por alteração dos "nervos". Os PMs, assim como as assistidas do Navi, administram essas mudanças no curso de suas vidas cotidianas, buscando minimamente conseguir efetivar ações e situações como antes — mesmo na intenção de esconder de outros seus estados de luto/de desarranjo.

É normal, como mostram Muniz (1999) e Rocha (2013), o receio de policiais de se tornarem e/ou serem identificados como "malucos" na corporação, como são considerados alguns aptos C. Os PMs aqui estudados também comentam sobre colegas "malucos", buscando se desvencilhar de associações com a condição de "loucos", como são interpretados por eles. Alguns policiais internos que não gostam de usar fardas nas ruas e permanecem longe de atuações perigosas, veem os "malucos" como completamente "disfuncionais", pois não têm permissão para pegar em armas e são incapazes de se relacionar minimamente bem com qualquer um. Seria uma alteração de *self* mais extrema do que a vivenciada por eles, embora reconheçam diferenças em si mesmos após situações de ferimento, tensão e morte. O *self* PM maluco seria a potencialização do *self* PM desestabilizado (física ou emocionalmente).

Em sua tese, a psicóloga Letícia Rocha (2013) analisou um PM que se achava um "tigre" e se tornou um "gatinho"[17]. Trata-se de uma mudança constatada por ele após uma situação de risco iminente de vida, alterando seu *self* tanto como policial quanto como civil (em comparações com as lembranças de "potencialidades" agora pretéritas):

---

17. Para além do trabalho de campo e das entrevistas que realizei, minha pesquisa incluiu duas fontes de entrevistas/relatos não produzidas em seu âmbito, como a tese citada acima. Tratou-se de agregar volume de um material substantivo à pesquisa visando um método comparativo constante, estando aberto a observações, entrevistas, documentos, artigos, livros e toda fonte possível de dados, contribuindo o melhor possível a uma abordagem qualitativa (Glaser, 1965).

> Na porta da firma onde fazia segurança e voltava após sacar no banco o pagamento dos funcionários, fui rendido com a arma na cara, com um tiro que não saiu, me embolei com o dito cujo, consegui correr pra trás do carro, no que eu fui sacar a arma, a arma tinha caído lá quando eu me embolei com o cara, aí ele deu outro tiro, com a minha arma, que eu vi nitidamente aquela luz amarela, o fogo que sai da boca do cano, linda, bela e formosa quando tá pro outro lado, quando tá pro lado da gente não fica nada lindo, belo e formoso. Aí eu corri até a esquina, voltei e fui pra delegacia fazer o registro. Fiquei um tempo lembrando, flashes e mais flashes voltando na cabeça. Um colega me levou em casa e enchi a cara. Sentei no botequim e enchi a cara pra ver se esquecia porque vinha tudo muito nítido, foi difícil. Essa vez eu senti muito, me senti impotente. A impotência veio no momento que eu fui rendido, a impotência veio depois de eu seguir normas de trabalho, de primeiro me abrigar para depois sacar, aí ver que a minha arma tinha caído, me senti impotente duas vezes. O momento que eu tive para reagir minha arma tava lá no chão. (...) No dia seguinte, fui cair na real que faltei o serviço à noite, aí vim pro batalhão, agitado, sobressaltado, assustado. Encontrei [*um colega*], que ao me ver nervoso perguntou o que houve e quando eu contei, ele perguntou se eu não queria conversar com a psicóloga e vim parar na senhora porque ela marcou logo para o dia seguinte. (...) *A senhora me mandou para a psiquiatria direto, lá me deram 15 dias de LTS e foi renovando, renovando, renovando, depois me deram Apto categoria C, ou seja psiquiatria, maluca* (Rocha, 2013, p. 106, grifo meu).

Todo o histórico desse policial de ações destemidas e intensas tornou-se um quadro de características de um *self* passado. Embora carregue lembranças de seus dias "normais" e deseje uma tonalidade afetiva como a daqueles tempos para atuar nas ruas, agora sente-se inseguro em diversas situações, inclusive tornou-se apto C — foi do *self* de PM máquina ao *self* do PM maluco, e convive com lembranças e vivências de ambos.

Para entender com mais clareza o *self* variante de acordo com a atuação de sua memória actancial, é vantajosa a reflexão associada ao conceito de situação biográfica, de Schütz. Segundo o autor:

> Um indivíduo pode encontrar-se em uma situação biográfica determinada a qualquer momento de sua vida diária, isto é, em um ambiente física e socioculturalmente definido por ele, no qual ele ocupa uma posição não apenas em termos do espaço físico e do tempo exterior ou de seu papel no sistema social, mas também se trata de sua posição moral e ideológica. Dizer que uma situação é biograficamente determinada é afirmar que ela possui uma história; ela é a sedimentação de todas as experiências prévias do indivíduo, organizadas como uma posse que está facilmente disponível em seu estoque de conhecimento e, enquanto uma posse exclusiva, trata-se de algo que é dado a ele e somente a ele. Essa situação biograficamente determinada inclui certas possibilidades de futuras atividades práticas ou teórica que podem ser chamadas de 'objetivo à disposição. É esse objetivo à disposição que define quais dentre os vários elementos contidos em uma situação serão relevantes. Esse sistema de relevâncias determina, por sua vez, quais elementos devem ser transformados em um substrato de tipificação generalizadora, quais dessas devem ser consideradas caracteristicamente típicas e quais são únicas e individuais (Id., 2012, p. 85).

Foi mais adequado, em minha pesquisa, abordar a memória actancial do que o "estoque de conhecimento", pois aquela envolve lembranças-imagens repentinas, afetos e emoções não necessariamente "à mão" ou habitualmente disponibilizados à pessoa. O que interessa é pensar como a variação de selves, revelada em definições de situação ou na diferente forma de sua efetivação em relação ao passado, pode ser enriquecida pela ideia de situação biográfica, que implica a noção de um ser variável ("apesar do tempo") — embora com uma constante de compreensão de si mesmo — quanto a seus esquemas de relevância em dados momentos. Para um *self* PM desestabilizado, ir para o trabalho era pegar o ônibus/o trem/o carro e se deslocar pela cidade até o BPM. Agora, após vivenciar tensões, se tornou um período em que se está exposto, em que a morte é uma possibilidade concreta. A fivela do cinto de um terceiro, fazendo volume sob a camisa, era parte de sua vestimenta, agora é uma arma em potencial. Como colocou Schütz (1945, 2012), o "eu" passado é apenas um aspecto parcial do total que se realiza na experiência em curso, novas "relevâncias" (nova "atenção à vida") tomam forma pelas novas experiências e lembranças, direcionando definições de situação.

Atletas cadeirantes do Renascer

Quanto aos assistidos pelo Renascer, a mudança no *self* é conduzida pela própria alteração substantiva em seus corpos, agora demandando mediação por objetos ou por terceiros, pois funções antes controláveis deixam de ser geridas autonomamente (ao menos, como antes). A coordenadora do projeto conta a partir de sua experiência:

> [*O*] paraplégico não tem problema só de não andar, tem problema urinário, infecção, isso é o mais comum. Não consegue fazer número 1, número 2, ter ereção, tem feridas que podem crescer. Muitos vêm aqui e querem falar sobre isso [*nas rodas de conversa*]. Porque a pessoa que não controla isso, o aspecto mais imediato ali do corpo, pensa: "não tenho mais nada para fazer aqui [*no mundo*]", "nunca mais vou conseguir nada". Então, a pessoa passa a não almejar nada, não consegue nem controlar o próprio corpo. Acorda mijado, acorda cagado, se sente [*inseguro sexualmente*].

É comum nos relatos a sensação de apatia ou de sofrimento devido a tais mudanças profundas no corpo e, consequentemente, nas relações com os outros e no realizar das mais diversas atividades. Fred, um ex-PM que foi baleado e hoje é medalhista paraolímpico, afirma ser a mesma pessoa ao pensar o antes e o depois de seu ferimento, mas ao mesmo tempo uma "pessoa repaginada": se redescobre o corpo em seus novos limites e possibilidades, o que muda a motivação e os objetivos na vida. Como afirma: o "momento [*pós-acidente*] é realmente de profundo vazio. É uma desconstrução da noite para o dia. (...) Ele [*o cadeirante*] não faz mais o que fazia, não é mais a pessoa que era, não tem mais as relações que tinha antes, tudo muda, né, depois de um acidente deste". Haveria o *self* antigo, dotado das capacidades físicas anteriores ao ferimento, o *self* desmotivado, cujo foco é querer ser como antes, marcado pelo medo ou pela apatia (que não vai às ruas, não exerce atividades), e o *self* resiliente, que vê uma "luz no fim do túnel com seus colegas" e busca novas atividades.

Estimulados pelo Renascer, esses selves buscam alterar a tonalidade afetiva de suas lembranças ou almejam não se prender a recordações anteriores ao acidente. O *self* desmotivado tomaria negativamente a palavra "cadeirante" e sentiria vergonha; o *self* resiliente assume isso com orgulho, por vezes se reconhece como atleta. A transição entre selves é sempre possível ao longo das atividades e das situações vivenciadas em um mesmo dia, mas um deles torna-se mais constante do que o outro (para qualquer um dos grupos estudados): o ambiente e suas relevâncias, como destacadas por um ser, parecem restringir a emergência de certos selves (James, 1890).

Alguns dos atletas do Renascer sequer gostavam de praticar esportes ou de exercer atividades físicas, mas por insistência ou por preocupação de suas famílias e/ou por buscas dos próprios coordenadores do Renascer — apreensivos pelas possibilidades de depressão e mesmo de suicídio dos selves desmotivados — passam a se engajar em diversas atividades. A coordenadora fala sobre cadeirantes antes e depois de aceitarem suas condições: ao não as admitirem, permanecem em profundo sofrimento; assumindo-se cadeirantes, passam a dar novos sentidos às coisas e adquirem nova potência de agir. Fred, por exemplo, como um *self* resiliente, reformou a sua casa, construiu uma piscina, tornou todo o ambiente acessível e gosta de receber pessoas. A resiliência, como comunicada por coordenadores e atletas, é tida como fundamental, seria positiva para a autonomia e para a autoestima. E seria no contato com outros, ao observar pessoas em situações similares ou piores, e ao conseguir atingir uma série de objetivos antes tidos como "impossíveis", que se chegaria ao *self* resiliente.

Lucas, um ex-segurança de caixa forte que foi baleado enquanto trabalhava, agora se diz atleta paraolímpico. Quando desmotivado, após o ferimento, apenas ficava em casa deitado em seu computador, "sempre estressado", e dependia inteiramente de terceiros. Agora é autônomo e independente devido ao desporto. No início de sua história de lesão, procurava ficar em casa por vergonha; mudou apenas após entrar no Renascer:

> Se não se adaptar a você [*mesmo*], acabou. Ninguém tem que se adaptar a você, você tem que se adaptar a você. Se você ficar assim: "Ah, tenho vergonha de fazer isso", "tenho vergonha de fazer aquilo", irmão, vai ficar dentro de casa o resto da vida [*com a*] saúde se ferrando. [*Ao se adaptar*] vai enxergar as pessoas normal. Antigamente as pessoas olhavam na minha cara, eu abaixava a cabeça. Hoje eu vou levantar a cabeça. Não devo nada para ninguém (...). A gente muda.

Lucas descreve como chegar ao Renascer foi conhecer outro mundo, onde aprendeu novas possibilidades de ação e objetivos de vida, mudando a si mesmo (física e emocionalmente) em relação às novas condições:

> Eu pesava... Eu não cabia nessa cadeira. Eu não cabia nessa cadeira. Era muito gordo. Então melhorou minha saúde, melhorou minha autoestima. Eu não conseguia pegar nada no chão, hoje eu pego. Eu só ficava deitado na cama. No computador. Comia deitado, bebia deitado. Não tirava urina sozinho. Precisava de auxílio para tudo. Hoje em dia eu passo pro carro sozinho, passo para minha cadeira sozinho (...). Porque coisas que eu não fazia, hoje eu faço. Eu não escovava o dente, cara, sozinho. Precisava de ajuda. Não mexia os braços. Hoje faço tudo. (...) Pô, cara, a vida não acabou, não.

Melissa, outra atleta do projeto, foi atropelada e o acidente feriu a sua medula. O vírus linfotrópico da célula T humana (HTLV), uma doença rara, a infectou, levando-a à cadeira de rodas. Ela foi quem elaborou mais sobre o *self* estigmatizado, em que há a solidificação da identidade por outros em relação à lesão ou à cadeira de rodas. Trata-se da rotulação (cf. Werneck, 2014b), de um traço de reconhecimento apresentado por um *self* servindo a um observador que o interpreta de forma negativa/reduzida por tal atributo (Goffman, 2008). É uma relação possível unicamente por esse elemento de reconhecimento (no caso, a cadeira de rodas) definir a expectativa sobre a pessoa e sobre seus demais atributos, um indicador conduzindo terceiros a interpretarem algo de uma tal forma (ou seja, de elegerem esse sentido a ser apreendido entre vários possíveis). Como destacou Goffman (Id., Ibid.), o efeito de descrédito é grande e constitui uma discrepância entre a identidade social virtual (imaginada pelo outro na interação) e a identidade efetiva (demonstrada na situação definida), logo, entre os selves contidos em uma mesma pessoa. Isso toma forma principalmente no prédio em que Melissa reside:

> Cara, o síndico me chamou de defeituosa. "Defeituosa", cara? Isso é o que mais magoa a gente, o olhar dos outros. E pior você não acredita: descobrimos que a esposa dele é

> deficiente. Nessa hora eu tive vontade de cair no chão e chorar. Se ele é assim comigo, imagina lá. Dizem que ela não gosta de cadeira de rodas, que tem vergonha, acha que é desistência. (...) Aí, o cara deve ficar achando que isso é vida. Que é assim. Que se ela não quer cadeira, eu tô por preguiça. Já escutei isso também. Que é preguiça, falta de vontade minha. Ainda mais pelo meu tipo de lesão. (...) Eu [*também*] já ouvi dizer: "Poxa, ela é aleijada"; "Ela é metade de uma mulher"; "Como é que ela satisfaz o marido dela?". Já escutei. Já escutei. Entendeu? Porque é muito ruim, como se eu fosse metade de uma pessoa. Pera aí, eu sou uma pessoa completa. Tudo bem que umas partes não funcionam direito, mas eu sou uma mulher completa igual às outras. É normal. E eles não olham assim, eles olham com olhar de pena.

Um dos cuidados de Melissa e de sua família é de se defenderem de ofensas, de se colocarem contra o estigma empregado por outros, evitando uma situação que a leve a assumir um *self* desmotivado, por vezes, com "vontade de desistir de tudo". Para James (1890), uma pessoa tem tantos selves sociais quanto indivíduos a reconhecendo e tendo uma imagem sua em mente: "Ferir qualquer uma dessas imagens é feri-lo" (Id., Ibid., p. 294). Nesse sentido, Melissa coloca o "ser cadeirante", embora tenha demorado de se aceitar, como o "de menos" em relação a suas preocupações, pois é o ser humano quem a ofende[18], a desestimula: "A pessoa vê o cadeirante, o portador de deficiência, como se fosse uma doença. Não é uma doença". A pessoa sente a discrepância entre os selves vividos e os indicados por outros, o que se torna parte de suas lembranças-imagens, alterando suas emoções/afetos e suas expectativas correntes.

---

18. Goffman (Ibid.) indica o estigma como uma linguagem de relações e não de atributos.

A despeito de tais experiências, Melissa busca maior autonomia, assumiu a cadeira de rodas como parte do seu próprio corpo, de seu *self*: "A cadeira também é o meu corpo, então não gosto realmente que toquem nela. Tá encostando em mim. (...) É, é uma extensão minha". Por fim, Melissa coloca como se tornar cadeirante a permitiu fazer coisas novas: lembra que antes apenas trabalhava, seu marido ficou quatro anos sem tirar folga, o que agora eles fazem ("aproveitamos a vida"). Ela também diz ter conquistado pessoas importantes que antes não "se batiam" com ela, como a sogra; com isso, diz ter ganho outra família, sempre presente e a ajudando.

A variação de *self* e a memória

As experiências extremas, como destaca Pollak (1990), fazem com que os atores busquem formas elementares de ajuste subjetivo e em relação aos outros e aos ambientes. Certas mudanças que afetam as pessoas são de uma brutalidade e de uma radicalidade descomunais, exigindo delas um trabalho para impedir o completo aniquilamento de seus selves sob a pressão de tensões internas contraditórias. Na presente pesquisa, localizo uma provação (Lemieux, 2008), um momento em que os seres, seus respectivos estatutos e qualificações, suas relações mútuas e a própria ordem social resultam profundamente transformados[19].

Pela comunicação de relatos e suas comparações (nos grupos de apoio ou entre colegas, familiares etc.), há um processo de elaboração do que seria agora "normal"/"saudável" — a "estabilização" dos selves desmotivados, por exemplo — pelos próprios pesquisados, permitindo a eles de se "estar em paz com o mundo (ou, mais

19. É algo menos próximo às *épreuves* ligadas a princípios de justiça universalizáveis, como as exploradas por Boltanski e Thévenot (2020), do que a provações quanto à própria humanidade.

precisamente, com esse ou aquele grupo de pertencimento). É assim que o indivíduo, por um trabalho de identificação, faz coincidir seu próprio sentido de si, sua identidade, com o que é socialmente considerado como normal" (Pollak, 2010, p. 45-46).

Pelo trabalho do Navi, muitas assistidas deixam de compreender a si mesmas como ex-mães ou mortas-vivas, algo efetivado em suas dificuldades de prosseguir com certas atividades e pela emergência de certas lembranças, e tornam-se mães de vítima — alcunha assumida até mesmo por aquelas cujas perdas não foram de filhos ou filhas —, selves engajados, cujo sentido que preenche as ações diárias se liga à conscientização no trânsito, ao se lembrar com alegria do ente querido, ao se dar apoio a pessoas em luto, entre outras possibilidades. As assistidas colocam que um acidente pode arrebatar "como somos", algo passível de ser transformado nas ações como "mãe de vítimas" — um processo longo e com altos e baixos.

No Renascer, os selves desmotivados buscam se transformar, por exemplo, em atletas — ao menos, em cadeirantes, mas com exaltação. O objetivo é deixar de lado as lembranças e tonalidades afetivas caracterizando a vergonha de não ter movimento nos membros inferiores e passar a confrontar aqueles os caracterizando e os diminuindo por estigmas ("aleijados", por exemplo), pois contribuem à sensação de tristeza e de sofrimento. O atleta é alguém que apresenta muita força para prosseguir com a vida, se desafia e atinge seus objetivos. Quanto aos PMs na ativa, o policial por vocação, por vezes o policial máquina, vê-se desestabilizado, "assombrado" por lembranças de perigo afetando seu agir imediato — aproximando-o possivelmente, segundo colegas da corporação, do "maluco", do "covarde" —, administrando suas tonalidades afetivas com o intuito de permanecer consistente em sua forma de ser.

As lembranças de situações de perigo, tensão extrema e proximidade com a morte flutuam pela mente dos estudados, por meio de diversos actantes: farda; cadeira de rodas; roupas do falecido; sensações repentinas; mudanças físicas intensas; sons altos; tristeza ou raiva em relação à religião, entre outras várias possibilidades e suas combinações. Com a circulação de tais actantes, afeta-se a vivência imediata em determinadas situações; assim, as pessoas interpretam sofrer mudanças, no sentido de não serem mais as mesmas. Embora Joana tenha uma ideia sólida de si mesma, no mínimo pelas lembranças-hábitos que a constituem e por lembranças efetivas a cada momento com os actantes relevantes de sua vida, ela revela ser diferente hoje em dia, algo "[*estaria*] faltando". A "sensação de si" é outra; sua atual "situação biográfica" e seus esquemas de relevância mudaram. Isso pode atuar em sua mente ou não, dependendo do contexto vivenciado, nos indicando um "*self* total", porém oscilante, composto por selves possíveis "gerados" em situações específicas. A memória, em seu papel na definição de uma situação, aponta e constitui essa alteração e seu(s) elemento(s) dominante(s), algo sob gestão constante dos atores no pós-contato com experiências extremas.

Uma experiência limite evidencia a dificuldade de manutenção das próprias continuidade e coerência, tanto por um indivíduo quanto por um grupo (Pollak, 1990). Tal como a ordem social, a ordem mental é fruto de um trabalho permanente de gestão consistindo em interpretar, ordenar ou reprimir (temporariamente ou definitivamente) "toda experiência vivida de maneira a dar conta dela coerentemente com suas experiências passadas, assim como com as concepções de si e do mundo que moldaram: trata-se, em nome do domínio do porvir, de integrar o presente no passado" (Id., Ibid., p. 258). Estabilizar o *self* seria estabilizar as relações com os demais selves (presentes, ao menos, em lembranças), com as outras pessoas e com o ambiente. A estabilidade de "identidade" depende de um ambiente capaz de fornecer, ao ser em questão, "referências que o permitam antecipar a realidade e de agir [*adequadamente*] em consequência" (Id., Ibid., p. 261).

Como vemos pelo trabalho dos grupos estudados, o *self* (ou selves) presente-vigente é também uma fonte de criatividade e inovação exercendo poderes de transformação. Os selves potenciais futuros são os que assumirão a posição do "eu" agente (Peirce *apud* Chalari,

2009). Como mostrei aqui, novos selves pedem espaço repentinamente ou de forma urgente quando um ser se depara com situações após um momento de quebra intensa, constatando as mudanças em si e buscando se adaptar a elas e ao ambiente ou mudar esses[20].

Diante do trabalho de campo e das presentes teorias substantivas e formais (Glaser; Strauss, 1967) apresentadas, penso não ser necessário abordarmos a "referência social" como um preâmbulo à constituição de um *self* total. Tal construção seria central, por exemplo, para estudos expressivos como os de Cooley (1902) e os de Mead (1934). Para o primeiro, a referência social tomaria a forma da imaginação do próprio *self* de como apareceria em uma mente particular, de forma que o *self social* poderia ser chamado de reflexo ou espelho [*looking-glass self*]. Para Mead, selves são objetos sociais, relacionados "àquela conduta peculiar que pode ser chamada de conduta social" (Id., 1912, p. 402). Para o autor, a forma de um objeto deve ser encontrada antes de tudo na experiência de outros selves, pois a consciência reflexiva implicaria a situação social como sua pré-condição (Id., 1909). O próprio mecanismo de introspecção seria dado na atitude social que o homem assume em relação a si mesmo. O *self* responderia a um processo social: seria a comunidade organizada ou grupo social (o "outro generalizado") que oferece ao indivíduo sua unidade de *self*[21].

---

20. Naturalmente, uma biografia pessoal é descontínua, sujeita a avaria, reconstituição e "reinvenção" (Archer, 2003). Veena Das (2003; 2007) destaca em algumas de suas obras o trabalho de um *self* para existir em um "cotidiano habitável" e não no "passado fantasmagórico" do evento traumático vivenciado. O *self-creation* no registro cotidiano é reconhecido como um cuidadoso e preciso "agrupamento da vida".

21. Seguindo este caminho, para Goffman ([1959] 2013), não seria a dimensão humana, biológica, individual, o que tomamos como nosso *self*, e sim o *self* socializado: "Goffman avança na construção de uma noção sociológica de *self* como produto de processos sociais que não se origina no âmago dos indivíduos, mas resulta de performances publicamente validadas" (Vinuto; Gisi; Teixeira, 2019, p. 470). O *self* seria uma imagem que se busca levar os outros a atribuir a si.

Por outro lado, Archer (2003) coloca a subjetividade como uma propriedade interior pessoal que conta com uma ontologia subjetiva de primeira pessoa e com poderes causalmente eficazes em relação a si mesmo e à sua sociedade. Assim, o "sentido contínuo de *self*, ou a autoconsciência, emerge de nossa atividade prática no mundo" (Id., 2000, p. 3). E seriam as "conversações internas" o processo de mediação pelo qual os agentes respondem às formas sociais, algo genuinamente interior.

Mas Archer reconhece que não realizamos nossas identidades pessoais sob as circunstâncias de nossa própria escolha, pois o senso contínuo de self seria desenvolvido: 1) a partir das formas como somos biologicamente constituídos; 2) do modo como o mundo é; 3) da necessidade de interação com o ambiente externo: o *self* é emergente e relacional (entre o corpo, natureza e prática), e desfruta de liberdade interna (Chalari, 2009). Não obstante, Archer afirma as práticas corporais dos seres humanos no mundo como mais pujantes do que suas relações sociais para o surgimento do *selfhood* (o senso contínuo de *self*). Tal senso estaria embutido em nossas memórias eidéticas (imagens) e incorporado em nossas memórias procedurais (o *know how*).

Pelo trabalho empírico analisado ao longo deste capítulo, proponho que a conversa interna, o *looking glass self*, a lembrança-imagem, as tonalidades afetivas, a memória procedural, a performance perante terceiros e o outro generalizado podem ser lidos como algumas das formas de como novos selves são despertados, criados e/ou estabilizados, o que se pode constatar por como a memória atua na definição de uma situação. São, portanto, actantes atuando nas mentes das pessoas, revelando para si mesmas as continuidades e as descontinuidades de suas identidades — permanências e alterações essas exigidas ou constatadas pelas "relevâncias" que tomam forma em um momento vivido, em uma situação biográfica. Assim, é possível compreendermos os efeitos (contínuos) das situações de ferimento, tensão e morte em vítimas diretas e indiretas, afetando suas vidas em escalas variadas, sem cair na problemática de estipular um ordenamento genealógico ou ontológico do surgimento de selves.

Considerações finais

Considerando o aparato de reminiscências actanciais de pessoas (acionado por meio de testemunhos, relatos, reinterpretações de narrativas e demonstrações físicas/afetivas) que vivenciaram contatos concretos com a morte, penso ser necessário colocar entre parêntesis noções essencialistas de trauma, de incorporação de disposições (Bourdieu, 2002) e/ou de identidades fluidas (Bauman, 2001) para tratar das possibilidades de continuidade do *self* — no caso deste estudo, um *self* "ferido" — ao longo e "apesar do tempo". Mas não se trata de conceber o "*self*" como uma substância ou entidade metafísica (Emirbayer, Mische, 1998), como a "alma", mas como um arcabouço biográfico, actancial e relacional dos próprios seres. O *self* total e os diferentes selves que o compõem são geridos a partir de uma administração dos elementos da memória, como já havia mostrado Pollak (1990).

Os elementos da memória, como estão atuando em cada situação, em quais qualificações resultam aos seres em questão, afetam, alteram e/ou reformulam o *self* de uma pessoa. Mas não estamos falando aqui de uma identidade sempre em alteração, pois as pessoas podem voltar a se sentir como antes ou mesmo sempre manter uma noção de si estável, contando apenas com "percalços" ao longo da vida. É preciso localizar as "situações biográficas" (Schütz, 2012) dos estudados, tensionadas actancialmente por suas lembranças e as condições, contextos e situações de suas vidas no presente.

Os diferentes selves são continuamente modelados, entre outros elementos, pela memória de cada um, pelas lembranças surgidas (de forma espontânea ou ativamente no exercício de conversas entre grupos, por exemplo), por como elas fazem as pessoas se sentirem, o efeito corporal causado, entre outros elementos. As ações de assistidas do Navi, de atletas do Renascer e de PMs internos têm base em bagagens de experiência sempre em vias de atualização no viver presente. Não lidamos com pessoas em um estado fixo de luto ou permanente de sofrimento (i.e., "traumatizadas"). Os estados/qualificações (os selves cambiantes, embora compondo uma noção de si minimamente estável) variam de acordo com a situação em que as pessoas se localizam e com os elementos cognitivos-afetivos de suas memórias a atuarem. Assim, penso que podemos compreender e dar conta com mais riqueza dos efeitos duradouros de "experiências extremas".

REFERÊNCIAS

ARAUJO, Anna Bárbara; TALONE, Vittorio. *Justa ou injusta:* as moralizações do falecimento de idosos atendidos por cuidadoras. Política & Trabalho. Revista de Ciências Sociais, n. 55, 2021, pp. 77-92.

ARCHER, Margaret. *Being Human*: The Problem of Agency. Cambridge (UK): Cambridge University Press, 2000.

ARCHER, Margaret. *Structure, Agency and the Internal Conversation.* Cambridge (UK): Cambridge University Press, 2003.

BAUMAN, Zygmunt. *Modernidade líquida.* Rio de Janeiro: Zahar, 2001.

BECKER, Howard S. *Métodos de pesquisa em ciências sociais.* São Paulo: HUCITEC, 1993.

BERGSON, Henri. *Matéria e Memória.* Ensaio sobre a relação do corpo com o espírito. São Paulo: Martins Fontes, 1999[1939].

BOLTANSKI, Luc; THÉVENOT, Laurent. *The Sociology of Critical Capacity.* European Journal of Social Theory, v. 2, n. 3, 1999, pp. 359-377.

BOLTANSKI, Luc; THÉVENOT, Laurent. *A Justificação*: Sobre as Economias da Grandeza. Rio de Janeiro, Editora UFRJ, 2020.

BOURDIEU, Pierre. *Esboço de uma teoria da prática.* Precedido de três estudos de etnologia Cabila. Oeiras (Portugal): Celta, 2002.

CAMINHAS, Diogo; BEATO, Claudio. *Todo ladrão vai trabalhar com a sua mente:* O uso da força e de armas nos assaltos em Belo Horizonte, Minas Gerais". Dilemas: Revista de Estudos de Conflito e Controle Social, v. 13, n. 3, 2021. pp. 645-667.

CASEY, Edward S. *Remembering*: A Phenomenological Study. Indiana: Indiana University Press, 2000.

CHALARI, Athanasia. *Approaches to the Individual.* The Relationship between Internal and External Conversation. Manchester (UK): Palgrave Macmillan, 2009.

CHATEAURAYNAUD, Francis. *Argumenter dans un champ de forces*: Essai de balistique sociologique. Paris: Pétra, 2011.

CHATEAURAYNAUD, Francis. *Des expériences ordinaires aux processus critiques non-linéaires.* Le pragmatisme sociologique face aux ruptures contemporaines. Pragmata, V. 5, 2022 (preprint).

COLLINS, Randall. *Interaction Ritual Chains.* Princeton & Oxford: Princeton University Press, 2004.

COOLEY, Charles Horton. *Human nature and the social order.* New York, Chicago, Boston: Charles Scribner's Sons, 1902.

COOLEY, Charles Horton. *O self social:* o significado do Eu. Tradução de Mauro Guilherme P. Koury. Revista Brasileira de Sociologia da Emoção, v. 16, n. 47, 2017[1922], pp. 173-192.

CORRÊA, Diogo. *Anjos de fuzil*: uma etnografia das relações entre pentecostalismo e vida do crime na favela Cidade de Deus. Rio de Janeiro: EdUERJ, 2021.

CORRÊA, Diogo; TALONE, Vittorio. *An outline of a pragmatist theory on reflexivity:* exploring the pathways of the concept through social theory. Sociedade e Estado, v. 36, n. 02, 2021, pp. 407-431.

CORREIA, Carlos J. *A Identidade Narrativa e o Problema da Identidade Pessoal.* Tradução comentada de "L'identité narrative" de Paul Ricœur. Arquipélago, 7, 2000, pp. 177-194.

DAS, Veena. *Trauma and Testimony:* Implications for Political Community. Anthropological Theory, v. 3, 2003, pp. 293-307.

DAS, Veena. *Life and Words.* Violence and the descent into the ordinary. Berkeley/Los Angeles/London: University of California Press, 2007.

EMIRBAYER, Mustafa; MISCHE, Ann. *What Is Agency?*. American Journal of Sociology, v. 103, n. 4, 1998, pp. 962-1023.

GLASER, Barney G. *The Constant Comparative Method of Qualitative Analysis*. Social Problems, v. 12, n. 4, 1965, pp. 436-445.

GLASER, Barney G.; STRAUSS, Anselm L. *The Discovery of Grounded Theory*: Strategies for Qualitative Research. Chicago: Aldine, 1967.

GOFFMAN, Erving. *Estigma*: Notas sobre a manipulação da identidade deteriorada. 1ª edição [1963]. Rio de Janeiro: LTC, 2008[1963].

GOFFMAN, Erving. *A representação do eu na vida cotidiana*. Petrópolis: Vozes, 2013.

GREIMAS, Algirdas J; COURTÉS, Joseph. *Dicionário de Semiótica*. São Paulo: Cultrix, 1979.

HALBWACHS, Maurice. *A memória coletiva*. São Paulo: Revista dos Tribunais LTDA, 1990[1950].

JAMES, William. *The Principles of Psychology*. Vol. I. London: MacMillan and co, ltd, 1890.

JAMES, William. *Pragmatism*: A New Name for Some Old Ways of Thinking. Cambridge (EUA): Harvard University, 1907.

KAUFMANN, Jean-Claude. *A entrevista compreensiva*: um guia para pesquisa de campo. Petrópolis: Vozes, 2013.

LATOUR, Bruno. *Science in action*. How to follow scientists and engineers through society. Cambridge (Massachusetts): Harvard University Press, 1987.

LATOUR, Bruno; WOOLGAR, Steve. *A vida de laboratório*. A produção dos fatos científicos. Rio de Janeiro: Relume Dumará, 1997.

LEMIEUX, Cyril. De la théorie de l'habitus à la sociologie des épreuves: relire L'expérience concentrationnaire. In: ISRAËL, L; VOLDMAN, D. (Dir.). *Michaël Pollak*. De l'identité blessée à une sociologie des possibles. Paris: Editions Complexe, 2008, pp. 179-205.

MEAD, George Herbert. The Mechanism of Social Consciousness. *The Journal of Philosophy, Psychology and Scientific Methods*, v. 9, n. 15, 1912, pp. 401-406.

MEAD, George Herbert. *The Social Self*. The Journal of Philosophy, Psychology and Scientific Methods, v. 10, 1913, pp. 374-380.

MEAD, George Herbert. *Mind, Self, and Society*. Chicago: The University of Chicago Press, 1934.

MISSE, Michel. *Malandros, marginais e vagabundos*: A acumulação social da violência no Rio de Janeiro. Tese (Doutorado em Sociologia) — Instituto Universitário de Pesquisas do Rio de Janeiro (IUPERJ), Rio de Janeiro, 1999.

MIRANDA, Dayse. (org.). *Por que policiais se matam?* Diagnóstico e prevenção do comportamento suicida na polícia militar do Estado do Rio de Janeiro. Rio de Janeiro: Mórula Editorial, 2016.

MUNIZ, Jacqueline de O. *Ser policial é, sobretudo, uma razão de ser*. Cultura e Cotidiano da Polícia Militar do Estado do Rio de Janeiro. Tese (Doutorado em Ciência Política) — Instituto Universitário de Pesquisas do Rio de Janeiro (IUPERJ), 1999.

PEIRCE, Charles S. *The Essential Peirce*. Vol. 2. Indianapolis: Indiana University Press, 1998.

POLLAK, Michael. *Memória, Esquecimento, Silêncio*. Tradução por Dora Rocha Flaksman. Estudos Históricos, v. 2, n. 3, 1989, pp. 3-15.

POLLAK, Michael. *L'experience concentracinnaire*: Essai sur le maintien de l'identité sociale. Paris: Métailié, 1990.

POLLAK, Michael. *Memória e identidade social*. Conferência transcrita e traduzida por Monique Augras. Edição por Dora Rocha. Estudos Históricos, v. 5, n. 10, 1992, pp. 200-212.

POLLAK, Michael. "A gestão do indisível". Tradução por Gabriele dos Anjos. *WebMosaica*: Revista do instituto cultural judaico, v. 2, n. 1, 2010, pp. 9-49.

PONCIONI, Paula. *Tornar-se policial*: o processo de construção da identidade profissional do policial nas academias de polícia. Curitiba: Appris. 2021.

PORTO, Camille. *Selves em cadeia*: Um estudo sociológico sobre a carreira moral de "egressantes" do sistema penitenciário fluminense. Dissertação (Mestrado em Sociologia), Universidade Federal do Rio de Janeiro, Rio de Janeiro, 2017.

PORTO, Camille; WERNECK, Alexandre. *O Valor de uma existência:* Uma análise pragmática de valorizações da vida humana em situações envolvendo dinheiro. Sociedade e Estado, v. 36, n. 2, 2021, pp. 563-589.

RICŒUR, Paul. *Memória, história, esquecimento*. Campinas: Editora da Unicamp, 2007.

RUSSO, Maurício Bastos. *Violência no trânsito à moda brasileira*: insegurança, letalidade e impunidade. Tese (Doutorado em Sociologia) — Programa de pós-graduação em Sociologia da Universidade Federal do Ceará, 2012.

SCHÜTZ, Alfred. "On Multiple Realities". *Philosophy and Phenomenological Research*, v. 5, n. 4, 1945, pp. 533-576.

SCHÜTZ, Alfred. *Fenomenologia e relações sociais*. Rio de Janeiro: Zahar, 2012[1979].

SIMMEL, Georg. *The Sociology of Georg Simmel*. Glencoe (Illinois): The Free Press, 1950.

STRAUSS, Anselm. *Espelhos e máscaras*: a busca de identidade. São Paulo: EdUsp. 1999.

TALONE, Vittorio. *Retomando o futuro:* a reconstrução de si por meio de grupos de apoio. Civitas, v. 22, 2022a, p. 1-11.

TALONE, Vittorio. *Memória actancial:* Uma abordagem pragmática de lembranças do contato com a morte violenta. Revista Brasileira de Ciências Sociais. v. 37, n. 109, 2022b.

TALONE, Vittorio. *A força da memória*. Lembranças de situações de ferimento, tensão e morte. Rio de Janeiro: Mórula Editorial, 2023.

THOMAS, William I. *The Unadjusted Girl*: With Cases and Standpoint for Behaviour Analysis. Monclair (EUA): Patterson Smith, 1923.

THOMAS, William I.; THOMAS, Dorothy Swaine. *The Child in America*: Behavior Problems and Programs. Nova York: A. A. Knopf, 1928.

TORRES, Marieze R. *Hóspedes incômodas? Emoções na sociologia norte-americana*. Tese (Doutorado em Ciências Sociais). Programa de Pós-Graduação em Ciências Sociais da Universidade Federal da Bahia (PPGCS-UFBA), 2009.

VIANNA, Adriana; FARIAS, Juliana. *A guerra das mães:* dor e política em situações de violência institucional. Cadernos Pagu, v. 37, 2011, pp. 79-116.

VINUTO, Juliana; GISI, Bruna; TEIXEIRA, César. *"Apresentação ao dossiê '60 Anos do Livro The Presentation of Self in Everyday Life, de Erving Goffman'"*. Dilemas: Revista de Estudos de Conflito e Controle Social, v. 12, n. 3, 2019, pp. 465-476.

WEBER, Max. *A ética protestante e o "espírito" do capitalismo*. São Paulo: Companhia das Letras, 2004.

WERNECK, Alexandre. *A desculpa*: As circunstâncias e a moral das relações sociais. Rio de Janeiro: Civilização Brasileira, 2012.

WERNECK, Alexandre. Sociologia da moral, agência e criatividade. In: WERNECK, Alexandre; CARDOSO DE OLIVEIRA, Luís Roberto. (org.). *Pensando bem*: Estudos de sociologia e antropologia da moral. Rio de Janeiro: Casa da Palavra, 2014a, pp. 21-43.

WERNECK, Alexandre. Teoria da Rotulação. In: RATTON, José Luiz; LIMA, Renato Sérgio de; AZEVEDO, Rodrigo Ghiringhelli de. (org.). *Crime, polícia e Justiça no Brasil*. São Paulo: Contexto/FBSP, 2014b, pp. 105-116.

WERNECK, Alexandre; TALONE, Vittorio. *"A 'sociabilidade violenta' como interpretante efetivador de ações de força:* Uma sugestão de encaminhamento pragmático para a hipótese de Machado da Silva". Dilemas: Revista de Estudos de Conflito e Controle Social, v. 12, n. 1, 2019, pp. 24-61.

WERNECK, Alexandre; TEIXEIRA, Cesar; TALONE, Vittorio; CAMINHAS, Diogo. *Forças em forma:* Um estudo sobre a "violentização" da força em diferentes modalidades. Sociologias, v. 26, 2024.

A força da graça, a graça da força

a crítica jocosa aos personagens da “violência urbana” nas capas de um jornal popular como “violentização” da fala pública[1]

ALEXANDRE WERNECK

O objetivo deste capítulo é analisar a maneira como um conjunto de representações sobre a violência urbana no Rio de Janeiro se desdobra na forma de críticas operadas jocosamente na fala pública — e demonstrar algumas consequências desse movimento para aquilo que, com colegas, tenho chamado de violentização (Werneck; Teixeira; Talone, 2020), isso é, a definição das situações (Thomas,

---

1. Uma versão preliminar deste capítulo foi publicada em inglês em Dilemas: Revista de Estudos de Conflito e Controle Social (Werneck, 2022b). O texto traz resultados das pesquisas O Moralismo Ostentatório: Um Estudo do Papel da Crítica Acusatorial nos Mundos Público e Privado, financiada pelo CNPq, por meio de sua bolsa de produtividade em pesquisa (processo 312417/2018-7) e Moralismo Ostentatório e Violência: Um Estudo do Papel da Crítica Acusatorial na ‘Violentização’ dos Discursos no Rio de Janeiro, financiada pela Faperj, por meio de sua bolsa Jovem Cientista do Nosso Estado (Processo E26/202.756/2019). Agradeço pelas colaborações dos alunos de graduação Diogo Grieco e Julia Vilela, em uma primeira fase, e, na última, Gustavo de Queiroz e Lucas Cardoso Carvalho, por suas inestimáveis colaborações na coleta e tipificação das capas do jornal. Agradeço ainda aos debatedores do VI Seminário Internacional Violência e Democracia, especialmente à saudosa Maria Stela Grossi Porto, e aos pareceristas de Dilemas, por apontamentos que muito contribuíram para a versão final deste texto. Por fim, agradeço aos editores de Meia Hora por cederem o arquivo de capas do jornal para a pesquisa e por permitiram a reprodução do material.

1966[1923]) de mobilização de diferenças de força dignas de nota como situações de violência. Isso é feito por meio de um estudo das capas do jornal popular Meia Hora — notório pela apresentação jocosa das notícias em suas primeiras páginas — entre 2011 e 2017. Naquele período, argumento, as configurações de momento da chamada acumulação social da violência (Misse, 2022[1999]) e da linguagem da violência urbana (Machado da Silva *et al.*, 2011) experimentaram uma rotinização por conta das então ativas Unidades de Polícia Pacificadora (UPPs)[2], abrindo caminho para essa forma

---

2. As Unidades de Polícia Pacificadora (UPPs) consistiram em um programa de segurança pública implementado no Rio de Janeiro em formato experimental em 2008 e como programa propriamente dito em 2009 e mantido com regularidade até pelo menos 2017 — embora tenha oficialmente se mantido, apesar de esvaziado, até o momento da publicação deste texto. Consistiu na instalação, em favelas, tradicionais redutos do tráfico de drogas armado da cidade, de unidades da Polícia Militar, a fim de estabelecer uma espécie de policiamento de proximidade, com os agentes de segurança pública interagindo cotidianamente com a população. A implantação de uma unidade era precedida de uma fase de intervenção armada anunciada, permitindo-se que os traficantes deixassem a comunidade e evitando o confronto armado. A chamada "era das UPPs" foi marcada por uma redução nos índices de vários crimes, especialmente de homicídios, e de confrontos entre PM e traficantes e de certa mudança nas relações entre "asfalto" e favela, que passou a ficar mais acessível a pessoas de fora. Após os megaeventos esportivos que marcaram a cidade, especialmente os Jogos Olímpicos de 2016, entretanto, com a crise econômica enfrentada pelo estado do Rio de Janeiro, o programa começou a derrocar e várias unidades foram desmanteladas, como citado na nota 5. Para um histórico dos primeiros anos das UPPs, ver Misse (2014); para um estudo aprofundado do chamado "processo de pacificação", ver Menezes (2014); e para um painel de análises sobre o programa, ver os textos do dossiê ancorado em Machado da Silva e Leite (2014). E para uma síntese do programa feita por um correspondente internacional, ver: Nolen (12/11/2017).

específica desse fenômeno[3], quadro esse que mostram vários trabalhos, teve seu ocaso no último ano dessa série[4]. A ideia, com isso, é analisar como a ridicularização (Billig, 2005; Romanienko, 2008; Werneck, 2019) operada na crítica jocosa contribui para a definição de três figuras centrais para a representação "violência urbana" (Machado da Silva, 1993; Porto, 1999; Misse, 2022[1999]): o bandido, o policial e o próprio Rio de Janeiro como ordem social. Na pesquisa, na qual fiz uma análise semiótica (Hodge, 2017) de cerca de 2.400 primeiras páginas do jornal, tratado aqui como caixa de ressonância das representações sobre a violência urbana circulantes naquele cenário, foi possível observar como se constrói uma fala crítica graças ao comparecimento (Werneck, 2022a) de dispositivos de jocosidade, voz essa capaz de expressar uma série de características da

---

3. A escolha do primeiro ano da série é também um ponto digno de nota: inicialmente, planejei cobrir todo o período das UPPs desde a primeira operação policial no Morro Dona Marta que lhe serve de mito de origem, em 2008. Entretanto, as observações exploratórias mostram que daquele momento até 2010, além do período de gestação do próprio programa — que foi sendo criado à medida que ia sendo implantado, sem um plano prévio que o constituísse mesmo como projeto (Misse, 2014) — ele representou também para a cidade e suas representações um momento de adaptação. Apenas a partir de 2011 foi possível perceber isso que chamo aqui de rotinização, a incorporação efetiva da UPP como rotina da cidade. Esse primeiro período (2008-2010) deverá explorado em outro texto.

4. Vários trabalhos têm apresentado esse diagnóstico de declínio, seja como representação por parte dos moradores e da imprensa (o Meia Hora incluído) seja como uma interpretação objetiva de um retorno do tráfico em sua antiga configuração, crescimento das milícias, aumento dos índices de crimes, além da objetiva mudança de política de segurança pública no atual governo — ver, por exemplo, Duarte (22/06/2017); Seta (03/07/2017); e Lemos e Bianchi (30/08/2017), para análises jornalísticas e de conjuntura. Entre as análises acadêmicas, destaco, para compreender todo o período, Cano, Borges e Ribeiro (2012); Machado da Silva e Leite (2014), Menezes (2014, 2018), Correa e Menezes (2018) e Ribeiro e Vilarouca (2018). Não é objetivo deste capítulo ingressar nesse debate, de modo que tomo o período como um contexto em que a fala geral sobre a violência urbana foi notadamente marcada por um conjunto circunscrito de representações específicas sobre o crime e a polícia, que, se se manifestam em um momento específico de nossa história, não deixam de repercutir neste momento atual.

configuração moral desse debate ao reduzir ao ridículo (e portanto ao absurdo) as grandezas (Boltanski; Thévenot, 2020[1991]) desses personagens, aqui tratados como actantes (Greimas, 1966; Latour, 1984; Boltanski, 1990; Werneck, 2015b)[5] da violentização, isso é, como entes determinantes para as definições da situação; nesse caso, como violentas.

Tenho demonstrado em vários trabalhos o papel passível de ser desempenhado pela jocosidade na construção e reconhecimento de críticas (Werneck, 2016a, 2022b), tanto privadas ou de interações pontuais (Werneck, 2015a) quanto públicas (Werneck; Loretti, 2018). Em Werneck (2019), demonstrei como esse registro jocoso, ao ser utilizado como plataforma para a crítica, beneficia a essa com a construção de um observador singular, capaz de, por meio da redução ao ridículo, efetivar (Werneck, 2012a, 2024) a crítica sem passar pelo protocolo racionalista da comprovação (Boltanski; Thévenot, 2020[1991]), com isso ratificando a ideia de uma verdade transitória (Nielsen, 01/04/2019), a ser aceita sem avaliações objetivistas. Isso demonstrou o papel, na operacionalização de críticas públicas, da mobilização da graça (Boltanski; Thévenot, idem), uma competência fundada na inspiração — ou seja, na criatividade e na singularidade. Aqui, essa operação é vista no plano da manutenção de uma rotina representacional da vida no Rio de Janeiro (i. e., sob uma grande ordem social urbana) lida como violentizada. Em um trabalho anterior (Werneck, 2015b), mostrei como o citado estado de momento da acumulação social da violência e a citada gramática de momento da linguagem da violência urbana podem ser descritos como sistema actancial (Latour, 1997[1987]; Boltanski, 1990), isso é, como uma configuração de elementos capazes de efetivar um fenômeno social por meio do comparecimento (Werneck, 2022a) de certos

5. Embora em sua definição narratológica personagens e actantes sejam conceitos fundamentalmente distintos (e até opostos), usarei aqui o primeiro (em sentido lato) como sinônimo do outro (estrito).

actantes[6]. Em um sistema actancial, uma configuração de actantes-chave típicos opera o fenômeno pela atuação de cada um em seu estado de grandeza mais efetivo (Boltanski, 1990; Werneck, 2012a).

Sugeri naquele texto um conjunto discreto de actantes a definirem o sistema actancial da violência urbana no Rio de Janeiro, conforme ele é representado pelas pessoas em suas falas mais recorrentes sobre a cidade. Em outro trabalho, eu e colegas (Werneck; Teixeira; Talone; Caminhas, 2024) reelaboramos aquele quadro em uma galeria mais vasta: o tirano, epitomado pelo traficante de morro; o achacador, simbolizado pelo policial corrupto; o soldado, representado pelo policial em sua versão combatente (ideia que, do ponto de vista dos atores, recobre uma vasta gama de figuras formalizadas, do PM e do guarda municipal ao agente penitenciário, passando até pelo segurança privado, isso é, qualquer personagem no qual, com base em uma dominação legal armada, seja reconhecido o poder de ordenamento/coerção[7]); o apoderador, ou

---

6. Como mostramos eu e um colega (Werneck e Talone, 2019, p. 52), "As ideias de actancialidade e sistema actancial foram introduzidas nas ciências sociais] por Bruno Latour a partir do conceito de actante, proposto pelo linguista lituano radicado na França Algirdas Greimas (1976[1966]), proponente de um modelo semiótico dedicado a analisar narrativas chamado narratologia. Segundo o próprio, o actante é aquele ou aquilo que pratica um ato. Trata-se de um ente dotado de capacidade determinadora do que ocorre em uma narrativa [deslocando a análise pragmática sobre a definição de uma situação da questão do decisório para a questão do decisivo]. E esse ente pode ser de qualquer natureza, uma pessoa, um animal, um objeto, uma ideia. Latour, juntamente com Michel Callon, se utiliza de Greimas no modelo dos atores-rede, a fim de construir logicamente a ideia de simetrização, ou seja, a inclusão de todos os entes contidos em uma situação em um mesmo plano analítico, não os diferenciando em termos de agência (o que permitiu analisar em um mesmo quadro os seres humanos e os não humanos em laboratório). Um sistema actancial é uma disposição de actante que situa logicamente uma actancialidade, uma lógica de determinação de ação. Observação: na tradução brasileira do citado livro de Greimas, optou-se por traduzir actant como "atuante". Mantivemos, no entanto, o formato "actante", para explicitar sua peculiaridade conceitual."

7. Sobre esse continuum de personagens atuantes na "segurança", ver Teixeira (2013).

simplesmente ladrão; o ameaçador, cujo exemplar paradigmático é o matador; o ornitorrinco, uma composição entre tirano, achacador e ameaçador consubstanciada pelo miliciano; o pivete, representação sobre crianças "desocupadas", "soltas na rua" e associadas a ações violentas; o crackudo, imagem do morador de rua, usuário ou não de drogas, mas representado como violento; e a cidade, ambiente em que se dão as relações sociais conflitivas e que pode se tornar, aos olhos dos atores, uma distopia (Talone, 2015).

A pesquisa nas primeiras páginas do Meia Hora, entretanto, revelou a montagem de uma versão mais simplificada desse quadro em termos de categorias de representação, conforme elas são tipicamente polarizadas no ordenamento social fluminense: polícia x bandido (categoria que integra vários dos actantes criminalizáveis citados[8]) em uma cidade que é o Rio de Janeiro como ordem social. Assim, a análise consistiu em estudar como nas capas do jornal essas três figuras são apresentadas jocosamente, isto é, como são ridicularizadas, demonstrando uma dinâmica segundo a qual, como mostrarei, os casos particulares de cada uma delas serão reduzidos ao ridículo quando não ocuparem o estado de grande como actantes, ou seja, quando não se provarem representantes ideais das categorias a que pertencem. Dessa maneira, capas do jornal apresentaram em vários momentos imagens de cada um como nestes exemplos[9] a seguir.

---

8. Um personagem digno de nota a esse respeito é o miliciano, que chamei em outro trabalho de ornitorrinco (Werneck, 2015b), por ser construído socialmente por elementos de outros personagens, o traficante, o policial corrupto e o matador: para todos os efeitos práticos, miliciano e traficante, embora sejam distinguidos, são tratados nas capas de forma semelhante, como bandido tirano, que domina certa região. Isso parece reproduzir certa indistinção experimentada pelos moradores de favelas e periferias, que costumam experimentar indistintamente a rotina sob esses cercos. Para mais sobre isso, ver Cano, Borges e Ribeiro (2012).

9. Os exemplos apresentados, salvo quando sua peculiaridade amostral for apontada, são exemplos e foram escolhidos por representarem com nitidez as categorias a que pertencem.

MEIA HORA

HOJE

BRAÇO DIREITO DE CHEFÃO DO TRÁFICO SÓ TEM O BRAÇO ESQUERDO

P.Q.P. PONTE QUE PARTIU!!!!

11/02/2015

MEIA HORA

HOJE

ALÔ, POLÍCIA!

O MEIA TE AJUDA A SE PREPARAR MELHOR E A EVITAR MORTES DE INOCENTES! RECORTE E COLE ESSE ALVO NO ESTANDE DE TIRO

Ah, um detalhe importante: o bandido é o que está atrás

CUPOM DE DESCONTO

Mengão imita o Imperador e some em campo

06/09/2012

MEIA HORA

HOJE

O RIO SEM COR

11/06/2015

Na primeira capa, vemos um criminoso que, embora seja comprovado em sua condição de potência (ostenta um fuzil e um rádio comunicador) e envolvimento (são explicitadas suas ligações com o tráfico, do qual seria "braço direito", base da piada), é exposto como bizarro (ridicularizado em sua deficiência) e mambembe (não apenas por ser um guerreiro amputado, mas também por seus trajes e chinelos e pelo ambiente caótico em que se desloca), desmentindo dessa maneira a imagem de "bandidão" frio e sério.

Na segunda capa, vemos a polícia receber uma zoação (Werneck, 2015b) do jornal, ser chamada de incompetente e "mirim", incapaz de distinguir criminosos de "inocentes" (distinção fundamental nesse sistema de representações), a ponto de o jornal fazer uma ilustração (como a dizer "Quer que desenhe?" para o outro entender algo simples, mas que esse não entendeu, tradicional piada de salão).

E na terceira capa, o jornal adota como elemento de graça o modismo editorial, então em voga, dos livros de colorir para adultos (apresentados em geral como dispositivos de relaxamento), simulando sua estética própria, e apresenta "O Rio sem cor", sem vida, aturdido diante de vários casos de vitimação pelo crime, informando no subtítulo que "[*a*] cidade está triste com mais três casos de pessoas feridas em assaltos. Uma mulher tomou uma facada em Campinho, e outras duas levaram tiros, em Irajá e Botafogo. Mas a gente pode ajudar a colorir tudo de novo. Mãos à obra!". Parece soar uma mensagem de otimismo, mas não se pode descartar a ironia, já que se afirma com isso que o único passo ao alcance do carioca é pintar uma página, sendo impossível atuar sobre a realidade de fato.

Os exemplos sintetizam um movimento observado em toda a amostra: o jornal expressará por meio da graça as condições de rebaixamento, de "tombo moral" (Werneck, 2015b) de cada um desses actantes, reduzindo-os ao ridículo e, com isso, ao mesmo tempo, expressando por inversão suas características representacionais mais estabelecidas no imaginário do Rio de Janeiro[10]. Assim, nesses casos, vemos colocadas em xeque as características desses actantes tipicamente representadas na ordem social fluminense em um ambiente de violência urbana. E essas características puderam ser depreendidas justamente por sua negação operada no humor: foi na recorrência do desmentido promovido pela ridicularização que foi possível caracterizar as imagens recorrentemente esperadas dessas figuras, suas grandezas características, nas quais se espera que eles se mostrem efetivos. Assim, do bandido, foi possível depreender, opera-se a imagem de um personagem definido por praticar o crime e atuar com violência, que se movimenta por meio da força e de um comportamento covarde, que demonstra malandragem em suas estratégias e ações ousadas, desafiadoras, que quando homem se mostra viril e, quando mulher, discreta, e que atuará contra o

10. Evidentemente, não estou afirmando como positividade nenhuma dessas representações. Elas são constantemente desmentidas, não apenas pelos casos expostos nas piadas como por inúmeras pesquisas, especialmente no caso da polícia – por exemplo, em Misse *et al.* (2013). O que está em jogo aqui é que essas representações existem e têm actância.

trabalhador, contra a "gente de bem"[11]. Por sua vez, então, o policial é idealizado pela representação circulante como alguém cuja razão de ser é o combate, reconhecido por seu poderio militar; alguém conduzido pelo dever e que mobiliza a força de forma estritamente coercitiva, técnica, embora demonstre coragem em seus atos; alguém viril e sério, mas humano, e que tem como vítima apenas bandidos. E do Rio de Janeiro, em um cenário de violência, a representação esperada é que ele resista, sempre como Cidade Maravilhosa, por mais que situações difíceis se coloquem[12]. A negativa disso é a afirmação de um caos sem precedentes, insuportável — refletindo não apenas uma acumulação social da violência, mas ainda uma acumulação social da desordem (Loretti, 2016, p. 58).

---

11. Essa descrição é coerente com a de Michel Misse (1999) para a representação do *bandido* no Rio de Janeiro: "[*T*]rês dimensões [*são*] incorporadas na representação social (...) [*desse personagem*] e de seus tipos sociais. A primeira (...) é a que seleciona um agente a partir de sua trajetória criminável, diferenciando-o dos demais agentes sociais, através de expectativas de que haverá, em algum momento, demanda de sua incriminação; a segunda (...) é a que espera que esse agente tenha uma 'experiência social' específica, obtida em suas relações com outros bandidos e/ou com a experiência penitenciária; a terceira (...) diz respeito à sua subjetividade e a uma dupla expectativa a respeito de sua autoidentidade: a crença de que o agente não poderá justificar sensatamente seu curso de ação ou, ao contrário, a crença em uma justificação que se espera que esse agente dê (ou que possa ser dada legitimamente a ele) para explicar porque segue reiteradamente nesse curso de ação criminável" (pp. 66-67) e "Mas quem são os bandidos [*de acordo com a representação social difusa no Rio*]? São os que 'vivem de crime', os 'ladrões e assassinos', os 'que não respeitam ninguém', atualmente os 'traficantes'" (p. 77). Sobre o uso da expressão "pessoas de bem", ela é difundida e descrita por vários autores para se referir à parcela da população que não seriam os criminosos, como o próprio Misse, além de Zaluar (2004) e Freire (2014).

12. Trata-se da cidade atravessada por boa parte do restante da pauta do jornal: futebol vibrante e de grandes torcidas, celebridades marcantes, festividades emblemáticas. Evidentemente, há outras mazelas, como saúde e transportes coletivos (Gualande Júnior, 2019), mas aquelas pautas reiteram uma rotina de vida boa "apesar de tudo" rompida pelas notícias de "violência".

Com base na percepção desse movimento sobre os três actantes na amostra, foi possível caracterizar uma matriz de elementos formais (Werneck; Loretti, 2018) caracterizadora desses actantes da violência urbana. A partir de competências centrais, observadas pela negativa (Watson, 2015) ao longo do universo de capas, e definidoras de como cada um seria idealmente, é percebida a distinção entre cada um e são prospectadas outras características determinantes.

A amostra analisada consistiu em 2.403 capas, a totalidade das edições do jornal no período[13]. Além disso, foi realizada uma entrevista com o editor executivo do jornal no período pesquisado[14]. No Meia Hora, as primeiras páginas geralmente se dividem em quatro chamadas, hierarquicamente dispostas (distinção expressada em tamanhos de títulos, ocupação do espaço, uso de imagens e outros recursos), e foram contadas, tipificadas e analisadas as ocorrências das diferentes categorias de assuntos a figurarem nas frontes em cada uma dessas chamadas (levando-se em conta essa diferença de pesos), observou-se quando o tema é ligado à violência em geral e à representação "violência urbana" em particular (distinção explicada adiante), com ênfase na alusão aos três actantes chave, e quando essas alusões são feitas por meios jocosos. Em seguida, foi

---

13. A análise seguiu uma dinâmica de *grounded theory* (Glaser; Strauss, 1967), na qual a amostra é construída indutivamente, depreendendo-se uma teoria substantiva (heurística) que vai sendo ajustada ponto a ponto, até se chegar a uma condição de saturação analítica, na qual se possa enunciar uma teoria fundamentada (*grounded*). Entretanto, apesar de o ponto de saturação ter sido encontrado muitíssimo antes (com dois anos artificiais montados ao longo do período), optei por cobrir todo o universo, a fim de contar com um retrato completo temporalmente.

14. A conversa foi realizada no meio do levantamento das capas, quanto já contava com uma teoria substantiva bastante consistente, tanto a fim de colher informações quanto a colher representações sobre os dados de que já dispunha. Também me utilizei de entrevistas de executivos do jornal e dados sobre o mesmo apresentados no documentário Meia Hora e as manchetes que viram manchete, de Angelo Defanti (2014).

analisada a matriz formal (Werneck; Loretti, 2018) de construção dessas alusões jocosas, em termos de dispositivos de jocosidade nos vários elementos das chamadas (títulos, subtítulos, fotos, ilustrações, legendas etc.). E, finalmente, foram observadas as formas de crítica especificamente direcionadas a cada um dos actantes nesses discursos de graça. Os resultados, apresentados adiante, mostram, ao fim e ao cabo, como criminosos, agentes de segurança pública e a própria cidade[15] são idealizados — e desconstruídos na ridicularização. Por ora, apresento uma síntese da matriz, com os principais elementos formais observados, notadamente a competência ridicularizada (e, portanto, ao mesmo tempo negada no caso particular, noticioso pela exceção, e explicitada na rotina):

	ACTANTE		
GRANDEZAS	**BANDIDO**	**POLÍCIA**	**RIO DE JANEIRO**
Competência central	Crime e violência	Combate	Encantamento (cidade maravilhosa)
Agência motora	Força	Poderio	Ordem
Forma reconhecida de atuação	Ousadia	Coragem	Resistência
Agência moral	Maldade	Dever	Esperança
Forma de mobilização da força	Covarde (desmedida)	Coercitiva (agigantada e direcionada)	Integrada ao ordenamento social
Forma de agenciamento	Esperteza (malandragem)	Técnica	Integrativa

15. Como metrópole, o Rio de Janeiro se torna a imagem simplificada de todo o contexto fluminense nessa representação. Sobre essa simplificação do Rio como imagem de todo o estado, ver Freire (2016).

	ACTANTE		
GRANDEZAS	BANDIDO	POLÍCIA	RIO DE JANEIRO
Gestão identitária	Coerência com o comportamento esperado de seu gênero	Coerência com o comportamento esperado de seu gênero	Coerência com a condição de utopia
Gestão emocional	Seriedade e frieza	Seriedade e humanidade	Felicidade e rotina
Aqueles a quem atinge	Gente "de bem"	Bandidos	A todos

A pesquisa, como disse, observou as primeiras páginas do Meia Hora entre 1º de janeiro de 2011 e 29 de julho de 2017, edição esta que adotei como marco de encerramento da pesquisa dado seu caráter simbólico, já explicado em nota. Vejamos a capa do dia:

MEIA HORA DE NOTÍCIAS

O MAIS LIDO DO RIO

IMÓVEIS
LIGUE E ANUNCIE:
2532-5000

R$ 1

AGORA O BICHO VAI PEGAR

O Exército chegou! Mais de 8 mil homens das Forças Armadas estão nas ruas do Rio para tentar acabar de vez com a maior crise de segurança que o estado já viveu

A imagem sem título ocupando praticamente toda a página sugere ser desnecessária qualquer palavra para dar conta da notícia: as forças armadas chegaram ao Rio de Janeiro ("O Exército chegou!", exclama textualmente o subtítulo abaixo da fotografia, como redundância). Naquele momento, esse envio era apresentado como medida desesperada contra, nos termos do mesmo subtítulo, "a maior crise de segurança que o estado já viveu", algo percebido, como visto nas análises, como consequência da crise das UPPs (Barretto, 28/07/2017; Bianchi, 29/07/2017). Assim, a graça (da qual falarei com mais vagar no próximo item) dessa capa está na mobilização de *emojis*, ícones utilizados na comunicação pela internet para representar em geral gestos e estados emocionais, como se ela fosse uma postagem de rede social: aplausos; um punho em forma de soco; duas mãos se encontrando (uma imagem ela própria objeto de piada, uma vez que muito apontam sua indefinição entre uma posição de oração e o cumprimento conhecido como *high five*); dois braços exibindo músculos, isso é, demonstrando força; e, por fim, duas mãos para o alto, com um indicativo de movimento e/ou vibração: "Aleluia!", "Graças a Deus!", sinais tanto de celebração quanto de "já não era sem tempo". O jornal expressa com isso simultaneamente que o Rio de Janeiro está mergulhado no caos e que sua análise baseada na "guerra" (Leite, 2000, 2012; Grillo, 2019) polícia x bandidos deve mudar: então, uma força maior se apresentaria. Até esse ponto, no entanto, a rotina do estado era outra. No período, que hoje costuma ser chamado de "a era das UPPs", a pesquisa mostrou que esse momento correspondeu ao de uma rotina, que me interessa justamente aqui analisar.

A ideia de rotina e de seu tensionamento com a violência urbana é fundamental aqui. Machado da Silva (2004, p. 54) explicita essa importância ao afirmar a necessidade de se levar a sério no estudo sobre a violência urbana seu "impacto sobre a estruturação das rotinas cotidianas"[16]. Ao mesmo tempo, Misse (2022[1999]), ao falar da acumulação social da violência, aponta um comportamento paradoxal do que chama de "fantasma" (a representação de uma violência onipresente): o fato de ele construir um perene estado de exceção, uma sensação cotidiana de caos relacional. Mais recentemente, Talone (2015) tratou essa rotinização como "distopia realizada" — tirando proveito da ideia de "utopia realizada" de Boltanski (1990). Na continuidade do tratamento de Machado da Silva, mas com um olhar orientado pelas ideias de indefinição e investigação (*inquiry*) de Dewey (1938), Menezes (2014) analisou como o ingresso das UPPs na vida das favelas inaugurou nos moradores um processo investigativo, a fim de definir o que estava acontecendo. A autora explorou sobretudo como a busca pelo aplacamento da indefinição por meio de rumores (idem, 2015) representou uma chave forte da vida cotidiana naquelas localidades naquele momento. Meu argumento é que embora essa indefinição tenha se iniciado em 2008, com a gênese do programa, a partir de 2011 a fala pública da cidade, aqui epitomada pelas representações expostas no Meia Hora, experimentou uma rotinização semiótica, uma fixação como cotidiano de signos e seus significados, que tornou possível consolidar os elementos de uma gramática da violência urbana[17] no citado sistema actancial e o simplificar no citado conjunto de actantes, possibilitando a citada fala crítica sobre a violência urbana por meio da ridicularização (Werneck, 2019).

Essa análise se alinha ao mesmo tempo a dois movimentos meus, o de uma sociologia compreensiva e pragmática da crítica (Boltanski, 2009; Werneck, 2012a, 2015a, 2016a, 2016b; Werneck; Loretti, 2018) e o de uma análise da questão da violência no Rio de Janeiro

---

16. Sobre a mobilização da vida cotidiana na obra de Machado da Silva, ver Araujo (2019).

17. Sobre o uso do termo gramática (em vez de linguagem) para se referir à violência urbana, ver Werneck e Talone (2019, pp. 36-45)

como sociologia da moral (Werneck, 2012b; 2015b, 2018; Werneck; Talone, 2019; Werneck, Teixeira; Talone, 2020; Werneck; Teixeira; Talone; Caminhas, 2024). O encontro dessas perspectivas fez avançar a compreensão tanto da crítica como fenômeno moral quanto da violência como interpretante (Peirce, 1977[1897]; Werneck; Talone, Idem; Werneck; Teixeira; Talone, Idem; Werneck; Teixeira; Talone; Caminhas, Idem).

A graça do crime, da polícia e do Rio de Janeiro

Como mostrei em outros trabalhos, já citados, o humor pode ser um dispositivo importante para a apresentação de críticas. Nisso me incluo em um movimento que têm dado atenção a como a jocosidade pode servir de ferramenta crítica, especialmente na política (Chock, 2001; Colebrook, 2004; Bos; T'Hart, 2008; Beckman, 2014; Yacintas, 2015; Berger, 2017[1997]; Trnka; Rehak, 2018, Mina, 2019), mas também em outras esferas (Herzfeld, 2001; Gilbert, 2004; Smith, 2018). Em minhas análises mais recentes a esse respeito (Werneck, 2019, 2021), explicitei a necessidade de se levar a sério como competência de efetivação a graça, da maneira como Boltanski e Thévenot (2020[1991]) a apresentam em seu modelo das economias da grandeza: mais do que fazer rir, dispositivos jocosos buscam fazer graça, isto é, buscam dar conta da situação por meio da competência própria à grandeza da inspiração, ou seja:

> Aquela percebida pelos atores sociais como indicativa de que algo singular está colocado no mundo e advindo de um sopro criativo, proveniente de uma fonte superior e em certa medida transcendente. Essa inspiração (divina ou de outra origem) marca a produção da fala mística nos contextos religiosos, mas igualmente fundamenta ainda a singularidade do grande criador/da grande criação na arte e nas ciências (Werneck, idem, p. 619).

Dessa maneira que, ao se fazer graça:

> Se explicita a singularidade de uma mecânica e se demonstra sua inspiração, sua espirituosidade. Não à toa, diz-se, daquilo que faz graça, que é engraçado, cheio de graça (isto é, preenchido pela dádiva desse ser superior chamado inspiração). A configuração do jogo humorístico, então, nesse cenário — e na atual cena de sua própria arte — sugere um deslocamento da efetivação da jocosidade por uma inversão racionalista: a percepção do humor como evento emocional (no qual o primordial é fazer rir, produzir uma descarga involuntária) se desloca para o reconhecimento da "graça" como fenômeno intelectivo: não se trata tanto de um julgamento do que seja "engraçado" como algo que provoque o riso (Bergson, (2001[1900]) quanto de um julgamento de algo que "tenha graça" como aquilo que explicite uma grande ideia, que provoque (...) o validamento indicativo de uma "sacada". Assim, (...) [ocorrências jocosas observadas] trabalham com um espectro bastante amplo de mobilização da jocosidade, de modo que uma perspectiva "humorística" de análise se mostra insuficiente para dar conta de (...) construções criativas: (...) um manancial bastante grande [dessas ocorrências jocosas] (...) pareceu mergulhar na gramática inspirada, fundamentando-se na "graça", basicamente demandando, em sua análise de competência, demonstração de "esperteza" da mensagem, de uma afirmação da criatividade, em moldes consideravelmente técnicos, configurando um compromisso entre uma lógica inspirada e uma lógica industrial [Boltanski e Thévenot, 2020[1991]] (...) — buscando uma mensagem menos informativa e mais simbólica (Peirce, 1977[1897]), isto é, aberta à interpretação. Desse modo, foi necessário ampliar o escopo [da amostragem] (...) para um plano que incluísse todos [os discursos] (...) cuja mensagem não fosse explícita e objetiva (Werneck; Loretti, 2018) e buscassem alguma apresentação criativa (isto é, simbólica, aberta em termos semióticos) de sua crítica, já que todos eles poderiam representar a graça afirmo (Werneck, 2019, pp. 620-621).

A vantagem dessa operação analítica foi tornar possível captar, como demonstrei ainda naquele texto, uma mecânica de evitação do protocolo central da crítica baseada no regime de justiça, o imperativo de comprovação (Boltanski; Thévenot, 2020[1991]), aquele segundo o qual toda crítica precisa passar por uma situação reflexiva de ponderação de suas justificações *vis-à-vis* grandezas (princípios valorativos) e provas (evidências concretas capazes de demonstrar o ajustamento da situação a esses princípios). Com isso, faz-se:

> A situação pivotar em seu protocolo lógico: de um momento crítico [*Boltanski e Thévenot (1999)*] que induziria o processo de comprovação (de avaliação racional com base em provas de tangibilidade consistente) para um momento de crítica em que, por força da graça, não se avalia nada racionalmente; pelo contrário, é-se levado pelo convite da ridicularização para a ratificação da denúncia pública (Werneck, 2019, p. 623).

Dessa maneira, a análise das capas mostrou como chamadas, fotos e elementos gráficos contribuíram para construir críticas àqueles actantes: ao bandido, ao falhar como bandido — situação designada pela expressão "perdeu"; ao policial, ao falhar como policial — isso, ao atuar de forma desastrada ou incompetente, quando "manezou", como se diz (isso é, agiu como "mané", como paspalho, ao mesmo tempo afirmação de incompetência técnica e de incapacidade de mostrar certa malandragem, esperteza exigida de qualquer carioca sem se chegar à malandragem do bandido); e ao Rio de Janeiro, ao falhar como paraíso, ao permitir o niilismo. Todos são objetos de apresentação ridicularizadora, o que permite atacá-los em moldes semelhantes aos observados em críticas políticas (Werneck, 2019, 2021): reduzidos ao ridículo, eles são rebaixados em sua potência, tornando-se oponentes de fácil acusação.

Do jornal como caixa de ressonância e do "Meia Hora" como agenciamento da graça

Desde que foi lançado, em 2005, o Meia Hora se notabilizou como jornal popular por excelência no Rio de Janeiro[18]. Não há um levantamento específico a respeito, salvo o oferecido pela própria empresa, mas é muito provável que o lugar ocupado no imaginário fluminense por esse diário, que se tornou o terceiro mais vendido do estado, com circulação média de cerca de 115 mil exemplares por dia, se devesse a sua forma bem-humorada de apresentar os assuntos. De formato tabloide e preço reduzido — no momento da publicação deste capítulo, um exemplar de dia útil custa R$ 1,25 —, ele é descrito por sua própria companhia como "jornal popular": público-alvo nas classes C e D, linguagem simples e textos curtos (características típicas desse seguimento)[19]. Mas a identidade jocosa, especialmente nas chamadas de primeira página, tornou-o um veículo singular, demonstrando forte personalidade e explicitando forte agência e identidade criativas de seus editores: há claramente um "estilo" Meia Hora de primeira página.

---

18. Seus principais concorrentes comerciais, o Extra e o Expresso — ambos do Grupo Globo —, fazem frente a ele em termos de vendagem/tiragem/sucesso financeiro e o primeiro deles objetivamente tem uma vendagem bastante maior. Mas ele certamente foi que mais claramente ocupou um lugar no imaginário da cidade. Um índice disso é que o jornal se tornou objeto do citado documentário Meia Hora e as manchetes que viram manchete.

19. Amaral (2006) sugere que o modelo de publicização típico do jornalismo popular envolve um protocolo de cinco pontos: capacidade de entretenimento, proximidade geográfica e/ou cultural, potencial de simplificação, potencial de dramatização e utilidade. Costa (2016), por sua vez, explicita a ênfase na proximidade com o leitor. Minha ênfase aqui será depositada em como essa modalidade jornalística mobiliza a crítica que lhe garante a publicização de forma específica, mobilizando uma moral difusa — no caso específico observado, aquela resultante da violentização, centrada na acumulação social da violência (Misse, 1999) — mais do que os citados consensos a respeito do chamado "jornalismo de referência" (Costa, 2016).

Apesar disso, um dos pressupostos adotados nessa análise consistiu em colocar entre parênteses a condição de ator (político, econômico etc.) do próprio jornal e o tratar em sua dimensão de caixa de ressonância. Assim, o Meia Hora, ao mesmo tempo que pode ser reconhecido como autor das piadas (evidentemente, como metonímia de seus editores), pode ser antes disso pensado como um agenciamento de um conjunto de representações circulantes na cidade e em sua região metropolitana e por ele captadas. Um dos motivos pelos quais esse tratamento é possível é o fato de que, mesmo com a jocosidade como apanágio, o jornal o faz para executar a operação de base da estrutura da lógica jornalística, justamente a crítica (Lemieux, 2000; Werneck, 2004). Ora, a estrutura do texto jornalístico segue um protocolo formal: uma matéria nessa atividade é justificada com base na ideia de publicização, isto é, de que enuncia um fato de interesse público (Habermas, 2014[1962]; Lemieux, 2000; Neveu, 2001). Esse interesse em geral pressupõe uma gramática cívica (Boltanski; Thévenot, 2020[1991]), segundo a qual ele advém de o fato enunciado constituir um problema público (Gusfield, 1981; Cefaï, 2002) ou por representar uma solução para um; ou uma gramática inspirada e/ou do renome (Boltanski; Thévenot, idem), segundo as quais o caráter público advém de uma contiguidade de curiosidades sobre personalidades ou coisas. Mas seja por uma lógica do problema seja por uma da curiosidade, o texto jornalístico, e, para isso, sua apuração, se fundamentará em uma mesma forma: a) a apresentação do fato; b) a apresentação de provas do fato (dados e/ou testemunhos) e, com isso, da justificação de sua publicização; c) o apontamento de que o fato tem um responsável e sua identificação; d) a interpelação dos responsáveis a respeito do fato, implicando uma crítica se for um problema público ou um questionamento potencialmente crítico de sua legitimidade como solução ou curiosidade; e) a apresentação de discursos especializados analisando o fato (isso é, corroborando o interesse público, a responsabilidade e/ou os questionamentos). Essa matriz será seguida na maioria dos textos jornalísticos de seus gêneros mais básicos, a notícia e a reportagem (Erbolato, 1991), com mais ou menos espaço e profundidade para cada elemento, conforme a dinâmica do caso. Ou seja, tenha os interesses que tiver como agente econômico e/ou político, um jornal precisa equacioná-los textualmente, formalmente com seu produto técnico, a interpelação crítica, e disso me beneficio aqui: importa menos a postura jocosa do jornal como projeto político ou moral voluntarista — a respeito da qual há várias análises, já citadas — e sim como ela está a reboque da própria operação de legitimação do caráter público de suas apresentações.

Mas se esse imperativo jornalístico é centrado na dimensão formal, não é sem uma acomodação em termos de conteúdo que ele se efetiva. Os quadros de valores utilizados como referência para construção das interpelações e das críticas não estão entregues, no horizonte das sociedades contemporâneas, ao bel prazer de jornalistas, editores e mesmo de empresários de comunicação — muito embora todos eles possam empreender suas pautas singulares e comumente o façam, com maior ou menor eficácia conforme o caso (Iggers, 1999; Herman; Chomsky, 2002). Como dispositivo profundamente moderno (Habermas, 2014[1962]; Lemieux, 2000; Neveu, 2001), o jornalismo segue, salvo em suas versões explicita e expressamente militantes, uma pauta moral mais ou menos homogênea, centrada, por um lado, em um conjunto de consensos técnicos de momento das disciplinas de referência para certas editorias especializadas — como as de economia[20], saúde ou artes/cultura — e, por outro, um conjunto mais ou menos definido de princípios de uma pauta moral mínima hegemônica liberal (Pressman, 2018, Herman; Chomsky, Idem) em um grau também mais ou menos consensual: democracia, justiça em sentido amplo, liberdades individuais,

20. Um exemplo dessa condição é demonstrado por Puliti (2009), que explora a ideia de análise econômica *mainstream* como forma de colunismo fundada justamente em supostos consensos (embora discutíveis) no jornalismo econômico.

liberdade de imprensa/expressão, respeito aos direitos humanos e à autodeterminação dos povos, respeito à lei e à ordem etc. Nesse sentido, pode-se dizer que uma construção jornalística normal precisa equacionar aquele imperativo formal crítico, os consensos técnicos/morais em curso e os interesses em jogo.

No que diz respeito a jornais ditos "populares", sua especificidade precisa ser, então, pensada em uma pragmática de sua maneira específica de operacionalizar esse equacionamento, uma maneira capaz de o caracterizar como tal segundo os próprios atores. Nas ciências sociais, os trabalhos sobre o jornalismo em sentido amplo e do popular em especial são em geral dedicados a uma sociologia crítica dos mesmos como aparatos de saber/poder — para uma síntese, ver Neveu (2001). As áreas de comunicação e estudos da linguagem são mais pródigas em discussões sobre sua caracterização e a mecânica de suas operações fundamentais — ver, por exemplo, Atallah e Nogueira (2012); Mota e Mota e Souza (2012); Freire e Valente (2014); Moura (2015), Valentim (2016), Costa e Menezes (2016), todos sobre o caso específico do Meia Hora, além dos citados Amaral (2006) e Costa (2016). Para fazer uma sociologia da crítica do/no jornalismo (Lemieux, 2000), é preciso levar a sério não apenas as operações críticas feitas à "mídia" (ideia ela própria uma idealização de unidade construída) como janelas para interpelação/comprovação/efetivação do jornal, mas, antes disso, as operações críticas feitas como fala pública nos/pelos veículos como construções elas próprias a serem analisadas. Sem ignorar a necessidade de um olhar crítico para os discursos dos jornais, é preciso ao mesmo tempo por ora o colocar entre parênteses para, sem levantar a bandeira de uma ingenuidade analítica, levar a sério as mecânicas específicas da crítica produzida na interface entre jornalismo e vida social (da qual ele evidentemente faz parte). Assim, a ideia mesma de jornal popular deve ser tomada não apenas em termos de seu projeto (mercadológico, epistemológico, político), mas em termos de sua praxiologia: como ele funciona, como ele produz sentidos, o que deles resulta em termos de fenômenos sociais. De modo que é preciso pensar o que, a posteriori da observação, seja um "jornal popular" conforme os atores sociais o entendem, e não apenas pensar nele como um dispositivo aprioristicamente lançado diante deles. Nesse sentido, a observação exaustiva das capas desse jornal específico permitiu perceber uma operacionalização de uma estratégia específica de legitimação publicista (Tarde, 2005[1901]), calcada em um jogo de proximidade que ao mesmo tempo procura equalizar, horizontalizar a fala entre jornal e leitor, e efetivar o caráter público por meio de uma agenda temática intensiva (e menos diversa que a do jornal tradicional, fundado em uma estratégia de autoridade técnica e em uma pauta da "grande política" e do conhecimento autorizado) e de um conjunto de dispositivos de aproximação (como, por exemplo, a linguagem coloquial e, evidentemente, nesse caso, o humor). Nesse sentido, o Meia Hora encontra seu nicho na fala jocosa ao converter a mecânica crítica do jornal em cotidiana operação de gracejo, de inserção de graça na voz de enunciação das notícias, criando o observador singular (Werneck, 2019, 2021) que, ao fim e ao cabo, é legitimado em/legitima uma cumplicidade com o leitor.

A jocosidade, assim, se adequará como forma à mecânica daquela busca por legitimidade pública instaurada especificamente por esse veículo. Em entrevista ao pesquisador, o editor-chefe do Meia Hora na época da investigação, Humberto Tziolas, afirma que apenas diante de uma informação importante buscava a forma jocosa: "Nunca dei uma manchete só pela piada. Porque por trás da piada, tem a informação. Eu acho que [*se*] pintou a boa sacada [*humorística*], é porque é uma informação importante, entendeu?". Isso pode ser questionado em alguns casos, mas a observação não demonstrou uma quantidade apreciável de chamadas flagrantemente de menor interesse elevadas a posições de destaque graças à possibilidade de se fazer graça.

No caso de minha amostra, o fato de o veículo, como jornal popular, priorizar um noticiário sobre a violência urbana, como se verá em números adiante, faz sentido do ponto de vista da legitimação para seus leitores, muitos deles moradores de áreas periféricas e de favelas, consistindo em problemas sociais de publicização facilmente justificada. E o fato de esse tema, que alguns poderiam considerar "pesado", ser objeto de gracejo, não parece entrar em qualquer conflito com a avaliação de legitimidade: ela justamente explicita uma rotinização capaz de integrá-lo à vida cotidiana dos atores e da cidade, figurando a mobilização da jocosidade como estratégia de atração para quaisquer dos temas do jornal em um compromisso formal com a graça que faz ele próprio sentido no trato entre jornal "popular" e leitores.

A jocosidade mandou notícias: chamadas sobre "violência" e dispositivos da graça

Como jornal popular típico, então, o Meia Hora privilegia, pôde-se ver na pesquisa, chamadas sobre (na seguinte ordem decrescente de número de ocorrências): "violência"[21]; esportes; e celebridades. Além disso, leva à primeira página também títulos sobre o que pode

---

21. Tratei até aqui de forma bastante livre a mobilização deste termo, especialmente a partir da referência à ideia de violência como representação social contida em Misse, Machado da Silva e Porto. Mas quero dedicar algumas linhas para duas considerações. A primeira delas tem a ver com o sentido desse termo para designar uma área de cobertura do jornal: estou considerando "cobertura de violência" todo noticiário em torno de uma dinâmica criminal ou estatal em que a força física desproporcional seja mobilizada com consequências mais ou menos destrutivas para seus objetos (na visão dos atores e, em última instância, do jornal, o que é coerente com seu imperativo de adesão à lei/ordem). O segundo ponto diz respeito à mobilização analítica do termo, segundo a qual eu, Teixeira e Talone (2020) o tratamos, inicialmente, como signo multissêmico e, na continuidade de nossa análise, como interpretante semiótico, servindo de elo entre situações concretas e lógicas do que chamamos de violentização, isso é, formas de descrever o mundo segundo as quais se efetiva a mobilização de diferenças notáveis de força. Sobre isso, falarei com mais vagar adiante.

ser chamado de bizarrices (por exemplo, a história de uma mulher casada com uma árvore); tragédias; prestação de serviço; festividades/efemérides e sexo. O Gráfico 1, a seguir, mapeia a presença desses temas nas chamadas principais:

GRÁFICO 1 | **Tema chamada principal**

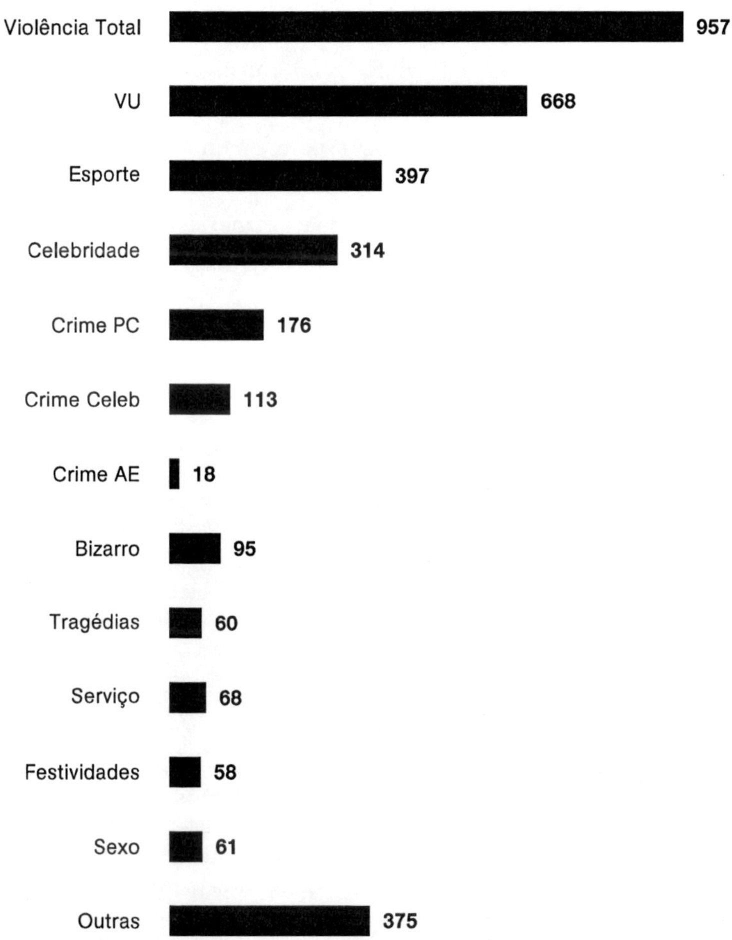

FONTE: Elaboração própria.

Como se pode ver, as notícias sobre violência em geral e violência urbana em particular dominam o noticiário (são 44,8% das chamadas principais; 39,7% do total de chamadas)[22]. Trabalhei com uma categoria geral para notícias sobre "violência" e a desagreguei em quatro subcategorias: violência urbana, especificamente com notícias envolvendo bandidos, polícia e o Rio de Janeiro em crise de segurança pública; crime de pessoa comum, relativa a ocorrências externas à idealização de uma carreira criminosa, como estupros, crimes passionais, mortes decorrentes de conflitos no trânsito, estelionatos etc.; crimes de celebridades, nos quais famosos[23] estejam envolvidos (algo curiosamente recorrente), tratados separadamente do noticiário de celebridades pródigo nesse tipo de publicação; e crime de agentes do Estado, agregando casos de corrupção e outros desvios de conduta de agentes públicos. Pois nesse universo de cobertura da violência urbana, o recurso a uma apresentação jocosa é considerável: 38,2%

---

22. Em uma versão refinada desta análise, retirei os domingos e as segundas-feiras da amostra geral. Nesses dias, a pauta da capa é praticamente fixa (variedades aos domingos; às segundas-feiras, esportes). Nesse caso, as chamadas jocosas com violência passam a ser 54,7% das principais.

23. Para efeitos dessa categoria, considera-se famoso todo personagem externo à política e ao crime passível de ser apresentado apenas por seu nome, sem necessidade de apresentação, e como cobertura de celebridades todo noticiário sobre as vidas privadas desses famosos — além de, no caso desse jornal, a cobertura cultural em geral. A esse respeito, o caso do Meia Hora é peculiar: mais uma vez, como jornal popular que é, ele lida como um universo de celebridades que, além de um *star system* brasileiro consagrado pela televisão, pela música popular, pelos esportes e, mais recentemente, pelos influenciadores digitais, inclui ainda figuras não tão levadas em conta por vários veículos especializados nesse gênero de cobertura, como dançarinas do funk carioca e assistentes de palco e personagens de memes e outras ocorrências "virais" da internet. Assim, fala-se na própria equipe editorial do jornal em "celebridades do Meia", uma galeria de famosos mais com a cara do jornal — entre as quais a calipígia funkeira Mulher Melão ocupa lugar de destaque (sendo muitas vezes jocosamente chamada a emitir opinião sobre temas da atualidade, inclusive violência, o que pode ser entendido como uma blague). Uma exploração maior desse quesito, no entanto, ultrapassaria os limites deste trabalho.

do total de chamadas sobre o tema faziam graça e no universo das chamadas principais sobre violência, trata-se de uma superioridade esmagadora, 85,4%.

Ao mesmo tempo, dá-se uma inflexão importante na mobilização da jocosidade: há crimes com os quais não se faz piada: ocorrências "covardes", homicídios de "inocentes" (como crianças ou idosos), estupros, pedofilia e qualquer caracterização de algo "muito grave" não são objeto de "deboche" (essa é a palavra preferida pelos editores). Ao mesmo tempo, a ideia de inocência que parece guiar essa distinção explicita a ressonância de uma consagrada partição moral difusa: mortes de "bandidos", seja por outros criminosos seja pela polícia, em geral não serão consideradas covardes, mesmo que as forças de segurança tenham operado com agigantada desproporção de força ou que seu movimento tenha flertado com a ilegalidade — o que não será questionado pelo jornal salvo em casos de mortes de "inocentes" (como na capa apresentada). "Morte é sempre lamentável. Muitas vezes [quando o jornal é criticado por uma chamada mais ou menos "exagerada"], o que há é uma confusão de quando a gente debocha do bandido. Muitas vezes é uma confusão de que talvez a gente estivesse comemorando uma morte", diz Tiziolas na entrevista, buscando fazer uma distinção entre o "deboche" do óbito de um suspeito e um suposto posicionamento pró-execução. Em resposta à pergunta "Existe morte que o jornal lamenta mais do que outra?", feita pelo entrevistador do citado documentário sobre o Meia Hora ao diretor de redação do veículo no período 2007-2012, Alexandre Freeland, esse explicita o posicionamento anticrime típico de qualquer veículo de imprensa: "Com certeza, com certeza. Ele [*o jornal*] não comemora morte de bandido, não solta fogos e balõezinhos, mas dá mais destaque e dá mais intensidade quando acontece uma morte de bandido"[24]. Essa preferência está também impressa nos números: mais da metade (56,9%) das notícias jocosas de violência dizem respeito a bandidos, enquanto apenas 11% a policiais. Ou seja, o recurso ao "perdeu" (81,1%) é enormemente superior àquele ao "manezou" (9,2%)[25].

Para dar conta disso, o jornal recorre a alguns dispositivos formais, especialmente em termos de texto, fotografia e recursos gráficos. O Gráfico 2, a seguir, apresenta a distribuição de cada um:

---

24. Um caso especialmente sensível dessa partição está na edição de 08/08/2015, na qual se noticia a morte do traficante Playboy, do Morro da Pedreira, então, segundo o próprio veículo, "o traficante mais procurado do Rio". O jornal estampou a foto do corpo morto do homem, aplicando-lhe um balão com a frase: "Desceu pro play do capeta". Questionado se expor a foto do corpo não era algo escatológico e se debochar dele dessa maneira, "desumano", o editor afirmou que, embora a foto o incomodasse com indivíduo, ela era notícia, havia circulado na internet o dia todo e seria uma omissão do jornal não a expor; e que o tratamento jocoso era coerente com a crônica circulante sobre o "bandido" naquele momento, inclusive nas favelas. Ele considera que o veículo passou mais perto de "errar a mão" na capa das velas do Bope, apresentada adiante, do que nesse caso, porque nela, segundo ele, "ficou parecendo" que o jornal celebrava as mortes, o que, segundo ele, nunca ocorre. Essa mesma polêmica foi suscitada por outra capa, de 16/04/2011, com o título "Policial que prender três vagabundos pede música no Meia Hora", uma alusão ao quadro do programa de TV Fantástico, da TV Globo, no qual o jogador que fizer três gols na rodada do fim de semana pode solicitar a canção que quiser a ser tocada na revista eletrônica. Nesse caso, o curioso é que a chamada ficou notória por se achar que o jornal "premiaria" o policial que matasse criminosos, quando na verdade ela sugeria apenas o aprisionamento.

25. Evidentemente, há também uma razão prática para isso: como o noticiário sobre violência se dá em função de ocorrências de crimes no asfalto e de operações policiais em favelas – por conta do encastelamento das quadrilhas de traficantes, personagens privilegiadas da categoria bandido no Rio de Janeiro, como já exposto –, há claramente mais espaço para bandidos perderem do que para policiais manezarem.

GRÁFICO 2 | **Dispositivos de jocosidade (forma)**

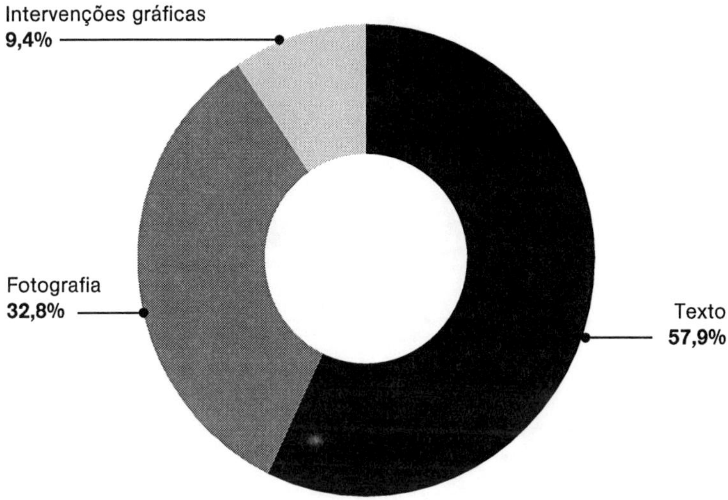

FONTE: Elaboração própria.

Primeiramente, chama atenção a hegemonia do texto escrito sobre as outras formas, mas isso não surpreende. Não apenas porque o jornalismo é uma atividade sobretudo da escrita, mas especialmente porque o domínio do que chamei em outro trabalho (Werneck, 2015a) de forma-piada é especialmente consagrado como textual. O protocolo formado por situação (*setup*) — "apresentação do conjunto de elementos (...), parcela que estabelece a expectativa e o conjunto de dispositivos em torno do qual se constrói logicamente a piada" (idem, p. 491) — e virada (*punchline*) — "parcela que estabelece a mudança na situação que produzirá o efeito humorístico" (idem, ibidem) — é facilitado pela estrutura gramatical textual. Além disso, observando-se a subdivisão desse tipo em seus dispositivos de jocosidade específicos, no Gráfico 3, vê-se como o conjunto de recursos se oferece aos editores para fazer graça:

GRÁFICO 3 | **Dispositivos de jocosidade (texto)**

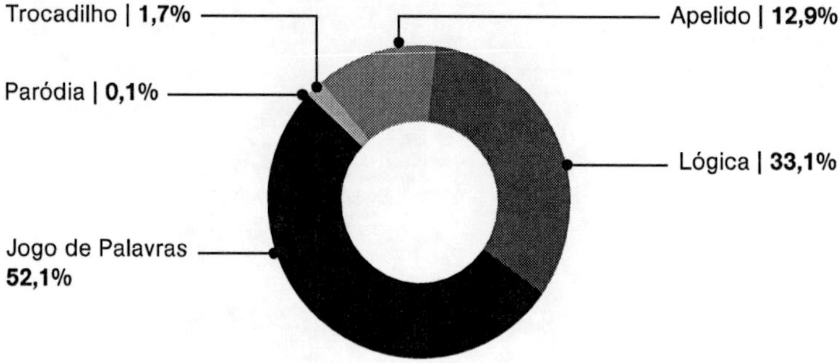

FONTE: Elaboração própria.

Jogos de palavras são a ferramenta mais utilizada pelo jornal, seguidos por piadas de problematização lógica — uma contradição, um *non sequitur*, um absurdo qualquer. São pouco mobilizados os trocadilhos, na verdade um tipo de jogo de palavras — mas que tratei separadamente, dadas suas consequências específicas — no qual se troca uma parte de um signo, mantendo-se alusão ao original, mas gerando um novo signo com outro sentido, produzindo-se a virada na convivência entre ambos (Pollack, 2012). Por outro lado, o recurso a apelidos é compreensível no universo da crônica policial, pela tradição da alcunha do bandido e porque o cognome cria personagens e permite uma maleabilidade simplificadora. Assim, vemos primeiras páginas como essas ao lado e na página a seguir.

MEIA HORA

HOJE

5 MORTOS NO JORGE TURCO

COTÓ DA ADA DÁ UMA DE JOÃO SEM BRAÇO E ESCAPA DO BOPE

Bandidão meteu o pé de Rocha Miranda de manhã. Logo depois, homens de preto mandaram comparsas dele pro saco

Bomba em 'Império': Maurílio é filho do mordomo

LANCHINHO DO VAGABUNDO ERA XIS-MACONHA

21/02/2015

No primeiro caso, reencontramos o personagem citado em outra capa, que ganha um cognome, "Cotó da ADA [Amigos dos Amigos, facção do tráfico]". Ao mesmo tempo, o jogo de palavras com sua condição lança mão de uma paródia: "dar uma de João sem braço" é se fazer de desentendido, fingir-se de inocente em uma situação. Além disso, o subtítulo ainda insiste em manter os membros na piada e informa que ele "meteu o pé" (foi embora) da favela em que foi feita uma operação da polícia. Na segunda capa, outro apelido, esse fazendo um trocadilho: "popozuda", calipígia, vira Pó-pozuda, unindo-se "pó" (cocaína) e o restante da palavra, que ainda pode remeter a "pose". E o antetítulo ainda informa que "Ela e a amiga rodaram [*isto é, foram pegas pela polícia, "perderam"*] de mala cheia no aeroporto". "Mala" é também uma gíria para se referir às nádegas — e esse é um ponto digno de nota: o jornal popular não terá qualquer prurido de lançar mão de linguagem coloquial, por vezes de baixo calão. No terceiro caso, o nome de uma favela, "do Rola" (pronuncia-se como o nome do passarinho), serve de fonte para o trocadilho em que se cria o duplo sentido a reboque da efeméride: a PM fez uma operação na localidade justamente em 12 de junho, permitindo que se criasse a dupla mensagem: "rola", gíria para pênis, em intensa atividade sexual ("ocupada") ao mesmo tempo que a comunidade é objeto de ocupação pela polícia. Por outro lado, os apelidos, não tão mobilizados como elemento textual principal (a contagem central foi essa), comparecem como dispositivo acessório em inúmeras matérias, já que, como disse, a alcunha é recorrente nesse universo. E eles expressam bastante a dicotomia moral legalista do veículo: ele toma partido, como qualquer publicação típica, da lei e da ordem — e, em uma simplificação

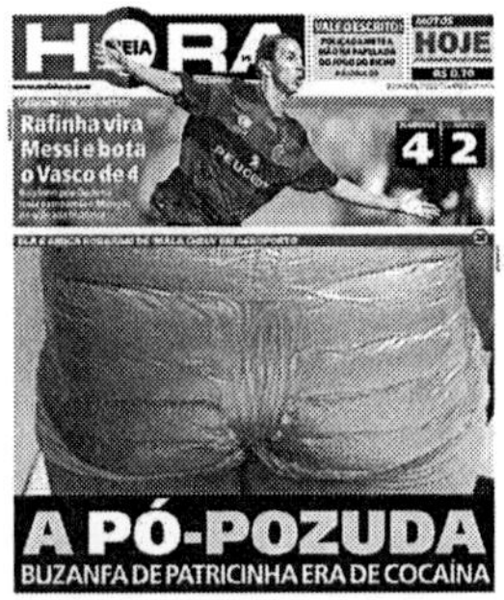
HORA
HOJE
Rafinha vira Messi e bota o Vasco de 4
4 2
A PÓ-POZUDA
BUZANFA DE PATRICINHA ERA DE COCAÍNA

01/02/2013

MEIA HORA
HOJE
ROLA OCUPADA NO DIA DOS NAMORADOS
DUPLA RODA COM DENTES DE OURO PERTO DO CAJU
Reforços fazem o Mengão voar baixo

13/06/2015

moral, das forças de segurança (salvo quando elas estiverem gritantemente fora da lei, ou da moral aceita para seus comportamentos, como em flagrantes chacinas). Dessa maneira, como diz mais uma vez o diretor de redação Alexandre Freeland no documentário sobre o jornal, ladrões recebem cognomes mais ou menos padronizados: "vagabundo, mequetrefe, pilantra, safado, marginal... Bandido, vivo ou bandido morto, lá, é tudo igual: vagabundo". Estuprador é "desalmado, sem mãe, sem coração, monstro..." e, por sua vez, "A polícia quando invade...?" (pergunta o entrevistador do filme, que ouve como resposta): "... Arregaça, arrebenta, destroça, passa o rodo, faz a limpa...", e, quando atira, "senta o dedo, manda bala". Os designativos, então, tendem a enaltecer o poderio policial e a ridicularizar os criminosos.

Nesses três casos, coerentemente com a maior parte da amostra, a ridicularização dos actantes é feita por meio de sua colocação em uma situação "normal" na qual se insere uma virada, todas elas em termos de texto: o efeito inesperado de se encontrar os segundos (e terceiros) sentidos das palavras é o que produz a graça da chamada e rebaixa ao ridículo a polícia (incapaz de capturar um bandido deficiente e que se mostrou mais esperto); uma criminosa (chamada ainda de "patricinha", ou seja, de menina de fora da favela, à qual se pode atribuir o rótulo de traficante "de classe média"[26] e, ao mesmo tempo, de alguém não "naturalmente" pertencente àquele mundo, que poderia ganhar dinheiro com outra coisa etc.)[27], e toda uma favela (cujo nome vira motivo de deboche).

Por sua vez, fotografias e recursos gráficos são menos recorrentes, mas implicam signos potentes. Vejamos a mobilização de ambos e seus dispositivos específicos nos Gráficos 4 e 5:

---

26. Sobre isso, ver Grillo (2008).

27. A patricinha também é associada, na mitologia das ruas do Rio de Janeiro (Werneck, 2015a) a uma versão feminina do mané: ela é estigmatizada não apenas como "riquinha", mas também como pouco esperta, sem malandragem, sem inteligência.

GRÁFICO 4 | **Dispositivos de jocosidade (fotografia)**

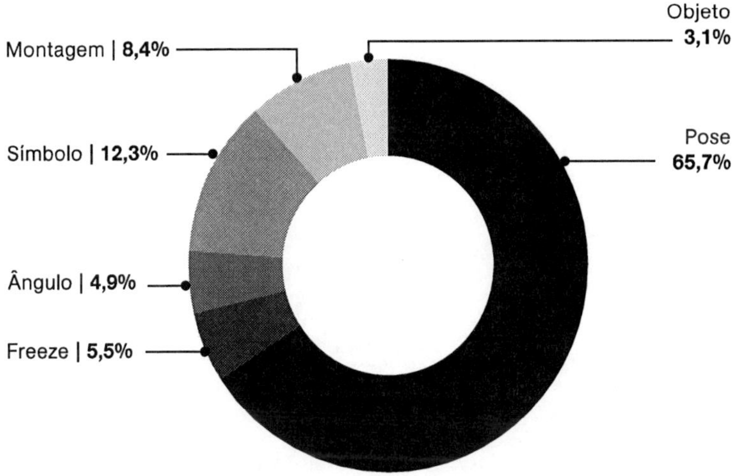

FONTE: Elaboração própria.

GRÁFICO 5 | **Dispositivos de jocosidade (intervenção gráfica)**

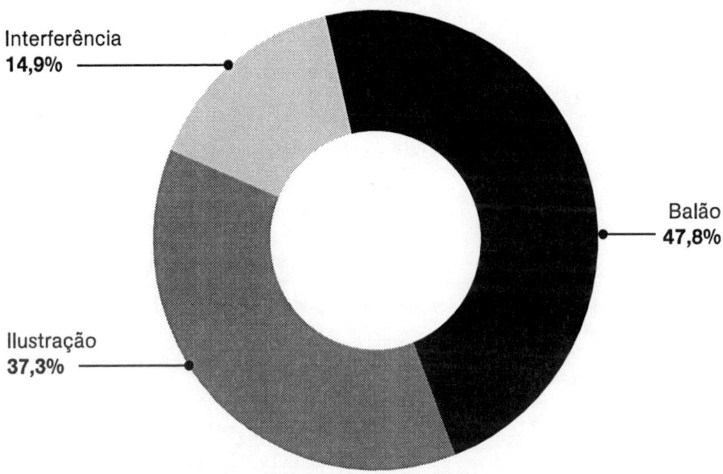

FONTE: Elaboração própria.

MEIA HORA

HOJE

BOPE FAZ ANIVERSÁRIO E APAGA QUATRO

Entrou em cadeia com revólver enfiado lá

20/01/2013

MEIA HORA

AJUDE A ACHAR O FAT FAMILY

PARANÁ É O TIME DA VIRADA: 2 A 1 NO VASCO EM SÃO JANU

29/06/2016

MEIA HORA

DIMINUI A CRIMINALIDADE: ANÃO É PRESO POR TRÁFICO

MENGÃO REVERTE A CRISE: 1X0

HOJE

Cinco PMs baleados em 12 horas

16/06/2016

Quero exemplificar esse caso com mais as três capas ao lado.

No primeiro exemplo, vemos a foto de quatro velas votivas. O contraste entre a informação de que é o aniversário do Batalhão de Operações Especiais (BOPE) da PM — figura paradigmática desse período —, momento em que se apagariam versões comemorativas do objeto, e essa imagem do aparato mais utilizado em orações e ritos fúnebres (cercadas por uma intervenção gráfica com balões decorados com o símbolo do batalhão) ao mesmo tempo parece celebrar as mortes e informar a seriedade da tropa: o subtítulo diz que os "caveiras [*como são apelidados, positivamente, esses policiais*] não puderam comemorar, porque tiveram que trabalhar pesado". Polêmica, a capa foi um dos motivos do comentário do editor Humberto Tziolas sobre parecer que eles comemoram ao debocharem das mortes de "bandidos". No segundo caso, uma mobilização clássica de intervenção gráfica: o ilustrador desenhou um labirinto, com estética típica das seções de passatempos de jornais, colocando como prêmio a ser alcançado o traficante Fat Family (também desenhado), assim apelidado por ser obeso. Ele havia sido resgatado do hospital por seus comparsas dias antes, após ser baleado pela polícia. O jornal cometeu, então, uma série de capas apelando para a forma física do criminoso e para a suposta facilidade de encontrá-lo que disso decorreria. Mas eis que a PM havia se mostrado incapaz de o achar "ainda assim", o que inspirou o gracejo: já que as forças de segurança não conseguem, encontre você — na verdade, a notícia é o anúncio de uma recompensa por informações do paradeiro do criminoso para a central de atendimentos Disque Denúncia. Vemos, então, três policiais desenhados diante de um desafio de corredores muito simples, uma "zoada" com a corporação. Por fim, na terceira capa, a simples apresentação da foto do personagem da matéria, assessorada pela frase "Diminui a criminalidade" produz a graça. De fato, o subtítulo parece redundante, já que a informação de que o ator preso por tráfico é portador de nanismo seria dispensável para o "bom entendedor".

Além da mobilização dessas três substâncias, a operacionalização do perdeu, manezou ou do niilismo passa por construir metáforas (em qualquer uma delas) para ridicularizar os três actantes. Elas são produzidas especialmente segundo cinco universos semióticos (Gráfico 6):

GRÁFICO 6 | **Metáfora de zoação**

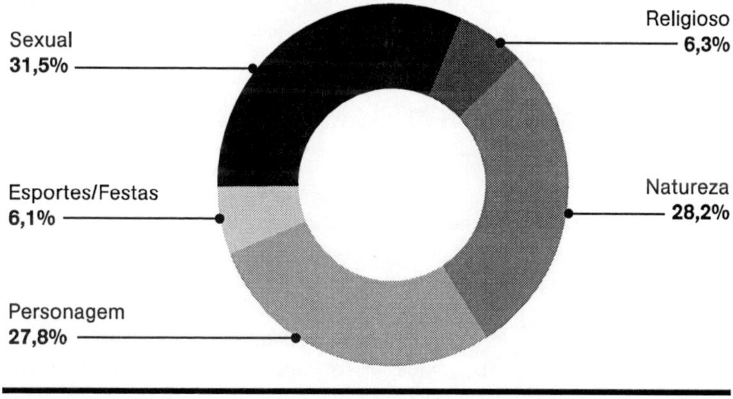

FONTE: Elaboração própria.

O recurso à metáfora parece seguir dois regimes de ridicularização, ambos ligados à potência, um voltado para o rebaixamento do criticado, negativizando-o por sua fraqueza; outro, centrado na afirmação de sua força, apontando sua negatividade pela condição de seu uso (covarde). Nesse sentido, a única das formas metafóricas sobreponíveis a um regime são as de caráter sexual, que ocupam o topo da escala do gráfico (31,5%), sendo mobilizadas sempre para a redução de potência: por atentados a sua virilidade, se for homem; a sua pureza, se for mulher (o discurso relativo ao crime é consideravelmente misógino); ou pela confirmação debochada do perfil estereotípico de integrantes do universo LGBTQIA+ — ao mesmo tempo que a mera alusão ao sexo costuma ser por si um identificador de jocosidade, já que se trata de um tema especialmente privilegiado para isso (Kuipers, 2006; Davies, 2011). Por sua vez, as outras duas categorias de maior ocorrência, as baseadas em transformações de natureza do zoado (28,2%) e as fundamentadas em construções de personagens (27,8%), além das metáforas religiosas[28], são variáveis a esse respeito, embora tendam a apontar mais para a negatividade de sua potência e para competências, habilidades ou capacidades — já que vemos mais metáforas como chamar o personagem de "monstro", "animal" ou "demônio" do que como "rato" ou "verme". Por sua vez, as metáforas esportivas e/ou ligadas a eventos ou festividades costumam ser bastante elásticas e pouco relacionadas à potência: trata-se mais de se aproveitar um universo festivo para a zoação do que de tratar de uma condição relativa aos actantes. Vejamos alguns casos:

---

28. Dando continuidade a uma incorporação de uma linguagem popular difusa, as inumanizações empoderadoras religiosas mobilizam uma fauna tanto cristã — demônio, anjo, belzebu etc. — quanto das religiões de matriz afro-brasileira, mas estas em geral a partir de um sincretismo que, tomando como referência aquelas outras, define para algumas de suas entidades uma associação com "o mal" — segundo a qual exus, pombajiras etc. seriam também entendidos como "demônios" ou pelo menos personagens negativos. Para mais sobre a forma como figuras do crime são tratados como não humanos, ver Freire e Teixeira (2016).

20/05/2016

04/04/2012

12/03/2015

08/01/2013

21/08/2013

07/01/2014

As primeiras três primeiras páginas trazem metáforas sexuais. A primeira rebaixa o acusado menos por expor sua condição de "tarado" (o que, ao fim e ao cabo, é uma demonstração de potência) e mais por chamar seu pênis de "miserinha"[29]. A segunda ridiculariza o policial ao colocá-lo no polo passivo de uma relação sexual com um "parceiro" de potência agigantada como um cavalo, um garanhão. E a terceira recorre a uma complexa rede de dispositivos para ridicularizar uma criminosa: o apelido "Póriguete" é um trocadilho com periguete, gíria usada para se referir a uma considerável gama de comportamentos femininos "desviantes" — desde a uma mulher que se vista de forma provocativa (segundo os padrões da favela) ou se mostre "barraqueira", que não leva desaforo para casa, até a uma que dê em cima do parceiro da outra, passando-se por mulheres "fáceis" ou "oferecidas" ou que se deixem bancar por certos homens e mesmo por aquelas integradas ao crime — especialmente quando descritas a partir "do asfalto". A da capa, entretanto, não é uma periguete qualquer, é uma do tráfico, integrando-se a seu epíteto o pó (cocaína), como no exemplo da "Pó-pozuda". Mas o nome não parece bastar, porque o principal motivo para chamar a condutora de drogas entre um morro e outro de periguete é o fato de que ela própria se expunha de biquíni em fotos publicadas em uma mídia social. O jornal, então, ostenta em sua fronte uma imagem em preto-e-branco capturada da internet, com ela em uma pose provocante, como a sugerir ao mesmo tempo a vaidade (a foto poderia estar em uma revista masculina) e a "audácia" da moça — rebaixada não apenas por seu comportamento "inapropriado", mas ainda por aparecer "estragada" (como se diz) na foto menor, ao ser

---

29. Esse título conta com uma segunda camada semiótica, aquela referente ao par "busão"/"ponto final", inserido na dinâmica dos transportes, mas ao mesmo tempo tributária do fato de que "busão" também pode se referir a nádegas e que "sacudir a miserinha no busão" implica ainda um duplo sentido indicativo de abuso sexual.

presa — indicando que "perdeu" inclusive no decaimento estético, de "gostosa" (Werneck; Goldenberg, 2010) a "baranga"[30].

As outras chamadas lidam uma com a natureza do personagem, a segunda com sua substituição por uma imagem religiosa e a terceira, recorrendo ao universo do esporte. No primeiro caso, a partir do apelido consagrado de um traficante, Juninho Cagão, o jornal o converte em excremento, afirmando ter sido ele mandado "esgoto abaixo" (sido morto) por outros traficantes (o que ocorreu enquanto tomava banho). E a metáfora é completada visualmente com as palavras aplicadas sobre a imagem de um reservatório de descarga. Na segunda capa, um ladrão de igrejas evangélicas é chamado de demônio — mas a piada ainda se completa com uma metáfora sobre sua natureza: ele seria "fio desencapado", isto é, esquentado, capaz de matar facilmente etc. Na terceira, o gracejo é com situação do Rio de Janeiro diante da promessa de que em 2014, ano em que a Copa do Mundo da Fifa seria realizada na cidade, o tráfico derramaria uma quantidade gigantesca de drogas para atender a demanda do mundial. Com base em um trocadilho parodiando a canção "A taça do mundo é nossa", até hoje lembrada como ícone da conquista do primeiro mundial pelo Brasil, em 1958, informa-se que a cocaína permitiria que o tráfico lucrasse dobrado com a competição.

30. Esta capa e várias outras expondo mulheres do crime são pródigas para uma discussão sobre a dinâmica de gênero neste humor, enormemente tomado emprestado da jocosidade coloquial do Rio de Janeiro, ela própria bastante masculina e machista (Werneck, 2015a). Essa análise, entretanto, ultrapassaria os limites deste texto.

Considerações finais: a tradução jocosa da "violência urbana" como forma de tornar rotina a "violentização"

O Gráfico 7, a seguir, expressa a quantidade de chamadas principais sobre violência em geral e no recorte específico sobre violência urbana ao longo do período analisado, ano a ano. O nível de presença de humor ao longo de todo o universo analisado se mantém na casa dos 38%, de modo que estamos vendo ao mesmo tempo praticamente um painel da cobertura jocosa dessa crônica:

GRÁFICO 7 | **Chamadas principais sobre violência (ano)**

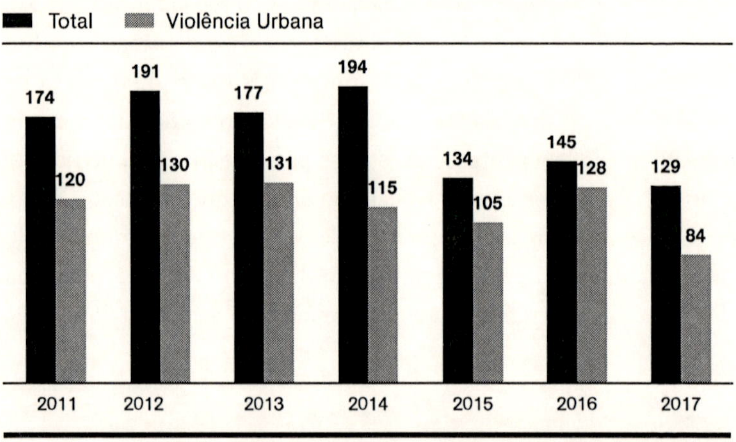

FONTE: Elaboração própria.

Os dados demonstram certa estabilidade no patamar do número de chamadas ao longo do período. Evidentemente, os dados do último ano da série desviam da amostra, já que seguem apenas até o meio do período. Entretanto, repare-se que, em julho, o número de chamadas principais sobre violência já alcança os patamares dos anos anteriores. De fato, se forem contadas também as chamadas dos três outros níveis, 2017 demonstra uma fixação consistente no tema da violência na capa do jornal, o que também se manifesta de maneira simbólica: é o momento de maior conjunto de capas-balanço niilistas, mostrando o Rio de Janeiro imerso no caos. Os números e os casos constantemente expostos nas primeiras páginas confirmam a impressão de que a relativa calmaria — ou pelo menos a rotinizacão semiótica — registrada anteriormente estava caindo por terra (assim como o próprio programa). Veja os balanços ao lado.

Foram 23 capas nesse modelo (18% do total de 2017), perguntando "Por quê?", dizendo "Basta!", questionando "Até quando?" ou simplesmente listando casos acumulados. Entre elas, um movimento estético começa a se formar: poucas são como o primeiro e o terceiro desses exemplos, poucas recorrem à jocosidade — como os trocadilhos "Tiro de Janeiro" e UPP/UPA. A violência urbana começa a ingressar na galeria de temas sérios demais para inspirar piadas.

Mas se nesse momento o niilismo sobre a segurança no estado domina o noticiário, jocosamente ou não, no período anterior a rotina consistia em normalizar um noticiário de crime com cerca de metade das chamadas principais do ano tratando de violência, a maioria delas com ênfase na violência urbana, isso é, o enfrentamento entre

MEIA HORA
2532-5000
TIRO DE JANEIRO
TIROTEIO COME SOLTO EM 6 FAVELAS COM UPP
BRUNO ACERTA COM O BOA ESPORTE DUAS SEMANAS APÓS DEIXAR A CADEIA
Investigadas, 'Bandivas' levam armas de brinquedo à 21ª DP

11/03/2017

MEIA HORA
2532-5000
INFERNO
O TRÁFICO ATERRORIZA
CIDADÃOS ROUBAM
A PM ENXUGA GELO

03/05/2017

MEIA HORA
2532-5000
UPP? MELHOR ESQUECER! A PARADA É CORRER PRA UPA

12/07/2017

bandidos e polícia em um Rio de Janeiro no qual a vida continua apesar de tudo, e a maior categoria destes recorrendo a dispositivos de jocosidade para apresentar seus casos, como vimos.

No momento da publicação deste texto, em 2024, os dados sobre 2011-2017 já não refletem há um bom tempo em várias medidas o cenário da segurança pública do Rio de Janeiro — como visto, as UPPs são favas contadas, como se diz, quadro demonstrado por várias pesquisas, já citadas. Além disso, teve lugar uma mudança de política, implementada pelo governo Wilson Witzel, eleito em 2018 com uma plataforma centrada na segurança pública, com ênfase na autorização para o abate de suspeitos em favelas (Betim, 22/08/2018), o que se prorrogou na gestão de seu substituto, Cláudio Castro, seu vice, elevado ao cargo após o processo de impeachment dele, em 2021 e se intensificou, especialmente por conta da questão do impedimento pelo Supremo Tribunal Federal (STF) de operações policiais em favelas durante a pandemia da Covid-19, o que não impediu que elas ocorressem[31] e que tivesse lugar o episódio conhecido como Chacina do Jacarezinho, em maio de 2021, quando a Polícia Civil ingressou na favela da Zona Norte, o que resultou em 28 mortes, maior número de óbitos em uma operação policial no estado (Souza; Soares, 06/05/2021). A análise da atual situação ultrapassa os objetivos deste capítulo. Mas, para além do mero registro histórico, os dados aqui apresentados para o período analisado expressam uma mecânica que o ultrapassa e nos chega até hoje, um conjunto de informações sociológicas sobre a acumulação social da violência no Rio de Janeiro (Misse, 2022[1999]) que aquele período de rotinização ajudou a explicitar: a construção social de uma passagem à condição de metafísica socialmente partilhada do sistema actancial simplificado já descrito (polícia x bandido no Rio utópico/distópico)

---

31. A esse respeito, ver os vários relatórios produzidos pelo Grupo de Estudos dos Novos Ilegalismos (Geni), da Universidade Federal Fluminense (UFF) — Hirata, Grillo e Dirk (25/06/2020, 18/08/2020) e Hirata, Grillo, Dirk e Lyra (15/04/2021).

e os elementos de sua compreensão e operacionalização pela fala corrente. Por meio, como dito, das negativas expressadas nas operações de ridicularização promovidas pelo jornal, consolidam-se não apenas aqueles como os actantes centrais desse cenário como ainda os elementos de sua grandeza. Como demonstrei em Werneck (2019), a construção de um observador singular, aqui representado pelo que podemos chamar de eu jornalístico jocoso, permite criar uma voz capaz não apenas de fazer circular a crítica contida no discurso inspirado como ainda fazê-la ser levada a sério. A graça, ao se efetivar como forma — pelo comparecimento de dispositivos reconhecíveis de inspiração — torna a comprovação dos conteúdos que expressa algo supérfluo, pelo menos até uma retomada do questionamento.

Em Werneck, Teixeira e Talone (2020), propus com colegas um modelo de sociologia pragmática da violência, erigido a partir do reconhecimento de que a multiplicidade semiótica do signo violência resulta em um quadro plural de visões de mundo, de verdadeiras teorias nativas sobre o social, "sociologias", como chamamos, que implicam formas de definir a situação (Thomas, 1966[1923]) em termos de violência e, em última instância, de se comportar em relação aos outros e à própria ordem social em que tenha o lugar o fenômeno de mobilização de diferenças notáveis de força, violentizando-se então essas situações. Para cada um desses regimes de violentização corresponde a uma forma de definir violência e de, com essa definição, definir o que está acontecendo com base nela. Essas diferentes sociologias, então, representam diferentes apostas dos próprios atores em relação ao que significa a mobilização da força em uma situação e determinam a maneira como as pessoas definem violência situadamente; em nossos termos, como elas violentizam a situação. Trata-se, dessa forma, de um modelo para dar conta de como as pessoas representam como "de violência" diferentes dimensões das situações em que estão inseridos, definindo diferentes definições do que, na situação, é considerado violência. O Quadro 2, a seguir, extraído do citado trabalho conjunto, sintetiza as diferentes formas de violentizar por nós depreendidas:

REGIME DE VIOLENTIZAÇÃO	CATEGORIA GRAMATICAL	SENTIDO DE VIOLÊNCIA	GRANDEZA EM JOGO (COMPETEÊNCIA DE EFETIVAÇÃO)	ATITUDE ANALÍTICA	DISTOPIA/ UTOPIA/ NEUTRALIDADE
Sociologia (substantivista) 'da violência'		Intervenção indesejada e/ou destrutiva sobre a agência	Interdição sobre o uso da força desproporcional (física ou simbólica)	Descrição das formas de atuação de uma positividade chamada violência	D
Sociologia política da violência	Substantivo	Constrangimento disciplinar (coerção/coação) voltado para a ordem	Ordem	Descrição do papel desempenhado por uma positividade chamada violência na dinâmica do ordenamento social	U
Sociologia crítica da violência		Intervenção cerceadora sobre as agências (governo)	Poder	Desvelamento da mecânica do poder	D
Sociologia construtivista da violência sobre atributos	Adjetivo	Atributo conferido a determinadas ações de força/ determinados atores dela mobilizadores	Atribuição	Exposição dos processos de construção social dos atributos	D
Sociologia construtivista da violência sobre metafísicas	Gramática	Princípio generalizado à toda ordem social segundo o qual um estado de ameaça se instaura	Generalização	Exposição dos processos de construção social da generalização	D
Sociologia praxiológica da violência	Advérbio	Recurso cabível para determinadas situações	Praticidade	Descrição das práticas	N

Ele apresenta inúmeras dimensões relativas à ideia de violentização, detalhadas no citado artigo. De forma resumida, a primeira coluna se refere ao tipo de teoria nativa do social que fundamenta a definição de violência; a segunda, à forma como a ideia de violência é tratada gramaticalmente pelas pessoas, seja como substância em si (substantivo), atributo associado a substâncias (adjetivo), modalidade de execução de ações (advérbio) ou metafísica tomada como lógica generalizada de compreensão do social (gramática). Mas a coluna que efetivamente interessa aqui é a terceira, relativa aos sentidos da violência. Não explorarei a fundo aqui os vários, já que o foram a exaustão no outro texto. Enfatizarei apenas a operação em jogo aqui implicada: a elevação em generalidade, à categoria de gramática, da ideia de violência, inscrita aqui no signo representacional "violência urbana". A acumulação social da violência, descrita por Misse (2022[1999]), nesse sentido, pode ser compreendida como um processo histórico, por meio da reiteração de casos (acumulação), de impregnação do interpretante (Peirce, 1977[1897]) violência no ferramental interpretativo difundido em uma ordem social urbana. Mas não em qualquer sentido: violência aqui é o signo de uma ameaça tornada rotina, centro de uma distopia (Talone, 2015). E as capas do Meia Hora mostram como ela toma a forma de recipientes, de actantes ícones que também se generalizam como formas abstratas, a se atualizarem em inúmeros casos. Bandidos, policiais e a ordem urbana imersa no caos seriam formas concentradas dessa violência, eles próprios violentizados por serem representados como corpos portadores de força (Werneck; Teixeira; Talone, 2020; Werneck; Teixeira; Talone; Caminhas, 2024), de uma força capaz de se impor desde que esses actantes sejam ativados em sua grandeza plena — grandeza essa questionada pela fala jocosa, como vimos. E no ambiente rotinizado de certos momentos históricos, como foi a "era das UPPs", a carapaça de naturalização dessa condição de força tem suas reentrâncias explicitadas, exibindo a fragilidade de seu caráter construído. Ora, o mesmo quadro revela na recorrente apresentação do Rio como plataforma de uma "guerra" (Leite, 2000, 2012; Grillo, 2019) entre polícia e bandido, como distopia (Talone, 2015) mesmo que fora de um regime de ridicularização: os tipos são os mesmos.

A proposta de uma sociologia pragmática da violência, aqui colocada em prática, se funda na ideia de se mapear os pareamentos entre metafísicas de fundamentação (regimes) das violentizações, sobrepostos e correlatos às "sociologias" da violência apresentadas, e os dispositivos mobilizados em situações para delas dar conta como situações de violência. Pois na amostra observada os dispositivos de jocosidade se prestaram, justamente, como dispositivos dessa violentização: os atores críticos (representados aqui pelo jornal) recorrem à graça para tornar naturalizada a actância de uma crítica ela própria também perene — porque rotinizada: àquela ao problema social tornado o problema público (Gusfield, 1981) segurança pública — em geral cognominado como "a violência", o "fantasma" de Misse (2022[1999]) —, ainda que construído como grande problema de forma difusa e portanto algo em última instância sem resolução (Gualande Junior, 2019). Em Werneck, propus que:

> [*O*] caminho de uma crítica aspirante à generalização pública e, portanto, à adesão de força coletiva a sua actância (...) se subdivide (pelo menos) em dois: de um lado, uma *via cívica* (Boltanski; Thévenot, 2019[1991]), segundo a qual, como demonstra a dinâmica da denúncia pública (Boltanski, 1990), os críticos reivindicam a condição de representantes do restante da sociedade, sugerindo a ela que aquilo que levam a público é de seu interesse, que sua voz é a voz dela; de outro lado, uma *via inspirada* (Boltanski; Thévenot, ibidem), que apresenta a forma da crítica como cheia de graça, mais forte do ponto de vista da singularização de sua expressão. (...) No segundo caso (...), trata-se de se optar por um regime de ridicularização para, por meio de algum dispositivo de jocosidade, construir um actante a ser inserido no sistema

> actancial da denúncia, o *observador singular*, que, cheio de graça, torna-se um ponto fixo a partir do qual o mundo diante dos olhos poderá sempre ser lido como absurdo, e sua negatividade moral, como óbvia (tanto que pode virar objeto de gracejo, virar piada). Esse observador se posiciona diante da possibilidade de *épreuve* e, singular que é, desloca para uma circunstância específica a situação, construindo o que Nielsen (2019) chama de "verdade transitória", própria à construção de enunciados da comédia, um tipo que "precede qualquer reflexão ao atingir nas entranhas com a imediata e corpórea tomada de consciência de que as percepções apresentadas (...) contêm certo estranho e distorcido valor de verdade". A ideia do autor é que essa verdade é aquela "comprovada" pela descarga emocional do riso. Pode-se, entretanto, prosseguir no argumento: ela se fundamenta na circunstancialidade da graça, expressada aí pela efetivação emocional/involuntária do riso, mas em sentido geral na efetivação contingente da veracidade da crítica contida no discurso jocoso (Werneck, 2019, p. 646-647).

O argumento deste capítulo foi que a adoção dessa forma de ridicularização adotada pelo jornal comparece na forma como se estabiliza como representação uma perspectiva (uma sociologia) construtivista da violência relativa à metafísicas, explicitando-se o caráter generalizado da representação social violência urbana como linguagem/gramática (Machado da Silva, 1993; Werneck; Talone, 2019) plenamente acumulada no imaginário do Rio de Janeiro (Misse, 2022[1999]). Fazer graça com o crime, com a polícia e com a condição de ordem de um ordenamento social, como fez o Meia Hora durante o período observado, é explicitar, piada a piada, a tessitura desse processo de generalização, que, para ser efetivado, precisa ser constantemente construído, e que acaba por justificar para muitos uma série de movimentos de contraforça — como aquele expressado nas próprias primeiras páginas no final de 2017, a necessidade de uma diferença de forças agigantada (da parte do Estado) para dar conta daquela diferença de forças (supostamente a do crime), cuja mobilização é expressada como algo cotidiano — que acaba por se substancializar em uma conclamação de força por parte da população, como mostramos eu e colegas (Werneck; Teixeira; Talone; Caminhas, 2024). O que a pesquisa mostrou, portanto, é que o observador singular representado pela fala jornalística jocosa do jornal — e portanto lidando com a transição entre o emocional e a mobilização (Thévenot, 1989, 1995) — explicita um conjunto difuso de críticas sobre os comportamentos dos personagens considerados centrais na violência urbana rotinizada — naquele momento, por conta das UPPs. Assim, a fala da graça é violentizada, é preenchida com elementos que a qualificam como fala sobre a violência, como discurso qualificativo sobre esse fenômeno, permitindo estabilizar uma definição de situação como de violência urbana.

REFERÊNCIAS

AMARAL, Márcia Franz. *Imprensa popular:* Sinônimo de jornalismo popular?. Trabalho apresentado no XXIX Congresso Brasileiro de Ciências da Comunicação. Brasília: UnB, 2006.

ARAUJO, Marcella. *A ideia de cotidiano na produção sociológica de Luiz Antonio Machado da Silva sobre a criminalidade violenta.* Dilemas: Revista de Estudos de Conflito e Controle Social, vol. 12, n. 1, 2019, pp. 6-23.

ATALLAH, Mariana; NOGUEIRA, Mayara. *A construção do humor em capas do jornal Meia Hora.* Interletras, vol. 15, 2012.

BECKMAN, John. *American Fun:* Four Centuries of Joyous Revolt. Nova York: Pantheon, 2014.

BERGER, Peter L. *O riso redentor:* A dimensão cômica da experiência humana. Petrópolis: Vozes, 2017[1997].

BERGSON, Henri. *O riso:* Ensaio sobre a significação da comicidade. São Paulo: Martins Fontes, 2001[1900].

BILLIG, Michael. *Laughter and Ridicule:* Towards a Social Critique of Humour. Londres: Sage, 2005.

BOLTANSKI, Luc. *L'amour et la justice comme compétences:* Trois essais de sociologie de l'action. Paris: Métailié, 1990.

BOLTANSKI, Luc. *De la critique:* Précis de sociologie de l'émancipation. Paris: Gallimard, 2009.

BOLTANSKI, Luc; THÉVENOT, Laurent. *A justificação:* Sobre as economias da grandeza. Rio de Janeiro: Editora UFRJ, 2020[1991].

BOLTANSKI, Luc; THÉVENOT, Laurent. *The Sociology of Critical Capacity.* European Journal of Social Theory, vol. 2, nº 3, 1999, pp. 359-377.

BRICEÑO-LEÓN, Roberto; BARREIRA, César; AQUINO, Jania Perla Diógenes de. *"Facções" de Fortaleza y colectivos de Caracas:* Dos modelos de gobernanza criminal. Dilemas: Revista de Estudos de Conflito e Controle Social, v. 15, spe4, 2022, pp. 21-49.

CANO, Ignacio; BORGES, Doriam; RIBEIRO, Eduardo. *Os Donos do Morro:* Uma Avaliação Exploratória do Impacto das Unidades de Polícia Pacificadora (UPPs) no Rio de Janeiro. São Paulo/Rio de Janeiro: Fórum Brasileiro de Segurança Pública, LAV/Uerj, 2012.

CUBAS, Viviane de Oliveira; ALVES, Renato; OLIVEIRA, André Rodrigues de. *Tão diferentes e tão iguais:* As percepções de policiais civis e militares de São Paulo sobre suas instituições. Dilemas: Revista de Estudos de Conflito e Controle Social, v. 13, n. 3, 2021, pp. 801-825.

BOS, Dennis; T'HART, Marjolein. (org.). *Humour and Social Protest.* Cambridge: Cambridge University Press, 2008.

CAMINHAS, Diogo Alves; BEATO FILHO, Claudio Chaves. *"Todo ladrão vai trabalhar com a sua mente":* O uso da força e de armas nos assaltos em Belo Horizonte, Minas Gerais". Dilemas: Revista de Estudos de Conflito e Controle Social, v. 13, n. 3, 2021, pp. 645-667.

CEFAÏ, Daniel. "Qu'est-ce Qu'une Arene Publique? Quelques Pistes pour une Approche Pragmatiste". In: CEFAÏ, Daniel; JOSEPH, Isaac. (org.). *L'heritage du pragmatisme:* Conflits d'urbanité et épreuves de civisme. La Tour d'Aigues (FR): Éditions de l'Aube, 2002, pp. 51-82.

CHOCK, Phyllis Pease. "The Constrained Use of Irony in US Congressional Hearings on Immigration". In: FERNANDEZ, James W.; HUBER, Mary Taylor. (org.). *Irony in Action:* Anthropology, Practice and the Moral Imagination. Chicago: The University of Chicago Press, 2001, pp. 41-62.

COLEBROOK, Claire. *Irony*. Nova York: Routledge, 2004.

CORREA, Diogo; MENEZES, Palloma Valles. "From Disarmament to Rearmament: Elements for a Sociology of Critique of the Pacification Police Unit Program". *Vibrant:* Virtual Brazilian Anthropology, vol. 14, nº 3, 2018, pp. 192-215.

COSTA, Wagner Alexandre dos Santos. *O contrato de comunicação no jornalismo popular:* Um foco na categoria título. São Paulo: Paço Editorial, 2016.

COSTA, Wagner Alexandre dos Santos; MENEZES, Vanda Maria Cardozo de. *Cadeias referenciais e produção de sentidos no jornalismo popular*. Revista do Gel, vol. 13, nº 3, 2016, pp. 241-259.

DAVIES, Christie. *Jokes and Targets*. Bloomington (EUA): Indiana University Press, 2011.

DEFANTI, Angelo. *Meia Hora e as manchetes que viram manchete*. Filme, vídeo, 81min. Rio de Janeiro: Sobretudo Produções, 2014.

DEWEY, John. *Logic:* The Theory of Inquiry. Nova York: Henry Holt, 1938.

DUARTE, Thais Lemos; ARAÚJO, Isabela Cristina Alves de. *PCC em pauta:* Narrativas jornalísticas sobre a expansão do grupo pelo Brasil. Dilemas: Revista de Estudos de Conflito e Controle Social, v. 13, n. 2, 2020, pp. 505-532.

ERBOLATO, Mario. *Técnicas de codificação em jornalismo*. São Paulo: Ática, 1991.

FREIRE, Jussara. *"Violência urbana" e "cidadania" na cidade do Rio de Janeiro:* Tensões e disputas em torno das 'justas atribuições' do Estado". Dilemas: Revista de Estudos de Conflito e Controle Social, vol. 7, nº 1, 2014, pp. 73-94.

FREIRE, Jussara. *Mobilizações coletivas e problemas púbicos em Nova Iguaçu*. Rio de Janeiro: Garamond, 2016.

FREIRE, Jussara; TEIXEIRA, Cesar Pinheiro. *Humanidade disputada:* Sobre as (des)qualificações dos seres no contexto de "violência urbana" do Rio de Janeiro. Terceiro Milênio: Revista Crítica de Sociologia e Política, vol. 6, nº 1, 2016, pp. 58-85.

FREIRE, Gesseldo de Brito; VALENTE, André Crim. *Dialogismo, polifonia e intertextualidade nas capas do jornal Meia Hora*. Cadernos do CNLF, vol. XVIII, nº 1, 2014, pp. 130-155.

GILBERT, Joanne R. *Performing Marginality:* Humor, Gender, and Cultural Critique. Detroit (EUA), Wayne State University Press, 2004.

GREIMAS, Algirdas Julien. *Sémantique Structurale:* Recherche et Méthode. Paris: Larousse, 1966.

GRILLO, Carolina Christoph. *O "morro" e a "pista":* Um estudo comparado de dinâmicas do comércio ilegal de drogas. Dilemas: Revista de Estudos de Conflito e Controle Social, vol. 1, nº 1, 2008, pp. 127-148.

GRILLO, Carolina Christoph. "Da violência urbana à guerra: Repensando a sociabilidade violenta". Dilemas: Revista de Estudos de Conflito e Controle Social, vol. 12, n. 1, 2019. pp. 62-92.

GRILLO, Carolina Christoph; MARTINS, Luana Almeida. *Indo até o problema:* Roubo e circulação na cidade do Rio de Janeiro. Dilemas: Revista de Estudos de Conflito e Controle Social, v. 13, n. 3, 2021, pp. 565-590.

GUALANDE JUNIOR, Ailton. *Mosaico de críticas:* Formação e dispersão de públicos em torno do transporte coletivo carioca. Dissertação (mestrado), PPGSA, UFRJ, 2019.

GUSFIELD, Joseph. *The Culture of Public Problems:* Drinking Driving and the Symbolic Order. Chicago: The University of Chicago Press, 1981.

HABERMAS, Jürgen. *Mudança estrutural da esfera pública*. São Paulo: Editora Unesp, 2014[1962].

HERMAN, Edward; CHOMSKY, Noam. *Manufacturing Consent:* The Political Economy of the Mass Media. Nova York: Pantheon, 2002.

HERZFELD, Michael. "Irony and Power: Towards a Politics of Mockery in Greece". In: FERNANDEZ, James W.; HUBER, Mary Taylor. (org.). *Irony in Action:* Anthropology, Practice and the Moral Imagination. Chicago: The University of Chicago Press, 2001, pp. 63-83.

HIRATA, Daniel Veloso; GRILLO, Carolina Christoph; DIRK, Renato. *Relatório Efeitos da Medida Cautelar na ADPF 635 sobre as Operações Policiais na Região Metropolitana do RJ*. Dilemas: Revista de Estudos de Conflito e Controle Social, Reflexões na Pandemia (seção excepcional), 25/06/2020. Disponível em: https://www.reflexpandemia.org/texto-39.

HIRATA, Daniel Veloso; GRILLO, Carolina Christoph; DIRK, Renato. *Relatório Operações Policiais e Ocorrências Criminais:* Por um Debate Público Qualificado. Dilemas: Revista de Estudos de Conflito e Controle Social, Reflexões na Pandemia (seção excepcional), 18/08/2020. Disponível em: https://www.reflexpandemia.org/texto-57.

HIRATA, Daniel Veloso; GRILLO, Carolina Christoph; DIRK, Renato; LYRA, Diogo. *Relatório Operações Policiais e Violência Letal no Rio de Janeiro:* Os Impactos da ADPF 635 na Defesa da Vida. Dilemas: Revista de Estudos de Conflito e Controle Social, Reflexões na Pandemia (seção excepcional), 15/04/2021. Disponível (on-line) em: https://www.reflexpandemia2021.org/texto-107.

HODGE, Bob. *Social Semiotics for a Complex World:* Analysing Language and Social Meaning. Londres: Polity, 2017.

IGGERS, Jeremy. *Good News, Bad News:* Journalism Ethics and the Public Interest. Nova York: Perseus, 1999.

KELLEY, Robin D. G. *Insecure:* Policing under Racial Capitalism. Dilemas: Revista de Estudos de Conflito e Controle Social, vol. 15, n. 1, 2022, pp. 379-409.

KUIPERS, Giselinde. *Good Humor, Bad Taste:* A Sociology of the Joke. Berlim/Nova York: Mouton de Gruyter, 2006.

LATOUR, Bruno. *Les microbes:* Guerre et paix, suivi de Irréductions. Paris: Métailié, 1984.

LATOUR, Bruno. *Ciência em ação:* Como seguir cientistas e engenheiros sociedade afora. São Paulo: Editora Unesp, 1997[1987].

LEITE, Márcia Pereira. *Entre o individualismo e a solidariedade*: Dilemas da política e da cidadania no Rio de Janeiro. Revista Brasileira de Ciências Sociais, vol. 15, nº 44, 2000, pp. 73-90.

LEITE, Márcia Pereira. "Da 'metáfora da guerra' ao projeto de 'pacificação': Favelas e políticas de segurança pública no Rio de Janeiro". *Revista Brasileira de Segurança Pública*, vol. 6, nº 2, 2012, pp. 374-389.

LEMIEUX, Cyril. *Mauvaise presse:* Une sociologie crompréhensive du travail journalistique et de ses critiques. Paris: Métailié, 2000.

LORETTI, Pricila. *Energias da crítica:* O conflito entre a Light e os moradores da favela Santa Marta, Rio de Janeiro, em contexto de pacificação. Tese (doutorado), PPCIS, Uerj, 2016.

MACHADO DA SILVA, Luiz Antônio. Violência urbana: Representação de uma ordem social. In: NASCIMENTO, Elimar Pinheiro; BARREIRA, Irlys. *Brasil urbano:* Cenário da ordem e da desordem. Rio de Janeiro: Notrya, 1993, pp. 131-142.

MACHADO DA SILVA, Luiz Antônio. *Sociabilidade violenta:* Por uma interpretação da criminalidade contemporânea no Brasil urbano. Sociedade e Estado, vol. 19, nº 1, 2004, pp. 53-84.

MACHADO DA SILVA, Luiz Antônio; LEITE, Márcia Pereira. *Continuidades e mudanças em favelas "pacificadas": Apresentação* ao dossiê Unidades de Polícia Pacificadora-Cevis. Dilemas: Revista de Estudos de Conflito e Controle Social, vol. 7, nº 4, 2014, pp. 607-610.

MACHADO DA SILVA, Luiz Antônio; MISSE, Michel; WERNECK, Alexandre; ZALUAR, Alba; LEITE, Márcia Pereira; VIEIRA, Neiva; FELTRAN, Gabriel. *Uma vida e uma obra dedicadas à favela e às ciências sociais:* Entrevista comemorativa de 70 anos de Luiz Antonio Machado da Silva. Dilemas: Revista de Estudos de Conflito e Controle Social, vol. 4, nº 4, 2011, pp. 663-698.

MENEZES, Palloma Valles. *Os rumores da "pacificação":* A chegada da UPP e as mudanças nos problemas públicos no Santa Marta e na Cidade de Deus. Dilemas: Revista de Estudos de Conflito e Controle Social, vol. 7, nº 4, 2014, pp. 665-684.

MENEZES, Palloma Valles. *Entre o "fogo cruzado" e o "campo minado":* Uma etnografia do processo de "pacificação" de favelas cariocas. Tese (doutorado), Iesp, UERJ, 2015.

MENEZES, Palloma Valles. *Monitorar, negociar e confrontar:* As (re) definições na gestão dos ilegalismos em favelas "pacificadas". Tempo Social, vol. 30, nº 3, 2018, pp. 191-216.

MINA, Na Xiao. *Memes to Movements:* How the World's Most Viral Media Is Changing Social Protest and Power. Boston: Beacon, 2019.

MISSE, Daniel Ganem. *Cinco anos de UPP:* Um breve balanço. Dilemas: Revista de Estudos de Conflito e Controle Social, vol. 7, nº 3, 2014, pp. 675-700.

MISSE, Michel. *Malandros, marginais e vagabundos:* A acumulação social da violência no Rio de Janeiro. Rio de Janeiro, Lamparina, 2022[1999].

MISSE, Michel; GRILLO, Carolina Christoph; TEIXEIRA, Cesar Pinheiro; Neri, Natasha Elbas. *Quando a polícia mata:* Homicídios por "autos de resistência" no Rio de Janeiro (2001-2011). Rio de Janeiro: Booklink, 2013.

MOTA BRASIL, Glaucíria; SANTIAGO, Érica Maria; BRANDÃO, Marcílio Dantas. *A banalidade da violência policial contra jovens pobres, pretos e periféricos na cidade de Fortaleza*. Dilemas: Revista de Estudos de Conflito e Controle Social, v. 13, n. 1, 2020. pp. 169-193.

MOTA E MOTA, Flávia Moreira; SOUZA, Ester Maria de Figueiredo. *Ironia como recurso de linguagem:* Uma análise do jornal Meia-Hora de Notícias. Litterata: Revista do Centro de Estudos Hélio Simões, vol. 2, nº 1, 2012, pp. 119-138.

MORELLATO, Ana Carolina Batista; SANTOS, André Filipe Pereira Reid dos. *Intervenção federal e a guerra contra os pobres na cidade do Rio de Janeiro*. Dilemas: Revista de Estudos de Conflito e Controle Social, v. 13, n. 3, 2020, pp. 711-736.

MOURA, Jonathan Ribeiro Farias de. *Capas do jornal Meia-Hora:* Uma análise discursiva do verbal e do não verbal. Dissertação (mestrado), PPGL, UFRJ, 2015.

NASCIMENTO, Francisco Elionardo de Melo. *De carcereiro a policial penal:* Entre nomenclaturas, imagem social e atribuições. Dilemas: Revista de Estudos de Conflito e Controle Social, v. 15, n. 3, 2022, pp. 883-910.

NEVEU, Érik. *Sociologie du journalisme*. Paris: La Découverte, 2001.

NIELSEN, Morten. *Comedic Lies as Transitory Truths*. Anthropology News, 01/04/2019. Disponível em: https://anthrosource.onlinelibrary.wiley.com/doi/10.1111/AN.1127.

PEIRCE, Charles Sanders. Divisão dos signos. In: *Semiótica*. São Paulo: Perspectiva, 1977[1897], pp. 45-61.

POLLACK, John. *The Pun Also Rises:* How the Humble Pun Revolutionized Language, Changed History, and Made Wordplay More Than Some Antics. Nova York: Avery, 2012.

PRADO, Sophia. *Vivendo o roubo:* Um momento de adrenalina, deleite e performance. Dilemas: Revista de Estudos de Conflito e Controle Social, v. 13, n. 3, 2021. pp. 669-690.

PRESSMAN, Matthew. *On Press:* The Liberal Values That Shaped the News. Cambridge: Harvard University Press, 2018.

PULITI, Paula. *A financeirização do noticiário econômico no Brasil (1989-2002).* Tese (doutorado), ECA, USP, 2009.

RIBEIRO, Ludmila; VILAROUCA, Márcio Grijó. *"Ruim com ela, pior sem ela":* O desejo de continuidade das UPPs para além das Olimpíadas. Revista de Administração Pública, vol. 52, nº 6, 2018, pp. 1155-1178.

ROMANIENKO, Lisiunia A. Carnival Laughter and the Desarming of the Oponent: Antagonism, Absurdity, and the Avant-Garde: Dismantling Soviet Opression through the Use of Theatrical Devices by Poland 'Orange' Solidarity Movement". In: BOS, Dennis; T'HART, Marjolein. (org.). *Humour and Social Protest.* Cambridge: Cambridge University Press, 2008, pp. 133-152.

SMITH, Daniel. *Comedy and Critique:* Stand-up Comedy and the Professional Ethos of Laughter. Bristol (RU), Bristol University Press, 2018.

TALONE, Vittorio da Gama. *Confiança e desconfiança como dispositivos morais situacionais em trânsito:* Um estudo em viagens de ônibus na cidade do Rio de Janeiro. Dissertação (mestrado), PPGSA, UFRJ, 2015.

TARDE, Gabriel. *A opinião e as massas.* São Paulo: Martins Fontes, 2005[1901].

TEIXEIRA, Cesar. *A teia do bandido:* Um estudo sociológico sobre bandidos, policiais, evangélicos e agentes sociais. Tese (doutorado), PPGSA, UFRJ, 2013.

THÉVENOT, Laurent. *Équilibre et Rationalité dans un Univers Complexe.* Revue Économique, vol. 40, nº 2, 1989, pp. 147-198.

THÉVENOT, Laurent. Émotions et évaluations dans les coordinations publiques. PAPERMAN, Patricia; OGIEN, Ruwen. (org.). *La couleur des pensées:* Emotions, sentiments, intentions. Paris: Éditions de l'EHESS, 1995, pp. 145-174.

THOMAS, William I. *Unadjusted Girl:* With Cases and Standpoint for Behavior Analysis. Nova York: Harper and Row, 1966[1923].

TRNKA, Susanna; REHAK, Jana Kopelent. *The Politics of Joking:* Anthropological Engagements. Londres: Routledge, 2018.

VALENTIM, Renata Patricia Forain de. *A invenção do popular:* Uma análise discursiva do jornal Meia Hora. Athenea Digital, vol. 16, nº 3, 2016, pp. 465-479.

WATSON, Cate. *A Sociologist Walks into a Bar (and Other Academic Challenges):* Towards a Methodology of Humour. Sociology, vol. 49, nº 3, 2015, pp. 407-421.

WERNECK, Alexandre. *Comunicação e cinismo:* A razão cínica na esfera pública observada na cobertura do Primeiro de Maio em jornais. Dissertação (mestrado), ECO, UFRJ, 2004.

WERNECK, Alexandre. *A desculpa:* As circunstâncias e a moral das relações sociais. Rio de Janeiro: Civilização Brasileira, 2012a.

WERNECK, Alexandre. A contribuição de uma abordagem pragmatista da moral para a sociologia do conflito. In: MISSE, Michel; WERNECK, Alexandre. (org.). *Conflitos de (grande) interesse:* Estudos sobre crimes, violências e outras disputas conflituosas. Rio de Janeiro: Garamond, 2012b, pp. 337-354.

WERNECK, Alexandre. *"Dar uma zoada", "botar a maior marra":* Dispositivos morais de jocosidade como formas de efetivação e sua relação com a crítica. Dados: Revista de Ciências Sociais, vol. 58, nº 1, 2015a, pp. 187-221.

WERNECK, Alexandre. *O ornitorrinco de criminalização:* A construção social moral do miliciano a partir dos personagens da "violência urbana" do rio de janeiro. Dilemas: Revista de Estudos de Conflito e Controle Social, vol. 8, nº 3, 2015b, pp. 429-454.

WERNECK, Alexandre. *Uma sociologia da compreensão a partir do par crítica e jocosidade.* Civitas: Revista de Ciências Sociais, vol. 16, nº 3, 2016a, pp. 482-503.

WERNECK, Alexandre. A força das circunstâncias: Sobre a metapragmática das situações. In: VANDENBERGHE, Frédéric; VÉRAN, Jean-François. (org.). *Além do habitus:* Teoria social pós-bourdieusiana. Rio de Janeiro, 7Letras, 2016b, pp. 155-192.

WERNECK, Alexandre. *Política e ridicularização:* Uma sociologia da 'graça' da crítica em cartazes das "Jornadas de Junho". Interseções: Revista de Estudos Interdisciplinares, vol. 21, nº 3, 2019, pp. 611-653.

WERNECK, Alexandre. Viral Jokes: Humour and Grace as Critical Devices in Memes About the Covid-19 Pandemic in Brazil. In: MPOFU, Shepherd. (org.). *Digital Humour in the Covid-19 Pandemic:* Perspectives from the Global South. Londres: Palgrave Macmillan, 2021, pp. 47-73.

WERNECK, Alexandre. *Por uma sociologia pragmática da moral da política:* Crítica, "bem de todos"/"bem comum" e "comparecimento". Política & Trabalho: Revista de Ciências Sociais, vol. 38, n. 55, 2022a.

WERNECK, Alexandre. *The Force of Grace, the Grace of Force:* Joking Critique of Figures of "Urban Violence" on the Covers of a Tabloid Newspaper as the "Violentization" of Public Discourse. Dilemas: Revista de Estudos de Conflito e Controle Social, v. 15. n. 3, 2022b, pp. 735-733.

WERNECK, Alexandre. "Apontamentos para uma sociologia da efetivação (isto é, uma sociologia pragmática)". In: NEVES, Fabrício; CORRÊA, Diogo; PETERS, Gabriel. (org.). *Existe teoria social no Brasil?* Conceitos e debates contemporâneos. Rio de Janeiro: Telha, 2024, p. 299-313.

WERNECK, Alexandre; GOLDENBERG, Mirian. *O nu em evidência:* As formas de legitimação de "o corpo" como capital. Trama Interdisciplinar, vol. 1, nº 1, 2010, pp. 125-139.

WERNECK, Alexandre; LORETTI, Pricila. *Critique-Form, Forms of Critique:* The Different Dimensions of the Discourse of Discontent. Sociologia & Antropologia, vol. 8, nº 3, 2018, pp. 973-1008.

WERNECK, Alexandre; TALONE, Vittorio. *A "sociabilidade violenta" como interpretante efetivador de ações de força:* Uma sugestão de encaminhamento pragmático para a hipótese de Machado da Silva. Dilemas: Revista de Estudos de Conflito e Controle Social, vol. 12, n. 1, 2019. pp. 24-61.

WERNECK, Alexandre; TEIXEIRA, Cesar Pinheiro; TALONE, Vittorio. *An Outline of a Pragmatic Sociology of "Violence".* Sociologias, vol. 22, nº 54, 2020. pp. 286-326.

WERNECK, Alexandre; TEIXEIRA, Cesar Pinheiro; TALONE, Vittorio; CAMINHAS, Diogo. *Forças em forma:* Um estudo sobre a 'violentização' da força em diferentes modalidades. Sociologias, v. 26, 2024. DOI: http://doi.org/10.1590/18070337-131445.

YACINTAS, Altug. (org.). *Creativity and Humour in Occupy Movements:* Intellectual Disobedience in Turkey and Beyond. Basingstoke (RU): Palgrave Macmillan, 2015.

ZALUAR, Alba. *Integração perversa:* Pobreza e tráfico de drogas. Rio de Janeiro: Editora FGV, 2004.

FONTES DA IMPRENSA

BARRETTO, Eduardo. *Edição extra do Diário Oficial autoriza o uso das Forças Armadas no Rio: Medida* vai até o fim do ano, como parte do plano de segurança do governo federal no estado. O Globo, Rio, 28/07/2017. Disponível em: https://oglobo.globo.com/rio/edicao-extra-do-diario-oficial-autoriza-uso-das-forcas-armadas-no-rio-21641941.

BETIM, Felipe. *Sob Witzel, policiais já respondem por quase metade de mortes violentas na Região Metropolitana do Rio:* Agentes mataram 194 pessoas em julho em todo o Estado, segundo dados oficiais. É a maior cifra para um mês desde 1998. Governo Witzel já assumiu 1.075 mortes de janeiro a julho deste ano. El País, Rio de Janeiro, 21/08/2019. Disponível em: https://brasil.elpais.com/brasil/2019/08/21/politica/1566423448_948955.html.

BIANCHI, Paula. *Rio Chama Exército Contra Violência pela 12ª Vez em 10 Anos.* Adianta?. UOL, Cotidiano, 29/07/2017. Disponível em: https://noticias.uol.com.br/cotidiano/ultimas-noticias/2017/08/30/a-era-upp-chegou-ao-fim-5-perguntas-sobre-o-que-muda-no-projeto.htm.

DUARTE, Daniel Edler. *Sobre o fim das UPPs.* Escuta: Revista de Política e Cultura, 22/06/2017. Disponível em: https://revistaescuta.wordpress.com/2017/06/22/sobre-o-fim-das-upps/.

LEMOS, Marcela; BIANCHI, Paula. *A era UPP chegou ao fim?* Cinco perguntas sobre o que muda no projeto. UOL, Cotidiano, 30/08/2017. Disponível em: https://noticias.uol.com.br/cotidiano/ultimas-noticias/2017/08/30/a-era-upp-chegou-ao-fim-5-perguntas-sobre-o-que-muda-no-projeto.htm.

NOLEN, Stephanie. *How Brazil's big experiment in policing failed to make Rio safer for the Olympics*. The Globe and Mail, 12/11/2017. Disponível em: https://www.theglobeandmail.com/news/world/how-brazils-big-policing-experiment-failed-to-make-rio-safer-for-theolympics/article31222945/.

SETA, Isabel. *A falência das UPPs:* A reformulação vem em um momento de questionamento da eficácia do modelo e de aumento dos índices de violência na capital fluminense. Exame, Brasil, 03/07/2017. Disponível em: https://exame.com/brasil/a-falencia-das-upps/.

SOUZA, Rafael Nascimento de; SOARES, Rafael. *Mortes no Jacarezinho:* Com 28 mortos, operação policial na comunidade da Zona Norte é a mais letal da História do Rio: Entre os mortos, está um agente da Polícia Civil que foi baleado na cabeça. O Globo, Rio, 06/05/2021. Disponível em: https://oglobo.globo.com/rio/mortes-no-jacarezinho-com-28-mortos-operacao-policial-na-comunidade-da-zona-norte-a-mais-letal-da-historia-do-rio-25006044.

Bem de todos, bens em comum

O mundo que se quer e o mundo em que se vive

moralidades, problemas públicos e utopias

AILTON GUALANDE JUNIOR

Este texto propõe problematizar uma questão específica: a angústia individual e coletiva diante de situações aparentemente sem resolução ou que representam forte desencaixe entre o idealizado e o concretizado. Esse tem sido um elemento transversal em pesquisas realizadas por mim desde a graduação, perpassando diferentes objetos como filas de espera (Gualande Junior, 2020; Freire; Gualande Junior, 2016), o transporte coletivo (Gualande Junior, 2019; 2022) e a política de planejamento urbano. Em todos os casos analisados se percebe certa frustração dos atores diante de cenários em que acontecimentos e práticas não ocorrem da maneira desejada por eles e/ou compreendidas como as mais justas ou adequadas à situação. O esforço analítico a ser apresentado está fortemente entremeado por uma sociologia das valorações morais, de mobilizações coletivas e de controvérsias públicas. A ação, as tensões, os conflitos e as disputas tornam-se centrais para compreender os sentidos conferidos pelos atores às situações consideradas por eles como problemáticas porque desajustadas em termos de um mundo projetado e esperado a partir de quadros morais específicos e delimitados por eles como os mais adequados.

Partindo dessa temática central, fundamento-me nas contribuições de uma sociologia que elege a moral como objeto de análise, tendo como inspiração direta duas correntes sociológicas. A primeira delas refere-se ao pensamento weberiano (2011[1904]; 2015[1922]), em especial, as noções de compreensão e valor. Tal abordagem permite mapear os sentidos conferidos às ações sociais e as formas como os atores valoram, isso é, julgam as mesmas. É uma relação com os valores que não implica determinar o certo ou errado, ou seja, não tem sentido normativo. A segunda corrente constitui o situacionismo metodológico (Cicourel, 1964; Collins, 1981; Knorr-Cetina, 1981; Joseph, 2000[1998]), caracterizada pela proposta de tornar a situação uma unidade analítica. Ela é tributária do pragmatismo norte-americano de Charles Peirce (2010[1932]; 1992[1878]), William James (2000[1907]) e John Dewey (1998[1925;1927]; 1938), das pesquisas de Herbert Mead (2021[1934]) e William e Dorothy Thomas (1938[1928]) e as respectivas influências deles em estudos realizados no âmbito dos estudos urbanos da Escola de Chicago.

De acordo com Werneck (2014) os dois campos teóricos, apesar de apresentarem diversas peculiaridades, constituem um terceiro, compreensivo e situacionista, considerado por ele o arcabouço da sociologia da moral. Essa abordagem seria composta pelo pensamento de Wright Mills (1940) a respeito do vocabulário de motivos e o diálogo estabelecido por ele entre a obra de Weber e os pragmatistas; a etnometodologia de Harold Garfinkel (2018[1967]); a fenomenologia de Alfred Schütz (2018[1932]); o pragmatismo francês de Michel Callon e Bruno Latour (1981), de um lado, e de Luc Boltanski e Laurent Thévenot (2020[1991]; 2007[1999]), de outro; as discussões desenvolvidas por Isaac Joseph (2000[1998]) sobre os sentidos do público e do próprio pragmatismo (Cefaï; Joseph, 2002); a sociologia das arenas e problemas públicos abordados por Cefaï (1996; 2002; 2011; 2014; 2017a; 2017b), que retoma os estudos de Park (1972), Dewey (1998[1927]; 1938) e Gusfield (1963; 1981); e por fim, a pesquisa de Eliasoph (1998) sobre as relações entre moral e engajamento político.

Falar em uma sociologia da moral nos moldes propostos pelos autores elencados (isso é, com viés compreensivo, situacionista e pragmático) significa potencializar a agência em nome das capacidades de julgamento que somos capazes de formular diante dos desafios encontrados nas dinâmicas sociais de interação. A proposta analítica se afasta de modelos inibitórios ou normativos que descrevem a ação social como algo engessado em termos estruturais ou por aquilo que seja o certo e o errado. Somos inevitavelmente morais porque somos sociais, portanto, capazes de navegar em uma pluralidade de mundos, ajustando nossas condutas conforme os diferentes enquadramentos aos quais nos situamos.

Nesse sentido, a moral é deslocada para o papel de unidade analítica e a dicotomia agente-estrutura é tratada em outros termos, "segundo a qual esses polos passam a ser entendidos como dispositivos, mobilizáveis conforme as situações demandem dos atores mais ou menos de um ou de outro" (Werneck, 2014, p. 26). A agência do agente e a agência da estrutura podem "ser consideradas como representações que os próprios atores sociais — do lado de fora da análise — utilizam para entender o mundo" (idem, ibidem, p. 27). A proposta, então, é a de pensar que ora utilizamos a ideia de um ente maior e acima de nós para justificar nossas ações, ora apontamos para nossa própria agência como origem da determinação dos acontecimentos, tendo os dispositivos, humanos ou não humanos (Latour, 2012[2005]) papel fundamental[1].

No âmbito dessa abordagem tenho discutido, mais recentemente, o acionamento de determinadas moralidades no processo de construção de utopias urbanas. Problematizo o modo como são construídas representações e idealizações acerca de uma cidade cujo

1. O conjunto de abordagens e autores mencionados representam um recorte dentro do campo amplo de discussões sobre as relações entre sociologia e moral. Para um resumo ampliado de outras abordagens e suas relações, ver Abend (2010).

ordenamento urbano seja aprimorado, diferente e/ou alternativo ao momento presente. Proponho pensarmos no conceito de utopia na dimensão realizável/realizada, isso é, a partir do que os atores compreendem como sendo projeções de futuro mais ou menos possíveis de serem concretizadas. A utopia, então, deixa de ser entendida teoricamente como objetivo inalcançável, metafísico, para se tornar uma ferramenta analítica a contribuir para a investigação situada da moral na elaboração disputada e conflituosa do futuro.

Diante do exposto, apresento a seguir discussões teóricas desenvolvidas por mim a partir de análise empírica de objetos distintos, mas entrelaçados em um ponto comum: a problemática e angustiante relação, do ponto de vista dos atores, entre o mundo que se quer e o mundo em que se vive.

O transporte coletivo que se tem: de uma arenologia a uma criticologia de problemas públicos

O transporte coletivo de passageiros caracteriza-se como um serviço intensamente questionado pelo público atendido por ele. A superlotação da frota e os longos períodos de espera para embarque são algumas das principais queixas. As contestações a essa realidade estão presentes na dinâmica do transporte há várias décadas, principalmente em grandes centros urbanos como o Rio de Janeiro (Moisés; Allier, 1978; Caiafa, 2002; Mamani, 2004; Lourenço, 2006; Gualande Junior, 2022). Os antigos quebra-quebras de ônibus, trens, estações e terminais, representam atualmente as depredações e incêndios, demonstrando o extravasamento abrupto do sentimento de indignação de quem depende do serviço. Em uma dimensão menos violenta encontra-se a exposição de denúncias veiculadas em notícias e reportagens na mídia impressa e televisiva. Diante de câmeras e microfones, as reclamações se repetem cotidianamente.

No âmbito da pesquisa de dissertação concentrei-me em analisar os modos pelos quais o transporte coletivo carioca encarnava em si características de um problema público clássico, aos moldes propostos por Gusfield (1981), sendo retomado e aprofundado por Cefaï (1996; 2002; 2011; 2014; 2017a; 2017b). Partia da premissa de que o serviço de mobilidade urbana na cidade do Rio de Janeiro é publicamente compreendido como um problema impulsionador de questionamentos por parte de quem o utiliza e que isso necessariamente implicava a formação de uma movimentação do social em torno do problema de um grande público. A estratégia escolhida para mapear esse processo recaiu na análise do modo como o fenômeno é amplificado na imprensa local, conformando uma opinião pública (Tarde, 2005[1901]; Werneck; Talone; Gualande Junior, 2023) a seu respeito. Para tanto, a pesquisa esforçou-se em analisar as críticas elaboradas por passageiros e veiculadas por um jornal local de tipo popular, o Extra (um dos periódicos de maior circulação no país), que dedica uma de suas seções para receber reclamações da população quanto à prestação de serviços públicos básicos. A ênfase no discurso crítico permitiu perceber como contestações se generalizam e se transformam em denúncias públicas (Boltanski, 1990) capazes de agregar públicos. A pesquisa se estabeleceu, então, na associação entre operações críticas e formas de ação coletiva, organizadas formalmente ou não.

O trabalho desenvolvido demonstrou que no campo observado a construção de uma forma de problematizar questionamentos e demandas por reparação apresenta variações em relação ao modelo de problema público clássico. Compreender um fenômeno como problemático e agir para saná-lo está no cerne da questão proposta por Dewey (1998[1927]). Para o autor, a noção de Estado deveria ser compreendida em suas consequências e na realidade de seus fatos constitutivos, afastando-se do pressuposto filosófico do dever ser da instituição. O público, então, consistiria em ajuntamentos formados por pessoas afetadas indiretamente pelas consequências oriundas de transações executadas (ou não executadas, no caso aqui explorado) pelo Estado, constituindo um corpo político de busca pelo reconhecimento dos transtornos causados e a respectiva erradicação deles. Para analisar as estratégias de ação coletiva empregadas pelos atores, a abordagem referente aos problemas públicos utiliza-se da noção de arenas públicas, uma forma metafísica no qual se manifestam disputas e performances em busca do convencimento de outros públicos a respeito da pertinência da contestação e da adesão às propostas de resolução construídas pelo grupo. O pressuposto dessa interpretação é que a adesão de muitos a um problema, tornando-o uma causa, e coletiva, é o caminho para sua solução, ou pelo menos para se fazer algo consistente a seu respeito. É por meio da ideia de junção de forças que essa sociologia entende a ação política de grupos sociais, a partir das críticas por eles formuladas (Boltanski, 1990). A adesão, como operação de engajamento se torna, então, um elemento chave, e a mobilização, um dispositivo fundamental dessa política.

Os resultados da pesquisa, no entanto, demonstraram considerável desajuste entre essa proposta e as modalidades de problematização do transporte coletivo carioca. Do ponto de vista de usuários, o associativismo característico de análises inspiradas em Dewey não se coloca como modo habitual de ação. O elemento marcante desse público é a dispersão das contestações relacionadas à prestação do serviço realizado por ônibus. Isso constitui, assim, uma modalidade não associativa de ação coletiva, em consonância com a proposta de Tarde (2005[1901]) sobre uma definição mais abstrata de público, configurando agregados conectados à distância, principalmente por meio da opinião pública, seja ela difundida pelo jornal, pelas redes sociais como Facebook, ou na conversação (Idem, Ibidem) desenvolvida nos pontos de embarque e desembarque, nos terminais e nas estações. O movimento de associações estruturadas está mais próximo de uma problematização (mais especializada) da mobilidade urbana, tema guarda-chuva característico por abarcar diversas dimensões da circulação de massa no âmbito carioca e de sua região metropolitana.

A dispersão dos públicos no campo observado está intimamente conectada às reivindicações, reclamações e denúncias dos usuários. Essas se manifestam em um esquema de generalização cotidiana e repetição de qualificações referentes aos transtornos ocasionados pelo transporte, especificamente, no caso da pesquisa, aquele realizado por ônibus convencionais e do BRT (Transporte Rápido por ônibus, em português). Algumas dimensões da força da crítica (BoltanskI; Chiapello, 2009[1999]; Boltanski, 2013), oriundas principalmente da indignação, tornam-se mote emocional para o extravasamento do descontentamento relativo a uma situação específica. Assim, para o convencimento (e posterior adesão, mobilização, engajamento) de um grupo maior de pessoas, como no caso da denúncia pública (Boltanski, 1990), é necessário que o sofrimento retratado nessa emoção seja capaz de se generalizar, demonstrando sua pertinência e a possibilidade de que possa ocorrer com qualquer pessoa inserida no mesmo contexto do reclamante.

Pois bem, no caso sobre o qual me detive, observa-se um esvaziamento da crítica exatamente a partir de sua extrema recorrência, de modo a se constituir como uma dispersão de reclamações aos modos como o serviço é fornecido. Pode-se dizer que a banalidade crítica é a origem da perda da força, justamente por ser repetitiva e muito generalizada ao tratar de um grande problema aparentemente sem resolução (Gualande Junior, 2022) como é o transporte coletivo. De modo contrastante, a efetivação (Werneck, 2012) da crítica ocorre, à medida que esse discurso de fato se manifesta no mundo, sendo entendido (isso é, em sentido pragmático, definido e operado) como tal, mesmo não agregando a força necessária para alterar de forma consistente e duradoura a realidade considerada negativa. Se pensarmos na metáfora da diluição/concentração de líquidos podemos, por analogia, encarar as consequências da crítica no mesmo esquema. Na química, a lógica de interação entre esses elementos é conhecida: quanto mais solvente, maior será o volume da solução final, tornando o soluto cada vez mais diluído (cada vez menos concentrado). No transporte, observamos o mesmo padrão: a crítica repetitiva e banal é intensiva quantitativamente, funcionando como uma espécie de solvente que dilui o potencial de mobilização, enfraquecendo sua força e a capacidade de transformação do mundo. Em uma lógica de mobilizações coletivas clássicas (associativas), a crítica assume papel inverso, possibilitando que o substrato da solução seja cada vez mais concentrado e capaz de agregar forças em torno de mobilizações coletivas contrárias à situação problemática. E como em qualquer recipiente em que entra mais líquido incessantemente, em algum momento o líquido transborda e, assim como na ação coletiva, há instantes em que o momento crítico (Boltanski; Thévenot, 2007[1999]) se torna iminente, como no caso das manifestações de rua de Junho de 2013[2] e acidentes com vítimas fatais envolvendo ônibus. Do mesmo modo, quando passageiros ateiam fogo ou depredam ônibus e estações, a violência dos representa situações de contestações concretizadas em grupo. A metáfora da diluição/concentração demonstra, no caso do transporte, a relação complexa e variante entre incidência da crítica e acumulação de forças no processo de transformação do mundo.

A partir dos resultados obtidos na pesquisa, pode-se afirmar que a ideia do grande problema que não se resolve configura uma espécie de buraco negro da ação coletiva. Os atores agem em uma dinâmica desfavorável e aparentemente imutável. No caso analisado, essa construção aponta para o transporte coletivo como fenômeno problemático em sua gênese, ao mesmo tempo que as deficiências na oferta do serviço são encaradas como elementos intrínsecos a ele. A ideia de sistema de transporte, muito utilizada por gestores e empresários do setor, contribui para a percepção de um processo que se renova e se mantém alheio às contestações e anseios de quem o utiliza, salvo

---

2. Inicialmente, os protestos tiveram como mote o descontentamento com o reajuste da tarifa do transporte em São Paulo, considerada abusiva em relação a um serviço mal prestado e excludente porque caro.

em momentos específicos, em que as insatisfações conseguem obter grande atenção pública — e, eventualmente, conquistam algum avanço. Os acidentes com ônibus envolvendo vítimas fatais, a descoberta de esquemas de favorecimento ilícito entre agentes estatais e donos das concessionárias para elevação inadequada da tarifa (um escândalo), o descumprimento da obrigação de refrigeração total da frota, entre outros casos descritos na dissertação de mestrado, foram momentos propícios para forjar alterações na realidade de transtornos vivenciada pelos usuários (embora nem sempre surtissem todo o efeito desejado). Em grande medida, a atuação de instituições de controle externo, como o Ministério Público (Poder Judiciário) e Procon (Autarquia de Proteção e Defesa do Consumidor), foi decisiva para as mudanças almejadas.

Pode-se traçar um paralelo entre a dinâmica presente no campo observado e outras áreas da vida social, como a saúde, a educação e a segurança pública, por exemplo. Todos eles referem-se a serviços públicos, portanto, à responsabilidade estatal. O fornecimento deles assenta-se em um arcabouço jurídico e normativo referente aos deveres do Estado no fornecimento e relativo a parâmetros de qualidade a serem seguidos para sua organização e manutenção. No entanto, em termos práticos, há uma desarticulação entre a norma (ideal) e a prática (deficiente, aos olhos dos críticos). As representações elaboradas sobre um serviço público mal prestado, ou grande problema que não se resolve, extrapolam, assim, o campo dos transportes, sendo constitutivas também de outras realidades. A educação e a saúde são serviços de competência do Estado e convivem com a concorrência da oferta mercantilizada deles.

No caso da segurança pública, principalmente no contexto da cidade do Rio de Janeiro, a representação de deficiência estatal em garantir a preservação da vida e dos bens pessoais dos cidadãos também se manifesta, incidindo, inclusive, na dinâmica do transporte, em especial no BRT. No contexto do transporte rodoviário, totalmente operado por empresas privadas, o abandono — saída (*exit*) — (Hirschman, 1973) torna-se uma possibilidade menos acessível, à medida que o monopólio das concessões não permite disputas concorrenciais entre empresas de ônibus. Já o transporte alternativo (operado por vans), tanto o legal quanto o ilegal, representa um modelo de oferta de mobilidade diferenciado e circunscrito às Zonas Norte e Oeste da cidade. Tratar o transporte coletivo carioca como problema público significa entendê-lo como fenômeno de interesse de uma coletividade de pessoas, que o problematizam por meio de críticas; nesse caso, dirigidas à Prefeitura e às empresas concessionárias. A publicização da questão gira em torno de dois acusados e um grupo difuso constituído por acusadores, os quais transferem as insatisfações para o terreno público de resolução de conflitos.

Nos termos apresentados anteriormente, podemos ler o fenômeno de contestação de usuários pela chave do regime de justiça (Boltanski; Thévenot, 2020[1991]), em um primeiro plano, e pelo regime de piedade (Boltanski, 1993), em um segundo plano. Os *accounts* (Scott; Lyman, 2008[1968]) presentes no primeiro caso são característicos da sustentação de argumentos dos descontentes em uma lógica de ações justas e injustas: o preço da tarifa que não é compatível com o nível de serviço prestado; o motorista que não para no ponto, representando uma atitude inadmissível; o BRT que diminui o tempo do percurso, mas está frequentemente lotado demais; entre outras. No segundo caso, argumentos investidos de tom emocional invocam a injustiça cometida por terceiros. Conformam, por exemplo, uma experiência de sofrimento nos momentos de locomoção, como o calor excessivo dos veículos sem refrigeração.

Tanto em um regime quanto em outro, mesmo o discurso crítico sendo esvaziado de força e capacidade de alteração do mundo, sua intensa circulação pública é capaz de se tornar uma instância de arenização[3] da questão. A capacidade crítica (Boltanski; Thévenot,

---

3. No sentido de constituir e ser constituído por arenas públicas.

2007[1999]) dos atores em problematizar a experiência vivenciada no transporte é uma alternativa possível à ação formatada por associações constituídas com o objetivo de denunciar as mazelas do Estado — e do mercado.

A crítica deve ser compreendida, então, de um ponto de vista em que o aspecto de mudança da realidade e a conjunção de forças podem ser elementos ausentes. As idealizações de Gusfield (1981) e Dewey (1998[1927]) sobre poder de transformação de insatisfações em ação coletiva colidem com a possibilidade de a ocorrência de um problema e sua percepção por uma coletividade não se tornar uma questão agregadora de públicos associativos[4].

As acepções anteriores nos levam à necessidade de se elaborar melhor a articulação entre as teorias referentes à criticologia[5], às arenas e aos problemas públicos. A oscilação da força do discurso crítico impacta sobremaneira o modo como as questões são tratadas em um nível de publicização, transformando-se em um elemento tão naturalizado para os *habitués* que acaba por dispersar não só a si mesma, mas as possibilidades de ação coletiva em termos não associativos e tardianos.

Os atores que criticam são impelidos a justificar (Boltanski; Thévenot, 2020[1991]; 2007[1999]) suas críticas e apresentarem *provas* que ancorem o movimento de contestação. Outra possibilidade é representada pela recorrência do sentimento de piedade (Boltanski, 1993) e a determinação de uma situação de injustiça. Tanto em Boltanski (Ibidem) quanto em Thévenot (2006) encontramos modalidades de ação crítica inseridas em contextos públicos

4. Quéré e Terzi (2015) apontam para certo otimismo de Dewey acerca da propensão dos indivíduos a se juntarem em processos investigativos quando inseridos em situações de indeterminação geradoras de públicos.

5. O termo "criticologia" foi proposto por Jussara Freire na ocasião do exame de qualificação de minha dissertação. Refere-se ao campo de estudos da sociologia da crítica, iniciado pelos trabalhos de Luc Boltanski e Laurent Thévenot (1987; 1991[2020]; 2007[1999]).

e/ou coletivos. No primeiro caso, o esquema da denúncia pública refere-se à generalização de uma questão experimentada pelos indivíduos como incômoda. A denúncia somente se torna legítima à medida que representa a oposição a um transtorno incidente sobre uma coletividade; por isso mesmo generalizável — quando essa for a vontade dos envolvidos — e capaz de afastar a caracterização de egoísmo ou individualidade. No segundo caso, a ação pública configura o regime de mobilização (*engagement*) configurando um percurso de ação no plural e de generalização, indo do familiar ao público. Os atores operam a partir da conveniência, ou seja, formulando julgamentos, apreciações e avaliações acerca da adequação ou razoabilidade de uma ação. Criticar as deficiências da oferta do serviço de ônibus é uma conduta acertada, do ponto de vista das motivações e pertinência da contestação pública. Se pensarmos na dinâmica moral envolvendo o sofrimento, lida pela tópica de denúncia de Boltanski (1993), percebemos como a dor do outro pode ser concebida como uma injustiça necessária para ser erradicada. Aqui também se coloca a relação estabelecida entre uma causa particular facilmente generalizável, induzindo a concretização de uma política de piedade em torno do incômodo alheio.

Em paralelo, a sociologia das arenas e problemas públicos (Gusfield, 1981; Cefaï, 1996; 2002; 2011; 2014; Freire, 2016; Gualande Junior, 2022) está concentrada no plano da publicidade das relações das atividades humanas. A preocupação com a ascensão em generalidade de questões particulares permite analisar os processos de disputas e dramatizações (Goffman, 2014[1959]) conformadores de públicos (Tarde, 2005[1901]; Dewey, 1998[1927]), associativos ou não (Gualande Junior, 2022) engajados na problematização de um fenômeno concernente a um grupo de pessoas e qualificado como disruptivo.

A crítica está presente em ambas as abordagens, com enfoques e destaques diferenciados. Na criticologia representa o enfoque sobre as competências morais dos atores diante de situações desajustadas. Está, em termos de justiça, circunscrita a metafísicas morais — cités

— orientadoras da ação no nível praxiológico. Em relação às arenas e problemas públicos, a crítica pode conferir força necessária para formar públicos (associativos ou não) em torno de uma questão. Contudo, outras dinâmicas devem estar presentes nesse processo, tais como os embates encenados entre os atores, a pluralidade de agentes, as negociações e uma gramática de publicização. A crítica, então, deixa de ser o cerne da questão e passa a ser mais um dentre outros elementos responsáveis pela problematização de um fenômeno incômodo. A capacidade de convencimento, a busca pela atenção pública e o tratamento estatal da questão passam a ser o centro das mobilizações.

A generalização da crítica, nesse sentido, pode ser considerada o elo entre as duas abordagens teóricas. A denúncia, quando obtém sucesso, é capaz de mobilizar coletivos contra uma ordem de incômodos, qualificada como não compatível com as definições específicas de mundo dos atores para essas situações.

Uma das considerações elaboradas pela pesquisa refere-se ao fato de demonstrar como a presença da crítica pode gerar efeitos ambíguos. No caso do transporte, o mundo negativo desenhado por ela é incorporado como elemento constitutivo e característico do serviço, tornando-se banal e quase sem força, porque naturalizada. Ao mesmo tempo, representa a capacidade de promover uma coletividade abstrata e dispersa problematizadora do mundo caótico e pode incitar atores (instituições) de controle externo a agirem. Situações específicas, como um acidente de ônibus com vítimas fatais, o reordenamento de linhas e itinerários, a falta de segurança em estações do BRT, os casos de corrupção no setor, entre outros exemplos característicos do objeto, podem materializar a coletividade abstrata e captar a atenção pública a fim de tornar-se, mesmo que momentaneamente, pauta em uma agenda pública relativa aos problemas e dilemas enfrentados por usuários.

Portanto, o transporte coletivo rodoviário na cidade do Rio de Janeiro é um fenômeno qualificado, pelos próprios usuários, como um problema em si, aparentemente sem resolução. Logo, grandes problemas parecem, aos olhos de quem os enfrenta, não oferecer a possibilidade de solução definitiva, estando constantemente na agenda pública do contexto em que estão inseridos. Assim, será sempre passível de problematização por meio da crítica, dispositivo responsável por mantê-lo vivo nas discussões, na medida em que é alimentada pelos problemas específicos que se repetem, fragmentos do grande mosaico em que se congregam na vida cotidiana. Essa realidade conforma um enquadramento de experiências em constante desencaixe entre o transporte coletivo que se quer e o transporte coletivo que se tem.

A cidade que se quer: dimensão utópica e entraves à efetivação do planejar o urbano

A segunda pesquisa a sustentar a proposta deste texto tem o objetivo de analisar a elaboração de uma política de ordenamento urbano, o Plano Diretor carioca, como questão moral. Para isso, concentro-me na observação dos modos como os atores coordenam suas ações ao longo do processo, caracterizado por expectativas, disputas, negociações e conflitos. O fio condutor da pesquisa passa pela problematização da construção da ideia do melhor ou mais adequado ordenamento urbano para a cidade do Rio de Janeiro. Além disso, busco paralelamente descrever como a planificação da cidade representa o movimento de deslocamento entre a dimensão das ideias ao do mundo concreto, representando a passagem de um mundo idealizado a um confrontado com a dinâmica da realidade social. Ancoro-me em uma perspectiva teórica interessada em analisar o papel desempenhado pelos valores morais nessa dinâmica e como se constitui um problema público em torno do tema.

Planejar a cidade identificando problemas ainda não resolvidos e buscando evitar aqueles que possam surgir é encarado pelos públicos como competência de um conjunto de atores. São eles os gestores municipais, indivíduos com *expertise* no tema como arquitetos, engenheiros, geógrafos e urbanistas, tanto vinculados, quanto aqueles não vinculados ao aparato estatal, assim como a população em geral. Os argumentos a respeito da condução dos trabalhos, da definição de problemas e da proposta de resolução deles investe-se da missão de convencimento do maior número de pessoas, agregando apoio nos embates travados aos olhos de uma audiência. Como pano de fundo, o próprio ordenamento urbano carioca também é alçado à problema coletivo a ser disputado. E, nesse caso, diferentemente do que proponho a respeito do transporte coletivo (Gualande Junior, 2019, 2022) sobre formação de arenas públicas não associativas, no caso do Plano Diretor elas se estabelecem incisivamente de forma associativa, englobando estratégias de mobilização coletiva de distintas entidades, mais ou menos institucionalizadas e/ou organizadas.

Nessa perspectiva, abordo a questão da aplicabilidade e da elaboração do Plano a partir do conceito de *utopia*, mobilizado na pesquisa como conjunto de ideias constituídas por parâmetros de ação para um futuro aprimorado, alternativo. Em termos pragmáticos (Boltanski, 1990; Boltanski; Thévenot, 2020[1991]) a utopia pode ser lida como uma crítica, radical ou não, a uma realidade situada no presente e no passado. Ela contribui para pensarmos o Plano Diretor como algo idealizado, a junção entre o desejo de um ordenamento urbano mais adequado (segundo concepções morais e de eficácia técnica) e as possibilidades reais de concretizá-lo, com vistas a resolver problemas e evitar o surgimento de outros (previsíveis). Disso parte a demanda comum a todos os participantes: torná-lo mais efetivo e eficiente nos termos a que se propõe, seja produzindo uma cidade mais justa, nos termos das demandas populares, seja ordenando adequadamente o desenvolvimento urbano, nos termos de especialistas.

De modo geral, a palavra utopia soa a muitos como algo abstrato, desejo inalcançável, sonho, uma idealização de perfeição, ideia normativa de como as coisas deveriam ser. Esse entendimento remonta à utilização original do termo, inaugurado com a publicação da famosa obra de Thomas More, Utopia (2018[1516]). Nela, o autor apresenta aos leitores uma república baseada nos preceitos de justiça e igualdade, onde impera o espírito de comunidade e comprometimento com a coletividade. Esse lugar situa-se em uma ilha habitada pelo povo utopiano. A descrição desse mundo fantasioso revela a presença marcante de construções simétricas, de uma sociedade pautada pela ordem, ausência de conflitos e avessa a qualquer tipo de tirania.

Etimologicamente, a palavra utopia origina-se do grego e significa "não lugar ou lugar algum" (ou = não ou prefixo de negação; topos = lugar) e deriva de eutopia (eu = bom; topia = lugar) significativa de "bom lugar". A utilização dela evidencia o sarcasmo de More ao descrever um país que por suas características não poderia ser encontrado no mundo daquele período, expressando uma organização social totalmente diferente daquela em que ele estava inserido.

A vertente teórica de utopia utilizada na pesquisa preocupa-se com um sentido mais instrumental e amplo do termo, argumentando a favor da utilização dele em análises dos mais diversos fenômenos e dimensões da vida humana. Chamsy El-Ojeili (2020), por exemplo, que o conceito deve ser visto como ótica, visão de mundo, um meio para analisar o pensamento político e social na contemporaneidade. Em suas palavras, devemos "ver a utopia como método interpretativo, onipresente e multivalente e como diagnóstico importante, apesar de seu lugar ainda bastante marginal dentro das ciências humanas" (Ibidem, p. 02). Ele defende que a utopia não seja vista como algo único e imutável, mas um agregado de representações, movendo-se no tempo e espaço.

Segundo El-Ojeili (Ibidem, p. 17): "essa definição ampla permite reconhecer o lugar do utopismo na vida cotidiana: negócios, política, cultura popular e as atividades de movimentos sociais", acrescentando que "isso também evita especificações de conteúdo moral e político de tal utopismo, indo além da suposição de que as concepções utópicas devem ser agradáveis ou, inversamente, que dever ser desagradavelmente totalitárias". A definição significa que "o utopismo está em todo lugar, não estando confinado à literatura ficcional que descreve outro mundo melhor ou a programas de transformação social total, mas existe em múltiplos níveis, do individual a correntes culturais mais amplas e movimentos sociais" (p. 17).

Essa visão é uma influência direta do pensamento de Ruth Levitas (2013), para quem a utopia pode ser definida como o desejo por uma melhor maneira de ser. Partindo dessa premissa, a autora sugere que a utopia deveria ser encarada como método interpretativo ao alcance da sociologia, uma modalidade de reconstituição imaginária da sociedade, que contribua para a compreensão de futuros possíveis.

Para Jendrysik (2020), definir o conceito de utopia é algo complexo, visto que a ideia contida nele seria altamente maleável, podendo ser utilizada em quase qualquer sistema político, econômico e social. O autor reconhece, todavia, um problema surgido daí, sendo a desmedida abertura em termos de entendimento sobre a palavra. Por isso, ele reconhece que mesmo provocando perdas quanto à riqueza de sentidos, uma definição torna-se necessária. Desse modo, "a ideia de um mundo melhor e mais justo parece ser um anseio humano natural". (Ibidem, p. 04). O autor prossegue: "utopia fornece uma plataforma para criticar nosso tempo e trabalhar em direção a algo melhor. Qualquer trabalho ou teoria utópica provê uma alternativa quanto a organizações sociais, políticas e econômicas" (p. 04), e finaliza dizendo que "não é suficiente apenas criticar; nós devemos fornecer respostas para nossos problemas aparentemente intransponíveis" (p. 04). A insatisfação torna-se a origem do utopismo, no entanto, o pensamento utópico não deve ater-se apenas a criticar os problemas, mas junto deles, fornecer ideais que possam efetivamente ser aplicadas ou que sejam diretrizes de ação a serem colocadas em prática. Nesse sentido, pode-se pensar a utopia como processo, um movimento em direção alcance de objetivos, prescindindo de negociações para que um conjunto de desejos (não todos) seja contemplado.

Dito isso, o entendimento de utopia aqui adotado enfatiza pensá-la, de um lado, como modo de interpretação de fenômenos sociais em que os atores se dispõem a propor mundos futuros aprimorados e alternativos, e de outro lado, como um processo de negociações sobre os elementos a constituírem esse futuro. É uma crítica ao mundo da forma como ele se encontra ordenado, seguida de propostas para a concretização de alternativas.

Há ainda o entendimento da sociologia pragmatista sobre o conceito de utopia. Boltanski e Thévenot (2020[1991]) fazem menção a ele quando propõem o modelo das Economias da Grandeza (EG), especificamente na relação entre cités e mundos. Em resumo, uma cité é composta por metafísicas morais que nomeiam e conferem vida teórica a acontecimentos ocorridos nos mundos, estes sendo a dimensão praxiológica das relações sociais, povoada por humanos e não humanos responsáveis por determinar ou indeterminar a ação. Para evitar a possibilidade de a cité ser vista como meramente utópica, uma ressalva é feita:

> Na medida em que têm como objetivo fundar uma ordem natural a fim de instaurar situações estáveis sob os auspícios de um princípio superior comum, os textos utilizados devem ter uma mirada prática. Eles não devem desenhar uma utopia [*como em Platão e More*]...Trata-se de guias para a ação, escritos para serem utilizados por aqueles que a conduzem (Idem, Ibidem, p. 171).

O entendimento de utopia presente no trecho, remetido à More e Platão, é aquele relativo a um desejo ou imaginação fantasiosa de difícil concretização. Em outra oportunidade, Boltanski (1990) menciona o fato de as obras de filosofia política serem normativas ao proporem um mundo justo e ordenado por um princípio único. Os impactos delas sobre a forma como as pessoas agem no cotidiano não seriam significativos. Boltanski busca articular a ideia de utopia ao modelo das Economias da Grandeza ao afirmar serem as cités utopias realizadas:

> Aquelas velhas construções utópicas que apontam para um ideal inacessível nada têm a ver com as pessoas de nosso mundo, que em sua maioria jamais abriu um livro de Hobbes, Saint-Simon ou Rousseau. Os termos "utopia" ou "ideal", opostos à "realidade" servem de eixo à crítica. Eles não podem ser descartados sem exame porque a utopia existe. É possível construir mundos imaginários que apresentam ao menos certo grau de sistematicidade e coerência... devemos então estar em condições de demarcar a diferença não só entre utopias impossíveis e utopias realizáveis e utopias realizadas. Para isso dispomos de um indicador objetivo. Uma utopia é realizada e merece o nome de cité quando existe na sociedade um mundo de objetos que permitam dispor de provas cuja avaliação supõe o recurso ao princípio de equivalência cuja possibilidade lógica desdobra dessa utopia (Ibidem, p. 144).

As cités incorporam a ideia de utopia tornando-a concretizável no mundo real à medida que aquelas metafísicas morais estão conectadas à praxiologia, sendo guias para a ação ajustada aos imperativos de equivalência entre grandezas. Analisar os julgamentos morais dos atores envolvidos no processo de atualização do Plano Diretor permite mapear os ordenamentos metafísicos e, consequentemente, práticos mobilizados nas justificações públicas referentes à tomada de posições sobre os rumos do projeto.

Essa chave analítica permite ainda compreender como os atores mobilizam certa capacidade metapragmática (Werneck, 2016). Ela representa os momentos de percepção de que há desencaixes entre as metafísicas mortais que guiam as ações e as utopias e o rebatimento delas nos mundos, representados pelas condutas humanas e os meios pelos quais as utopias tornam-se concretas. A cidade desejada, planejada, aprimorada pelo Plano é constantemente confrontada com os entraves e dificuldades para sua realização.

A busca por um plano aplicável e efetivo coloca-se como pano de fundo das discussões observadas em campo. Como tornar concreto o conjunto de diretrizes, normas e imperativos de ação contidos nele? Um dos dilemas em torno dessa indagação está estabelecido na divisão, surgida do material empírico, da cidade entre formalidade e informalidade. Esta última, aos olhos de parte dos atores envolvidos com a atualização do Plano, estaria fora do alcance de regramentos urbanísticos, justamente pelo domínio do território exercido por grupos armados. A capacidade de fiscalização dos órgãos da Prefeitura em relação às construções irregulares também é foco de preocupação. E nesse quesito inclui-se fiscalizar tanto áreas dominadas pelo uso ilegal da força, quanto aquelas em que isso não ocorre. A ineficiência do poder público em coibir esse tipo de ação impacta diretamente e efetividade do Plano Diretor em ordenar a cidade.

O Plano é em sua origem, instrumento técnico, elaborado por servidores da Prefeitura em diálogo com representantes de entidades interessadas, muitos dos quais profissionais da arquitetura, engenharia, geografia e urbanismo. Contudo, em diversos momentos foi lembrado que ele é também político, afinal em última instância é aprovado pela Câmara de Vereadores, podendo sofrer emendas. Além disso, trata de questões de ordem social como serviços públicos, vulnerabilidades sociais e a relação humana com o meio ambiente. Como norma generalista e programática necessita de uma série de regulamentações condicionadas à aprovação no Legislativo para alcançar eficácia, sendo essa dimensão considerada mais um entrave para a concretização das diretrizes consensuadas na etapa de articulação entre saberes especializados e saberes leigos representados pela participação popular.

O Rio de Janeiro que se quer é uma cidade com mais de 450 anos de história que passou, especialmente nos últimos 150 anos, por expressivas intervenções urbanas. Nesse sentido, a pesquisa permite perceber que os atores envolvidos partem de problemas da realidade para propor soluções ao mesmo tempo em que sugerem um mundo idealizado e desejado por diferentes concepções valorativas: a dos especialistas em arquitetura e urbanismo, a dos políticos, a do mercado imobiliário e da construção civil, a dos movimentos sociais e dos moradores.

É possível delimitar determinados repertórios acionados por esses distintos grupos. A gestão democrática e o direito à cidade são constantemente mobilizados por grupos ligados a movimentos populares diversos, principalmente aqueles envolvidos com a luta por moradia. É forte também a oposição deles ao que denominam de especulação imobiliária, prática adotada por agentes do mercado, consistindo na compra de imóveis, sem utilizá-los, com o intuito de vendê-los a preços elevados. A questão da habitação social perpassa as principais críticas não só ao modo como está prevista no Plano, mas à própria ação da Prefeitura, considera muito ineficiente. A atual gestão, comandada por Eduardo Paes, é a mesma que elaborou o último PD e esteve à frente da cidade entre os megaeventos, ocasião em que muitas remoções ocorreram para viabilizar empreendimentos voltados à Copa e Olimpíadas. Esse passado é constantemente lembrado por grupos que defendem o direito à moradia e o fim de remoções forçadas.

Entre o grupo de arquitetos, percebe-se heterogeneidade de repertórios. Há grupos mais favoráveis ao aumento de parâmetros urbanísticos, favorecendo o mercado. Uma de suas principais argumentações é a da necessidade de se modernizar a atual legislação urbanística. Há os que se posicionam contrários ao que consideram “vale tudo imobiliário”, sendo incisivos na defesa de princípios urbanísticos consagrados no cânone como os mais adequados para o ordenamento urbano. Há ainda, aqueles que buscam se equilibrar entre os dois polos. A atuação dos servidores do órgão de urbanismo da Prefeitura se inclui, em sua maioria, a essa certa terceira via.

O grupo de agentes da construção civil e do mercado imobiliário, nos poucos momentos em que se fizeram presentes, defenderam a produção da cidade como meio de movimentar a economia e gerar empregos, principalmente em contexto pós-pandêmico. Nesse sentido, a busca deles passa pela simplificação da legislação urbanística, propiciando menos entraves aos negócios imobiliários.

Por fim, há um grupo difuso, composto por moradores que, individualmente, ou por meio de associações de moradores, apresentaram suas queixas, muitas vezes referentes a problemas localizados e pontuais, como iluminação pública e manutenção de vias, até questões mais complexas como falta de saneamento básico e inundações.

O conjunto de concepções morais em torno da problemática urbana carioca é um caso privilegiado de análise para pensar, também, a cidade que se quer e a cidade que teremos após os impactos da pandemia. A Covid-19 gerou intensas discussões acerca do modelo de urbanização adotado em metrópoles e as mazelas geradas por ele. Assim, projetar um futuro urbano distinto para o Rio de Janeiro é uma forma de elaborar uma utopia realizável. O desafio percebido e gerador de angústia aos envolvidos nesse processo é justamente como tornar possível a realização dessa projeção utópica.

Considerações finais

Busquei desenvolver neste texto uma problematização teórica a respeito do desencaixe entre mundo vivido e mundo desejado. Para aprofundar a questão, poderíamos nos apoiar em uma série de fenômenos da vida cotidiana em que nossas projeções, permeadas por valorações morais a respeito de idealizações, são frequentemente frustradas. Como exemplo podemos citar as relações amorosas, de amizade e profissionais, ou ainda, aquelas relativas a questões públicas, utilizadas por mim como objeto de análise.

Serviços públicos mal prestados como o transporte coletivo tornam-se uma experiência diária de transtornos, constituindo-se como grande problema aparentemente sem resolução, logo, distante de uma realidade futura e alternativa, em que sejam oferecidas condições ideais de dignidade para uso.

Em termos do planejamento urbano, o ordenamento da cidade torna-se alvo de intensos julgamentos morais oriundos de diferentes grupos. O Rio de Janeiro desejado, alternativo ao modo como se apresenta hoje, assume diferentes formas de utopias realizáveis, de acordo com as justificativas e provas apresentadas por aqueles que assim o almejam. Entre as discordâncias, um ponto em comum os conecta: o futuro da cidade precisa ser diferente. Os meios para que isso ocorra e as possibilidades de concretização são incertas, por isso, origem de disputas, tensões e angústia.

Em ambos os casos apresentados o cerne de minha questão não é apontar a dicotomia mundo idealizado e mundo realizado, mas sim problematizar como os atores envolvidos na experiência citadina do transporte coletivo e da planificação urbana experienciam e concebem moralmente as duas dimensões. O ponto central é, então, como uma realidade problemática é assim enquadrada, tornando-se ponto de partida para a projeção de alternativas aprimoradas, em meus termos, utopias realizadas/realizáveis.

REFERÊNCIAS

ABEND, Gabriel. What's New and What's Old About the New Sociology of Morality. In: HITLIN, Steven; VAISEY, Stephen. (org.). *Handbook of the Sociology of Morality*. Nova York: Springer, 2010, pp. 561-582.

BOLTANSKI, Luc. *L'amour et la justice comme compétences:* trois essais de sociologie de l'action. Paris: Éditions Métailié, 1990.

BOLTANSKI, Luc. *La Souffrance à distance:* morale humanitaire, medias et politique. Paris: Éditions Métailié, 1993.

BOLTANSKI, Luc. *Sociologia da crítica, instituições e o novo modo de dominação gestionária*. Sociologia & Antropologia, v. 03, n. 6, 2013, pp. 441-463.

BOLTANSKI, Luc; CHIAPELLO, Ève. *O novo espírito do capitalismo*. São Paulo: Martins Fontes, 2009[1999].

BOLTANSKI, Luc; THÉVENOT, Laurent. *Les économies de la grandeur:* Cahiers du Centre d'Études de l'Emploi. Paris: PUF, 1987.

BOLTANSKI, Luc; THÉVENOT, Laurent. *A justificação:* Sobre as economias da grandeza. Rio de Janeiro: EDUFRJ, 2020[1991].

BOLTANSKI, Luc; THÉVENOT, Laurent: *A Sociologia da capacidade crítica*. Antropolítica, v. 23, n. 2, 2007[1999], pp. 121-144.

CAIAFA, Janice. *Jornadas urbanas:* Exclusão, trabalho e subjetividade nas viagens de ônibus na cidade do Rio de Janeiro. Rio de Janeiro: FGV, 2002.

CALLON, Michel; LATOUR, Bruno. Unscrewing the Big Leviathan: How Actors Macro-Structure Reality and How Sociologists Help them to Do so. In: KNORR-CETINA, Karin; CICOUREL, Aaron. (org.). *Advances in Social Theory and Methodology:* Toward an Integration of Micro-and Macro-Sociologies. Boston/Londres: Routledge/ Keegan Paul, 1981, pp. 276-303.

CEFAÏ, Daniel. *La construction des problèmes publics:* définitions de situations dans des arènes publiques. Réseaux, v. 14, n. 75, 1996, pp. 43-66.

CEFAÏ, Daniel. Qu'est-ce qu'une arène publique? Quelques pistes pour une approche pragmatiste. In: CEFAÏ, Daniel; JOSEPH, Isaac. (org.). *L'Héritage du pragmatisme.* Conflits d'urbanité et épreuves de civisme. La Tour d'Aigues: Editions de l'Aube, 2002, pp. 51-81.

CEFAÏ, Daniel. Investigar los problemas públicos: Com y más allá de Joseph Gusfield. In: GUSFIELD, Joseph. *La cultura de los problemas públicos:* el mito del conductor alcoholizado versus la sociedad inocente. Buenos Aires: Siglo XXI, 2014, pp. 11-58.

CEFAÏ, Daniel. *Públicos, problemas públicos, arenas públicas...* O que nos ensina o pragmatismo (parte I). Novos Estudos/Cebrap, v. 36, n. 1, 2017a, pp. 187-213.

CEFAÏ, Daniel. *Públicos, problemas públicos, arenas públicas...* O que nos ensina o pragmatismo (parte II). Novos Estudos/Cebrap, v. 36, n. 2, 2017b, pp. 129-142.

CEFAÏ, Daniel. Joseph Isaac. (org.). *L'héritage du pragmatisme:* conflits d'urbanité et épreuves de civisme. La Tour d'Aigues: Editions de l'Aube, 2002.

CEFAÏ, Daniel; MELLO, Marco Antônio; MOTA, Fábio; VEIGA, Felipe. (org.). *Arenas Públicas:* por uma etnografia da vida associativa. Niterói, RJ: Eduff, 2011.

CICOUREL, Aaron. *Method and Measurement in Sociology.* Nova York: The Free Press. 1964.

COLLINS, Randall. *On the Microfoundations of Macrosociology.* American Journal of Sociology, v. 86, n. 5, 1981, pp. 984-1014.

DEWEY, John. The development of american pragmatism (1925); the public and its problems (1927). In: HICKMAN, Larry A.; ALEXANDER, Thomas M. (org.). *The essential Dewey:* pragmatism, education, democracy (v. 01). Bloomington and Indianapolis: Indiana University Press, 1998.

DEWEY, John. *Logic:* Theory of Inquiry. Nova York: Henry Holt, 1938.

ELIASOPH, Nina. *Avoiding Politics:* How Americans Produce Apathy in Everyday Life. Nova York: Cambridge University Press, 1998.

EL-OJEILI, Chamsy. *The Utopian Constellation:* Future-Oriented Social and Political Thought Today. Switzerland: Palgrave Pivot/ Springer Nature Switzerland, 2020.

FREIRE, Jussara. *Problemas públicos e mobilizações coletivas em Nova Iguaçu*. Rio de Janeiro: Garamond, 2016.

FREIRE, Jussara, GUALANDE JUNIOR, Ailton. *Tensões e conflitos no transporte coletivo de Campos dos Goytacazes: uma sociologia das filas de espera*. Revista Brasileira de Sociologia da Emoção, v.15, n. 45, 2016, p. 52-65.

LATOUR, Bruno. *Reagregando o social:* Uma introdução à teoria do ator-rede. Salvador: Edufba, 2012[2005].

GARFINKEL, Harold. O que é etnometodologia. In: GARFINKEL, Harold. *Estudos de etnometodologia*. Petrópolis: Vozes, 2018[1967], pp. 93-121.

GOFFMAN, Erving. *A representação do eu na vida cotidiana*. Petrópolis: Vozes, 2014[1959].

GUALANDE JUNIOR. *Mosaico de críticas:* Formação e dispersão de públicos em torno do transporte coletivo carioca. Dissertação (mestrado), PPGSA, UFRJ, 2019.

GUALANDE JUNIOR. *Evite aglomerações!:* Pandemia e novos ordenamentos de interação em filas de espera. Dilemas: Revista de Estudos de Conflito e Controle Social, reflexões na pandemia, 2020, pp. 1-10.

GUALANDE JUNIOR. *O transporte coletivo como grande problema sem resolução:* o não associativismo e a contestação pública de mazelas. Dilemas: Revista de Estudos de Conflito e Controle Social, v. 15, n. 01, 2022, p. 225-249.

GUSFIELD, Joseph. *Symbolic Crusade:* Status Politics and the American Temperance Movement. Urbana: University of Illinois Press, 1963.

GUSFIELD, Joseph. *The culture of public problems:* Drinking-Driving and the Symbolic Order. Chicago: University of Chicago Press, 1981.

HIRSCHMAN, Albert. *Saída, voz e lealdade*. São Paulo: Perspectiva, 1973[1970].

JAMES, William. Pragmatism: a new name for some old ways of thinking (1907). In: GUNN; Giles. (ed.). *Pragmatism and Other Writings*. New York: Penguin Books, 2000.

JENDRYSIK, Mark Stephen. *Utopia*. Cambridge, UK; Medford, USA: Polity Press, 2020.

JOSEPH, Isaac. *Erving Goffman e a microssociologia*. Rio de Janeiro: Editora FGV, 2000[1998].

KNORR-CETINA, Karin; CICOUREL, Aaron. (org.). *Toward an Integration of Micro-and Macro-Sociologies*. Boston and London, Routledge/Keegan Paul, 1981.

LEVITAS, Ruth. *Utopia as Method:* The Imaginary Reconstitution of Society. Hampshire, UK; New York, USA: Palgrave/Macmillan, 2013.

LOURENÇO, Alice. *Quem tem direito à cidade?* Lutas pelo direito de ir e vir na metrópole do Rio de Janeiro (1980-2005). Dissertação (mestrado), Ippur/UFRJ, 2006.

MAMANI, Hernán. *Transporte informal e vida metropolitana:* Um estudo do Rio de Janeiro nos anos 90. Tese (doutorado), Ippur, UFRJ, 2004.

MEAD, Herbert. *Mente, self e sociedade*. Petrópolis: Vozes, 2021[1934].

MILLS, Charles Wright. *Situated Actions and Vocabularies of Motive*. American Sociological Review, v. 5, n. 6, 1940, pp. 904-913.

MORE, Thomas. *Utopia*. São Paulo: Penguim/Companhia das Letras, 2018[1516].

PARK, Ezra. *The Crowd and the Public and Other Essays*. Chicago: University of Chicago Press, 1972.

PEIRCE, Charles Sanders. *How to make our ideas clear* (1878) pp. 124-141. The Essential Peirce, Volume 1: Selected Philosophical Writings' (1867-1893). Indianapolis: Indiana University Press, 1992.

PEIRCE, Charles Sanders. *Semiótica*. São Paulo: Perspectiva, 2010[1932].

MOISÉS, José Avaro; ALIER, Verena. A revolta dos suburbanos ou "Patrão, o trem atrasou". In: MOISES, José Avaro; ALIER, Verena; OLIVEIRA, Francisco; SOUZA LIMA, Sérgio. (org.). *Contradições urbanas e movimentos sociais*. Rio de Janeiro: Paz e Terra, 1978, pp. 13-63.

QUÉRÉ, Louis; TERZI, Cédric. *Pour une sociologie pragmatiste de l'expérience publique*. SociologieS, 2015. Disponível em: http://journals.openedition.org/sociologies/4949.

SCHÜTZ, Alfred. *A construção significativa do mundo social:* uma introdução à sociologia compreensiva. Petrópolis: Vozes, 2018[1932]).

SCOTT, Marvin; LYMAN, Stanford. *Accounts*. Dilemas: Revista de Estudos de Conflito e Controle Social, v. 1, n. 2, 2008[1968], pp. 139-172.

TARDE, Gabriel. *A opinião e as massas*. São Paulo: Martins Fontes, 2005[1901].

THÉVENOT, Laurent. *L'action au pluriel:* sociologie des régimes d'engagement. Paris: La Découverte, 2006.

THOMAS, William; THOMAS, Dorothy Swaine. *The Child in America:* Behavior Problems and Programs. Nova Iorque: A. A. Knopf, 1938[1928].

WEBER, Max. *A "objetividade" do conhecimento nas ciências sociais.* São Paulo: Editora Ática, 2011[1904].

WEBER, Max. *Economia e sociedade:* Fundamentos da sociologia compreensiva. Brasília: Editora UnB, v.1, 2015[1922].

WERNECK, Alexandre. *A desculpa:* As circunstâncias e a moral das relações sociais. Rio de Janeiro: Civilização Brasileira, 2012.

WERNECK, Alexandre. *Uma sociologia da compreensão a partir do par crítica e jocosidade.* Civitas, Porto Alegre, v. 16, n. 3, jul.-set., 2016, pp. 482-503.

WERNECK, Alexandre. Sociologia da moral, agência e criatividade. In: WERNECK, Alexandre; OLIVEIRA, Luis Roberto Cardoso de. (org.). *Pensando bem:* Estudos de Sociologia e Antropologia da Moral. Rio de Janeiro: Casa da Palavra, 2014, pp. 114-138.

WERNECK, Alexandre; TALONE, Vittorio; GUALANDE JUNIOR, Ailton. *The imperative of opinion:* a pragmatic sociology of critique in "actualité politique". Revista Sociologia e Antropologi, v. 13, n. 03, 2023, pp. 1-38.

Vargem Grande à beira do desastre

exagero ou fato? Uma discussão sobre a possibilidade de coordenação de ações frente a uma previsão catastrófica

ARILEY DIAS

Introdução

Durante o período de restrições a aglomerações como forma de evitar o contágio do novo coronavírus, em 2021, a Associação de Amigos e Moradores de Vargem Grande (AMAVAG) realizou uma reunião, na sua sede, com o então secretário municipal de meio ambiente, Eduardo Cavaliere. A pauta principal foi o plano da prefeitura do Rio de Janeiro de criar uma zona de preservação ambiental na região das Vargens[1], localizada na Zona Oeste da cidade. O encontro seria feito apenas remotamente, porém houve a possibilidade da presença de 30 pessoas inscritas previamente a pedido de moradores das favelas locais pela falta de condições para acompanhá-lo via Internet e do próprio secretário que gostaria de se encontrar pessoalmente com

1. A qualificação faz referência aos bairros de Vargem Pequena e Vargem Grande.

os moradores[2]. Porém, o número de presentes era visivelmente maior do que o limite imposto pelos organizadores. Alguns dos não inscritos entraram no espaço por intermédio de Rafaela[3], que integra um projeto voltado a criar hortas comunitárias no bairro.

A moradora e Bruna, que também participa do mesmo projeto, teceram inicialmente críticas entre si ao perceberem o uso de copos descartáveis e garrafas de plástico para servir água e café aos presentes. Elas consideraram uma contradição o uso do material não sustentável pela associação de moradores em um encontro que privilegiava justamente a temática ambiental. A sua argumentação faz referência a uma gramática moral pautada na preservação da natureza (Lafaye; Thévenot, 1993), ou seja, a avaliação de uma ação como justa ou não se fundamenta pela sua capacidade de manter o bom funcionamento do ecossistema. No final do encontro, elas expressaram o seu descontentamento após a sugestão de um dos líderes favelados sobre a criação de um programa voltado à educação ambiental para a população das Vargens. A discussão começa quando Bruna toma a palavra:

---

2. Alguns informantes explicam a decisão de realizar uma reunião presencial pela ambição do secretário em consolidar uma base eleitoral na localidade, inclusive ele foi eleito a deputado estadual em 2023, assim como a importância que a gestão do atual prefeito, Eduardo Paes, dedica a este território onde começou a sua carreira política como subprefeito da Zona Oeste I (uma divisão administrativa que compreendia os bairros da Barra da Tijuca e adjacências no início dos anos 1990). Ao longo da sua fala, Cavaliere ressaltou diversas vezes que foi morador por anos do Recreio, que integra a mesma região, e que a sua mãe já habitou Vargem Grande de modo a atestar o seu conhecimento sobre os problemas do bairro. Após o encontro, o então secretário caminhou pelas ruas do entorno e conversou com a população presente.

3. Todos os nomes são fictícios, exceto aqueles que tornam impossível a não identificação devido ao cargo que ocupam. Não acredito que essa decisão prejudique a compreensão da discussão proposta por este texto.

> — O primeiro ponto [*para a educação ambiental*] deveria ser substituir as garrafas plásticas da mesa.

Rafaela concorda com a amiga:

> — [*O uso de*] Copo descartável é uma vergonha.

Bruna se dirige ao secretário e afirma que:

> — Você é uma figura pública. As pessoas se espelham em vocês [*figuras públicas*]. E a gente chega na reunião [*e vê o espaço*] cheio de garrafa plástica. Isso tem que mudar.

A fala de Bruna é interrompida por outra moradora:

> — Isso [*a crítica sobre o uso de materiais plásticos*] é exagero.

Rafaela responde rispidamente:

> — Não é exagero não. Você precisa se informar melhor.

A moradora se revolta com o comentário que sugere a sua ignorância em relação ao tema, dando início a uma discussão entre as duas. O secretário as interrompe e afirma que:

> — Vocês não precisam se exaltar. Vocês [*ele se dirige à Bruna e à Rafaela*] estão cobertas de razão. Por isso, estou usando copo de vidro. Usem copo de vidro. Não usem copo plástico. Evitem.

Cavaliere inicia um discurso sobre a importância de não usar material plástico e lista as ações das gestões anteriores de Eduardo Paes, atual prefeito do Rio, a fim de gerar maior consciência ambiental na população. Após a fala, Sara, então vice-presidente da AMAVAG, entrega um documento a Cavaliere com um pedido de auxílio da prefeitura para a realização de um fórum de debates sobre meio ambiente organizado pela associação alguns meses depois. Sara respondeu à crítica das duas moradoras sobre a escolha da associação em usar materiais plásticos:

> — É muito complicado porque a pergunta dele [*a do líder favelado*] é bem pertinente sobre a questão da educação ambiental. A gente está em restrições sanitárias e, por isso, a gente tentou diminuir o número de pessoas aqui, o que não foi respeitado [*uma indireta à entrada de alguns amigos de Rafaela na reunião sem se inscreverem*]. A gente tem duas caixas de copos de vidro aqui. Mas a gente entende que não é o ideal para o momento de pandemia[4]. É copo de plástico e é poluível. Eu me incomodo com copo de plástico.

Rafaela relembra que doou para a associação copos reutilizáveis, conhecidos como copos eco[5], fabricados na empresa na qual trabalha. Assim, ela afirmou que:

> Rafaela: — Eu me disponho a doar para a associação pela segunda ou terceira vez o meu copo eco.
> Sara: — A gente tem duas caixas de copos de vidro aqui. Não precisa. Obrigada.
> Rafaela: — Então, por que não colocaram os copos aqui?

---

4. A vice-presidente se refere ao risco de transmissão do novo coronavírus por superfícies. Entretanto, é consenso na comunidade científica em relação ao seu baixo risco de transmissão, pois a atenção maior deveria ser dada à propagação via aérea com ações como as que determinam um limite do número de pessoas em espaços fechados (Rocha, 09/04/2021).
5. São feitos por um polímero termoplástico produzido a partir da polimerização do gás propileno ou propeno. Diversos defensores da causa ambiental recomendam o uso do material devido à sua vida útil mais longa que grande parte dos outros com funções similares.

> Eu me disponho a doar. Todo mundo sabe que trabalho com copos eco [*ela se refere ao conhecimento dos moradores a seu trabalho*]. Vamos pensar juntos. Não vamos colocar a desculpa na pandemia.

O caso descrito acima envolve alertas sobre fatos negativos que podem ocorrer caso determinadas ações não sejam tomadas, como Rafaela e Bruna que rejeitam o uso de materiais descartáveis pelo seu potencial de destruição do ecossistema. Os informantes, em entrevistas, ao efetivarem a sua previsão negativa mobilizam a ideia de que o Rio de Janeiro adotou um modelo de urbanização pautado pela homogeneização de um estilo de vida que vai de encontro à formação de um indivíduo autônomo e responsável (Gomes, 1994). Não há uma oposição à inovação ao progresso técnico do aparelhamento urbano e nem a uma padronização que adeque o espaço às demandas de determinados mercados, sobretudo o imobiliário e o turístico (Zukin, 2010). Muitos deles, inclusive, apoiam e participam de propostas que visam o desenvolvimento local por meio de símbolos atrelados a uma noção de autenticidade (Greenberg, 2008), como o projeto do grupo de trilhas no Parque da Pedra Branca, que Rafaela participa, em parceria com o Quilombo Cafundá Astrogilda, comunidade localizada na área de preservação ambiental. Os moradores analisados aqui rejeitam a adoção de um modelo de cidade pautado pela irresponsabilidade em relação ao bem de todos (Werneck, 2012). Aqueles que vislumbram um risco potencial, precisam convencer os demais por meio de dispositivos de alerta tangíveis (Chateauraynaud, 2011). No caso citado, Rafaela e Bruna chamam atenção para os demais sobre as consequências negativas que poderão ocorrer pela falta de responsabilidade da organização do evento em usar copos descartáveis. Um argumento que considera a relevância de pequenas ações realizadas por indivíduos em gerar o bem de todos.

Entretanto, a fala das moradoras foi criticada por ser exagerada. Proponho aqui discutir sobre o uso dessa ferramenta para se opor a previsões que vislumbram uma catástrofe porvir. Esse argumento aponta para uma ideia de desproporcionalidade. Inspirado pelo conceito desenvolvido por Hirschman (1967) de *slack*[6], Werneck (2015) aponta que as pessoas evitam mobilizar as suas capacidades morais no seu limite máximo de produtividade. Portanto, os atores não criticam tanto quanto poderiam, poupando essa operação para os momentos oportunos. A crítica ao exagero se refere a entrar em contendas fugazes. Assim, os atores reconhecem a relevância do problema apresentado, mas a sua discussão não seria adequada para a situação. Consequentemente, aqueles que estão constantemente envolvidos em contendas são considerados inaptos para participar dos debates públicos.

Os atores realizam uma hierarquia moral (Werneck, Idem) entre diversas questões. Por exemplo, Sara, no caso apresentado, justifica o uso de materiais descartáveis tendo em vista a relevância maior do combate ao novo coronavírus do que o potencial negativo decorrente do uso dos copos de vidro no contexto de restrições sanitárias. Além disso, a então vice-presidente da associação clama para a falta de responsabilidade das duas moradoras em interromper a reunião para expor uma queixa que gerou um mal-estar desnecessário de acordo com a sua perspectiva.

Ao relembrar a sua doação, diversos presentes, em conversas informais, consideraram que as duas amigas geraram um contratempo desnecessário, ou seja, um momento crítico (Boltanski; Thévenot, 1991) que seria facilmente evitável. O início da resposta de Sara indica essa posição ao expressar que uma fala que adjetivou de pertinente, a da demanda por políticas governamentais voltadas à educação ambiental, foi interrompida por uma discussão inoportuna sobre o uso de materiais plásticos na reunião. Ou seja,

---

6. O termo se refere à operação relativamente indolente de uma empresa na maior parte do tempo ao estocar os seus recursos para períodos de crise;

a hierarquização moral promovida pelos participantes gera a um enquadramento de críticas consideradas adequadas a um dado quadro situacional. A pertinência do uso dos copos doados por Rafaela poderia ser avaliada em um outro momento. Em decorrência desse equívoco, houve alguns que questionaram, entre si, a possibilidade de ela estar interessada em obter ganhos pessoais em detrimento de discutir o bem do bairro ao se vangloriar de seu gesto passado.

O texto discute o uso do exagero como uma ferramenta crítica ao caracterizar aqueles que preveem um evento negativo de irresponsáveis por não estocar a sua demanda para um momento mais adequado e o processo de desqualificação da sua participação no debate público.

Pressupostos teóricos e metodologia

Esta análise adota a situação como unidade analítica, buscando apreender como os atores definem uma dada situação (Thomas; Thomas, 1928). A noção de Thomas (1966[1932]) de definição de situação pressupõe que um indivíduo compreende um quadro situacional a partir das consequências das suas ações e a possibilidade de ruptura de um dado quadro situacional. Essa abordagem é útil para a ideia de catástrofe que proponho aqui relacionada a uma mudança narrativa. Pensando que podemos construir uma narrativa para entender como as coisas funcionam no mundo, os *turning points* (Abbott, 2001) são momentos em que uma nova trajetória se estabiliza, distinguindo-se de um mero episódio efêmero. Portanto, nem todas as mudanças consideradas negativas são *turning points*, somente as que marcam um novo quadro situacional considerado pior que o atual.

Moreau (2017) aponta que uma catástrofe se origina com a ruptura de inteligibilidade sobre o comportamento das coisas presentes no entorno. Portanto, o mundo deixa de fazer sentido para os integrantes de uma dada situação, colocando em questão uma crença estabilizada[7]. A impossibilidade de definir completamente um cenário futuro leva a importância da realização de investigações. Segundo Dewey (1938), as pessoas de maneira geral realizam inquirições capazes de transformar uma situação dúbia ou embaraçosa em uma situação determinada de maneira semelhante ao pensamento científico ao perceberem um problema — um momento que o autor denomina de situação problemática. Dessa forma, os defensores de uma catástrofe porvir devem comprovar a existência de um problema da forma como o mundo está operando, assim como a urgência da sua resolução.

Em sintonia com Boltanski e Thévenot (1991, 1999), pressuponho que os atores contam com uma *capacidade crítica*. Segundo eles, há situações de ruptura, denominadas por eles de *momentos críticos* (Boltanski; Thévenot, 1991), em que as pessoas questionam publicamente as posições ocupadas situacionalmente (chamadas por eles de estados ou grandezas) por si e pelos outros. Os autores elaboram um quadro de formas gramaticais legitimadas, denominadas por eles de regimes[8] de justificação, que fundamenta a ação dos atores, ou seja, representam as diversas competências associadas a uma situação, a fim de gerar um acordo pautado pela ideia de bem comum.

Esta análise decorre da realização de entrevistas semiestruturadas, possibilitando aos informantes discorrerem sobre novos pontos que poderão ser mobilizados na construção da teoria — um modelo próximo ao de entrevista compreensiva defendido por Kauffman (2013[1996]). Selecionei os entrevistados de acordo com o

---

7. Lagadec (1981) diferencia o acidente comum do que ele denomina *rique technologique majeur*. O primeiro é um problema conhecido com condutas de urgência codificadas, geralmente os casos são encerrados quando a causa do infortúnio é encontrada; o segundo emerge por eventos incomuns, impossíveis de detecção da sua causa no presente e com efeitos de amplitude desconhecida e, por isso, com potencialidade de gerar hecatombes futuras.

8. O termo aponta para um quadro gramatical associado a uma competência, ou seja, a um princípio de fundamentação a determinadas ações.

seu comportamento como empreendedor moral, no sentido conferido por Becker (2008[1963]) — um ator social que assume a posição de produzir e reproduzir regras. A ênfase adotada aqui foi analisar os moradores de Vargem Grande que participem de projetos que visem uma coordenação de ações (Thévenot (2016[2006]).

Inicialmente, a observação participante foi utilizada para compreender eventos que nem sempre são percebidos como algo importante pelo entrevistado. Portanto, a análise de certas situações pode auxiliar a apreensão do significado das categorias nativas de forma mais precisa (Becker; Geer, 1957). Porém, ao longo do trabalho de campo, a observação participante ganhou relevância na percepção da maneira como os atores mobilizam as suas concepções de futuro.

Adotei a abordagem metodológica da *grounded theory* elaborada por Glaser e Strauss (1967) que determina a simultaneidade entre a compilação sistemática de dados e a generalização teórica abstrata. A elaboração de um determinado conceito teórico, no caso aqui é o uso da ideia de exagero como recurso crítico, ocorre quando a coleta de dados não fornece fatos desconhecidos — um momento definido pelos autores de saturação teórica.

Vargem Grande: entre o progresso e a catástrofe

Desde o final dos anos 1990, o bairro de Vargem Grande passa por um processo de aumento populacional considerável[9] com o surgimento de novas favelas e fluxo de pessoas oriundas de classe média mais baixa em busca de terrenos mais baratos em relação às localidades

---

9. Apesar de ter uma população pequena, 14.039 habitantes, em comparação aos outros bairros da região de acordo com o Censo Demográfico de 2010, Vargem Grande apresentou um aumento de 50% da sua população entre 2000 e 2010 e mais de 194% em comparação com o Censo de 1980.

vizinhas e de novas possibilidades de emprego com o crescimento econômico da Barra da Tijuca (Rezende; Leitão, 2003)[10], localizado nas proximidades. Grande parte dos informantes que participam dos debates públicos se mudaram para a região nas últimas décadas. Por exemplo, Cátia, apesar de morar no bairro vizinho de Jacarepaguá, frequenta semanalmente Vargem Grande para participar das atividades decorrentes de um projeto de violeiros. Ela afirma que tinha vontade de aprender o instrumento há muitos anos por lembrar a sua infância no interior de Minas Gerais. A moradora se mudou para o Rio ainda adolescente com os seus pais e irmãos para o Rio Comprido, bairro localizado na região central do Rio. A sua decisão de se deslocar para a Zona Oeste está relacionada à percepção de piora da qualidade de vida no seu antigo local de moradia:

> — Morávamos [*ela e seu marido*] mais 20 anos numa ruazinha pequena no Rio Comprido. Aquela região desvalorizou muito depois [*da construção*] do [*viaduto*] Paulo de Frontin. Era uma área nobre. Tem um monte de casa bonita. Quando me mudei [*para o Rio*] morei com os meus pais em outro lugar do Rio Comprido. Me mudei para a [*rua*] Santa Alexandria quando me casei. Fiquei lá por mais de 20 anos. (...) Lá tem uma oficina que é insuportável. Não é [*insuportável devido ao*] barulho, é porque fica muito carro [*circulando*]. Por exemplo, essa semana tive que ir lá pegar um documento e não consegui parar, não tinha lugar para você parar. Como o

10. Inicialmente, a população de classe média ocupou espaços loteados de antigas fazendas via negociações informais. Santos (2020) afirma que este processo se relaciona com o fracasso de tornar parte da Zona Oeste em um fornecedor de bens agrícolas pata o restante da cidade do Rio de Janeiro. Assim, a venda de terrenos se tornou mais rentável do que a produção agrícola. Nos últimos anos, a emergência de um mercado imobiliário formal no bairro intensificou ainda mais o processo de urbanização da região. De acordo com um levantamento do Sindicato da Habitação no Rio (Secovi-Rio), o volume de lotes negociados aumentou em 105% no bairro entre 2019 e 2020 (O Globo, 10/05/2021).

> prédio é antigo não tem vaga [*para carro*] ou elevador. Então, para fazer compras era um transtorno. Tinha que subir três andares. Há seis anos, a gente [*ela e o marido*] mora aqui em Jacarepaguá. É outra qualidade de vida. Só sinto falta do tamanho do apartamento. Tem três quartos bem caprichados [*ela se refere ao tamanho maior deles em relação ao seu aparamento atual*].

Vários relatos compartilham o mesmo sentimento de que o lugar se torna insuportável conforme o avanço da urbanização. Nos finais de semana, as ruas de Vargem Grande passam a ser frequentadas por pessoas com roupas destinadas à prática esportiva, sobretudo os interessados em explorar as trilhas e as cachoeiras do Maciço da Pedra Branca com a formação de leves engarrafamentos no entorno do ponto geográfico. Os líderes locais, de maneira geral, apoiam a exploração do ambiente natural para o turismo, seguindo a recente valorização dos espaços de preservação ambiental no mercado brasileiro (Nascimento *et al.*, 2007; Moreira, 2010; Bento; Rodrigues, 2013; Matheus; Raimundo, 2017).

Em geral, a opinião dos pesquisados sobre a exploração turística no Parque se encontra em consonância com o caso analisado por Ferreira e Carneiro (2005) que mostra os habitantes locais vislumbrarem o ecoturismo como uma oportunidade frente à decadência econômica das atividades agrícolas. A sua crítica não envolve, portanto, a tensão entre o discurso preservacionista e as eventuais transformações espaciais com a exploração dos recursos naturais pelos novos visitantes[11]. A reclamação dos moradores de Vargem Grande se direciona aos que não demonstram respeito com

---

11. Nem mesmo a mudança de regiões com uma infraestrutura urbana mais desenvolvida implica em uma ruptura com hábitos antigos, uma percepção semelhante a casos de deslocamento de populações de classe média para áreas periurbanas em outros contextos (Pahl, 1968).

o próximo com práticas que infringem as determinações legais, como o despejo de dejetos de alimentos e de bebidas no local de preservação ambiental. Anna integra o quadro destinado aos moradores de Vargem Grande no conselho de gestão do Parque. Ela relata casos recorrentes de desrespeito às normas pelos visitantes:

> — Eu fui olhar [*em uma página de moradores no Facebook*] porque sou membro do conselho do Parque da Pedra Branca. Antes de ontem, levantaram a história de novo que a cachoeira está muito cheia e não tem guarda no parque. Tem todo esse problema de ter que marcar uma reunião. (...) Aí um membro do conselho postou uma foto da cachoeira entupida de gente. Parece que o povo está tudo vacinado[12], né. Fui atrás para saber no grupo do Facebook e fiquei apavorada com os relatos. Estão até fumando crack na cachoeira na frente de criança. Uma galera que vem de fora, de muito longe que vem com a propaganda [*a entrevistada se refere à fama que o local adquiriu*]. A natureza é de todo mundo. Todo mundo tem direito de curtir assim como o morador local. Mas eles vêm para destruir. Não devem vir para cá para deixar lixo. Aí vem uma confusão de ciclista, moto. Mas também não tem fiscalização nas trilhas. Não tem guia. Está tudo abandonado. Se chegar um guia e falar para alguém que não pode fazer churrasco porque é uma área de preservação ambiental, ninguém vai obedecer. Nada no Brasil tem fiscalização e as pessoas não tem educação.

A crítica dos atores se relaciona a um sentimento de que a convivência com o próximo está se tornando insuportável. Breviglieri (2009) analisa essa categoria em contraposição ao modelo de cités

12. A entrevista foi realizada quando a vacina contra o novo coronavírus estava restrita aos grupos consideráveis mais suscetíveis a sofrerem efeitos mais graves em caso de contaminação.

de Boltanski e Thévenot (1991). A sua emergência se refere a um momento da vida social em que os atores não visam um destino amplo e geral, como na crítica justificada em que se sentem obrigados a manter uma relação de proximidade com alguém[13]. O insuportável ocorre quando os atores percebem uma violação do seu espaço individual. Mobilizando a literatura liberal clássica, o autor argumenta que a fluidez entre aquilo que é meu e aquilo que é de outrem coloca em risco o ideal de homem autônomo construído pelo liberalismo.

No limite, a experiência do insuportável, segundo os informantes, tem o potencial de resultar em eventos catastróficos devido à falta de responsabilidade com o bem de todos. Por exemplo, Cláudia, em uma das reuniões da AMAVAG, apresenta uma queixa em relação ao aumento de engarrafamentos aos domingos devido ao aumento de fluxo gerado pelos frequentadores do Parque Estadual da Pedra Branca. Cláudia prevê um potencial deslizamento de terra devido ao grande número de veículos que circulam nas partes mais elevadas do maciço.

> — O dono do Tô na Boa[14] conseguiu uma autorização para colocar uma tenda. Ele cobra 50 reais para cada pessoa [*estacionar o seu carro ali*]. [...] Que eles façam a sua trilha, mas que deixem o seu carro embaixo. Eu subo muito ali porque

---

13. O insuportável é um problema presente em situações definidas pelo engajamento familiar em que os bens são avaliados pela conveniência pessoal entre os atores inseridos nelas (Thévenot, 2016[2006]). Breviglieri e Trom (2003) destacam a diferença dos conflitos urbanos pautados pela ideia de insuportável em que os indivíduos se queixam do excesso de proximidade presente em eventos rotineiros e o relacionado à ideia de intolerável em que determinadas pessoas são excluídas no acesso ao bem comum por meio da indiferença dos outros em relação ao seu sofrimento (Stavo-Debauge, 2003) ou pelo estabelecimento de uma gramática moral em que não torna evidente que todos devem ter acesso a uma humanidade comum (Freire, 2010).

14. Um bar localizado no alto do Maciço da Pedra Branca. É considerado o principal ponto de encontro entre os frequentadores do Parque.

> gosto muito de ir na cachoeira. Eu estou aqui [*morando em Vargem Grande*] desde [*19*]98. [...] Aqui ali [*as rotas até o Maciço da Pedra Branca*] passava dois carros. Hoje em dia, não passa. Tem que parar para passar outro carro. O morro está descendo. Não tem condições de ficar com esse monte de carros ali em cima. Tem que ser feita alguma coisa. Vai esperar o que? [...] O chato é que tem bastante comércio ali em cima. E as pessoas não vão até lá [*aos estabelecimentos comerciais*] a pé. [...] Talvez tem que der uns transportes tipo um bugre que leve as pessoas até lá em cima, como tem em Arraial do Cabo. Eu estive no Pontal do Atalaia [*na*] semana passada. Eu rodei ali de bugre sem precisar tirar o meu carro na parte de baixo. [...] O negócio está esquisito. Eu subo ali [*no Maciço da Pedra Branca*], um dia sim e outro não. Eu sou moradora e sei que ali está muito diferente [*da época que ela se mudou para o bairro*].

Aqueles que vislumbram uma catástrofe em curso conclamam o resto da população a agir a fim de evitar que a sua previsão ocorra. Eles mobilizam uma metafísica do futuro que não é pautada por leis imutáveis, mas pela possibilidade de repensar as ações no presente em busca de soluções eficazes em mudar esse cenário (Avanessian, 2019). Inspirado em Jonas (2006[1985]), Dupuy (2002) defende que a nossa capacidade de previsão resulta em uma obrigação moral de evitar uma catástrofe prevista. Ou seja, a responsabilidade de todos não recai apenas pelos atos por alguém em específico, mas também pela possibilidade de evitar um desastre porvir[15].

---

15. O uso da metafísica sobre o futuro por meio de uma catástrofe está no centro da discussão de Caduff (2015) sobre a preparação constante da comunidade científica em evitar um cenário pandêmico mesmo sem nenhuma mensuração que ateste uma probabilidade considerável do caos previsto ocorrer.

O exagero como uma ferramenta crítica a uma previsão catastrófica

As novas construções, sobretudo de casas, estão alterando o cenário bucólico formado pela vegetação remanescente de mata atlântica, sobretudo com a valorização dos terrenos na região do Pontal (Cardeman, 2014) — localizada entre os bairros do Recreio e Vargem Grande. Os moradores relatam o aumento de alagamentos durante o período de chuvas no verão. Por ser uma área alagadiça, a área está sujeita a inundações. Porém, o aumento de número de construções dificulta o escoamento da água, ampliando os efeitos negativos do fenômeno natural (Name; Cardeman, 2014). Os líderes locais mobilizam esses exemplos como forma de atestar a sua previsão catastrófica, justificando a sua cobrança aos demais por tomar ações que impeçam a emergência de uma catástrofe.

Entretanto, a atuação desses atores está sujeita a críticas relacionadas ao uso demasiado da crítica. De acordo com Werneck (2015), a crítica perde efetividade, se for usada frequentemente. Assim, as pessoas estocam as suas críticas para serem usadas em momentos apropriados. Os líderes locais precisam ser capazes em demonstrar essa habilidade. Os indivíduos que reclamam recorrentemente se tornam alvo de críticas. No final da minha entrevista com Flávia, eu a consultei sobre a possibilidade de entrar em contato com Márcio, síndico do condomínio autroconstruído onde mora, devido ao seu papel atuante na associação de moradores. Entretanto, ela afirma que isso não seria possível por ter brigado com ele há poucos dias:

> — Ele é meio difícil. Ele é meio chato. (...) Ele trabalha em prol do bem do condomínio, mas é um cara que não gosta de ser contestado. As coisas têm que ser do jeito dele. Aí fiz uma pergunta muito simples um dia no grupo [*no Whatsapp*] e ele me esculachou. Aí teve um dia que o controle do portão não estava funcionando. Não era só o meu. (...) Ele veio porque

> mora pertinho do portão. E começou a discutir comigo porque me acusou de o controle não estar funcionando por falta de cuidado meu.

A informante relata que Márcio deixou paulatinamente de ser tido como uma liderança local devido ao seu temperamento. A falta de habilidade de preservar a crítica para os momentos oportunos gera a percepção de que as queixas apresentadas nos debates locais são exageradas, sendo frequentemente caracterizados como "marrentos" por mobilizar as suas capacidades morais no limite máximo da sua produtividade (Werneck, 2015). Cefaï (2002), influenciado pelo pensamento dewayano, apresenta o conceito de arena pública para designar o processo de formação de uma opinião a partir de mecanismos de experimentação em busca de soluções adequadas a um dado quadro situacional. Os entrevistados defendem que a recorrência da crítica leva a discussões desnecessárias. Assim, a falta de habilidade em estocar críticas justificaria a falta de relevância das suas assertivas nas arenas públicas, qualificando-as de exageradas[16].

Pautas relacionadas à preservação do ecossistema local dominam as discussões nas reuniões comunitárias na AMAVAG. Entretanto, alguns moradores defendem que outras questões são mais urgentes. Em um dos encontros, Marcela toma a palavra e interrompe uma discussão sobre maneiras de gerar maior conscientização dos moradores para a destruição do ecossistema local. Ela cobra a resolução de problemas considerados mais urgentes dos outros líderes locais:

---

16. Um processo semelhante ocorre com aqueles tidos como irresponsáveis na sessão anterior. Neste caso, os entrevistados justificam a ausência desses pela ineficácia das suas críticas para chamar atenção ao seu comportamento considerado inadequado. Em outras palavras, os líderes locais precisam criticar recorrentemente aqueles tidos como irresponsáveis. Por isso, há a ausência da população mais jovem, o segmento mais sujeito a esse tipo de desqualificação moral.

— Eu acho que tudo que foi dito agora é fundamental. A questão da construção do cidadão. A questão da educação, que a gente sabe o quanto ela é falha. A gente tem muito o que fazer para melhorar a região. (...) Acho que a gente está vivenciando na região dois mundos paralelos, completamente paralelos[17]. A gente tem um monte de soluções para médio e longo prazo que tem que existir. Se isso não existir, não existe futuro. E a gente tem um presente. O presente está caótico. O presente está cruel. Está cruel mesmo. Então, alguma medida a gente tem que pensar de como a gente pode enfrentar esse presente cruel. Porque todas as medidas de médio e longo prazo vão depender de uma ação agora. Não vai gerar uma solução imediata. Deixaram a coisa correr frouxa durante muito tempo. (...) Estou falando da desordem urbana. Estou falando de alagamento. Estou falando dos rios assoreados. Estou falando de obras irregulares. Estou falando de invasão de terrenos. Estou falando de milícia tomando conta. Estou falando de comunidades que estão crescendo loucamente e que todo mundo está fazendo vista grossa. Quando [*a favela*] se estabelece, você não tem mais como tirar. (...) A lista é enorme. Mas isso são problemas reais e imediatos que não foram criados da noite para o dia. Isso vem [*se desenvolvendo*] ao longo dos anos. Porque no passado não tomaram decisões e ações para não pensar no médio e a longo prazo. Hoje, a gente tem um problema crítico. E [*temos que fazer algo*] neste momento. E a gente está atacando o problema tardiamente. (...) Desculpa interromper a conversa. Estava tão gostosa e acabei entrando esculachando.

---

17. Ela se refere a divisão que os moradores fazem do bairro entre uma área com o desenvolvimento mais lento da urbanização, nas proximidades do maciço da Pedra Branca, com um número considerável de sítios e plantios, remetendo ao imaginário de uma Vargem Grande ruralizada; e outra com uma paisagem mais próxima da cidade em que certas questões, como a da milícia, afetam mais na sociabilidade dessas localidades.

A moradora cita uma série de problemas, incluindo a questão da milícia. Entre as reuniões que observei, foi a única vez que a questão do grupo armado ilegal foi levantada nas discussões. Aparentemente, não por receio. Mas pelos participantes, de maneira geral, evitarem discutir assuntos que percebam não valer a pena investir o seu tempo em solucioná-la, pois acham que as suas ações não serão eficientes para se contrapor à milícia ou por pensarem que as milícias ser uma questão restrita a favelas, como em algumas respostas a fala da moradora. A fala de Marcela foi interrompida por André. Ele disse que não percebe que a situação esteja tão crítica no momento. Segundo o morador, Vargem Grande teria sido pior. O fato de as pessoas estarem percebendo o problema da milícia atestaria a hipótese, pois a população não estaria ignorando o problema como antes. Assim, André considera a previsão catastrófica exagerada.

As pessoas hierarquizam assertivas morais de caráter diferentes de acordo com o quadro situacional vigente. No caso da percepção de um alerta, elas se questionam sobre qual pauta demanda uma solução mais urgente. No caso do episódio citado, os presentes avaliaram se a pauta ambiental seria urgente frente aos outros problemas do bairro. Entretanto, não houve qualquer estabelecimento de acordo.

Os líderes locais de classe média, em geral, priorizam demandas relacionadas ao meio ambiente sob a justificativa de não serem capazes de solucionar outros problemas, como a questão da desigualdade social ou da violência urbana. Portanto, discutir assuntos relacionados à milícia, por exemplo, nas arenas públicas locais seria desnecessário. Até mesmo Marcela, em uma entrevista, relata não acreditar que as suas ações possam resolver muitos problemas, especialmente os enfrentados por moradores de renda mais baixa. Ela cita a sua iniciativa, junto com outros moradores, de auxiliar os moradores das favelas do entorno, devido às dificuldades destes em obter em renda no contexto de restrições sanitárias em decorrência da pandemia gerada pelo novo coronavírus. Ela relata que:

— Chegou um caso pra gente de um catador que foi atropelado quando estava andando com o carrinho. (...) Ele estava numa quitinete lá no [*conjunto habitacional*] César Maia[18]. Sem nada. Conseguiu [*apenas*] um colchonetezinho e estava dormindo no chão. Um cara todo cheio de pino na perna. Sem ninguém para ajudar. Sem conseguir se movimentar. Fizemos uma campanha. Conseguimos montar [*ela se refere a doações de mobiliário*] a quitinete. (...) Conseguimos uma senhorinha pra fazer a comida pra ele. E uma enfermeira que é mãe de uma das voluntárias. Fechamos então o caso do seu Elias. Deu para a gente fazer alguma coisa. Mas só é uma pessoa. É pouco. Mas é o que deu. Só conseguimos fazer essas pequenas ações. Para ser franca, é que nem enxugar gelo. [*O projeto*] Não vai alterar muito a vida dessas pessoas. (...) Não sei nem por onde começar [*para melhorar a vida dos mais necessitados*]. Tem coisas que tem que ser o órgão público mesmo.

As críticas direcionadas aos que não se consideram capazes de resolver uma dada questão, no caso em Vargem Grande relacionada à desigualdade social, passam por um processo de desqualificação moral por meio do uso da ideia de exagero. Por exemplo, Rafaela, em entrevista, afirmou ser uma "viagem" a queixa de projetos voltados à construção de hortas comunitárias por não suprir a demanda por alimentos da enorme população pobre do bairro[19]. O argumento dos críticos se assemelha à discussão de Shostak (2021) sobre a agricultura

---

18. É o termo o qual as pessoas denominam popularmente o Conjunto Habitacional Bandeirantes, localizado em Vargem Pequena, inaugurado em 1994 durante o primeiro mandato do então prefeito Cesar Maia.

19. O Índice de Desenvolvimento Social (IDS) em 2010 em Vargem Grande foi de apenas 0,453. Esse número é muito abaixo da média municipal (0,61), da Barra da Tijuca (0,770) ou até mesmo de áreas qualificadas de favelas como a Cidade de Deus (0,559). De acordo com Cavallieri e Lopes (2008), a pontuação historicamente baixa decorre majoritariamente da precária infraestrutura do bairro.

em áreas urbanas ou periurbanas ser interpretada apenas como um *hobby*, por não ser, na maior parte das experiências, uma fonte de renda primária, ou um "serviço social". Muitos acham injusto que alguns implementem ideias sobre um mundo sem diferenças entre as pessoas em um espaço da associação de moradores sem se atentar em resolver o problema da alta desigualdade social do bairro e, consequentemente, da urgência da falta de acesso a uma alimentação saudável de parte significativa dos moradores de baixa renda. Apesar de muitos considerarem a crítica exagerada, alguns voluntários de projetos ligados a hortas comunitárias distribuem bens plantados nas hortas das favelas da região e auxiliam junto a associações de favelas na elaboração de projetos semelhantes ali. Entretanto, os voluntários não vislumbram ter a capacidade de solucionar o problema e nem consideram que as discussões locais são suficientes para buscar uma alternativa viável. A caracterização dessa queixa como exagerada considera que a realização de atividades agrícolas por meio de ações voluntárias em áreas periurbanas não resolvem todos os problemas da cidade (Broad, 2016).

Conclusão

O processo de urbanização em Vargem Grande se assemelha a outros casos em localidades periurbanas, onde há características híbridas entre os espaços citadinos e rurais. Assim como em outros casos no Sul Global, a expansão urbana ocorre em um ligar com até então baixa densidade populacional e infraestrutura precária — um quadro que gera riscos sociais potenciais, como gentrificação e aumento de cataclismas naturais (Ávila-Sanchez, 2001; Mbiba; Huchzermeyer, 2002; Tacoli, 2002; Kennedy, 2007; Narain, 2009). Isso fornece dispositivos de alerta tangíveis (Chateauraynaud, 2011), a fim de obrigar moralmente os demais a tomarem atitudes que impeçam a emergência de uma hecatombe.

Na sua discussão sobre catástrofe, Dupuy (2002) aponta que prevenir não é um termo correto para designar a ética embutida nas ações que visam evitar o "pior". Pois, o vocábulo indica uma capacidade de prever exatamente os resultados de uma ação. Segundo o autor, não sabemos, em muitas ocasiões, claramente o resultado dos nossos esforços, nem o grau dos riscos. Até porque os momentos catastróficos indicam a nossa incapacidade de compreender perfeitamente o funcionamento do mundo (Moreau, 2017). Inclusive, o catastrofista defende a urgência de soluções por não querer que as suas previsões estejam corretas já que busca evitar que a sua previsão ocorra. Dupuy (Idem) argumenta que eticamente não devemos medir esforços para conter um risco percebido já que nunca saberemos se as nossas ações foram um desperdício de tempo no caso de evitarmos uma catástrofe. Geralmente, os catastrofistas vislumbram que as consequências do fato previsto abrangerão a todos — um processo de distribuição de riscos marcado por ameaças civilizacionais, não se restringindo a fatos isolados (Beck (2010[1986]).

Entretanto, as suas ações sofrem um processo de desqualificação pautado na ideia de exagero. Em grande parte, a efetividade da crítica aos catastrofistas decorre da impossibilidade de sabermos claramente os esforços necessários para evitar o desastre previsto. Todos, de maneira geral, concordam com os problemas levantados nos debates públicos no bairro. As divergências decorrem da medida certa das ações necessárias para evitar eventos negativos futuros ou sobre aqueles capazes de empreender ações que os evitem. Vimos ao longo do texto que a caracterização de uma assertiva como exagerada pode ocorrer: quando o seu autor critica frequentemente; a fala não é considerada adequada a um dado quadro situacional, normalmente há a consideração de um outro problema como mais urgente; ou o problema não pode ser solucionado na arena pública onde ele foi levantado.

A busca para evitar uma catástrofe se assemelha a um estado de vigilância. Duval (1990) define o termo como uma percepção da necessidade de reagir a um fenômeno ainda não concretizado, um fenômeno semelhante a um "despertar" frente a um risco potencial. O autor atenta para a possibilidade dessa percepção se transformar em uma obsessão, que ocorre quando a presença do risco de um evento negativo deixa de ter a sua tangibilidade atestada. Como na crítica de Rafaela ao exagero da demanda de que os produtos plantados na horta sejam inteiramente destinados aos mais necessitados, pois a plantação nas hortas comunitárias nunca suprirá a demanda por alimentação da população pobre do bairro devido aos voluntários não disporem de recursos materiais suficientes para realizar plantações que, de fato, atendam à reivindicação. Duval (1990) utiliza a diferença entre os vocábulos franceses *réveiller* e *éveiller* para explicar o estado de vigilância. O primeiro indica uma ruptura temporal em oposição à ação de dormir. Já o segundo aponta para o estado de estar desperto típico da vigilância. Portanto, aqueles que mobilizam projeções catastrofistas defendem esforços frequentes que evitem qualquer ameaça potencial. Essa demanda constante por atenção enfraquece a sua demanda pelo excesso de dispêndio de recursos para evitar uma previsão que nunca poderá ser completamente atestada no presente ao menos que a catástrofe realmente ocorra.

REFERÊNCIAS

ABBOTT, Andrew. *Time Matters:* On Theory and Method. Chicago: University of Chicago Press, 2001.

AVANESSIAN, Armen. *Future Metaphysics*. Cambridge: Polity, 2019.

ÁVILA-SANCHEZ, H. *Ideas y planteamientos teóricos sobre los territorios periurbanos*. Las relaciones campo-ciudad en algunos países de Europa y América. Investigaciones Geográficas. Boletín del Instituto de Geografía, México, IG-UNAM, n° 45, 2001, pp. 108-127.

BOLTANSKI, Luc; THÉVENOT, Laurent. *De la justification:* Les économies de la grandeur. Paris, Gallimard, 1991.

BOLTANSKI, Luc; THÉVENOT, Laurent. *The Sociology of Critical Capacity*. European Journal of Social Theory, v. 2, n. 3, 1999, p. 359-377.

BECK, Ulrich. *Sociedade de risco:* Rumo a uma outra modernidade. São Paulo, 34, 2010[1986].

BECKER, Howard S. *Segredos e truques da pesquisa*. Rio de Janeiro: Jorge Zahar. 2007[1998].

BECKER, Howard S; GEER, Blanche. Participant Observation and Interviewing: A Comparison. In: *Human Organization*, vol. 16, n. 3, 1957, p. 28-32.

BENTO, L. C. M.; RODRIGUES, S. C. *Geoturismo nas Quedas D'Água do Município de Indianapólis*. Revista Mercator, Fortaleza-CE, v. 10, n. 21, 2011, pp. 147-160.

BREVIGLIERI, M. L'insupportable. L'excès de proximité, l'atteinte à l'autonomie et le sentiment de violation du privé. In: BREVIGLIERI, M.; LAFAYE, C.; TROM, D. (ed.). *Compétences critiques e sens de la justice*. Collection Études Sociologique. Paris: Economica, 2009.

BREVIGLIERI, M; TROM, D. Troubles et tensions en milieu urbain. Les épreuves citadines et habitantes de la ville. In: CEFAÏ, D.; PASQUIER, D. (ed.). *Les sens du public*. Paris: Presses universitaires de France, 2003, pp. 399-416.

BROAD, Garrett M. *More Than Just Food:* Food Justice and Community Change. Oakland: University of California Press, 2016.

CADUFF, Carlo. *The pandemic perhaps:* dramatic events in a public culture of danger. Berkeley: University of California Press, 2015.

CARDEMAN, Rogerio Goldfeld. *A transformação da paisagem em área de expansão urbana:* Planejamento em Vargem Grande no Rio de Janeiro. 290f. Tese (Doutorado em Ciências em Arquitetura, Linha de pesquisa: Cultura, Paisagem e Ambiente Construído) — Programa de Pós Graduação em Arquitetura, UFRJ/Rio de Janeiro, 2014.

CAVALLIERI, F; LOPES, G.P. *Índice de Desenvolvimento Social:* comparando realidades micorurbanas da cidade do Rio de Janeiro, Coleção Estudos Cariocas, 2008.

CEFAÏ, Daniel. Qu'est-ce qu'une arène publique? Quelques pistes pour une approche pragmatiste. In: CEFAÏ, Daniel; JOSEPH, Isaac. *L'Héritage du pragmatisme:* Conflits d'urbanité et épreuves de civisme. Paris, Aube, 2002, pp. 51-82.

CHATEAURAYNAUD, Francis. *Argumenter dans un champ de forces*: Essai de balistique sociologique. Paris, Pétra, 2011.

DEWEY, John. *Logic:* The Theory of Inquiry. Nova Iorque: Henry Holt, 1938.

DUPUY, J.-P. *Pour un Catastrophisme Eclairé*. Quand L'impossible Est Certain, Paris, Seuil, 2002.

DUVAL, Raymond. *Temps et Vigilance*. Paris: Librairie Philosophique J. Vrin, 1990.

FERREIRA, H. C. H.; CARNEIRO, M. J. *Conservação ambiental, turismo e população local*. Cadernos EBAPE, edição temática, 2005.

FREIRE, Jussara. *Agir no regime de desumanização:* Esboço de um modelo para análise da sociabilidade urbana na cidade do Rio de Janeiro. Dilemas: Revista de Estudos de Conflito e Controle Social, v. 3, n. 10, 2010, pp. 119-142.

GLASER, Barney G.; STRAUSS, Anselm L. *The Discovery of Grounded Theory:* Strategies for Qualitative Research. Chicago, Aldine, 1967.

GOMES, Renato Cordeiro. *Todas as cidades, a cidade*. Rio de Janeiro: Rocco, 1994.

GREENBERG, Miriam. *Branding New York:* How a City in Crisis Was Sold to the World. New York: Routledge, 2008.

HIRSCHMAN, Albert. *Exit, Voice and Loyalty*. Cambridge, Harvard University Press, 1967.

JONAS, Hans. *O Princípio da Responsabilidade:* ensaios de uma ética para a civilização tecnológica. Rio de Janeiro: Contraponto; Ed. PUC-Rio, 2006[1985].

KAUFMANN, Jean-Claude. *A entrevista compreensiva:* Um guia para pesquisa de campo. Petrópolis, Vozes, 2013[1996].

KENNEDY, L. *Regional Industrial Policies Driving Peri-urban Dynamics in Hyderabad, India*. Cities 24(2), 2007, pp. 95-109.

LAFAYE, C.; THEVENOT, L. Une justification écologique? Conflits dans l'aménagement de la nature. In: *Revue Française de Sociologie*, 34, 4, 1993, p. 495-524.

LAGADEC, P. *Le risque technologique majeur*. Paris: Collection Futuribles, 1981.

MATHEUS, F.; RAIMUNDO, S. *Os resultados das políticas públicas de ecoturismo em Unidades de Conservação no Brasil e no Canadá.*

Revista Brasileira de Pesquisa em Turismo São Paulo, 11(3), 2017, pp. 454-479.

MBIBA, B; HUCHZERMEYER, M. *Contentious development:* peri-urban studies in sub-Saharan Africa". In: Prog Dev Stud 2(2), 2002, pp. 113-131.

MOREAU, Yoann. *Vivre avec les Catastrophes*. Paris, PUF, 2017.

MOREIRA, J. C. *Geoturismo:* uma abordagem histórico-conceitual. Revista Pesquisas em Turismo e Paisagens Cársticas, Campinas-SP, v. 3, n. 1, 2010, p. 5-10.

NAME, N.; CARDEMAN, R. G. Cenários de ocupação e transformação da paisagem na Baixada de Jacarepaguá, Rio De Janeiro. In: *Mercator*, Fortaleza, v. 13, n. 2, mai./ago. 2014, p. 61-78.

NARAIN, V. *Growing city, shrinking hinterland:* Land Acquisition, transition and conflict in periruban Gurgaon, India. Environment and Urbanization, 27 (2), 2009, pp. 501-512.

NASCIMENTO, M. A. L.; RUCHKYS, U. A.; MANTESSO-NETO, V. *Geoturismo:* um novo segmento do turismo no Brasil. Revista Global Tourism, v. 3, n. 2, 2007.

PAHL, R E. A perspective on urban sociology. In: PAHL, R E. (org.). *Readings in Urban Sociology*. Pergamon Press. Oxford, 1968.

O GLOBO. *Busca por terrenos explode na área de Barra, Recreio e Vargens na pandemia*. O Globo Rio, 10/05/2021. Disponível em: https://oglobo.globo.com/rio/bairros/busca-por-terrenos-explode-na-area-de-barra-recreio-vargens-na-pandemia-1-25006663.

REZENDE, Vera F.; LEITÃO, Gerônimo. Plano Piloto para a Barra da Tijuca e Baixada de Jacarepaguá, a Avaliação dos Ideais Modernistas Após Três Décadas. In: *Seminário DOCOMOMO Brasil*, 5. Arquitetura e Urbanismo Modernos: Projeto e Preservação. São Carlos, 27 a 30 out. 2003.

ROCHA, Camilo. *O baixo risco de transmissão da covid-19 por superfícies*. Nexo Jornal, 09/04/2021. Disponível em: https://www.nexojornal.com.br/expresso/2021/04/09/O-baixo-risco-de-transmiss%C3%A3o-da-covid-19-por-superf%C3%ADcies.

SANTOS, Leonardo Soares dos. *A Zona Rural do Município do Rio de Janeiro:* as tentativas de construção e configuração do território (181201945). Rio de Janeiro: Agbook, 2020.

SHOSTAK, Sara. *Back to the Roots:* Memory, Inequality, and Urban Agriculture (Nature, Society, and Culture). Wilmington: Rutgers University Press, 2021.

STAVO-DEBAUGE, J. L'indifférence du passant qui se meut, les ancrages du résidant qui s'émeut. In: CEFAÏ, D.; PASQUIER, D. (org.). *Les sens du public*. Paris: PUF, 2003, pp. 347-371.

TACOLI, C. *Changing rural-urban interactions in sub-Saharan Africa and their impact on livelihoods:* a summary. Working Paper Series on Rural-Urban Interactions and Livelihood Strategies. IIED, London, UK, 2002.

THÉVENOT, Laurent. *La acción en plural:* una introducion a la sociologia pragmática. Buenos Aires: Siglo Veintiuno Editores, 2016[2006].

THOMAS, William I. *Unadjusted Girl:* With Cases and Standpoint for Behavior Analysis. Nova York: Harper and Row, 1966[1923].

THOMAS, William I; THOMAS, Dorothy S. *The Child in America:* Behavior Problems and Programs. Nova York: Alfred A Knopf, 1938[1928].

WERNECK, Alexandre. *A desculpa:* As circunstâncias e a moral das relações sociais. Rio de Janeiro, Civilização Brasileira, 2012.

WERNECK, Alexandre. *"Dar uma Zoada", "Botar a Maior Marra":* Dispositivos Morais de Jocosidade como Formas de Efetivação e sua Relação com a Crítica". Dados [online]. 2015, v. 58, n. 1, pp. 187-222.

ZUKIN, Sharon. *Naked city:* the death and life of authentic urban places. Nova York, Oxford University Press, 2010.

As moralidades do SUS

uma análise pragmática do Sistema Único de Saúde

ROBERTA DE CARVALHO CORÔA

A existência de um sistema na sociedade cuja maior característica seria a capacidade de inscrever indivíduos e suas ações em papéis, funções, percursos etc. previstos pressupõe a operação de uma ordem social bem estruturada e capaz de abarcar as agências individuais em performances predefinidas (Parsons, 1964[1951]). Se esse pressuposto mais geral for aplicado a um sistema de saúde, esse deveria ser capaz de inscrever pessoas em trajetórias de cuidado previstas e correspondentes a expectativas elaboradas no seio da coletividade. Levemos em conta, também, uma ordem social nesses moldes carrega intrinsecamente uma dimensão moral, no sentido em que para o sistema operar ele precisa ser capaz de fazer com que os atores enredem suas ações em moralidades garantidas por dispositivos como instituições, leis etc. Do ponto de vista da política nacional de saúde (e de sua moralidade), o Sistema Único de Saúde (SUS), complexo de cuidado sanitário adotado no Brasil a partir da Constituição de 1988, deveria operar assim.

A discussão apresentada neste capítulo é uma análise das moralidades do SUS e foi construída a partir de análises bibliográficas, historiográficas e documentais sobre a criação e o funcionamento do sistema; e de uma pesquisa em que acompanhei durante 2 anos pessoas com doenças incuráveis necessitadas de serviços públicos de saúde para sobreviver. Partindo de uma análise pragmática

(Boltanski; Thévenot, 2020[1991]; Callon; Latour, 1981), mergulharemos em fatos normativos oficiais (porque registrados em leis e instituídos por políticas públicas) que contam a história do trabalho de moralização da saúde como bem comum operado por diferentes atores sociais; mas também em trajetórias vivas de atores que representam e operacionalizam tais moralidades em seu cotidiano.

O pacto de criação do SUS

É consenso que a criação do SUS é fruto de um contexto de luta pela redemocratização do país e de construção da cidadania por meio da conquista de direitos sociais e políticos no quadro da Carta de 1988. Na conformação de sistemas universais de saúde, a premissa da universalidade do acesso surge atrelada à afirmação de direitos naturais dos homens na sociedade moderna. Dessa forma, o direito de cada indivíduo de usufruir de cuidados adequados de saúde — como marca do pressuposto de dignidade comum — é um dos termos do contrato social, devendo ser garantido pelo conjunto da sociedade organizada na forma do Estado. Foi a representação da saúde como direito humano (e, portanto, universal) que historicamente fundamentou a construção dos sistemas de saúde na Europa e no Brasil, dando origem a modelos nos quais a solidariedade, materializada no financiamento por contribuições sociais, assume a forma de uma característica societária normativa e de condição para a oferta de saúde à população.

Nesse desenho, temos uma moralização da saúde individual como um direito. No modelo das Economias da Grandeza (EG) (Boltanski; Thévenot, 2020[1991]), uma noção de saúde como direito opera no âmbito da cité cívica, cujo modelo de bem comum, de justiça, se baseia em formas que expressam a vontade geral e estabelece relações de solidariedade entre os seres envolvidos na situação na qual se encontra ativa. No caso da saúde como direito, essa pauta emergiu na forma de um bem comum a partir da organização de grupos da sociedade (trabalhadores no caso europeu; militantes do Movimento da Reforma Sanitária, no brasileiro), que afirmaram que todos os indivíduos devem ter acesso a cuidados de saúde e apostaram na solidariedade como princípio necessário à manutenção desse acesso. Em outras palavras, como bem comum, a saúde deve ser usufruída por todos e, estando a solidariedade na base dessa relação, todos são responsáveis por isso. Sendo o Estado justificado civicamente como a própria expressão da vontade geral, deve ser ele então o responsável pela manutenção desse bem, que surge, então, na forma de um direito. Entendendo uma questão moral como a da gestão do bem, isso é, da administração de a quem ele se direciona e sob que bases (Werneck, 2012), com essa fórmula desvendamos em termos morais a máxima do SUS presente da Constituição, de que "a saúde é um direito de todos e dever do Estado" (Brasil, 1988).

Contudo, há uma segunda dimensão do Estado que sustenta sua participação no pacto de criação do SUS. Não se trata mais somente de um corpo encarnado pela vontade geral, mas da imagem de um soberano capaz de coordenar as ações individuais e garantir a segurança de seu povo e o funcionamento do país por meio da operação de um conjunto de instrumentos técnicos-científicos eficientes para tratar da saúde da população. Em outra metáfora, o Estado adotaria a forma do gestor de uma indústria, que deveria garantir o bom funcionamento de cada setor, de cada máquina, de cada funcionário, para que seu negócio continuasse eficiente. Na vida real, o Estado precisa se ocupar dos problemas de saúde das populações para manter o funcionamento do país, e dispõe de instrumentos para tal, como a epidemiologia, as máquinas, os protocolos médicos etc. Como disciplina, a epidemiologia é o conhecimento capaz de, entre outras coisas, mensurar, o mais próximo possível da realidade, as incidências das enfermidades na população. Já como braço do Estado na elaboração de políticas públicas, ela organiza ações coordenadas de controle da saúde das populações, visando a manutenção de níveis aceitáveis de doenças entre os indivíduos. No Brasil, a associação entre o Estado gestor e a epidemiologia é fixada no dispositivo da saúde pública, que pautou a participação do Estado na oferta de cuidados de saúde até a criação do SUS e foi a ele incorporada.

O ponto é que o papel do Estado no pacto social que deu origem ao SUS não se deu apenas no sentido da manutenção de um direito, e teve lugar também um trabalho de moralização da saúde como recurso necessário à manutenção do país. Antes da criação do SUS, as ações do Estado no que dizia respeito à saúde eram de tipo "campanhista", estando sempre no horizonte o objetivo de deixar a população brasileira em condições mínimas de sustentar a inserção do país no cenário econômico global[1]. Uma noção de saúde como recurso, ainda no escopo do modelo das EG, operaria no interior de uma moralidade *industrial*, que traz como bem comum formas que expressam eficiência e pauta relações de funcionalidade entre os seres envolvidos na situação na qual se encontra ativa. Dessa forma, a saúde é um bem comum na medida em que é um recurso caro a todos os indivíduos para cumprir suas funções dentro de um sistema, nesse caso, o país.

Os trabalhos de moralização da saúde como direito e de moralização da saúde como recurso são sintetizados e estabilizados com a criação do dispositivo da saúde coletiva e seus desdobramentos como disciplina, ações e instituições (associações nacionais de pesquisadores, cursos de pós-graduação e, mais recentemente, graduações),

---

1. Sobre o tema, indico o livro "Na corda bamba de sombrinha: a saúde no fio da história" (Ponte, Falleiros, 2010), sobretudo, os capítulos "O Brasil no microscópio", de Carlos Fidelis e "O sanitarismo (re)descobre o Brasil", de Carlos Fidelis Ponte, Simone Petraglia Kropf e Nísia Trindade Lima. Na obra é possível acessar (inclusive através de imagens) o discurso que concebe a saúde como recurso associando desenvolvimento, guerra e demanda por melhoria das condições sanitárias do país e que se desdobra em ações coletivas visando diminuir a incidência de doenças na população.

que a partir da década de 1980 passam a estar na linha de frente da criação do SUS. De fato, o termo "saúde coletiva" se refere a uma área de conhecimento e de atuação multidisciplinar[2], cujo objeto é a saúde dos indivíduos e das populações e é resultado do trabalho de construção de profissionais da saúde, intelectuais e militantes, no contexto da Reforma Sanitária Brasileira.

É fundamental, contudo, notar que o modelo das EG que sustenta a análise aqui empreendida prevê a formação de compromissos entre diferentes moralidades no caso de não ser possível se chegar a um acordo tendo como referência apenas uma forma de bem comum. Esses compromissos são estabilizados na forma de dispositivos mistos (acordos, leis, protocolos, regras etc.), congregando elementos regidos por diferentes moralidades coexistindo em relativa harmonia e construindo uma normatividade específica. Por exemplo, os autores do modelo das EG afirmam que o funcionamento do Estado moderno como conhecemos hoje está pautado em um compromisso entre as moralidades cívica e industrial, gerando o que chamam de "cité coletiva". Também no escopo da saúde coletiva, é possível identificar uma moralização das questões de saúde desse tipo. Vejamos.

Expressão de um compromisso entre sociedade e Estado, a saúde coletiva é nutrida por uma noção ampliada de saúde, em que pesam todos os aspectos relativos ao bem-estar do ser humano. Ademais, ela se apropria da categoria determinantes sociais da saúde[3], que, de um lado, acolhe a evidência de que a saúde individual é uma expressão das condições econômicas, psicológicas e sociais nas quais se encontram os indivíduos na sociedade, sendo dependente da manutenção

---

2. Sobre a criação do termo e a trajetória da principal associação de saúde coletiva do Brasil, ver Lima e Santana (2006).

3. Segundo a OMS, os determinantes sociais da saúde dizem respeito às condições de vida e trabalho de um indivíduo, sejam elas culturais, econômicas, psicológicas etc. Para mais, ver Buss e Pellegrini Filho (2007).

de direitos básicos universais como um todo, e, de outro, incorpora a ideia de que a manutenção dos níveis aceitáveis de saúde da população, ou seja, a manutenção da saúde como recurso, é dependente da construção de ambientes e relações saudáveis para os indivíduos.

É dessa forma que a universalidade do acesso aos serviços de saúde é instituída a partir da criação do SUS, ao mesmo tempo como um valor, uma diretriz e uma meta a ser alcançada, majoritariamente por meio do financiamento do Estado. A realização desse compromisso na oferta de serviços de saúde seria característica de um Estado ideal de bem-estar social. Entretanto, não é esse o caso.

Os muitos anos anteriores à criação do SUS foram caracterizados pela ausência de ações centralizadas a partir do Estado para a garantia da saúde dos indivíduos[4]. Em linhas gerais, o Ministério da Saúde sempre foi responsável pelo combate de ameaças específicas, de caráter localizado ou epidêmico, como malária, cólera, desnutrição etc. Já as corporações profissionais, por meio das caixas de aposentadorias e pensões, pelo atendimento ambulatorial e hospitalar para os trabalhadores formais. E os que não eram sequer empregados e não tinham condições de pagar por serviços privados eram dependentes de hospitais filantrópicos ou dos poucos hospitais públicos, que funcionavam em péssimas condições.

Em virtude da lacuna deixada por essa configuração na oferta de serviços de saúde, a partir da década de 1970 o mercado de seguros

---

4. Novamente, para aprofundamento do tema indico a obra "Na corda bamba de sobrinha: a saúde no fio da história" (Pontes; Falleiros, 2010). Para o acesso de pesquisas e fontes sobre a saúde pública de tipo campanhista e a medicina previdenciária – que expressavam a falta de ações centralizadas do Estado no que dizia respeito à saúde da população – indico os capítulos "Saúde pública e medicina previdenciária: complementares ou excludentes?", de Carlos Fidelis Ponte, José Roberto Franco Reis e Cristina M. O. Fonseca, "Saúde e desenvolvimento: a agenda do pós-guerra" de Fernando A. Pires-Alves, Carlos Henrique Assunção Paiva e Ialê Falleiros, "Os anos de chumbo: a saúde sob a ditadura" de Carlos Fidelis Ponte e Dilene Raimundo do Nascimento.

de saúde e o complexo médico industrial passou a crescer significativamente no Brasil, sendo o Estado, ao mesmo tempo, financiador e cliente desses serviços. Ou seja, o investimento na área da saúde era feito pela concessão de créditos a essas empresas, o que deixava os serviços públicos descobertos e levava ao Ministério da Saúde a comprar máquinas, leitos e procedimentos para dar conta da parcela da população mais pobre sem cobertura alguma. Tudo isso fez com que o setor de venda de serviços de saúde se constituísse como uma parte importante a ser considerada no pacto de criação do SUS.

Quando o sistema foi, então, criado, o complexo médico industrial da saúde privada já era muito robusto e não podia ser excluído, tanto em termos econômicos quanto em termos da assistência prestada a uma parcela significativa da população. Simplesmente não era possível romper com o mercado da saúde privada, o compromisso da saúde coletiva não tinha nem força política nem recursos para tal, sobretudo em um contexto já de expansão da agenda neoliberal. Os grandes empresários do setor já controlavam parte dos próprios serviços de saúde ofertados pelo Estado, além de não haver orçamento suficiente destinado ao SUS que tornasse o sistema capaz de cobrir toda a população, incluindo aqueles indivíduos que já pagavam por seus serviços de saúde privados. Foi preciso negociar, conceder, e o pacto definitivo foi firmado com o arranjo dos valores oriundos das concepções de saúde ao mesmo tempo como direito, recurso e bem de consumo.

Assim, no âmbito do mercado, impera o trabalho de moralização da saúde como um bem de consumo, que ganha status de bem comum na medida em que é bom para todos poderem comprá-la — e que seja vendida a preço justo. Uma noção de saúde como bem de consumo opera no interior de uma moralidade mercantil, que traz como bem comum formas que expressam o interesse individual pelas coisas e pauta relações de competição e troca entre os elementos envolvidos na situação. Nesse nicho, os indivíduos não estão em equivalência abarcados por uma relação de proteção e representação com o Estado;

são considerados iguais por suas supostas capacidades de inserção no mercado. A prática de mercadorização da saúde se justifica pelos discursos segundo os quais seria bom vendê-la porque assim aqueles que podem pagar têm acesso a um cuidado diferenciado e a despesa pública com a saúde seria direcionada a quem não pode pagar. Esse argumento pode ser considerado em grande medida falacioso, uma vez que o Estado acaba tendo gastos dobrados ao simultaneamente financiar o SUS e subsidiar os planos de saúde (Ocké-Reis, 2019; Marques, 2019). De toda forma, é esse ideal que sustenta a corrida das empresas pela oferta cada vez mais diferenciada e "exclusiva" de seus serviços, a fim de captar aqueles com condições de investir altas quantias na garantia de sua saúde.

Um dado fundamental para a manutenção da saúde como bem de mercado é a condição de que esses serviços se apresentem como um recurso escasso. E isso se relaciona diretamente com o papel exercido pelo Estado em sua oferta: ele deve deixar de ofertar serviços de saúde suficientes em número e em qualidade para que a venda de cuidados de saúde se torne atrativa. A evidência trazida pela pesquisa de Salmen (2020) com os dados da Pesquisa Nacional de Saúde de 2013, que aponta altas taxas de utilização do SUS por usuários de plano de saúde, e o próprio caso de Carlos, narrado neste texto, ratificam a capacidade subutilizada do Estado de oferecer à população serviços ótimos de saúde — que são inclusive escolhidos em função da sua boa qualidade. Já o argumento de que tal subutilização é intencional e que há uma escolha deliberada sobre quais serviços oferecer tendo em vista a articulação com o setor privado, pode ser encontrado no trabalho de outros autores (Ocké-Reis *et al.*, 2006). Em todos os casos, em virtude da incorporação do mercado, o compromisso entre sociedade e Estado, estabilizado em uma moralidade da saúde coletiva, não pode operar em sua máxima potência.

E não se trata apenas de uma idealização moral. O compromisso firmado entre a sociedade, o Estado e o mercado encontra-se estabilizado formalmente na lei de criação do SUS (Brasil, 1990). Ainda que com a manutenção da universalidade do acesso à saúde como valor, a legislação que dispõe sobre a implementação do sistema define que a cobertura universal dos serviços de saúde deverá ser alcançada a partir da articulação entre as iniciativas pública e privada. Isso significou a instituição de um modelo de provisão de serviços de saúde com base no pagamento do Estado às empresas por leitos, procedimentos etc. e o financiamento direto do setor privado por meio do repasse de recursos destinados à saúde pública para as instituições de saúde suplementar.

O desbotamento do pacto inicial e a supremacia da saúde como bem de consumo

Nos anos que se seguiram à consolidação do pacto inicial do SUS, foi possível observar um enfraquecimento progressivo das ações relacionadas à manutenção da saúde coletiva na base da organização da oferta de serviços de saúde, ao mesmo tempo que a ampliação do trabalho de moralização da saúde como bem de consumo. Esse movimento pode ser verificado em análises já realizadas[5] sobre a focalização das políticas públicas de saúde a partir da década de 1990, em que o Estado passou a ofertar um piso de serviços básicos e de mais baixo custo para a população mais pobre, visando corresponder aos indicadores mundiais impostos como condição para o investimento do capital internacional e a concessão de empréstimos de agências internacionais, como o Banco Mundial ou o Fundo Monetário Internacional (FMI); nos dados sobre o aumento progressivo do investimento público no setor de saúde suplementar, e no crescimento colossal do número de empresas privadas de saúde e de seus clientes[6].

---

5. Para o tema da focalização das políticas de saúde, ver Rizzotto (2000).

6. Para os dados sobre financiamento e aumento dos planos privados, ver o Mapa Assistencial da Saúde Suplementar (2016) e Saldiva e Veras (2018).

É inegável que a criação do SUS ampliou a oferta de saúde para milhões de brasileiros e é igualmente evidente que o número de serviços públicos e gratuitos cresceu nas últimas duas décadas. Por exemplo, a última Pesquisa Nacional de Saúde, realizada em 2013, mostrou que "das pessoas que ficaram internadas em hospitais por 24h ou mais, 65,7% (8 milhões) tiveram esse atendimento por meio do Sistema Único de Saúde — SUS" (IBGE, 2015, p. 48). Ainda assim, é preciso estar atento à forma como se deu tal expansão. Por exemplo, o aumento da cobertura de saúde foi impulsionado pela descentralização e pela municipalização da gestão, mas apoiado nos processos de terceirização e publicização[7], que transferiram progressivamente atividades antes do Estado para organizações privadas (Teixeira, Oliveira; Arantes, 2012).

O compromisso da saúde coletiva conseguiu firmar seus valores na lei de criação do sistema, que define os princípios de universalidade, equidade e integralidade da atenção e as diretrizes de descentralização, regionalização, hierarquização e participação social (Brasil, 1990). Expressões do trabalho da saúde como direito, o princípio da universalidade determina que todos os cidadãos, sem qualquer tipo de discriminação, têm direito às ações e aos serviços públicos de saúde; o princípio da integralidade afirma que a saúde deve atender à condição integral do ser humano, o que significa considerá-lo em seu contexto psicossocial, cultural etc., e o princípio da equidade pauta que os atendimentos aos indivíduos devem priorizados de forma a oferecer mais a quem mais precisa e menos a quem requer menos cuidados (Matta, 2009; Pinheiro, 2009; Escorel, 2009). Já as diretrizes de descentralização, regionalização e hierarquização pressupõem que os recursos e a responsabilidade pelos serviços sejam repassados aos estados e municípios, que o cuidado

7. O termo publicização é utilizado na bibliografia de gestão em saúde para designar o processo de transferência da administração de unidades públicas de saúde para setores da sociedade civil.

seja organizado segundo as necessidades de cada território e que as diferentes unidades de saúde formem uma rede integrada de serviços de baixa, média e alta complexidades.

Apesar disso, os cenários global e local colocados para a expansão do SUS não foram favoráveis à manutenção dos dispositivos de garantia universal da saúde. Em nível global, as grandes potências desde o Consenso de Washington (1989) buscavam no capitalismo um equilíbrio entre a diminuição do Estado e a demanda por políticas sociais, necessárias à sobrevivência do próprio modo de produção. E, no plano do trabalho, era esse também o momento da expansão dos referenciais da reestruturação produtiva, que buscava a racionalização da produção e o aumento da lucratividade com a definição de novas diretrizes para a gestão, relacionados à flexibilização da produção e das relações trabalhistas. A conjunção dos dois movimentos foi condensada em uma ideologia[8] que ergueu o próprio Estado como uma empresa reestruturada nos moldes flexíveis, com consequências para os sistemas de saúde no sentido do desbotamento do compromisso firmado para a oferta universal de serviços à população e do fomento do trabalho moralização da saúde como bem de consumo.

No Brasil, a reforma gerencial do Estado brasileiro, promovida durante o governo Fernando Henrique Cardoso (1995-2002), registrou em documentos e ações[9] a reconfiguração do pacto inicial do SUS. Houve um afinamento entre Estado e mercado, no qual o primeiro emergiu muito mais como empresa (centrada na produtividade e na otimização de recursos) e muito menos como "expressão

---

8. Em trabalho anterior (Corôa, 2015), apoiada nos trabalhos de Richard Sennet (2006), Danièle Linhart (2007) e Luc Boltanski e Ève Chiapello (2009), investiguei o conjunto de valores e práticas para a gestão do trabalho que surgiu no seio da empresa capitalista a partir da década de 1980 e discuti sua interface com o trabalho e a educação no SUS.

9. Para mais, ver os documentos (Brasil, 1995, 1999).

da vontade de todos", renunciando ao papel de executor e prestador único de serviços sociais e se mantendo apenas como formulador e regulador de políticas. É por meio dessa reforma que, nos serviços públicos de saúde, se fizeram presentes as orientações neoliberais e as diretrizes para o trabalho oriundas do padrão de acumulação flexível (Corôa, 2015).

Sintetizando nas palavras de Rizzotto (2000), a reforma gerencial tinha implícito um projeto de mudança cultural no setor de saúde, que pretendia: a construção do cidadão cada vez menos como usuário de um sistema universal de saúde e cada vez mais como cliente e agente participante do setor; a organização de um sistema nacional privado, devidamente regulamentado; o funcionamento competitivo no interior do subsistema público e entre os subsistemas públicos e privados, para estimular a melhoria da qualidade e a diminuição dos gastos; a elaboração de um sólido sistema de acompanhamento, controle e avaliação de ações e serviços; e a adoção de uma prática gestora desconcentrada e descentralizada.

Dessa forma, a expansão SUS se deu marcada por uma racionalização econômica dos serviços, que deveriam operar o máximo possível com o mínimo de gastos, o que significava a oferta restrita às populações extremamente vulneráveis e ao tratamento de doenças relevantes em termos de indicadores. Houve também a ressignificação através de novas práticas dos sentidos das diretrizes de descentralização e participação social, que fez com que a política de saúde adotada assumisse cada vez mais características de um comunitarismo, com a transferência de responsabilidades para os governos locais (Observatório dos Técnicos De Saúde, 2006), que se organizaram de forma desigual, precária e com ampla incorporação de empresas privadas na oferta de saúde. Os anos que seguiram à criação do SUS foram cruciais para o desbotamento de seu pacto inicial, com o enfraquecimento do princípio da universalidade e a segmentação do acesso à saúde na sociedade brasileira.

Em um passado mais recente, novas reformas significaram uma ainda maior ampliação da participação privada no financiamento, na oferta e na organização da saúde em países com sistemas universais (Cordilha; Lavina, 2018; Ferreira; Mendes, 2018). Tanto no Brasil quanto na Europa são identificados macroprocessos de origem transnacional relacionados às transformações nas concepções de saúde e de universalidade difundidas por atores centrais no âmbito da saúde global. Trata-se de um movimento no qual agências transnacionais de grande força, como a Organização Mundial de Saúde (OMS) e o Banco Mundial, associam cada vez mais a universalidade do acesso à saúde à cobertura universal de saúde (universal health coverage, UHC) em detrimento de sistema universal de saúde (Universal Health System, +UHS), uma noção já impressa em resoluções das Nações Unidas (Giovanella *et al.*, 2018; Sengupta, 2013).

Enquanto a premissa de um sistema universal pressupõe um arranjo no qual os serviços de saúde devem ser ofertados e mantidos sob os imperativos e constrangimentos da saúde como bem comum na qualidade de direito universal, à categoria de cobertura universal se relaciona com a ideia de proteção financeira, na qual a função do Estado passa a ser subsidiar e gerenciar a demanda por serviços. Ou seja, o esforço conjunto dos países deve operar no sentido da implementação de medidas que permitam que cada indivíduo seja capaz de pagar por seus tratamentos de saúde. Nesse contexto, a forma dos seguros parece ser uma das mais eficientes, uma vez que reduz os gastos *out of pocket*, aqueles ocasionados por emergências e pelo tratamento de doenças inesperadas, responsáveis por grande parte das despesas excessivas nesse âmbito. Identifica-se, mais uma vez, uma dinâmica na qual o acesso aos serviços de saúde é desbotado como um direito inalienável e passa a operar como algo passível de compra e venda e, portanto, de precificação.

A noção de UHC reafirma a substituição das ações coletivas de caráter universalista por políticas sociais de cunho seletivo e focalizado. Alguns autores[10] já caracterizaram a redução da participação do Estado na oferta de serviços de saúde para a população como um processo de mercadorização ou financeirização da saúde que, além de aumentar significativamente o número de seguros particulares, afetaria os contornos morais da saúde como direito. Uma vez podendo ser comprada e, portanto, precificada, a saúde ganha a forma de uma mercadoria e, nos últimos anos, as reformas no sentido na UHC significaram a atualização do trabalho de moralização da saúde como um bem de consumo.

Em 2017, no Brasil, o movimento global impactou na reformulação da Política Nacional de Atenção Básica à Saúde (Pnab) (Brasil, 2017). De forma paradoxal, ao mesmo tempo que milhões de brasileiros se tornavam dependentes do SUS[11] graças à crise econômica enfrentada pelo país[12], um novo documento foi aprovado e nele são identificadas medidas que caminham a passos largos no sentido da segmentação da oferta desses serviços no país. O projeto de revisão da Pnab definiu que a cobertura integral do território, bem como a relação ideal entre trabalhadores e população abrangida, deverá ser cumprida somente em localidades classificadas como vulneráveis e propõe uma carteira mínima de serviços de acordo com as especificidades locais. Dessa forma, há uma explícita intenção de relativizar a cobertura da atenção e de que o SUS seja destinado somente aos pobres e não para todos, em uma "projeção na qual

---

10. Ver Cordilha e Lavinas (2018) e Ferreira e Mendes (2018).

11. Segundo dados da Agência Nacional de Saúde Suplementar (ANS), entre 2016 e 2019, mais de 3 milhões de pessoas deixaram de pagar seus planos de saúde. Disponível em: https://www.ans.gov.br/perfil-do-setor/dados-gerais.

12. Segundo dados do IBGE, no biênio 2015-2016 houve uma queda acumulada de 6,7% no PIB do Brasil. A experiência dessa queda na vida de alguns brasileiros poderá ser acompanhada nos casos desta tese, sobretudo, da forma como se expressam em suas trajetórias de utilização de serviços de saúde e na própria deterioração dos serviços públicos de saúde que já eram utilizados. Disponível em: https://agenciadenoticias.ibge.gov.br/agencia-sala-de-imprensa/2013-agencia-de-noticias/releases/25921-em-2017-pib-cresce-1-3-e-chega-a-r-6-583-trilhoes.

uma parte da população estaria destinada a compor o mercado de consumo privado e segmentado dos planos de saúde, em detrimento da universalidade como princípio" (Fonseca; Morosini, 2017, p. 2).

Para que a expansão privada tivesse lugar, seria necessário que uma das partes que firmaram o compromisso que deu origem ao SUS recuasse. Nesse caso, ao longo dos anos, o Estado perdeu sua grandeza como expressão da vontade geral, deixando de operar a favor da saúde como direito de todos e passando a gerir a oferta de saúde em benefício dos poucos que gozavam de sua compra e dos poucos que enriqueciam com a sua venda. Nesse processo de desbotamento do pacto inicial, a sociedade emergiu não mais reunida em solidariedade, mas segmentada em, de um lado, um grupo de necessitados e, de outro, um de clientes.

Explicando o padrão de utilização de serviços de saúde no Brasil

As três concepções de saúde apresentadas se tornaram categorias generalizadas — ou seja, compartilhadas por grande parte da sociedade brasileira —, uma vez que difundidas por meio da execução de ações no âmbito de políticas públicas. O que chamo de "trabalho de moralização" consiste, justamente, no empreendimento moral de tornar determinada forma de bem comum da saúde uma normatividade consagrada de ação, a ser mobilizada pelos atores quando reconhecem precisar de cuidados de saúde. No caso do desbotamento do pacto inicial do SUS, o movimento consistiu em expandir a busca por serviços privados de saúde e foi alimentado pela crença de que os serviços ofertados pelo Estado eram insuficientes, em quantidade e qualidade, devendo ser reservados aos pobres. Por exemplo, dados sobre o perfil de utilização dos serviços de saúde no Brasil mostram que mesmo com a criação do SUS, o número de contratação de planos de saúde continuou crescendo significativamente e, em contrapartida, nos momentos de crise econômica apresentou retração (Ocké-Reis *et al.*, 2006; ANS, 2019).

Ainda que essas sejam formas efetivas de se explicar o padrão da utilização dos serviços de saúde no Brasil, a operação dessas formas de bem comum — moralidades da saúde — nas situações reais experienciadas pelos atores em busca por tratamentos em serviços públicos de saúde carece de ressalvas e de um outro tipo de investigação. Isso porque as três moralidades apresentadas (da solidariedade, da funcionalidade e da troca) correspondem ao nível formal da política de saúde, ou seja, àquele que abarca a legitimação de ações coletivas e, sobretudo, as relações entre o Estado e outros atores sociais. No mais, correspondem às crenças compartilhadas pelos indivíduos no que diz respeito à escolha pelo tipo de serviços de saúde, mas em um mundo no qual quem contrata um plano de saúde é quem pode pagar por ele (e muitas vezes que simplesmente se vê obrigado a fazê-lo) e não simplesmente quem quer fazê-lo.

A tipificação da saúde nas três formas citadas de bem comum traduz muito bem os interesses dos macroatores envolvidos na construção do sistema de saúde no Brasil, bem como os dispositivos por eles mobilizados ao longo do tempo para efetivar seu pacto. Também por isso, explicam o comportamento de saúde da população no que tange ao tipo de serviço utilizado, já que uma das principais qualidades de um macroator é induzir a ação, como apontam Callon e Latour (1981). Contudo, seu poder analítico é reduzido logo que adentramos os serviços públicos de saúde.

As situações de utilização do SUS não são protagonizadas por macroatores e sim por atores cuja observação em ação nos permite rastrear os dispositivos mais amplos que exercem sobre eles sua força, mas também outros agenciamentos, construídos e mobilizados pelas pessoas *in situ* como suportes para suas agências. Nelas, têm lugar as decisões e formas de ação empreendidas pela parcela da população que não pode pagar por tratamentos privados de saúde, para quem não há escolha a não ser a tentativa de utilizar o SUS.

Eventualmente, a moralidade da saúde como direito, por exemplo, será mobilizada para justificar a crítica em um conflito, sobretudo naqueles caracterizados por ações judiciais ou outros quadros formalizados. No entanto, um dos dados mais importantes revelados por esses momentos é o fato de, diante da precariedade que caracteriza os serviços públicos de saúde no Brasil, as condições morais e pragmáticas para a efetuar a utilização serem construídas pelos atores em situação.

Por exemplo, a efetivação da ação com base em critérios associados ao amor/solidariedade esteve muito presente na construção do itinerário terapêutico de Pedro, que foi conformado com a ajuda de pessoas que se compadeceram de seu sofrimento e, a partir da posição privilegiada que possuíam na situação, tentaram agilizar o tratamento. Em uma consulta de rotina no Hospital, ele conheceu a esposa de um homem que sofre com uma doença semelhante à sua e que já havia garantido o direito ao tratamento com o medicamento na Justiça. Diante de alguém que já havia passado por tudo o que Pedro estava passando, ele e seu irmão Rodrigo prontamente perguntaram à moça como eles conseguiram receber o medicamento. Na conversa, ela teria ficado "com pena [de Pedro] e aí conseguiu [o medicamento]". Como diz seu irmão:

> A gente foi em uma consulta e foi conversando com um paciente, que tem quase o mesmo problema que ele e tá tomando o medicamento. Foi na conversa... Eu perguntei: "Como é que você conseguiu dar entrada?" Ela falou: "Foi processo. Demorou." Aí, ela olhou pra ele e disse: "Ele tá precisando?". Eu disse: "Tá, ele tá há um ano esperando e ele precisa dessa medicação". Aí ela ficou de ver. Chegou em casa e me ligou, disse: "Eu tenho essas 30 caixas pra te doar, você tem que vir aqui buscar". Aí eu disse que não tinha problema, que eu ia buscar onde for. Aí ela disse: "Eu vou te fazer essa doação, essas 30 caixas".

Já uma demonstração de violência pôde ser vista na reclamação feita por Carlos à direção do posto de saúde do seu bairro, ao demandar que a gestora agilizasse o seu tratamento sob pena de sofrer sanção de instâncias superiores de julgamento.

— Assim, eu já descobri o e-mail de toda a gerência e direção do posto, então, quando você descobre o e-mail e manda o e-mail diretamente pra elas relatando, ou via 1746, que é ouvidoria, elas sempre dão uma resposta. Elas são obrigadas a dar uma resposta.

Essas são situações em que ocorreu a saída do regime de justiça, com os atores recorrendo aos regimes de ação em violência ou em ágape (Boltanski, 1990). Todos esses regimes de ação foram identificados nos agenciamentos surgidos a partir das situações de entrave à utilização e apareceram na análise como atalhos na construção dos IT. Eles são importantes porque revelam a própria tensão inerente ao SUS, que conta com serviços públicos tentando operar como instituições organizadas a partir de princípios e diretrizes de ordem cívica e industrial, mas em uma conjuntura que disponibiliza situações pragmáticas extremamente precárias.

O deslocamento da análise das dimensões morais da construção e da operação do SUS no nível de uma política nacional de saúde para a investigação das moralidades operadas pelos usuários e trabalhadores do sistema em seu cotidiano de forma alguma deve ser pautada exclusivamente em uma dicotomia do tipo metafísica *versus* pragmática. Em termos mais claros, não é o caso de identificar como as moralidades imbuídas na política são operadas nos serviços de saúde pelos atores. Buscando empreender uma análise situada, é bem mais interessante mapear crenças, gramáticas e dispositivos que efetivam ações de utilização no interior de situações que têm lugar no SUS, o que passa pela análise dos próprios sentidos e moralidades associados pelos atores *in situ* às noções de política e cotidiano, bem como suas nuances e diferenciações. Em consequência, torna-se possível observar de que forma as moralidades e os dispositivos (normatividades, protocolos, leis etc.) previstos no pacto inicial aparecem aos atores no cotidiano de utilização. Uma análise desse tipo somada às reflexões sobre a política apresentadas acima pode contribuir para a compreensão do padrão de utilização de serviços públicos de saúde no Brasil.

A construção de crenças de utilização no SUS

Durante dois anos, acompanhei pessoas residentes na cidade do Rio de Janeiro com doenças incuráveis que dependiam do tratamento oferecido pelo SUS para sobreviver. A pesquisa mostrou que esses atores reconhecem a incidência, em suas vidas, de eventos que afetam a coletividade, sobre os quais não têm controle e que delineiam suas trajetórias de cuidado. Esses fenômenos foram por eles associados à existência de uma crise no país (na saúde pública, econômica, política; enfim, "geral") que se desdobra em crise pessoal e que cuja maior expressão seria a falta de recursos próprios e das instituições de saúde para dar continuidade a seus tratamentos. Ou seja, a crise se expressaria naquilo que chamo de precariedade e que os atores representam como falta de.

Contudo, um dado igualmente relevante é que enquanto essas pessoas narravam a agência desses eventos e enfatizavam que suas escolhas por serviços de saúde foram cerceadas pela conjuntura (muito presente em expressões coletadas como "tive que", "perdi" e "fui obrigado a"), elas igualmente descreviam as alternativas que encontraram, sozinhas ou com a ajuda da sua rede de proximidades, para (re)agir diante dessas situações e prosseguir com a busca por cuidado. Esses momentos disruptivos foram relatados pelos atores em retrospectiva de forma a mostrar que eles foram competentes não somente em reconhecer os elementos que constituíam a situação e suas limitações para a ação, mas também em analisá-la e a partir daí decidir sobre o que fazer. É o que se vê no trecho a seguir, no qual Carlos explica como agiu após sucessivas tentativas sem sucesso de marcar uma consulta no posto de saúde de seu bairro:

> — Então o que que aconteceu? Eu falei assim: "Gente como que eu vou fazer?" Ouvidoria. Ouvidoria, inicialmente. Inicialmente, mas a ouvidoria demora alguns dias, não é tão rápido. Aí eu encontrei um grupo que eu conheço, chamado Pela Vidda, uma ONG, fazendo um trabalho em alguns points gays, The Week etc. um teste de saliva pra depois confirmar com sangue. E nisso tem um encaminhamento. Eu imaginei assim: "Ó: de repente se eu fizer um teste e der positivo eu vou ser encaminhado e eu sei que vai dar". Eu pensei: Eu vou ser encaminhado e eu vou conseguir". Fiz o teste.

Nas situações que observei, nas tentativas de dar continuidade ao cuidado apesar da precariedade, os atores demonstraram uma competência em ponderar acerca dos obstáculos impostos pela falta de recursos no SUS; em conjunção com a consideração do funcionamento dos dispositivos (pessoas, outras instituições, protocolos, afetos etc.) aos quais se tinha acesso, e prevendo as possíveis consequências da sua mobilização na situação. Ao assumir que a questão sociológica da agência tem a ver com a capacidade de decidir acerca da ação, temos então que, em grande parte das vezes, a decisão sobre o que fazer emergiu *in situ* e que os créditos da origem da ação estiveram difusos na situação. Isso é, a ação foi delineada e a situação controlada pelos atores através da cognição, mas na medida em que eles ponderavam acerca da capacidade dos elementos envolvidos de interferir no estado das coisas. Evidentemente, a colocação da questão clássica da agência nesses termos está atrelada à especificidade da experiência de ruptura que é causada pela precariedade no fluxo do cuidado e que engaja os atores em um estado reflexivo investigativo sobre o mundo e suas práticas, o que será tratado logo adiante.

A teorização sobre a agência dos indivíduos nesses moldes pode ser animada a partir das premissas do pragmatismo clássico (sobre a relação entre cognição e ação na vida social, sobretudo sob influência do pensamento de John Dewey (1974[1938]), que afirma que ambas são etapas intermediárias de um mesmo processo de transformação da realidade, processo esse que para a sociologia assume os contornos da agência. Além de aprofundar o argumento da agência como competência, essa concepção acarreta desdobramentos para a conceituação de uma ordem social construída a partir da cognição dos atores, presente nas bases da *cognitive turn* que marcou mais recentemente as ciências sociais (Knorr-Cetina, 1981).

O fato é que seguindo pistas de uma teoria da ação pragmatista, uma boa aposta para se investigar a preeminência da ordem na sociedade é pressupor que os atores a concebem a partir de crenças (Peirce, 1955[1877]), que corresponderiam a conhecimentos legitimados coletivamente sobre como funcionam as coisas no mundo. Uma vez que crenças se constituem em regras de ação (Ibid.), a existência da ordem social também tem a ver, portanto, com a agência dos atores, no sentido da capacidade de reconhecê-la e da posse de conhecimentos sobre como fazer coisas e interferir na realidade, o que não se faz sem que se tenha recursos para tal, sejam eles imateriais, como informações, ou materiais, como dinheiro ou objetos. Assim, uma leitura complementar a essa, seria que a mediação entre as crenças e a realidade se faz na experiência a partir da agência dos atores, tida como competência em reconhecer pares metafísico-pragmáticos (Boltanski; Thévenot, 2020[1991]; Werneck, 2013), que são associações entre (quadros de) valores e coisas (objetivas) em uma determinada situação, para agir e julgar a ação de si e dos outros. É essa competência que torna os indivíduos aptos a decidirem acerca da ação, sendo ela, portanto, uma condição *sine qua non* da agência.

Na teorização de Boltanski e Thévenot (2020[1991]) sobre a participação dos valores e coisas na criação de possibilidades da ação na vida social a partir de processos de legitimação em um regime de justiça temos que os valores são legitimados coletivamente como princípios regentes dos dispositivos em situações e, em contrapartida, esses dispositivos se comportam como unidades que carregam em si metafísicas que servem de subsídio para a ação. Uma vez que os atores decidem quais caminhos tomar — seguir com o fluxo da interação ou questionar o estado das coisas — a partir do reconhecimento desses arranjos, sua agência emerge também como competência no escopo dessa teoria.

A conceituação de uma ordem social com raízes na cognição dos indivíduos — seja na forma de crenças ou na percepção de pares metafísico-pragmáticos que regem situações — lança luz sobre como a experiência da precariedade é representada pelos atores do ponto de vista da impossibilidade de agir. Nessa arquitetura, os relatos da pesquisa conceberam o SUS como uma ordem social precária, que na prática demonstrou falta de recursos que na teoria (no compromisso do Estado com a sociedade instituído na Constituição e nas políticas de saúde; em suma, na promessa feita aos atores que alimentou suas crenças em determinados horizontes de ação orientados para essa ordem) foram previstos para subsidiar as ações de cuidado. É como disse Carlos, ao afirmar que "a proposta [do SUS] é ótima, mas na prática não funciona", e Juliana, que disse que a "proposta [da saúde da família] é legal", mas que haveria um "problema de gestão".

A descrição da experiência da precariedade pelos usuários do sistema está então associada à identificação da ausência de dispositivos capazes de efetivar a ação por eles esperada (obter tratamento) e os sentidos dessa experiência ganharam contornos de desagência, expressada em falas que sublinhavam o fato de não conseguir algo ou estar sendo obrigado a fazer algo. Em suas narrativas, eles enfatizaram como essas situações os afetavam, na forma desconfortos no corpo físico, de abalos psicológicos e de emoções, que podem ser condensados na categoria sofrimento. Em síntese, episódios de precariedade podem furtar dos indivíduos os recursos necessários para agir e nos casos que acompanhei esteve associada às experiências de crise — como ruptura da rotina e força incontornável — e desagência e às tentativas de se recobrar a agência pelos atores que precisavam efetivar o tratamento para sobreviver, o que gerou ademais dos males da doença outros desconfortos físicos, psíquicos e emocionais.

Quando alguém entra no sistema entrega parte de sua agência para a engrenagem que o move. Em outras palavras, adentrar o SUS em busca de tratamento significa tomar uma primeira decisão de saúde em que se opta por ser enredado em valores e práticas que irão definir os próximos passos. Em troca, espera-se ser cuidado. Durante dois anos, ouvi histórias de episódios nos quais o próprio sistema perdeu a sua agência graças à falta de recursos para operar. Como consequência, a experiência da utilização dos serviços de saúde também fora marcada pela desagência de caráter individual, em que a primeira decisão de quem sofre de se entregar à tutela do Estado é anulada e as pessoas se veem impossibilitadas de serem cuidadas. Nesse momento, para sobreviver, elas se engajam por conta própria na busca de alternativas para conseguir o tratamento fora da engrenagem prevista, mas ainda dentro do SUS, que nesse caso passa a operar e ser experienciado como uma ordem social precária ou mesmo como um sistema amorfo.

Em suma, dizer que o SUS fora experienciado como uma ordem social precária associada à desagência significa que as pessoas não conseguiram usufruir do cuidado almejado que seria e em tese ofertado pelo Estado porque faltaram os recursos necessários aos funcionamentos básicos dos serviços (como equipamentos, profissionais, organização etc.). Trata-se de uma desagência dos indivíduos, que não conseguiram o tratamento que esperavam, mas sobretudo de uma desagência do próprio SUS como sistema, que não dispôs dos dispositivos capazes de manter o compromisso de caráter cívico-industrial contido no pacto moral de sua criação e que promete garantir a saúde como direito universal à população. As pessoas que acompanhei não possuíam dinheiro para pagar por serviços complementares de saúde capazes de cobrir todo tratamento necessário para sobreviver. Temos então que uma dupla dimensão de crise e desagência passa a ser experienciada diante de tal situação, em que se soma à impossibilidade de agir a percepção de uma ruptura do cotidiano. Nesse momento, a expectativa antes internalizada como um hábito — a crença de que seria possível obter tratamento em um serviço público de saúde — é rompida a sua revelia e o indivíduo se vê desamparado, em uma situação com a qual ele não estava acostumado.

Uma crise causada pela falta de recursos para obter tratamento foi vivenciada por pessoas que dependiam do SUS, assumindo diversos sentidos. Essa crise impeliu os atores a se engajarem em uma investigação acerca de como seria possível cuidarem sozinhos de sua saúde e em operações de reparação da ordem, como a da crítica nos serviços públicos e da combinação de serviços privados e filantrópicos para complementar o cuidado. Nesse caminho, pude acompanhar pessoas que foram para o SUS porque era a única opção diante da falta de renda; pessoas que saíram parcialmente do SUS para serviços privados porque era a única opção de continuar o tratamento diante da insuficiência de recursos do sistema; e pessoas que tiveram que recorrer a metafísicas e regimes de ação alternativos, diferentes dos critérios de efetivação da utilização previstos pelo sistema, para continuar com o tratamento nos serviços públicos.

Considerações finais

Na construção dos IT que acompanhei, o SUS falhou como um sistema, que deveria idealmente inscrever as pessoas em seus protocolos e percursos de cuidado previstos, porque apresentou a ausência dos dispositivos necessários para tal, ausência essa percebida e sentida pelos usuários. Especificamente no estado do Rio de Janeiro, o período da pesquisa pode ser identificado com o momento no qual foi difundido pela mídia e pelo governo o discurso sobre uma grave crise de natureza política e econômica que impossibilitaria o Estado de oferecer os serviços básicos de saúde à população (Freire, 2019). A pesquisa contribui para essas reflexões do ponto de vista sobre como os atores experienciam o discurso da crise no cotidiano da utilização de serviços públicos de saúde. Ao longo das narrativas, foi possível identificar que houve nesse período a deterioração dos serviços do SUS em consonância com a deterioração das condições de vida daqueles que deles dependem para sobreviver, que se tornavam cada vez mais descrentes de que seria possível obter o cuidado necessário por parte do Estado. Igualmente, foi possível identificar os dispositivos que melhoraram ou facilitaram a experiência da utilização.

É a qualidade da experiência que as pessoas tiveram que determinou as crenças de utilização do sistema, as verdades levadas à ação sobre como é possível utilizar o SUS e que foram sistematizadas nos anexos de cada caso. Por sua vez, foram essas crenças que orientaram as suas decisões acerca de como buscar por tratamento. Serviços de saúde, tanto privados quanto públicos, apresentam problemas e ninguém utiliza um serviço ou outro porque ele é essencialmente bom ou ruim, mas sim porque avalia suas possibilidades de acesso em conjunção com sua experiência, transmutada em expectativa — uma forma de crença — de se obter cuidado em determinado local. Contudo, a atuação do Estado é determinante na qualidade dessa experiência com o SUS e, portanto, a instituição participa ativamente na conformação dos padrões de utilização de serviços de saúde.

Os relatos de situações nas quais as pessoas escolheram por permanecer nos serviços públicos ponderando sobre a boa qualidade do atendimento recebido fornecem evidências que a preferência e a inclinação da população por serviços privados de saúde estão associadas à falta de investimento do Estado em tornar os serviços públicos verdadeiramente bons. O que, entretanto, é feito em alguns nichos, como nos exemplos citados pelos atores em situações nas quais se optou por continuar com o cuidado no SUS: a Política Nacional de DST/Aids, a Fundação Oswaldo Cruz e em alguns hospitais de referência para tratamento de doenças específicas. Um argumento desse tipo pode ser sustentado pela evidência de que organizações de diferentes naturezas operam na forma de uma economia de slack (Hirschman, 1973[1970]), em que são capazes de funcionar aquém de suas potências máximas tendo em vista uma economia de recursos. Mas diferentemente das organizações comuns pensadas por Hirschman, o caso do SUS parece propor uma mecânica de deslocamento energético: não se trata de uma economia visando puramente a constituição de reservas para momentos de crise, mas sim voltada para a tomada de recursos que seriam investidos na saúde pública e seu deslocamento para o setor privado, de planos de saúde. O mecanismo ocorre, sobretudo, por meio da dedução dos gastos particulares com saúde na declaração anual de imposto de renda do contribuinte (Ocké-Reis, 2019; Marques, 2019).

Dessa forma, cabe investigar os quadros morais que regem essa economia e que macroatores investem nessa configuração e por quê. Ainda no que tange a essa temática, a partir do acompanhamento da construção dos itinerários terapêuticos no SUS, foi possível mostrar como os movimentos individuais através dos serviços de saúde estão associados a fenômenos mais gerais da política nacional de saúde e da própria criação e organização do SUS, o que contribui para a compreensão do padrão de utilização de serviços de saúde no país.

REFERÊNCIAS

AGÊNCIA NACIONAL DE SAÚDE SUPLEMENTAR. *Caderno de Informação da Saúde Suplementar*: Beneficiários, Operadoras e Planos. Ano 13, n. 2, 2019. p. 1-61. Disponível em: http://www.ans.gov.br/images/stories/Materiais_para_pesquisa/Perfil_setor/Dados_e_indicadores_do_setor/total-cad-info-jun-2019.pdf. Acesso em: mai. 2020.

BOLTANSKI, Luc. *L'amour et la justice comme compétences*: trois essais de sociologie de l'action. Paris: Métailié, 1990, p. 381.

BOLTANSKI, Luc; THÉVENOT, Laurent. *A justificação*: sobre as economias da grandeza. Tradução de Alexandre Werneck. Rio de Janeiro: Editora UFRJ, 2020[1991], p. 564.

BOLTANSKI, Luc; CHIAPELLO, Ève. *O novo espírito do capitalismo*. Tradução de Ivone C. Benedetti. São Paulo: Martins Fontes, 2009[1999], p.701.

BRASIL. *Constituição da República Federativa do Brasil:* promulgada em 5 de outubro de 1988. Disponível em: http://www.planalto.gov.br/ccivil_03/constituicao/constituicao.htm. Acesso em: mai. 2020.

BRASIL. *Lei nº 8.080*. Dispõe sobre as condições para a promoção, proteção e recuperação da saúde, a organização e o funcionamento dos serviços correspondentes e dá outras providências. Brasília: Diário Oficial da União, 1990. Disponível em: https://legis.senado.leg.br/norma/549956. Acesso em: mai. 2020.

BRASIL. Ministério da Administração e da Reforma do Estado. *Plano diretor da reforma do aparelho do Estado*. Brasília: Presidência da República/Câmara da Reforma do Estado, 1995. Disponível em: http://www.bresserpereira.org.br/documents/mare/plano-diretor/planodiretor.pdf. Acesso em: mai. 2020.

BRASIL. Programa da qualidade e participação na administração pública. *Cadernos MARE da Reforma do Estado*. Brasília: Ministério da Administração e da Reforma do Estado, 1999. Disponível em: http://www.bresserpereira.org.br/documents/mare/cadernosmare/caderno04.pdf. Acesso em: mai. 2020.

BRASIL. Conselho Nacional de Saúde. Ministério da Saúde. *Resolução nº 530*. Dispõe sobre a pesquisa em ciências sociais em saúde. Brasília: Diário Oficial da União, 2016. Disponível em: https://bvsms.saude.gov.br/bvs/saudelegis/cns/2016/res0510_07_04_2016.html. Acesso em: dez. 2020.

BUSS, Paulo Marchiori; PELLEGRINI FILHO, Alberto. A Saúde e seus determinantes Sociais. *PHYSIS*: Revista de Saúde Coletiva, Rio de Janeiro, v. 17, n.1, 2007, p. 77-93. Disponível em: https://www.scielo.br/pdf/physis/v17n1/v17n1a06.pdf. Acesso em: mai. 2020.

CALLON, Michel; LATOUR, Bruno. Unscrewing the big leviathan: or how actors macrostructure reality and how sociologists help them to do so. In: KNORR-CETINA, Karin; CICOUREL, Aaron. (org.). *Advances in Social Theory and Methodology*: towards an Integration of Micro and Macro-Sociologies. Londres: Routledge & Kegan Paul, 1981, p. 277-303.

CORDILHA, Ana Carolina; LAVINAS, Lena. *Transformações dos sistemas de saúde na era da financeirização:* Lições da França e do Brasil. Ciência & Saúde Coletiva, v. 23, n. 7,000 2018, p. 2147-2158. Disponível em: https://www.scielo.br/scielo.php?pid=S1413-81232018000702147&script=sci_abstract&tlng=pt. Acesso em: mai. 2020.

CORDILHA, Ana Carolina. *O trabalho no Sistema Único de Saúde*: A construção da qualificação dos técnicos de saúde. 2015. Dissertação (Mestrado em Sociologia e Antropologia), Instituto de Filosofia e Ciências Sociais, Universidade Federal do Rio de Janeiro, Rio de Janeiro, 2015.

CORDILHA, Ana Carolina. O padrão de investigação. In: *Os Pensadores*: John Dewey. Tradução de Murilo Otávio Rodrigues Paes Lemes. São Paulo: Abril Cultural, 1974[1938], p. 213-224.

ESCOREL, Sarah. Equidade em saúde. In: PEREIRA, Isabel Brasil; LIMA, Júlio César França. (org.). *Dicionário da educação profissional em saúde*. Rio de Janeiro: EPSJV, 2009, p. 202-210.

FERREIRA, Mariana Ribeira Jansen; MENDES, Aquilas Nogueira. *Mercantilização nas reformas dos sistemas de saúde alemão, francês e britânico*. Ciência & Saúde Coletiva, v. 23, n. 7, 2018, p. 2159-2170. Disponível em: https://www.scielo.br/scielo.php?pid=S1413-81232018000702159&script=sci_abstract&tlng=pt. Acesso em: mai. 2020.

FONSECA, Angélica; MOROSINI, Márcia Valéria. *Revisão da Política Nacional de Atenção Básica numa hora dessas?* Cadernos de Saúde Pública, v. 33, n. 1, 2017, p. 1-4. Disponível em: https://www.scielo.br/pdf/csp/v33n1/1678-4464-csp-33-01-e00206316.pdf Acesso em: mai. 2020.

GIOVANELLA, Ligia *et al*. *Sistema universal de saúde e cobertura universal:* Desvendando pressupostos e estratégias. Ciência & Saúde Coletiva, v. 23, n.6, p. 1763-1776, 2018. Disponível em: https://www.scielo.br/scielo.php?script=sci_abstract&pid=S1413-81232018000601763&lng=pt&nrm=iso&tlng=pt Acesso em: mai. 2020.

HIRSCHMAN, Albert. *Saída, voz e lealdade*: reações ao declínio de firmas, organizações e estados. Coleção Debates. São Paulo: Editora Perspectiva, 1973[1970], p. 159.

LIMA, Nísia Trindade; SANTANA, José Paranaguá de. (org.). *Saúde coletiva como compromisso*: a trajetória da Abrasco. Rio de Janeiro: Editora Fiocruz, 2006. 230p. Disponível em: https://portal.fiocruz.br/livro/saude-coletiva-como-compromisso-trajetoria-da-abrasco Acesso em: mai. 2020.

KNORR-CETINA, Karin. The micro-sociological challenge of macro--sociology: towards a reconstruction of social theory and methodology. In: KNORR-CETINA, Karin; CICOUREL, Aaron V. *Advances in social theory and methodology*: toward an integration of micro-and macro-sociologies. Boston: Routledge & Kegan Paul, 1981. p. 1-47.

LINHART, Danièle. *A desmedida do capital*. Tradução de Wanda Caldeira Brant, São Paulo: Boitempo, 2007, p. 248.

MARQUES, Rosa Maria. *Palestra realizada no Seminário Nacional de Orçamento e Financiamento do SUS*, Brasília, em 24 out. 2019. Disponível em: http://conselho.saude.gov.br/ultimas-noticias-cns/864-os-planos-de-saude-parasitam-o-sus-por-meio-de-subsidios-diz-pesquisador-do-ipea

MATTA, Gustavo Correa. Universalidade. In: PEREIRA, Isabel Brasil; LIMA, Júlio César França. (org.). *Dicionário da educação profissional em saúde*. Rio de Janeiro: EPSJV, 2009. p. 465-469.

OBSERVATÓRIO DOS TÉCNICOS DE SAÚDE. *Análise da política de educação permanente em saúde*. Relatório Final. Rio de Janeiro: EPSJV, 2006. 106p.

OCKÉ-REIS, Carlos Octávio; ANDREAZZI, Maria de Fátima Siliansky de; SILVEIRA, Fernando Gaiger. *O mercado de planos de saúde no brasil:* uma criação do Estado? Revista de Economia contemporânea, v. 10, n. 1, 2006, p. 157-185. Disponível em: https://www.scielo.br/pdf/rec/v10n1/07.pdf Acesso em: mai. 2020.

PARSONS, Talcott. Social Structure and Dynamic Process: the Case of Modem Medical Practice. In: PARSONS, Talcott. *The Social System*. New York: The Free Press, 1964[1951], p. 428-473.

PEIRCE, Charles Sanders. Três tipos de raciocínio. In: *Os Pensadores:* Charles Peirce. Tradução de Armando Mora D'Oliveira, Sergio Pomerang Blum e Luís Henrique dos Santos. São Paulo: Abril Cultural, 1974[1867], p. 49-56.

PINHEIRO, Roseni; MARTINS, Paulo Henrique. (org). *Avaliação em saúde na perspectiva do usuário*: abordagem multicêntrica. Rio de Janeiro/Recife: Editora Universitária UFPE/ Abrasco/ Cepesc/Ims/ Uerj, 2009, p. 375. Disponível em: https://lappis.org.br/site/wp-content/uploads/2017/12/Avalia%C3%A7%C3%A3o-em-Sa%C3%BAde-na-Perspectiva-do-usu%C3%A1rio-abordagem-multic%C3%AAntrica.pdf. Acesso em: Mai.2020.

PONTE, Carlos Fidelis; FALLEIROS, Ialê. *Na corda bamba de sombrinha*: a saúde no fio da história. Rio de Janeiro: Fiocruz/COC/EPSJV, 2010, p. 337.

RIZZOTTO, Maria Lucia Frizon. *O Banco Mundial e as políticas de saúde no Brasil nos anos 90*: Um projeto de desmonte do SUS. Tese (Doutorado em Saúde Coletiva), Faculdade de Ciências Médicas, Universidade Estadual de Campinas, 2000.

SALDIVA, Paulo Hilário Nascimento; VERAS, Mariana. Gastos públicos com saúde: breve histórico, situação atual e perspectivas futuras. *Estudos Avançados*, v. 32, n. 92, p. 47-61, 2018. Disponível em: https://www.scielo.br/scielo.php?script=sci_arttext&pid=S0103-40142018000100047. Acesso em: mai. 2020.

SALMEN, Maíra Coube. A intersecção público-privada na utilização de serviços de saúde no Brasil. *Folha de São Paulo*, São Paulo, 07 jan. 2020. Brasil Saúde em Público: Política de saúde no Brasil em debate. Disponível em: https://saudeempublico.blogfolha.uol.com.br/2020/01/07/a-interseccao-publico-privada-na-utilizacao-de-servicos-de-saude-no-brasil/?loggedpaywall. Acesso em: ago. 2020.

SENGUPTA, Amit. *Universal Health Coverage*: beyond Rhetoric. Ottawa: Municipal Services Project, 2012, p. 25. Disponível em: https://www.municipalservicesproject.org/publications/OccasionalPaper20_Sengupta_Universal_Health_Coverage_Beyond_Rhetoric_Nov2013_0.pdf. Acesso em: mai. 2020.

SENNETT, Richard. *A cultura do novo capitalismo*. Tradução de Clóvis Marques. Rio de Janeiro: Record, 2006[2006], p. 189.

TEIXEIRA, Márcia; OLIVEIRA, Roberta Gondin; ARANTES, Rosana Freitas. Mudanças nas políticas do trabalho e da educação em saúde no governo Lula. In: MACHADO, Cristiane Vieira; BAPTISTA, Tatiana Wargas de Faria; LIMA, Luciana Dias de. (org.). *Políticas de saúde no Brasil*: continuidades e mudanças. Rio de Janeiro: Fiocruz, 2012, p. 197-225.

WERNECK, Alexandre. Sociologia da moral como sociologia da agência. *Revista Brasileira de Sociologia da Emoção*, v.12, n.36, 2013, p. 704-718. Disponível em: http://www.cchla.ufpb.br/rbse/WerneckDos.pdf. Acesso em: mai. 2020.

WERNECK, Alexandre. *A desculpa*: as circunstâncias e a moral das relações sociais. Rio de Janeiro: Civilização Brasileira, 2012, p. 375.

Emoções, sensações, avaliações

Fazer a feira

a organização e os variados públicos da Feira Internacional de Arte do Rio de Janeiro (ArtRio)

BÁRBARA MACHADO

Todos os anos, em setembro, saltam aos olhos dos cariocas e seus visitantes os folders de divulgação da ArtRio, feira internacional de arte do Rio, pelas ruas do Centro e da Zona Sul da cidade. A feira se consolidou, desde a década passada, como importante evento de arte da América Latina, conseguindo congregar artistas, galeristas, compradores e um diverso público amante da arte. A coexistência entre esse público — alguns mais próximos do mercado de arte, outros apenas admiradores do campo —, no mesmo espaço, emergiu como argumento central para produção do evento, que contava também com financiamento público. Entretanto, essa coexistência entre esses diversos grupos não significou necessariamente um grande entrosamento entre eles.

O objetivo deste trabalho é compreender as práticas e os comportamentos empreendidos pelos visitantes da ArtRio, feira de arte internacional, no biênio de 2016-2017. Considerando que a feira de arte promete ser não apenas um espaço de mercantilização de obras de arte, mas também um evento cultural para a comunidade carioca, destaco as: I. motivações variadas para estar na feira entre dois distintos grupos — aqueles que conhecem e vivem o cotidiano de compra e venda de arte e aqueles que não; II. práticas que acontecem especificamente no evento. A partir desses dois pontos, busco entender como indivíduos podem interpretar de maneira distinta uma situação — no presente caso, que se desenrola em uma feira de arte — através de uma interpretação particularizada daquele momento.

A partir da análise das descrições e das falas dos próprios visitantes, proponho uma tipologia do público analisado nesses dois anos de feira. Essas tipologias vão destacar as maneiras heterogêneas de se estar na feira e é justamente essa heterogeneidade de formas de justificação que torna a feira o universo peculiar que carrega uma série de códigos diversos entre si — constituindo um ambiente daquilo que Stark (2009) chamou de dissonância, um quadro no qual os atores "buscam se beneficiar não de afirmar ou fixar [o quanto valem] segundo uma única ordem [isto é, segundo um único valor ou princípio], mas de manter uma continuada ambiguidade entre princípios coexistentes" (pp. XIII-XIV). Assim, na ArtRio convivem vários públicos, cada um pertencente a um mundo distinto e que, de certa forma, não se misturam.

Essas distinções de práticas estão sempre vinculadas às motivações de ir à feira, motivações essas que podem ser comprar obras de arte (colecionismo), consolidar redes de contatos (*network*), fruir e reconhecer obras de arte, "consumir cultura" etc. Essas finalidades sugeriram como o visitante constrói sua trajetória na feira, cada um ocupando espaços de forma específica. A diferença de motivações, ela mesma, gera um distanciamento especial velado entre eles, podendo criar momentos de conflito entre os grupos.

Para analisar como se desenrola essa pretensa crise, crise ajustada por esse distanciamento, é necessária uma análise por meio de quadros de referências mobilizados por esses visitantes. A diversidade entre formas de se ir à feira, ao fim e ao cabo, justificariam o próprio perfil e projeto da feira — um espaço inovador de "consumo" de arte, seja ele via compra ou simples visitação. Divido, portanto, esse grupo entre "pagantes" — notadamente os colecionadores — e não pagantes — esses, os visitantes que iam por curiosidade, por prestação de contas a um tutor ou pela natureza de seus ofícios.

Radiografia da ArtRio

A ArtRio figura como uma das mais importantes feiras da América Latina pelo seu papel em dinamizar a circulação e consumo de arte no Brasil. Ela esteve, na sua origem, vinculada a um projeto de cosmopolitização encabeçado pela gestão do até então prefeito Eduardo Paes (2009-2016). Um dos objetivos da feira era não apenas se destacar como um espaço de venda de obras, mas também como exposição — sendo atrativa não apenas para visitantes colecionadores, mas também para um público interessado em arte.

A pesquisa de campo foi realizada na sexta e sétima edições da feira, respectivamente em 2016 e 2017. Em 2017, a ArtRio aporta na Marina da Glória, Zona Sul do Rio de Janeiro, entre 13 e 17 de setembro, em um espaço mais reduzido quando comparado com as outras edições. A organização me concedeu um passe para os cinco dias de feira, o que significou ter acesso tanto a dias e horários especiais para os VIPs — pessoas que eram convidadas pelo evento por intermédio, geralmente, de galerias — quanto aos dias liberados para o público. O dia 13 de setembro foi restrito aos VIPs, das 14h às 21h, e de 14 a 17 esses VIPs contavam com um horário especial — de 12h a 14h —, sendo o evento liberado para o público geral até às 21h. Já na sexta edição, em 2016, as idas foram apenas nos horários abertos ao público irrestritamente, durante quatro dias — de 29 de setembro até 2 de outubro, das 14h até às 21h (exceto do domingo, quando a feira se encerrava às 19h)[1].

A partir do acompanhamento desses visitantes foi possível descrever seus trajetos, observando como ocupavam as galerias

---

1. A primeira ação em cada dia de campo era o reconhecimento do espaço. A organização de todas as anotações e de material disponível na feira sobre localização das galerias serviu como base para um tipo de cartografia do evento, crucial para ajudar a compreender as formas de ocupar e a distribuição espacial observadas entre os visitantes.

ou os corredores, se eles reservavam tempo para observar as obras de arte (e, se sim, como era essa fruição e como se dava essa interação) e como se desenrolava a interação com o espaço. Uma vez esgotada a lista de possíveis comportamentos, eu me apresentava à pessoa e fazia algumas perguntas — tendo em mente quatro ou cinco perguntas cruciais —, quase sempre terminando em alguma conversa sobre o espaço ou sobre a própria arte. A metodologia que pretendo empregar é similar àquela proposta por Heinich para o estudo do universo da(s) arte(s). Segundo a autora, a análise deve partir da descrição precisa das ações, objetos e contextos, considerando que por trás das ações dos visitantes há regras que fornecem a eles um tipo de conduta:

> Nosso método, testado até o momento em diferentes campos de pesquisa (tourada, arte contemporânea, literatura, museificação das artes não ocidentais, pesquisa científica, patrimônio) consiste ora em observar, em situação, os atos, os objetos, as palavras que os atores utilizam nos diferentes processos de avaliação; ora em fazer com que os atores os reconstituam, graças a um retorno reflexivo sobre sua experiência concreta (Heinich, 2014, p. 302).

Os visitantes analisados em campo foram selecionados na entrada da feira, de forma aleatória. Como acompanhei suas trajetórias desde o momento em que entregavam seus convites para os bilheteiros posicionados em frente aos portões de entrada, foi possível observar, antes mesmo de conversar com eles, se se tratava de público convidado ou que havia pagado pelo ingresso. Os convidados, por exemplo, ganhavam sua entrada — um pequeno cartão de plástico — após informarem seus nomes para uma das produtoras do evento, que ficavam em um pequeno saguão anterior à entrada. Esse ingresso permitia ao visitante levar um acompanhante. Já os não convidados — ou seja, o público geral — traziam consigo tíquetes em papel, comprados no guichê ao lado da entrada. Essa diferença, entre a forma de ingresso, foi a primeira distinção que se destacou no trabalho de campo.

Ao longo do campo, notei, sobretudo nos horários reservados aos VIPs, que os convidados ocupavam pouco os espaços dos *stands*. Os visitantes pagantes, por sua vez, costumavam ocupar as áreas próximas às paredes, justamente onde ficavam as obras de arte. Os convidados quase sempre estavam nas galerias reencontrando os galeristas ou seus funcionários — conversando com eles não apenas sobre arte e novas aquisições, mas também sobre amigos e família, indicando certa intimidade e que pertencem a um mesmo cotidiano fora da feira. O mesmo não se pode dizer do outro público, o pagante: os visitantes que compraram seus ingressos geralmente viam a galeria como um lugar para conhecer artistas, reservando à observação das obras um tempo razoável. Na próxima seção, sublinho um grupo que se destacou particularmente nos dias e horários especialmente reservados ao público VIP: os colecionadores de arte.

VIPs e geração de expectativas

Os *folders* de divulgação apresentam as datas de visitação: por exemplo, no ano de 2016, estão destacados os dias 29 de setembro até 02 de outubro. Quatro dias. A feira, entretanto, tem cinco dias de duração. O primeiro dia é reservado aos VIPs, convidados com alguma relação especial com galerias ou com a organização do evento, cujos nomes estão presentes em uma lista a ser checada pelos recepcionistas no saguão de entrada. Nessas listas figuram, por exemplo, colecionadores de arte, intermediadores entre galerias e clientes interessados, artistas e imprensa. Cada convite concede o direito a levar um acompanhante.

Os VIPs também contam com um horário reservado nos dias em que o público pagante tem entrada liberada — duas horas antes da abertura dos portões para esse. Ao longo da imersão em campo, os dias nos quais os convidados se misturavam aos não convidados foram aqueles mais ricos em termos de percepção de práticas e comportamentos distintos. A finalidade última da feira, entretanto, não é da promoção do evento apenas como uma atividade cultural para os cariocas: ela precisa contar com os colecionadores ou com quem estimula a venda de obras para justificar para as galerias o benefício em ser participante.

Para assegurar a fluidez do contato entre galeristas e compradores, a organização da ArtRio separa, portanto, um horário especial para esse momento específico, que diz respeito à negociação de obras — seja a compra no período da feira, seja ela posteriormente. Além da reserva de dias e horários específicos, os convidados também puderam contar, nos dois anos observados, com áreas exclusivamente destinadas a eles. O que parece haver, por parte da organização, é uma lógica de distinção (ou seja, o privilégio dos compradores terem "um dia só para eles), com a finalidade de deixar os convidados à vontade, não apenas para fazerem suas negociações de arte, mas também para criar redes de relacionamento e reconhecimento entre profissionais do campo da arte.

O horário especial para um seleto grupo em feiras de arte não é exclusividade da ArtRio. Essa prática, de hierarquização de convidados e visitantes, é comum no mercado de arte. Segundo Daniela Stocco (2016)[2], o prestígio de um colecionador, por exemplo, condiciona o acesso às feiras de arte. No caso da ArtRio, esse prestígio o leva a garantir um passe para o primeiro dia e horários específicos antes da abertura geral.

---

2. Em tese sobre mercado de artes plásticas no Rio de Janeiro e São Paulo, Daniela Stocco (2016) analisa quem são seus integrantes que contribuem para produção e circulação de obras, a influência que exercem na legitimação de artistas e suas obras e as relações entre eles e outros agentes de arte.

O prestígio do convidado permite a ele aproveitar o evento com maior exclusividade e comodismo. Os colecionadores, afinal, formam o grupo que valida financeiramente o evento: seu consumo, seja adquirindo obras em situação (ou seja, na feira), ou por meio do estabelecimento de novos contatos (como possível comprador a fazer negócio diretamente nas galerias), permite à organização do evento justificar às galerias um bom motivo para comparecerem à feira, apontando que ali é um espaço rentável pela possibilidade de venda de obras. Esses integrantes privilegiados formam um tipo de sociedade seleta: os colecionadores, por exemplo, ao passo que compram uma obra e a incluem em suas coleções, acabam virando referência para outros colecionadores ou galerias.

Ao longo do campo acompanhei diversos visitantes — primeiramente de forma anônima e, após algum tempo anotando comportamentos e o que diziam, apresentava-me e conversava um pouco com eles. Pude observar, acompanhando-os, que os convidados tendem a ocupar justamente os corredores da ArtRio e o meio dos *stands*. O corredor, para essas pessoas, não é apenas um espaço de passagem; é também um espaço de encontro, de permanência justamente pela transitoriedade que oferece, já que os encontros, quase casuais, têm lugar justamente ao longo do passeio, situação em que se é visto com mais facilidade do que no interior dos *stands*.

O que salta aos olhos é que os convidados, com poucas exceções, faziam um percurso específico: não havia preocupação em observar todos os *stands* da feira, ignorando uma suposta ordem de exposição apresentada pelo evento. Todos esses visitantes, que estavam munidos de seus cartões VIPs, pareciam estar atrás de algo específico — uma galeria, um conhecido, uma obra — ou flanavam (isso é, andavam descompromissadamente pelo espaço, sem atentar especificamente para alguma obra, por exemplo) pelos espaços do evento.

A pergunta central para entender as práticas desses VIPs e seus modos de consumo de arte era se eles tinham o hábito de comprar em feiras de arte. O que se destacou, entre a fala dos colecionadores que foram abordados por mim, é que a feira nem sempre era o espaço da negociação final: muitos deles confessaram que acertavam compras com galerias apenas após o evento. A feira, então, para as galerias, não é unicamente espaço de venda, mas um local em que obras podem ser expostas com fins de compra posterior, mesmo que o evento seja um momento especial para comprar essas obras, seja pela vinda de galerias internacionais ao território brasileiro seja pela prática do desconto. A junção de tantas galerias no espaço cria um benefício mútuo para elas próprias, que compartilham visitantes e potenciais clientes. Isso evidenciaria, portanto, mais uma dimensão do evento, que é a ajuda mútua possibilitada por um número grande de galerias reunidas em um só espaço.

Uma das perguntas preestabelecidas feitas a todos os visitantes que acompanhei em campo foi "quantas vezes você já veio à ArtRio?". Entre os 90 grupos entrevistados, a frequência entre convidados e não convidados que foram mais de uma vez à feira foi, como seria de se esperar, maior entre os primeiros. Os convidados geralmente conhecem a dinâmica das feiras de arte, inclusive informando que visitam também outras feiras ao redor do globo e que costumam visitar galerias de arte.

Dessa forma, a feira de arte, para os colecionadores, emerge como mais um evento no calendário de negociações do mundo da arte. A finalidade última desse grupo se dá por meio das práticas de negociação entre eles e galerias, que, como vimos, ocorrem na própria feira ou posteriormente. Os colecionadores também reconhecem artistas expostos, de forma que a conversa com galerinos (funcionários das galerias alocados para receber os compradores e visitantes na feira) imprime uma familiaridade típica observada nos convidados VIPs em relação a outros convidados, representantes de galerias ou organizadores da feira.

O colecionador movimenta e estreita laços com os diversos profissionais do mundo da arte por intermédio de sua atividade de compra e, logo, de composição de coleção. Nesse sentido, ele conta com a orientação de uma série de comportamentos positivamente indicados por outros agentes do mundo da arte e pelos próprios colecionadores, que o fará classificar e ser classificado socialmente conforme suas práticas e condutas. A interação entre colecionador e galerista ou galerino, portanto, é uma das mais destacadas relações em uma feira. Entretanto, ela não é a única, e a justificativa da organização da feira para tamanho evento, inclusive, enfatiza recorrentemente isso. E essa interação não é a única tampouco para os próprios colecionadores, que estão ali para encontrar, casualmente, seus arquitetos, os artistas que estimulam e outros colecionadores.

Pagantes: formação de olhar e motivações profissionais

Esta seção está reservada à análise de como os não convidados, os pagantes, se comportam e fazem uso da feira. Evidenciados sobretudo entre os não-convidados, há três grupos que compreendem o espaço da ArtRio enquanto uma oportunidade de engrandecimento ou formação artística e de diálogos com suas ocupações profissionais. Trato esses últimos em conjunto porque estão vinculados a uma formação de olhar específica, sem relação com a possibilidade de comprar as obras ali expostas para si.

O primeiro grupo, que chamo de curiosos, são pessoas que visitam a feira porque gostam de arte e querem descobrir o que está exposto ali. O segundo grupo são pessoas que vão à feira motivadas por um tutor — seja um professor ou um parente — que promete desenvolver um debate sobre o espaço em situação — no evento — ou fora dele. O terceiro grupo atribui sua visita aos ossos da profissão: eles amam a arte, mas também estão ali para saber o que está no circuito e produzir referências para suas pesquisas, produtos ou trabalhos. Neste texto, apresento os dois últimos grupos.

Notar como os visitantes ocupam o espaço foi crucial para compreender quais comportamentos diferem entre os públicos: todos eles prestam, a sua forma, uma reverência à arte, situando seu interesse pela feira em um "amor pela arte", um "interesse inerente"; eles igualmente tiram fotos das obras de arte e estabelecem outros sentidos para se estar na feira que não são a compra por si só. A ocupação dos espaços é uma das formas, portanto, de se enxergar alguma distinção comportamental entre eles. A outra forma é formulada pela finalidade em ir à feira.

IDA TUTORIAL

Nesta seção, analiso a categoria que mobiliza sua ida à feira por sugestão de alguém investido de autoridade. Dois grupos se destacaram nas anotações de campo: os estudantes de artes ou áreas afins (como arquitetura ou *design*) e as crianças. As anotações de campo sobre as práticas infantis não foram, entretanto, suficientes para analisar frequências e comportamentos, de forma que me atenho aos estudantes.

Entre os estudantes de arte, foi comum ouvi-los dizer que "o professor falou para virmos" ou que essas figuras de autoridade de alguma forma estimularam fortemente a ida ao evento. Essa visita, portanto, apresenta uma finalidade específica, que é se formar em arte e fazer um tipo de prestação de contas a seu tutor.

Os jovens estudantes costumam ocupar as bordas das galerias, isto é, as áreas próximas às paredes, onde mais habitualmente ficam apregoados os objetos de arte. Eles reservam bastante tempo à visualização de cada obra, em cada galeria. Seus comportamentos, nesse caso, são diferentes dos vistos entre os colecionadores — que, entre os visitantes analisados por meio da frequência de prestação de reverência às obras, mostraram reservar pouco tempo à fruição. Os estudantes, dessa forma, prestam um cuidado específico aos trabalhos, em uma prática semelhante àquela dos visitantes de uma exposição em um museu ou centro cultural típicos.

Os estudantes vêm à feira habitualmente acompanhados de seus colegas de classe ou de seus companheiros e amigos do cotidiano. É comum que nos *stands* façam suas próprias trajetórias, sozinhos, tomando seu próprio tempo de observação. Ligia Dabul (2009) confirma, em sua investigação etnográfica, que visitantes normalmente percorrem as exposições de arte acompanhados, gerando interações em situação. No caso da ArtRio, demonstro haver uma interação própria do acompanhamento entre o grupo que está ali, mas que há, sobretudo, uma mobilização em se estar ali, que é particular à prestação de contas ao tutor. A observação das obras de arte nunca é feita por indivíduos isolados, e "ela também não está isolada de outras práticas, nem voltada para obras isoladas" (Idem, 2009, p. 218). Nesse sentido, ir ao evento gera, necessariamente, duas interações: dentro da feira e fora dela, em debates com os professores fora da feira.

Todas as categorias propostas para análise encaram uma questão teórica última que diz respeito à multiplicidade de motivações de se estar em uma feira. A obra de arte é uma finalidade generalizante, mas não é a única e nem se encerra em si mesma. Pessoas estão em relação com as obras, com a área e com outras pessoas. A ida à ArtRio não faz referência a uma constituição de redes de contatos presentes na feira, de forma que se espera conversar sobre ela no próprio evento; mas diz respeito, sim, a uma conversa futura, sobre artistas que foram vistos e apropriados pelo olhar. A vida está voltada, dessa forma, principalmente para um aprendizado.

OSSOS DO OFÍCIO

Um outro grupo que, como os estudantes de arte, apresenta formas de ocupar, com longo tempo de permanência diante das obras e costuma ocupar as bordas dos estandes, é aquele constituído por pessoas que utilizam a arte como ferramenta para suas atividades profissionais. Sua ida à feira, então, não está relacionada e nem foi sugerida por uma figura de autoridade, mas pelas demandas de sua profissão. Assim, sua motivação para ir à feira não está relacionada à construção de relacionamentos em situação. Discursivamente, inclusive, sequer se referem, objetivamente, a outras pessoas quando o assunto é "o que o mobiliza para estar aqui?". Para esse grupo, ir à ArtRio significa estar em contato com obras de arte e se apropriar delas com finalidade de construir algo para sua própria produção profissional.

Esse grupo é geralmente constituído por tipos bem demarcados de profissionais: produtores de arte, arquitetos, acadêmicos que estudam arte e trabalhadores da indústria da moda. Frequentemente esses profissionais indicaram estar ali por gostarem de arte, mas antes disso por uma questão de ofício.

Nesse sentido, esse grupo apresenta uma experiência mais particularizada de ir à feira — suas ações diferem, por exemplo, dos colecionadores: ainda que eles façam um exercício de construção de um acervo específico a partir das obras de arte, ainda assim não estão em busca de uma aquisição formal e financeira daquelas obras; em relação aos arquitetos-mediadores, por exemplo, ainda que tenham sua ida motivada por questões profissionais, não precisam, necessariamente, construir redes de contatos no mundo da arte. Estão, assim, relacionados a pessoas ou instituições fora da feira.

Esses visitantes estão na feira investigando referências, de forma que produzem retornos criativos que extravasam o espaço da feira e com pouca relação com agentes formais do mundo da arte, fazendo da constituição de laços entre diversos atores do mundo da arte uma questão acessória.

A escolha por apresentar os artistas por último tem uma motivação: eles são o grupo que mais agrega finalidades em se estar na feira que são destoantes. Ou seja, motivações financeiras e também de fruição são reivindicadas por essas pessoas. Os artistas dizem que estão na feira especialmente para construir redes de relacionamento. Sua ida, portanto, está sempre relacionada a alguém a ser ali encontrado. Além disso, sua ida também está relacionada a um cuidado com seu ofício.

Os artistas também encaram a ArtRio como um evento inserido no calendário internacional do mercado de arte e com o mesmo peso do restante de uma agenda de eventos culturais próprios da cidade do Rio de Janeiro. Isso significa dizer que, não raro, há artistas que vêm de fora da cidade e usufruem da feira tal como uma exposição, desvinculando-se das práticas dos convidados.

Pintores, escultores, performers etc. relatavam não comprar obras, mas as produzir e trocar com outros artistas. A prática de permuta é uma constante nos discursos desses profissionais. Ainda que as práticas de venda e compra deles seja distinta de outros grupos aqui destacados, eles também não se aproximam daqueles que compreendem o artesanato como uma categoria incluída na arte — e que seria apenas menos prestigiada que as obras que figuravam nas paredes da ArtRio.

A ArtRio como um evento

Uma senhora, visitante com quem conversei, quando questionada sobre o que a mobilizava a ir à feira, respondeu: "Venho como se fosse um evento mesmo". O termo "evento", por ela mobilizado, é uma categoria central aqui: ele diz respeito a um momento específico do ano, em um local específico da cidade, que cria um conjunto específico de situações. A ArtRio emerge, com isso, como um espaço de troca de comportamentos e impressões — na qual a arte é o motivador basal da ida à feira — através de diversos sentidos de se estar lá.

Entre as diversas conversas que mantive com os visitantes, houve um ruído sobre o que era exatamente o espaço da ArtRio. Algumas pessoas — todas não convidadas — se referiam à feira como uma exposição. Outros — poucos — comentários destacavam um aborrecimento com o ambiente da feira, que seria distinto de grandes eventos de mostra de arte. Nota-se aqui que esse mundo de coordenação entre diferentes grupos e de diferentes práticas precisa conformar não ser apenas um centro cultural e não ser apenas um espaço de mercado (conquanto se chame "feira"): ela se mostra, assim, um espaço atravessado por uma dissonância que, de partida, pressupõe e parece se alimentar de uma espécie de crise de expectativa. Algumas pessoas disseram, inclusive, ao longo dos dias, que "todo ano essa feira é a mesma coisa".

Bom, a organização da feira teria uma certa autonomia, se quisesse, para tornar seu espaço mais "inédito", "inovador", "surpreendente", em comparação às outras edições; mas seu objetivo, entretanto, não é esse. E não é esse, justamente, porque ela não precisa responder a uma necessidade de criatividade curatorial supostamente típica de uma exposição em um centro ou museu de arte. Nesse sentido, a feira de arte é um espaço, por excelência, de uma prática criativa variada, projetada pelas distintas dimensões de uso formuladas pelo seu público. Se a organização da ArtRio indica que quer criar uma atmosfera híbrida de visitação, suas expectativas se satisfazem, de forma particular, por meio das diversas mobilizações moldadas pelos visitantes. Com usos tão variados, que partem das diversas finalidades de se ir ao evento, a feira de arte emerge como um evento específico, que não é uma exposição "de tempo limitado" e tampouco um espaço de vendas.

Assim, o que salta aos olhos com a construção de tipos de motivação próprios na observação dos dois anos de ArtRio é que os visitantes se situam em algum ponto entre dois polos: de um lado, a feira é pensada como evento de mercado internacional de arte; de outro, ela é representada como evento do calendário cultural da cidade.

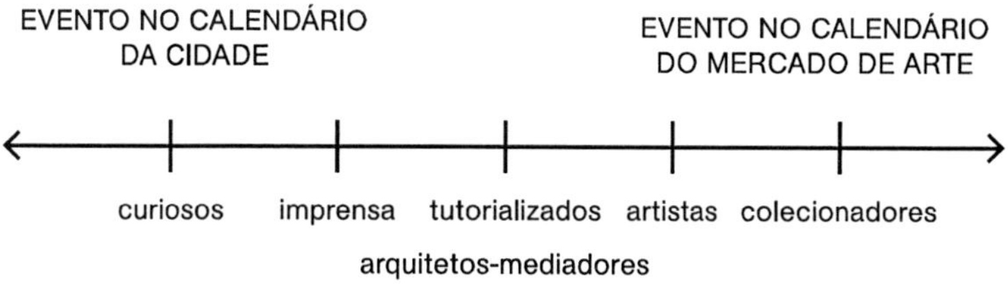

As observações de campo das práticas entre os diversos tipos de públicos mostraram que eles apresentam poucas distinções no que diz respeito a seus comportamentos: colecionadores de longa data e pessoas que mal conheciam a feira participavam das mesmas filas para tirar fotografias com e de obras; frequentadores de galerias traziam suas ativas crianças para descobrirem a arte em meio a alguns momentos de brincadeiras infantis, como corridas e pique--pegas — de forma que a criança, ela própria, subvertia a feira com seu uso do espaço; estudantes dividiam com novos colecionadores roteiros sugeridos no encarte da feira. Dessa forma, a distinção entre esses grupos ficou pouco evidente em seus comportamentos mais óbvios. Ela, entretanto, aparecia fortemente nas formas de apropriação das obras e da própria feira, justificadas, para os atores, pelas finalidades de se estar ali que se manifestavam, na prática, nas formas como ocupavam espaços, por exemplo. Foi no quarto dia de observação que concluí que os VIPs tendem a ocupar, nos estandes das galerias, menos os espaços diante das obras e mais o meio deles, ou até mesmo o corredor em frente a eles. Já os que encarariam a ida à ArtRio como um lugar de fruição, geração de referências e reconhecimento de arte por si só, tendem a ocupar seus espaços nas bordas dos *stands*, pois eles de fato estão ali para uma experiência de exposição, mais tímida e introvertida e que não visa uma busca por manutenção de contato com outros tão forte quanto alguns tipos de visitantes.

Foi possível, portanto, notar que os visitantes apresentam distintas formas de estar na feira. Essa distinção que emerge no momento da feira a torna um evento — ela está situada em um momento específico do ano, mobilizando toda sorte de apreciadores de arte nas mais distintas motivações para se estar ali. A análise feita aqui parte de um nexo de apropriação e uso alicerçado pela sociológica pragmatista: vocabulários mobilizados, comportamento e práticas centrais sugerem como atores utilizam algo. Algo não se trata apenas das obras de arte: é a feira em seu sentido amplo — espaço, convidados, profissionais da arte e, também, obras de arte. Evidenciar essas semelhanças e possíveis distinções pode sugerir alguma clareza na hora de interpretar as diversas dimensões de recepção da ArtRio — e afasta a pesquisa de uma perspectiva que compreende esse público enquanto reprodutor silencioso de uma ordem.

Os visitantes podem operar com ordens de grandeza de opinião, com modos de avaliação baseados no renome — como é o caso dos colecionadores em relação a outros colecionadores, aos artistas e aos próprios galeristas, deixando de mobilizar sua ida à feira por uma questão puramente inspirada.

Se uma ação social está condicionada ao comportamento dos outros, então se pode dizer que os visitantes, com finalidades em se estar na feira tão distintas, orientam suas ações para pessoas fora da feira — sejam professores, profissionais e amigos, que não estão com ele especificamente no momento da feira, mas que vão discutir, em alguma instância de suas vidas, a experiência de se ir à feira. Além disso, os visitantes produzem sentido para si mesmos, visando um reconhecimento da arte que está exposta, da impressão sobre os visitantes e da feira ela mesma, adicionando, ao seu repertório profissional ou pessoal, a experiência da feira. Atitudes como fotografar obras para guardá-las, utilizá-las como referência ou "colocar no *Instagram*" sugerem usos específicos da feira, que estão longe de ser apenas adquirir obras.

A questão que emerge por meio da observação da ArtRio é que as finalidades de se ir ao evento são múltiplas, de forma que dificilmente se pode falar que há um mesmo contexto válido para todos os seus visitantes. Dessa forma, não há uma lógica tão bem delineada, pois o próprio público reinventa lógicas de interações em situação — que se desenrolam na feira e podem visar debate com outras pessoas, que não estão ali naquele momento, ou visam uma utilização que está fora daquele contexto — como usar obras de arte como referência para seu trabalho. O que faz da feira de arte uma feira, então, é justamente a multiplicidade de finalidades e práticas, e o que regulariza o desacordo de formas de se estar na feira é o distanciamento entre os grupos, seja na forma de ocupá-la, seja nos horários reservados aos VIPs.

REFERÊNCIAS

BARTHE, Yannick *et al. Sociologia pragmática: guia do usuário*, Sociologias, 18, 41, 2016, pp. 84-129.

BOLTANSKI, Luc. *On Critique*. A Sociology of Emancipation, cap. 1. Cambridge: Polity Press, 2011.

BOLTANSKI, Luc; THÉVENOT, Laurent. *A Sociologia da capacidade crítica*, Antropólitica, 23, 2, 2007, pp. 121-144.

CAUQUELIN, Anne. *Arte Contemporânea — uma introdução*. Martins Fontes. São Paulo, 2005.

CHIAPELLO, Eve. *Artistes versus managers*. Métailié. Paris, 1998.

DEWEY, John. *The reflex arc concept in psychology*. Psychological Review, 3(4), 1896, p. 357-370.

HEINICH, Nathalie. *Práticas da Arte Contemporânea:* uma abordagem pragmática a um novo paradigma artístico. Sociologia&Antropologia, v.04.02, 2014, p. 373-390.

HENNION, Antoine. *Music lovers:* taste as performance. Theory, culture and society, vol. 18 (5), 2005, p. 1-22.

HENNION, Antoine. *Pragmática do Gosto*. Desigualdade & Diversidade — Revista de Ciências Sociais da PUC-Rio, nº 8, jan./jul., 2011, pp. 253-277.

OLIVEIRA, Flávio Silva de. *Sobre o conceito de experiência no pragmatismo de John Dewey*. 2018 ccx, 210 f.

STARK, David. *The sense of dissonance:* accounts of worth in economic life. Priceton University Press, New Jersey 2009.

STOCCO, Daniela. *O mercado primário de arte contemporânea no Rio de Janeiro e em São Paulo*. Rio de Janeiro: UFRJ/IFCS. Tese. 2016.

THOMPSON, Don. Art fairs: the market as a medium. In: MOERAN, Brian; STRANDGAARD, Jesper. *Negotiating values in the creative industries:* fairs, festivals and competitive events. Cambridge University Press The Edinburgh Building, Cambridge. 2011.

THORNTON, Sarah. *7 Dias no Mundo da Arte*. Agir. 2010.

VELTHUIS, Olav; COSLOR, Erica. *The financialization of art*. The Oxford Handbook of the Sociology of Finance. 2012.

WEBER, Max. *A Ética protestante e o "espírito" do capitalismo*. Companhia das Letras: São Paulo, 2004[1904].

WEBER, Max. Conceitos sociológicos fundamentais. In: *Economia e sociedade*. V.1. Ed. da UnB: Brasília, 1994[1922].

WEBER, Max. *Ética econômica das religiões mundiais:* ensaios comparados de sociologia da religião. Editora Vozes. Rio de Janeiro: 2016.

WEBER, Max. *Max Weber* [organização de Gabriel Cohn]. ABDR: São Paulo, 2003.

WRIGHT MILLS, Charles. *Situated Actions and Vocabularies of Motive*. American Sociological Review, v. 5, n. 6, 2006[1940], p. 904-913.

O sono dos insones

apontamentos fenomenológicos acerca da experiência de dormir no mundo urbano[1]

GABRIEL GORINI

Uma questão de dormir

A noite é uma fronteira para os humanos (Williams, 2005). Em sua escuridão, enxergamos com dificuldade e ficamos expostos, indefesos (Crary, 2014). Livrar-se dessa sensação é um dos fundamentos das metrópoles contemporâneas, um ambiente de luzes artificiais e de sons cada vez mais amplificados — com estímulos constantes que esboroam os sentidos do indivíduo urbano moderno, apático (Simmel, 1987[1903]). Na cidade que nunca dorme é propagada a ilusão do eterno dia, por isso somos incapazes de ver as estrelas: elas quase não existem nas ilhas de luz elétrica e calor que nos rodeiam. Porém, a noite continua ali: escura, e é nesse momento que as pessoas se recolhem rumo à proteção[2]. Já abrigadas, podem

---

1. O presente capítulo apresenta os resultados da minha pesquisa de mestrado no PPGSA/UFRJ, com financiamento do CNPQ.

2. Em geral, a sociedade moderna dorme à noite e em lugares fechados, seguros. A rua é pensada como o lugar do formal, do público, daquilo que é visível, em oposição à casa, lugar do privado, do informal e do invisível (Bourdieu, 2021[1970]; DaMatta, 1984; Mello e Vogel, 1996). Ao mesmo tempo, a rua é uma espécie de metáfora do mundo, é lá onde a "vida real" acontece (RIO, 19). Por isso, "dormir na rua" é uma experiência fora de lugar no território urbano, que expõe os indivíduos às inseguranças e intempéries da sorte — sem possibilidade de defesa, absortos na privacidade radical do sono. Quem dorme na rua são os marginalizados e invisibilizados da sociedade que não possuem um ambiente propício para se entregarem à sonolência (Robaina, 2015).

se abandonar ao sono[3] — "Um poço em que mergulhamos, em que estamos ausentes" (Melo Neto, 2016[1942]).

No mundo da vida cotidiana (Schütz, 2012[1970]; Goffman, 1995[1959]), a experiência de "ausência" do sono faz com que ele seja interpretado apenas como um dado. Damos preferência ao mundo que percebemos: ao mundo acordado (Williams, 2005). Por isso, a principal experiência que levamos em conta do sono é o sonho — a possibilidade de lembrar da experiência de dormir. Fruto de tantas investigações, o sonho já foi associado à vidência do futuro, à conexão com o mundo além, ao leito do inconsciente, ao contato com os deuses etc. Nesse sentido, o sono seria um modo de acesso a um outro plano da realidade — seja em uma interpretação psicanalítica, onírica ou religiosa. Mesmo que seja, dormir permanece sendo uma experiência rotineira, comum: ainda que de uma maneira desregulada, não vivemos sem dormir.

Nas peripécias da fenomenologia (Bergson, 2006[1922]; Carneiro Leão, 2006; Merleau-Ponty, 1996[1945]; Schuback,1997; Schütz, 2012[1970]), o que também nos interessa é como se pensa, e não apenas os resultados ou as consequências de um pensar. Assim, quando nos aproximamos de uma questão, há um movimento de descrever o que aparece e de perceber as bases pelas quais percebemos — trazendo à tona o que antes era considerado óbvio. Nesta pesquisa, tomando a discussão em torno das análises longitudinais[4]

---

3. É possível encontrar diversas formas de dormir ao longo da história das sociedades humanas (Williams, 2005). Ao longo dos últimos séculos, contudo, com o processo de expansão e consolidação da modernidade, o padrão de dormir tem se tornado cada vez mais homogêneo nos grandes centros urbanos e pode ser simbolizado pelo seu lugar próprio, o quarto privativo, e em geral individual – o "quarto de dormir" (Perrot, 2009).

4. O intuito não foi perseguir a abrangência da representação, e sim focar em poucas e intensas experiências. Assim, não penso uma experiência "universal" do sono, e sim trato das questões que emergem a partir dos relatos acerca do dormir. Contudo, é importante ressaltar que os participantes da pesquisa estão restritos ao mundo urbano da classe média brasileira – especificamente das cidades grandes e populosas.

(Glaser; Strauss, 1967; Garfinkel, 2018 [1967]), reparo em como o sono se dá no mundo da vida cotidiana. Isso é, mediante a atenção proporcionada por um relato regular[5] sobre a experiência de dormir, penso como o sono condiciona e é condicionado pelo social.

Uma questão de pensar

A fenomenologia nos mostra uma postura: o exercício da atenção e da escuta de um fenômeno, que "refere-se apenas ao modo em que o exercício de um relacionamento, qualquer que seja, lida com objetos e trata de conteúdos" (Carneiro Leão, 2006, p. 12). O mundo da vida (Schütz, 2012[1970]) é anterior ao mundo teórico da disciplina (Schuback, 1997) — é "pré-teórico" (Dreher; Santos, 2017, p. 386). "Pré" não no sentido temporal, e sim ontológico — porque o mundo da vida precisa primeiro existir para dar condições à construção da ciência, que sempre o pressupõe. "Todo o universo da ciência", diz Merleau-Ponty, "é construído sobre o mundo vivido, e se queremos pensar a ciência com rigor, apreciar exatamente seu sentido e seu alcance, precisamos primeiramente despertar essa experiência do mundo da qual ela é expressão segunda" (Merleau-Ponty, 1996[1945], p. 3). A fenomenologia não é uma "teoria da consciência". Ela não propõe a construção de um arcabouço de causalidade, nem de ferramentas que podemos dispor para explicar um campo da realidade. É, antes disso, o exercício de um aprendizado do pensamento, que procura escutar o que aparece desde a concretude da experiência — voltando às coisas elas mesmas. Dessa forma,

---

5. Depois de algumas entrevistas, sugeri que pessoas insones escrevessem um diário sobre a experiência de dormir. Eu também mantive meu próprio diário durante a pesquisa.

escancara os pressupostos que tomamos como inquestionáveis, que consideramos somente como dados[6].

O mundo da vida é um mundo compartilhado, em que a existência de e a convivência com outros humanos, que possuem suas próprias situações, é tomada como natural. Desde sempre nos encontramos embebidos de outras interpretações: "O homem está no mundo, é no mundo que ele se conhece" (Merleau-Ponty, 1996[1945], p. 6). A relação com o que nos é legado, contudo, não é de puro recebimento passivo de informação (Schütz, 2012[1970]). É, na verdade, uma intermediação criativa entre aquilo que recebemos, socialmente derivado, e como nos comportamos diante das situações, criativamente. A disposição moderna[7] de pensar atentou-se, ao longo da história, mais a questões que diziam respeito ao mundo possível de ser percebido diretamente, no qual as pessoas agem com certa consciência de seus atos, com um relativo controle de suas ações (Crary, 2014). A percepção do sono foi negligenciada pela metáfora que atravessa a história do pensamento filosófico e sociológico de que a compreensão é uma passagem do sono para a vigília (Williams, 2005). "Compreensão, entendimento, conhecimento e sabedoria são todas palavras que significam vigília, uma consciência alerta em contraste com dormir e sonhar" (Schuback, 2013, p. 128). Enquanto dormimos, não somos capazes de distinguir — pois a percepção direta dos sentidos não está tão disponível: não estamos "conscientes".

---

6. Assim, pensar as relações desde o exercício fenomenológico é um exercício de atenção e escuta mais do que de teorização e análise. Isto é, o exercício é se voltar para o mundo desde o qual erigimos as teorias, e não desde a teoria falar sobre o mundo — já que esse mundo é a condição de possibilidade da teoria.

7. "Na cultura ocidental o sono não tem boa representação. Representa a covardia: [por exemplo] os apóstolos que dormem nos jardins das oliveiras, abandonando Cristo em sua última vigília. (...) É preciso esperar a segunda metade do século XX para que o sono seja considerado uma função ativa do organismo" (Perrot, 2009, p. 78).

Na tradição moderna, o termo "consciência" diz do ato de perceber, significar, conhecer; de "um sistema de montagens simbólicas" (Mauss (2003[1934]). Para a fenomenologia, no ato de perceber podemos distinguir três níveis (Harada, 2016): o objeto percebido, o meu perceber e o olhar que olha o perceber — isso é, a percepção da percepção, consciência. Nesse nível, olhar é "dadidade", puro recebimento, que é a condição de possibilidade de significar, de dar sentido, de criar imagens. Perceber, entendido dessa maneira, é diferenciar. Essa percepção sempre tem uma intencionalidade — isso é, está sempre voltada para alguma coisa[8].

Se percebo um cachorro na rua, a percepção do cachorro está associada à minha lembrança do que é um cachorro. A experiência de lembrar e esquecer fazem parte da mesma dinâmica[9]. Na experi-

---

8. Há uma passagem da fenomenologia tradicional (Husserl, Bergson, Schutz etc.) para a fenomenologia proposta por Heidegger. E é precisamente na compreensão da "consciência", na pretensão ao conhecimento e na suposição de ausência de pressupostos que essa crítica, principalmente, será guiada. Contudo, aqui ainda estamos no marco dessa primeira fenomenologia, que encontrou eco em muitos campos do pensamento – como a música, a psicologia e a própria sociologia. "O ser, diz expressamente Heidegger, não acontece, nem vige, sem um sendo, sem algo que é e está sendo: "nie west das Sein ohne das Seiende"! Assim a fenomenologia não resulta originariamente de uma consciência intencional, de vez que toda consciência já é fenomenal. A fenomenologia é a linguagem dos fenômenos que são, seja na consciência e sua constitutiva intencionalidade, seja fora da consciência, tanto no pré-consciente, no subconsciente ou inconsciente, como no extra-consciente" (Carneiro Leão, 2006, p. 12)

9. É por isso que Funes, no conto de Jorge Luis Borges sobre um homem que não se esquece de nada, se incomodava com o fato de o cachorro que aparecia às 3h14, que era visto de lado, ter o mesmo nome do cachorro das 3h15, que aparecia de perfil. Isto é, Funes não conseguia esquecer nenhum detalhe do concreto e, por isso, não conseguia estabelecer uma relação entre um instante e outro, já que, na realidade, cada momento difere completamente do outro. Contudo, a "fenomenologia não há de querer negar a realidade do mundo em perpétua mutação. De certo, que não! Esta pedra, esta acha de lenha está continuamente, num modo próprio, em constante mudança, sem parar. O que a fenomenologia do fenômeno nos ensina é que ela está transformando-se sempre por si mesma nela mesma em si mesma. É isto que elas e tudo o mais estão dizendo por si mesmos de si mesmos para si mesmos e para todos os outros, sejam os outros de si mesmos, sejam os outros dos outros" (Carneiro Leão, 2006, p. 16).

ência, a vida é esse fluxo contínuo do agora que se sucede, e o efeito de ruptura na sucessão entre um momento e outro é produzido pelo ato de atenção — quando delimito uma experiência para distingui-las das outras (Bergson, 2006[1922]; Schütz, 2012[1970]). A experiência é significativa e adquire um caráter vinculado à memória e à consciência do indivíduo sobre seu movimento. Assim, algo que não é passível de ser retomado ou reconstruído não é considerado uma experiência.

O sono, "estado fisiológico, uma necessidade biológica" (Aubert; White, 2014[1959], p. 3), pode ser pensado como "um exemplo genuíno — a morte seria o outro — de uma experiência não social caracterizada por uma ausência de intenção do indivíduo" (Taylor, 1993, p. 2). Por isso, o sono é pensado como um momento em que "não fazemos nada" porque não temos a capacidade de agência sobre a realidade — é quando "o corpo (...) cai de volta em 'profundezas inexperienciáveis'" (Leder, 1990, p. 53).

O sono é uma experiência crucial que não podemos perceber enquanto ocorre, e sua significação acontece pelo que provoca. Quando dormimos mal, sabemos porque o nosso estado de vigília apresenta sintomas: as consequências da experiência. Ao mesmo tempo, dormir é uma atividade necessária e incontornável. Ela pertence a essas atividades comuns aos seres humanos (e não somente aos seres humanos), independentemente (em seu fundamento e sua necessidade pura) de raça, gênero, classe ou qualquer outra categoria. Sentir sono é da mesma ordem de sentir fome, ou das atividades associadas ao sistema digestivo. É um imperativo do corpo, que se diferencia de outras necessidades porque não diz respeito a algo que ingerimos ou expelimos. É um ato do corpo para o próprio corpo, com o próprio corpo.

Voltar-se atentamente para o sono é tentar perceber algo que nos escapa, algo que não nos é permitido acessar por meio da consciência. Podemos falar do sono apenas antes ou depois dele, o que se apresenta como uma situação ambígua: apesar de dormirmos, de sabermos que existe a experiência, ela não pode ser rememorada — como se fosse um "(não) fazer" (Williams, 2005). Sabemos que dormimos porque o mundo nos aparece como um lapso temporal. De repente dormimos, de repente acordamos. Está de noite e de repente está de dia. Nesse ínterim, o que percebemos é o nada, o vazio de experiência — a não ser pelo sonho[10]. Podemos saber se temos acesso a isso a partir de um olhar externo: alguém que nos observe dormir[11]. Ou também é possível pressupor a partir da nossa observação sobre outra pessoa dormindo. Os diários são uma tentativa de falar diretamente dessa experiência.

O sono dos insones

Quando durmo, não sei exatamente em que momento o faço. Me preparo, deito na cama, às vezes tomo um banho antes de deitar, coloco uma roupa confortável ou deito sem roupa nenhuma. Entretanto, isso, apenas, não me faz dormir. Na maior parte das vezes, para dormir é preciso estar com sono, e o sono é uma condição corporal que nos mostra o desgaste: a cabeça cansada, as pernas pesadas. Deitamos e fechamos os olhos, às vezes respiramos um pouco mais devagar, mas não sabemos exatamente em que momento dormimos. Não sabemos em que momento ultrapassamos o limite, a linha diferenciadora de estados. Se falo do sono, é porque falo acordado. Apesar disso, lembramos. De alguma forma lembramos. Isso é, sabemos se dormimos bem ou se dormimos mal. Sabemos não por que temos a memória consciente, a imagem da lembrança, a percepção visual de que percebemos. Sabemos porque sentimos

---

10. Porém, dificilmente sabemos que estamos sonhando enquanto sonhamos.
11. Como na famosa obra de Andy Warhol, na qual ele filma o namorado durante uma noite de sono; ou a história do poeta surrealista Robert Desnos, que respondia perguntas enquanto dormia.

os efeitos: talvez uma falta de disposição, o corpo letárgico, a dificuldade de concentração.

Por não ser um estado de vigília, o sono é um momento de extrema fragilidade para o ser humano. Por isso, desenvolvemos formas de torná-lo um momento mais seguro e institucionalizado. Fruto do "processo civilizador" (Elias, 1993), o quarto de dormir (Perrot, 2009), muitas vezes trancado, é a possibilidade do segredo, do escondido, um lugar protegido de olhos externos. No "sono fortificado" (Musharbash, 2013), o quarto se torna um lugar íntimo e, na cama, o repouso pode se dar tranquilamente. O quarto nos dá segurança e privacidade, e permite que a sociedade não gaste tanto tempo protegendo o sono de sua população. Podemos nos abandonar à "ausência" sem vigilância e com a expectativa de acordar sem surpresas no dia seguinte.

Dormir aparece tanto como um definidor da estrutura e organização sociais, um ponto definidor do ritmo cotidiano, quanto como "alívio do social" (Williams, 2005) ou "afastamento da vida cotidiana" (Schutz ([1970] *apud* Williams, 2005, p. 46) — pois nos "ausentamos" das interações conscientes e, por isso, não precisamos apresentar os papéis que costumamos desempenhar diariamente. Ao mesmo tempo, a experiência de dormir condiciona nossa experiência no "mundo acordado" e há um papel esperado para ela: o de descanso e renovação para o próximo dia. Em uma noite bem dormida, nos revitalizamos e acordamos "novos em folha". Quando a insônia aparece, contudo, há uma quebra de expectativa em relação ao papel do sono. Mariana[12] diz que seu tipo de insônia é aquele em que acorda muito cedo e não consegue mais dormir. Segundo ela, é nesse período que "vêm os piores pensamentos": ela tenta dormir por diversas vezes, sem sucesso, até que finalmente desiste e dá

---

12. Mariana tem 28 anos e sempre dormiu pouco. Ela consegue pegar no sono bem, mas acorda muito cedo. Foi entrevistada.

início a seu dia. Para Mônica[13], a dificuldade toda está justamente no momento de cair no sono: "Tenho dificuldades de dar o *start* do sono (...) de ter vontade de dormir". Taís[14] descreve em seu diário os efeitos dessa "desregulação":

> Privação de sono realmente mexe muito comigo. Consegui colocar meu sono em dia ontem. Aí, ontem mesmo, tive uma noturna de gravação que começou 23h e acabou hoje, às 9h. Parece ótimo, não é mesmo? [*ironia*] Senti dessa vez o poder do cansaço e do sono em afetar o nosso físico. Comecei a sentir ondas de frio e de calor, do nada. Fora os olhos cansados e pesados, o suor frio e as extremidades geladas. Meu olho direito, que sempre lacrimeja, até desistiu de chorar, depois de determinada hora. O corpo pesado, os olhos vermelhos e a alergia bombando. Entendi que tinha chegado em um extremo quando comecei a sentir calafrios. Mas isso pode ter relação com as quantidades razoáveis de [*bebida energética, com altas doses de cafeína*] Red Bull, café e chimarrão. Cheguei em casa morta, não quis nem tomar café e dormi por três horas. Até começar uma obra infernal no vizinho, que toda vez que eu levantava parava e toda vez que eu tentava dormir recomeçava. Pulei todos os meus compromissos e fiquei nessa de dormir e acordar durante a tarde. Quando consegui acumular horas de sono suficientes para dormir, já eram 18h30. Amanhã tenho defesa de monografia e tudo que espero é uma boa noite de sono.

13. Mônica tem 66 anos. Seu problema é demorar a dormir. Ficou com o diário por cinco meses.

14. Taís tem 25 anos. Ficou com o diário por cinco meses.

O sono, quando é problemático[15], é constantemente lembrado ao longo do dia. Taís diz: "Fico mal-humorada, triste"; Mariana, acerca do que ocorre quando a insônia é frequente: "Primeiro, fico muito irritada, depois fico triste". Mariana diz que "dormir bem é quando eu acordo funcional"[16], já pronta e apta a exercer qualquer atividade. Há um jogo de inversão entre lembrar/esquecer que também leva a pensar na própria condição do sono: quando estamos "presentes", no sentido de estarmos conscientes, o sono está ausente; quando estamos "ausentes", no sentido de que não temos consciência sobre o que está acontecendo, isso é, dormindo, o sono está presente. Mas esse quadro se inverte ainda em um outro nível, no de qualificação do sono: dormir bem é esquecer dessa experiência; ela não anuncia a sua presença. Quando é ruim, nos lembramos dele; ele anuncia suas consequências, que precisam ser mitigadas — como na contínua ingestão de estimulantes (como café ou energético). Taís escreve: "Noites péssimas de sono, humor terrível durante o dia. Observar isso tem sido bem louco. Quanto menos eu durmo, mais cansada fico e pior fica o meu humor". Eu[17] escrevi:

---

15. A insônia pode ser entendida tanto como a dificuldade para se pegar no sono, a de se manter dormindo e a de quando se acorda cedo demais. Caso seja uma experiência regular e duradoura, pode ser considerada uma patologia. A insônia muitas vezes é associada ao modo de vida, ao estresse da vida cotidiana.

16. No mundo da vida, dizemos que algo funciona quando a ação esperada, projetada, se efetiva, isto é, se realiza sem maiores percalços, sem haver alguma ruptura no cotidiano que instaure um estado de crise; também nos diz de uma capacidade de perceber e realizar o sentido das ações. Dessa forma, funcionalidade é uma característica que mantém as interações cotidianas num nível constante: ela é fator primordial no movimento sem muitas interrupções da rotina.

17. Eu, então com 25 anos, mantive um diário por cinco meses. Meu diário acabou por se tornar também meu "caderno de campo", lugar de algumas reflexões sobre a pesquisa.

> Esse estado de transição para o dormir está permeado de coisas do mundo acordado. Quando deito, começo a pensar na vida, no que aconteceu durante o dia, no que preciso fazer. O difícil desse momento é superar essas questões para abandonar-se à ausência. Quando acordo, de modo distinto, o que acontece é que o sono invade, é do sono que, de certa maneira, preciso me livrar. Há uma ruptura no estado, uma diferenciação que ocorre: uma hora estamos dormindo e sonhando e de repente acordo, e um dos primeiros sinais que me fazem dizer que acordo é porque percebo, ou porque significo a minha percepção. Ainda de olhos fechados, diria mesmo que ainda sonhando, mas ouvindo os barulhos de fora, distinguindo aos poucos que os barulhos de fora são de fora e não do sonho. Na maior parte das vezes, o sonho exerce um grande poder sobre mim no momento em que vou acordar. Quer dizer, acordo muito devagarzinho. É quase assim: de repente, sinto um barulho, alguma coisa de fora que não consigo saber exatamente o que é. Não consigo entender onde estou. Perceber, acordar. Mas ainda estou no sonho, o sonho parece ir embora aos poucos. Levanto ainda atordoado, vou ao banheiro. Faço tudo muito pouco "consciente", é como se eu estivesse dormindo ainda. Muitas vezes, se alguém fala comigo nesse momento, eu só ignoro, não porque sou antipático, mas porque não sou capaz de responder. Não estou em plena capacidade de sustentar a interação. Diria que a consciência ainda não está totalmente reestabelecida. Depois volto a cochilar. Sonho um pouco, mas agora é diferente. Eu sabia que ia voltar a sonhar. É como se o sonho não tivesse me deixado em nenhum momento. Deito e fecho os olhos. Porém, continuo um pouco acordado.

Quando estamos adormecendo, sentimos que algo acontecerá com o nosso corpo e com a percepção que possuímos das coisas. É um momento que não controlamos, que a consciência quase nos abandona. O discernimento, que parece tão evidente quando estamos conscientes, começa a se esvair. Nos insones, o sono problemático se encarna em uma experiência recorrente de acordar e dormir durante toda a noite. A linha entre consciência e inconsciência se torna difusa, e o sono é invadido por imagens difíceis de decifrar. Pedro[18] nos diz:

> — Às vezes você acha que não tá dormindo, mas no fundo você tá e o insone meio que pensa durante o sonho, você acha que o seu pensamento é racional, mas no fundo seu pensamento já é meio que um sonho, então você acaba lembrando desses pensamentos bizarros, e você acha que são pensamentos, mas no fundo foram sonho, e isso leva no fundo a você não saber se aquilo aconteceu ou não. (...) Mas ontem (...) eu meio que apaguei. Mas ao mesmo tempo eu tenho a sensação de uns sons de tiroteio que eu não sei se foi de um sonho ou se foi real.

Esse acordar e dormir constante confunde nossa memória, provocando uma dúvida sobre o que é real e o que é imaginário. Nesses momentos, é comum ocorrerem as alucinações hipnagógicas e hipnopômpicas[19]: "sonhos vívidos, realísticos e muitas vezes assustadores" (Magalhães; Mataruna, 2007, p. 118). Essas alucinações são imagens que não sabemos se vemos ou não vemos, se ouvimos ou não ouvimos, porque estamos em um estado entre o acordado e o dormindo. Mariana narra uma ocasião em que viu e ouviu certas coisas durante a noite e não sabe se aquilo havia sido um sonho ou não. Quando acordou, no dia seguinte, não sabia se tinha acordado

---

18. Pedro: tem 33 anos. Dorme de manhã, mas dificilmente tira pequenos cochilos: dorme tarde e pouco. Foi entrevistado.

19. Enquanto a hipnagógicas refere-se às alucinações que acontecem na transição da vigília para o sono, já as hipnopômpicas acontece na transição do sono para a vigília.

mesmo, e passou o restante do dia com a linha entre o que era sonho e o que era realidade bem frágil. Esse sono leve, intermitente, permite que a consciência interfira no curso natural do sono — a sua experiência de "ausência"[20] —, pois estamos com relativa "consciência" sobre o que acontece ao nosso redor. Por exemplo, Mariana acorda por qualquer barulho e Mônica associa o sono leve ao fato de ser mãe. Já o sono pesado é como se fosse um estágio com menos consciência, em que não percebemos nada do que acontece no mundo acordado. Muitas vezes, esse sono pesado significa apenas "apagar", como disse Pedro.

O momento de transição entre os estados de consciência, do acordado para o dormindo ou o contrário, media a passagem entre dois momentos distintos de experiência do social. O sono provoca uma ruptura entre o fim de um ciclo e o início de outro. Quando estamos acordados, somos parte ativa do mundo, que pode produzir, trabalhar, significar. Quando estamos dormindo, é radicalmente diferente: mergulhamos na direção de um desconhecido, sem a capacidade de produção e significação. Expostos e indefesos. Ao mesmo tempo, há uma "durabilidade do social" — vista tanto nos barulhos escutados por Mariana quanto no papel de mãe invocado por Mônica. Pedro diz:

> — Cara, tenho muito insônia. Demoro muito a dormir. Sempre tive essa impressão. Até fico meio falando, clichê pra mim, que ninguém me ensinou a dormir, sabe? Não aprendi a dormir. Às vezes fico horas na cama sem fazer nada, até que chega um momento que canso (...) e levanto pra fazer alguma coisa. Aí depois volto a tentar dormir e

---

20. A experiência de "ausência" pode ter diversos níveis de qualidade. Uma coisa, por exemplo, é dormir regularmente e atingir os estados profundo de sono. Outra coisa é "apagar" depois da completa exaustão. Aqui, foco mais na questão da "ausência" do que da qualidade.

> durmo. Ou às vezes vou tentar dormir e não durmo, mas não me levanto. Uma coisa que é comum pra mim é dormir só quando tá amanhecendo.

O dormir e o acordar também são momentos mediados por uma série de rituais que possibilitam o trânsito nos diferentes estados de consciência (Schwartz, 1970). Dormir requer uma demanda mental e corporal muito grande. Mesmo que seja interpretado como um dado, não é tão fácil se dar conta de como fazer isso da melhor maneira. Para os insones, o problema é mais complicado: além de dormirem mal, precisam se adaptar a uma sociedade que privilegia o mundo acordado. Aprender a lidar com a insônia é um processo longo, que se faz tanto por meio da observação direta da própria experiência quanto pela via do aprendizado com outros discursos e experiências. Mariana diz: "[*A insônia é*] uma coisa minha, que preciso aprender a conviver". Para aprender a conviver com as consequências negativas de dormir mal, os insones recorrem às mais diversas tradições terapêuticas: rituais, práticas, exercícios — técnicas do corpo[21] para um sono tranquilo. Taís descreve detalhadamente o que faz para dormir:

> Eu durmo com quatro travesseiros. Cada um tem sua função específica para alcançar o máximo de conforto possível. Desses quatro, tenho dois travesseiros moles e baixos, dos quais um deles é encaixado entre as minhas pernas e o outro inicia a noite sendo abraçado por mim e depois é jogado longe ou perto, dependendo do nível de agitação do sono daquela noite. Os outros dois travesseiros são mais altos e

---

21. A técnica do corpo é "um ato tradicional e eficaz" que difere dos outros atos tradicionais (mágico, religioso, simbólico) por ser "sentido pelo autor como um ato de ordem mecânica, física ou físico-química, e (...) efetuado com esse objetivo" (Mauss, 2003[1934], p. 407). Elas são herdadas socialmente, mas também desenvolvidas ao longo da vida a partir do que nós mesmos experienciamos, variando de sociedade para sociedade.

> mais duros que os outros. Um deles passa a noite posicionado nas minhas costas e o último cumpre de fato o papel para o qual foi feito, ficando embaixo da minha cabeça. Minha cama é de casal e eu durmo bem no meio dela. Gosto de ter espaço para as minhas viradas de lado durante a noite. Esse é um ponto importante. Eu durmo de lado. Assim que deito, fico voltada para a parede, recostada com a parte esquerda do meu corpo. Quando sinto que vou de fato dormir (algo entre 5 e 15 minutos depois que deito, na maioria das vezes), viro de lado e me recosto na parte direita do meu corpo, de costas para a parede. Minha cama fica no chão, o que às vezes é ruim, pois tenho asma e poeira é algo bem complicado para mim. Muitas vezes levanto durante a noite, nas primeiras horas de sono, para tomar minha bombinha. Estou muito acostumada com essa lógica. Desde bem pequena a asma faz parte da minha vida e afeta o meu sono. (...) O último ponto importante é o cobertor. Durmo com coberta o ano todo. A espessura e material mudam ao longo do ano, mas ela está sempre ali. Costumo deixar um dos pés para fora e os braços também. Só se o frio estiver absurdo eles ganham uma cobertura. Lembrei de mais três pontos importantes: o ritual antes de dormir, o pijama e a corrente de ar.

Para Mariana, trata-se apenas de "fechar o olho, tentar não ficar muito agitada, dar uma respirada e pensar: 'Dorme, você tem mais tempo para dormir, aproveita esse tempo'". Mônica possui vários pequenos exercícios e estratégias para dormir melhor: ir para a cama apenas quando está morta de sono, apagar a luz da casa algumas horas antes de dormir, não ver tela luminosa nenhuma à noite, fazer uma série de alongamentos e respirações. Por sua vez, José[22] vê qualquer coisa na televisão até estar com muito sono.

---

22. José tem 35 anos. Ele não só demora muito a dormir como, quando o faz, dorme mal. Foi apenas entrevistado.

Grande parte dos insones fazem ou fizeram o uso de algum remédio para dormir. O medicamento funciona como um mediador que facilita, mas também mascara, a relação entre insônia e sono. A impossibilidade do insone de dormir causa frustração, e o remédio é uma das maneiras de fazer o corpo descansar "à força" e, com isso, causa um sono grogue. Mônica, por exemplo, conta que quando toma o remédio, acorda mais lenta e sonha menos. Contudo, ao longo do dia consegue realizar as tarefas sem grandes percalços. O remédio torna tudo mais funcional, mas não combate a causa da insônia, apenas mitiga a sua recorrência. João[23] escreve em seu diário:

> Acho que o pior efeito da ansiedade é a insônia. Não lembro a última vez que dormi antes de 1h30 da madrugada, mesmo tendo deitado por volta de 22h. O pior: eu acordo cedo, durante a semana tenho que levantar 7h30 e toda manhã é um enorme desafio. Para infernizar mais, os finais de semana são diferentes: acordo sem sono por volta de 7h — só pode ser sacanagem.

A insônia contemporânea é reflexo direto do nosso modo de organização social. O desenvolvimento de um novo modo de produção, sentido na transição de uma sociedade de pequenas manufaturas para o capitalismo industrial, trouxe consigo também um rearranjo no modelo de vida (Thompson, 1998). A diferença entre um tempo natural, representado pelo galo que nos acorda pela manhã, e um tempo já disciplinado, o do relógio, é nevrálgica nessa aceleração do processo histórico e na racionalização da vida promovida pela modernidade (Koselleck,

23. João tem 19 anos. Demora muito para dormir e acorda cedo. Ficou por dois meses com o diário.

2006[1979];Weber, 2004[1904])[24]. Com isso, podemos contabilizar e negociar o tempo, agora dividido em partes abstratas.[25] Para Crary (2014), esse processo de homogeneização dos horários afetou a experiência de dormir. O sono era visto como um obstáculo para a plena produção. Um desperdício de tempo. A divisão do dia em horas possibilitou que o sono pudesse se restringir a determinado horário, à noite — quando produzir era mais caro. Agora, atravessamos a passagem de uma sociedade do controle para a sociedade do desempenho. Antes, as instituições de controle exerciam um constrangimento externo, uma negatividade do dever. Hoje, há uma extrema positividade em que o indivíduo cobra a si próprio sem precisar de uma instância coercitiva externa (Han, 2015). Uma das consequências é o alastramento de doenças psíquicas[26]. Como João escreve:

> Eu tô completamente desregulado. Ansiedade me traz um distúrbio muito grande, e é 100% influenciada pelos acontecimentos do meu dia. Eu não só tenho problemas para dormir, mas quando eu durmo parece que meu cérebro continua a mil por hora.

---

24. O processo de aceleração do tempo, marcado por um tempo abstrato, é enxergado como um processo em que passado, presente e futuro se sucedem linearmente. A segunda metade do século XX apresentou um processo de radicalização dessa aceleração no tempo promovida pela modernidade com a profunda relação entre as descobertas tecnológicas com os esforços de guerra (Virilio, 1996).

25. Nesse "novo tom", os relógios se tornam instrumentos de controle, regendo e organizando o cotidiano. A contabilização do tempo é o parâmetro do aproveitamento ou do desperdício para inculcar na sociedade o "uso-econômico-do-tempo" (Thompson, 1998, p. 292).

26. Han (2015) classifica como sendo de ordem neuronal, mas aqui prefiro chamar de psíquicas. Além disso, é importante aprofundar a ideia de que não há uma instância coercitiva externa, quando na verdade o horizonte do capitalismo é o da degradação das condições de trabalho e encarecimento dos custos de vida. A "auto-cobrança" da sociedade do desempenho é fruto direto da organização neoliberal, ou seja — algo "externo" ao indivíduo.

Doenças como depressão, o déficit de atenção e a insônia são resultados de uma estrutura ativa da sociedade, aquela que nos coloca em uma extrema positividade do desempenho, acelerada, "em que o excesso de trabalho e desempenho agudiza-se numa auto-exploração" (Han, 2015, p. 30). Diz Pedro: "Normalmente quando tô muito acelerado não consigo deitar e dormir. E às vezes tô muito cansado, tô morto, mas não adianta". Contudo, para os insones, a madrugada também torna-se uma possibilidade de produção. Por exemplo, José e Mônica aproveitam o momento para trabalhar e fazer diversas outras atividades. Mônica diz:

> — À noite eu estou a mil por hora. Geralmente, então, à noite eu acho que eu tô mais inteligente, com o raciocínio mais rápido, e se eu tiver que escrever alguma coisa eu vou render mais escrevendo à noite. (...) E esse dormir tarde, como um hábito de dormir tarde, agora que eu não tenho mais que estudar o que eu tinha que estudar antes, foi substituído por diversas atividades, que eu tenho *trocentas* atividades que eu quero fazer, mas não dou conta, eu quero assistir uma série, eu quero pintar, as minhas atividades, eu gosto de ver as notícias, eu gosto de ir pro Twitter, e ainda tem esse detalhe, tinha esquecido do detalhe da vida digital, né, a vida on-line.

As luzes a que todo momento somos expostos modificam como enxergamos a noite e o momento do sono. Atualmente, o capitalismo alcança uma etapa de globalização e tenta nos impor um tempo 24/7 — 24h por dia, sete dias por semana, radicalizado pela disseminação da internet (Crary, 2014). Há um descompasso entre a experiência do mundo da vida, concreta, e a simulação das experiências, que ocorre em uma outra significação temporal. Se na vida há um ritmo, na virtualidade (entendida em seu sentido de simulação) esse ritmo é suspenso para um eterno presente. Mas não o presente da experiência real, de um agora que sempre se transmuta, mas o presente virtual, de um agora homogêneo e avassalador, que aniquila as possibilidades de passado e futuro numa força uniforme de controle, que possui reverberações por nossa "experiência real". É a ansiedade gerada pela expectativa de uma novidade que nunca chega. Ao mesmo tempo, a televisão, o celular, o rádio, o livro etc., são objetos recorrentes nos momentos de insônia — meios de comunicação que nos colocam em uma presença quase abstrata de outras pessoas. Talvez uma tentativa de trazer o "mundo acordado" para um momento de solidão, de promover uma companhia para os insones.

Falar do (próprio) sono: um modo para pensar a experiência (Conclusão)

O diário é um caderno de memória e registro. Escrevê-lo é um esforço de lembrança e, quando registramos a experiência do sono rotineiramente, começamos a conferir outro grau de atenção a esse momento, que na maior parte das vezes tratamos apenas como um dado que se aceita. Ao escrever um diário ou fazer uma entrevista, é preciso prestar a devida atenção: parar para escrever ou falar. Nisso, nos esforçamos para rememorar a experiência e damos um sentido a ela, percebemos coisas que no estado de crença cotidiano não nos damos conta. A diferença entre um diário e uma entrevista parece estar no interlocutor. A escrita no diário é reflexiva no sentido estrito: ela reflete sobre algo e escreve como que para si. A entrevista, uma fala mais espontânea, produz reflexões para o interlocutor, em diálogo. No diário, o registro é encadeado de uma maneira mais linear. A escrita pode ser rasurada, apagada, enquanto na entrevista, apesar de haver uma possibilidade de "rasura", no sentido de se poder dizer que não era aquilo o que se quis dizer, as respostas são mais imediatas. O esforço de atenção do diário, um esforço reconstitutivo, não se faz somente a partir do ato da escrita. Não apenas lembramos o que queremos escrever na hora de escrever. Como se trata de uma questão específica (o momento do sono), se o engajamento na pesquisa for bem-sucedido, o próprio dormir passa a ser exercido com mais cuidado para que depois o registro seja mais rico e denso — e, de certa maneira, mais próximo do que foi a experiência. A partir disso, é possível provocar reflexões acerca de uma experiência que é tida como uma não experiência: no caso dos que dormem bem, como rotina invisível, e, no caso dos insones, como dificuldade.

Em todos os diários escritos, minha presença como contraparte do diálogo está presente e meu diário se distingue dos outros não apenas porque sou "o pesquisador", mas também porque ali posso escrever apenas para mim — a contraparte do diálogo sou eu. Desde essa condição, estabeleci uma relação entre as diferentes experiências apresentadas aqui, mostrando as questões centrais surgidas a partir do sono. Qualquer experiência que eu tenha nunca é só minha. Quando me percebo no mundo, já o faço a partir de interpretações, de construções feitas por pessoas antes de — e em paralelo a — mim. Por isso, a questão não é tanto a quantidade de pessoas que fizeram, já que não pretendo estabelecer uma média do que seja a experiência de dormir. O intuito é explorar as questões que emergem do sono. Portanto, os diários e os relatos são uma espécie de impulso para o pensamento a partir da experiência de dormir, cuja construção demanda uma atenção mais delongada.

O sono é a mais importante das chamadas "remissões periódicas" (Schwartz, 1970), situações de alívio das regras institucionais. Dormir tem como função aliviar as "pressões normativas" de nossa vida social (Williams, 2005). Ao mesmo tempo, a conformação da experiência de dormir é uma consequência da organização da sociedade — o sono é também um momento de durabilidade do social (Crary, 2014). Portanto, há uma certa ambiguidade no fenômeno: dormir provoca um alívio da disciplina da ordem social, mas, concomitantemente, a forma como encaramos o sono é uma consequência direta dessa disciplina. É a partir do sono que organizamos nossa vida "acordada", já que é um estado incontornável com o qual precisamos lidar: por conta da situação vulnerável em que nos encontramos quando dormimos, ele precisa ser extremamente institucionalizado para ser protegido — "Adormecer é uma arte que requer precauções" (Perrot, 2009, p. 76).

Dormir nos alivia das obrigações sociais do "mundo acordado", mas somos obrigados a nos conformar com o padrão de dormir da sociedade em que vivemos. Contudo, no papel do sono há direitos e responsabilidades ideais negociados e renegociados na vida real em um contexto de poder e conflito. Assim, o significado e a legitimidade do sono são socialmente variáveis e contextualmente dependentes. Muitos estudos sobre o sono se concentram mais nas questões estruturais que condicionam o modo de dormir do que na situação de dormir enquanto tal. Assim, "como", "quem", "com quem", "onde" etc. são questões que surgem para serem pensadas (Arber; Hislop; Bote; Meadows, 2007; Biancheria; Arber, 2007; Lowe; Boden; Williams; Seale; Steinberg, 2007). Contudo, quando falamos que a importância sociológica do sono se dá apenas no nível de seu modo de organização e das formas como dormimos, e não na própria experiência do dormir, reduzimos as possibilidades de reconhecimento de experiências sociais somente àquelas das quais temos certa consciência, certo controle e percepção, certo sentido e significação no momento. O social parece deixar de nos influenciar durante o sono porque, enquanto dormimos, não estamos conscientes de sua agência. Por esse motivo, o sono passou a ser definido como uma não experiência, um momento de "não consciência". Entretanto, alguns questionamentos surgem dessa definição: podemos limitar o "mundo da vida" ao mundo da consciência? As experiências que esquecemos possuem tanta vigência quanto essas que lembramos? Somos aquilo que temos consciência de ser ou somos mais do que temos consciência? Confundimos consciência com controle e conferimos um papel muito importante a ela, como se fosse uma perspectiva privilegiada em relação aos outros fenômenos. Porém, a consciência é somente mais um fenômeno entre todos os outros, e não um lugar privilegiado de acesso ao mundo (Carneiro Leão, 2013).

REFERÊNCIAS

ARBER, Sarah; HISLOP, Jenny; BOTE, Marcos; MEADOWS, Robert. *Gender Roles and Women's Sleep in Mid and Later Life:* A Quantitative Approach. Sociological Research Online, vol.12, n. 5, 2007. pp. 1-18.

AUBERT, Vilhelm; WHITE, Herbert. *Sleep:* A Sociological Interpretation I. Acta Sociologica, vol. 4, n. 2, 1959a. pp. 46-54.

AUBERT, Vilhelm; WHITE, Herbert. *Sleep:* A Sociological Interpretation II. Acta Sociologica, vol. 4, n. 3, 1959b. pp. 1-16.

BERGSON, Henri. *Duração e simultaneidade*. Trad. de Cláudia Berliner. São Paulo: Martins Fontes, 2006[1922].

BOURDIEU, P. A casa Cabila ou o mundo invertido. In: BOURDIEU, P. *O desencantamento do mundo:* estruturas econômicas e estruturas temporais. 2ª ed. revisada e ampliada. São Paulo: Perspectiva, 2021[1970]. p. 211-239.

CARNEIRO LEÃO, Emmanuel. O pensamento originário. In: *Aprendendo a pensar*. Petrópolis, Vozes, 1977.

CARNEIRO LEÃO, Emmanuel. Para uma crítica da interdisciplinaridade. In: *Filosofia Contemporânea II*. Teresópolis, Daimon, 2013.

CARNEIRO LEÃO, Emmanuel. *A fenomenologia de Edmund Husserl e a fenomenologia de Martin Heidegger*. Revista da Abordagem Gestáltica: Phenomenological Studies, vol. XII, núm. 1, junho, 2006. pp. 11-22. Instituto de Treinamento e Pesquisa em Gestalt Terapia de Goiânia. Goiânia, Brasil.

CRARY, Jonathan. *24/7:* Capitalismo tardio e os fins do sono. São Paulo, CosacNaify, 2014.

DA MATTA, Roberto. *A casa e a rua*. Rio de Janeiro: Rocco, 1997.

DREHER, Jorchen; SANTOS, Hemilio. *Sociologia e fenomenologia:* Apresentação. Civitas, vol. 17, n. 3, 2017. pp. 385-388.

ELIAS, Norbert. *O processo civilizador*, vol. 2: Formação do Estado e civilização. Rio de Janeiro, Zahar, 1993.

GARFINKEL, H. *Estudos em Etnometodologia*. Petrópolis: Editora Vozes, 2018[1967].

GLASER, Barney; STRAUSS, Anselm. *The Discovery of Grounded Theory:* Strategies for Qualitative Research. Chicago, Aldine, 1967.

GOFFMAN, Erving. *A representação do eu na vida cotidiana*. Petrópolis: Editora Vozes, 1995[1959].

HAN, Byung-Chul. *Sociedade do cansaço*. Tradução de Enio Paulo Giachini. Petrópolis: Vozes, 2015. 80 p.

HARADA, Hermógenes. *Ser e Manifestação*. Rev. Filosófica São Boaventura. Curitiba, v.10, n.1, jan./jun., 2016. p. 35-55.

KOSELLECK, Reinhardt. *Futuro passado*. Contribuições à semântica dos tempos históricos. Rio de Janeiro: Contraponto; Ed. PUC-Rio, 2006[1979].

LEDER, Drew. *The Absent Body*. Chicago, The University of Chicago Press, 1990.

LOWE, Pam; BODEN, Sharon; WILLIAMS, Simon; SEALE, Clive; STEINBERG, Deborah. *Who Are You Sleeping With?* The Construction of Heteronormativity in Stories About Sleep in British Newspapers. Sociological Research Online, vol. 12, n. 5, 2007. pp. 251-268.

MAGALHÃES, Flávio; MATARUNA, José. Sono. In: JANSEN, José Manuel; LOPES, Agnaldo José; JANSEN, Ursula; CAPONE, Domenico; YOSHIKO MAEDA, Teresinha; NORONHA, Arnaldo; MAGALHÃES, Gerson. (org.). *Medicina da noite:* Da cronobiologia à prática clínica. Rio de Janeiro, Editora Fiocruz, 2007. pp. 103-120.

MAUSS, Marcel. As técnicas do corpo. In: *Sociologia e antropologia*. São Paulo, CosacNaify, 2003[1934]. pp. 399-422.

MERLEAU-PONTY, Maurice. *Fenomenologia da percepção*. São Paulo, Martins Fontes, 1996[1945].

MELO NETO, João Cabral. *Considerações sobre o poeta dormindo*. Revista Usina, 2016[1941]. Disponível em: https://revistausina.com/2016/12/31/consideracoes-sobre-o-poeta-dormindo-joao-cabral-de-melo-neto/.

MUSHARBASH, Yasmine. *Night, Sight, and Feeling Safe:* An Exploration of Aspects of Warlpiri and Western Sleep. The Australian Journal of Anthropology, vol. 24, n. 1, 2013. pp. 48-63.

PERROT, Michelle. *História dos quartos*, São Paulo, Paz e Terra, 2011.

ROBAINA, Igor Martins Medeiros. *Entre mobilidades e permanências:* uma análise das espacialidades cotidianas da população em situação de rua na área central da cidade do rio de janeiro. Tese de Doutorado, UFRJ. 2015.

SCHUBACK, Marcia Sá Cavalcante. When From the Word Silence is Done. In: *Towards a Phenomenology of Silence*. Rio de Janeiro, IFCS/UFRJ/7Letras, 1997.

SCHUBACK, Marcia Sá Cavalcante. The Hermeneutic Slumber: Aristotle's Reflections on Sleep. In: BARACCHI, Claudia. (org.). *The Bloomsbury Companion to Aristotle*. Nova York/Londres, Bloomsbury Academic, 2014.

SCHÜTZ, Alfred. *Fenomenologia e relações sociais*. Rio de Janeiro, Zahar, 2012[1970].

SCHWARTZ, Barry. *Notes on the Sociology of Sleep*. The Sociological Quarterly, vol. 11, n. 4, 1970. pp. 485-499.

SIMMEL, Georg. A metrópole e a vida mental. In: VELHO, Octavio. (org.). *O fenômeno urbano*. Rio de Janeiro, Guanabara, 1987[1903]. pp 11-25.

SIMMEL, Georg. Freedom and the Individual. In: LEVINE, Donald N. (org.). *On Individuality and Social Forms:* Selected Writings of Georg Simmel. Chicago, The University of Chicago Press, 1971[1957].

TAYLOR, Brian. *Unconsciousness and Society:* The Sociology of Sleep. International Journal of Politics and Culture, vol. 6, n. 3, 1993. pp. 463-471.

THOMPSON, E. P. Tempo, disciplina de trabalho e capitalismo industrial. In: *Costumes em comum:* Estudos sobre a cultura popular tradicional. São Paulo, Companhia das Letras, 1998. pp. 267-304.

VIRILIO, Paul. *Velocidade e Política.* São Paulo, Estação da Liberdade. Carrilho, Vinício. Brasil: Direito Virtual: Breve Ontologia e Conceito. 1996[1977].

VOGEL, Arno; MELLO, Marco Antonio da Silva. Da casa à rua: a cidade como fascínio e descaminho. In: *O trabalho e a rua:* crianças e adolescentes no Brasil urbano dos anos 80. São Paulo: Cortez, 1996. p. 133-150.

WEBER, Max. *A ética protestante e o "espírito" do capitalismo.* Antônio Flávio Pierucci (Ed.). São Paulo: Companhia das Letras, 2004[1904].

WILLIAMS, Simon. *Sleep and Society:* Sociological Ventures into the (Un)known. Londres, Routledge, 2005.

Uma “captura” comercial em forma de análise sensorial

investigando o “regime de engajamento na atenção” nos marcos das relações de consumo de café especial[1]

IGOR PERRUT

Introdução

Durante o almoço, uma cafeteria localizada no centro da cidade do Rio de Janeiro costuma ter seu movimento consideravelmente ampliado, intensificando-se a ordem dos pedidos e a busca por um *espresso*[2] como sobremesa. Aos poucos, porém, o ritmo frenético costuma dar lugar a um clima vespertino mais sereno, de menor movimento, em que poucas pessoas ficam na cafeteria e despendem sua atenção aos celulares, livros ou companhias enquanto bebem xícaras de café acompanhadas de bolos ou salgados.

---

1. Há época da submissão deste capítulo, o mesmo já havia sido aceito para publicação na revista Antropolítica (ISSN 2179-7331) na edição de 2024.
2. Método que consiste no encaixe de um porta filtro com café moído em uma máquina que exerce sobre o pó uma força de 9 bar e despeja água com cerca de 90º C de temperatura. Deste modo, a bebida é extraída sob pressão, em alta temperatura, resultando em 25ml de café servido em uma xícara pequena. De antemão, cabe mencionar que grande parte dos métodos citados neste capítulo serão explicados não apenas por se tratar de modos próprios de construir relações de consumo no mundo comercial analisado como também por não serem, necessariamente, plenamente conhecidos pelo público amplo, facilitando a visualização das situações descritas.

Em uma tarde em específico, encampando a caída de movimento na cafeteria, uma mulher se dirige ao barista[3] enquanto falava com o marido no telefone, buscando eleger algum café que estivesse de acordo com as preferências dela e do companheiro. Solícito, o barista escutava o tipo de café que ia mais ao encontro do gosto descrito por ela, nomeando alguns dos cafés da casa que poderiam se adequar ao que a cliente buscava. Nesse momento, o profissional forneceu notas sensoriais de cada café que possuía no estabelecimento à cliente, até que, com ela parecendo decidida, resolveu preparar uma bebida com o grão escolhido, para que a moça tivesse certeza de que "fez a escolha certa". O curioso foi que, por parte da cliente, o barista ouviu o pedido de um cappuccino — a mistura de *espresso* com leite vaporizado — obtendo como resposta a seguinte observação: "Esse café já é floral demais. Então, se você mistura com leite vai dar uma combinação um pouco estranha. Eu acho que não vai ornar bem".

Por conta disso, rapidamente o barista a ofereceu o café tanto no *espresso* quanto em um método coado sem adição de leite, dando continuidade a uma conversa com a moça sobre as nuances e sabores que o café apresentava em cada método específico, observando os pontos que favoreciam ou mascaravam o gosto descrito no rótulo descritivo do café. A conversa entre ambos passou a mobilizar as partes da língua em que era possível sentir a "doçura" e a "acidez" do café, bem como descrições sobre o "corpo" e a "finalização" da bebida na boca. Discutiam-se percepções, formas pelas quais o café ingerido "aparecia na boca" e o quanto as descrições do rótulo efetivamente condiziam com aquilo que o café "entregava" depois de preparado. Ao final da interação, inclusive, foi possível arrancar

---

3. O barista é o agente especialista na preparação e avaliação das bebidas que envolvam o café. Por isso, o barista tem por função conhecer plenamente bem as métricas de avaliação sensorial e preparo do café que serve, sendo muito comum os observar buscando traduzir alguns aspetos do café e do seu preparo aos clientes que não o conhecem ou não conseguem o identificar de antemão.

da cliente a confirmação de que, também para ela, tomar aquele café com leite não "faria sentido", tendo ela comprado dois grãos diferentes da cafeteria, sendo um daquele que havia provado com o barista e outro com paladar similar a ele, posto que estaria do agrado tanto dela quanto do marido.

Inicio este capítulo com esta breve cena etnográfica porque ela ilustra de forma muito evidente o fenômeno a ser analisado aqui, circunscrito à sociologia dos regimes de engajamento (Thévenot, 1990, 2006) com o intuito de produzir uma reflexão quanto às modalidades de coordenação das ações entre atores sociais que nos permite compreender, interpretar e ordenar as sensações e experiências do mundo social de maneira comum e simultânea. A aposta aqui é que a degustação de cafés, mobilizada como um dispositivo de "captura" e efetivação do consumo (Callon, 2021, p. 255) no enquadramento de singularização mercantil (Karpik, 2010) do café, estipula uma certa configuração de interações sociais que produz e organiza as relações entre os indivíduos de forma a fazer com que o ato de perceber em conjunto seja o principal responsável por produzir laços entre as pessoas, investindo formas (Thévenot, 1986) para guiar a percepção de si e do outro e consolidar uma identificação, organização e classificação dos estímulos do mundo por meio de um ato perceptivo coordenado em comum.

Analiso aqui interações mercantis que se passam em cafeterias de "terceira onda" — classificação especificada adiante — e que mobilizam o gosto e a degustação como mecanismos de validação do intercâmbio mercantil, dando conta de descrever como novas experiências de consumo atualizam modos de consumir e comprar um dos produtos mais consumidos pelo Brasil, o café. Trata-se aqui de compreender como se produz o consumo por um tipo específico de café — o denominado "café especial" — em um indivíduo e como isso implica sua relação com grupos sociais, posto que, a partir de uma nova formatação de mercado, o café deixa de estar vinculado com os tradicionais sabores "amargos" e passa a ser descrito por um léxico de descrições que encampam caracterizações como "floral", "ácido" e "doce". A questão que fica, portanto, é como aprendemos a gostar disso.

Entendo que destrinchar o proposto "regime de engajamento na atenção" permite compreender como se produz o gosto pelo chamado "café especial", tomando o processo de degustação do café ilustrado acima como um fazer comum, uma maneira específica de promover sociabilidades que é construída à luz da experiência de beber, sentir e gostar de algo em um determinado enquadramento mercantil. Neste caso, gostar é antes de mais nada um fazer, e não uma disposição (Hennion, 2001, 2004a, 2007, 2010, 2011, 2015; Hennion; Gomar, 1999; Hennion; Teil, 2004b), levando-se a considerar a prática situada, reflexiva e crítica dos atores — em seus marcos simbólicos de agir comum — como o objeto privilegiado da relação entre mercado e preferências a serem construídas ou experimentadas.

Como Warde (2008, p. 327) argumenta, entender a formação do gosto para além de Bourdieu permite-nos privilegiar os movimentos de justificativa e experienciação dos atores sociais, compreendendo como os gostos se distribuem e interagem no mercado e que movimentos críticos e valorativos os acompanham, definindo qualidades antes que as tomando como instâncias prévias. Com um olhar sobre as práticas reflexivas e situadas dos atores sociais — no sentido em que gostar de algo "naturalmente" não está no horizonte — a abordagem desta pesquisa será sobremaneira pautada na compreensão do trabalho mobilizado pelo ato de gostar de alguém ou alguma coisa. Por isso, abro aqui um parênteses sobre a vontade de distinção e enquanto as relações de consumo segundo um trabalho contínuo de autodefinição e prática de significação em si para os atores sociais (Coulangeon, 2005, p. 23).

Isso dito, tenho como objeto de investigação as relações de consumo no mercado de café especial na cidade do Rio de Janeiro e busco sugerir a existência de um novo modelo de regime de engajamento fundamental no que tange a compreensão do trabalho de estabelecimento das convenções sobre o gosto por esse tipo de café. Tal reflexão se utiliza de um trabalho de incursão etnográfica em uma cafeteria do setor e em um evento de degustação de cafés especiais realizado ainda durante a Semana Internacional do Café de 2020[4]. Esquematicamente, organizo a discussão para, em um primeiro momento, analisar os quadros mercantis do chamado "mercado de café especial", identificando como essa porção do mercado de café produz um processo de singularização opositora ao mercado de cafés *commodity*, conferindo protagonismo à degustação e a avaliação sensorial do café. Depois, apresento a teoria dos regimes de engajamento (Thévenot *et al.*, 1989, 2006; Thévenot, 1990, 2001), para, por fim, produzir uma discussão que conecta a prática mercantil da degustação a esse modelo teórico, apresentando minha proposta teórica como produto fundamentado na análise do processo de "captura" de clientes nos quadros de comercialização do café especial.

A degustação no mercado de "terceira onda": a comercialização do "café especial" e os novos enquadramentos de mercado do café

Como largamente abordado na literatura voltada ao entendimento da construção do mercado de "cafés especiais", as iniciativas e práticas de consumo que tomam a degustação (Solano, 2012) e a inovação

---

4. A Semana Internacional do Café é um dos maiores eventos do mundo do café especial e, dentre as atividades em torno de uma semana de evento, houve palestras, cursos, workshops, competições, provas de café, pesquisas e degustações orientadas. Evidentemente, em 2020 e devido à pandemia o evento foi on-line, tendo somente as degustações orientadas sido realizadas presencialmente em cafeterias selecionadas em cada estado brasileiro, convidando-se os consumidores a eleger o café mais agradável da modalidade da competição. Para maiores informações. Disponível: https://semanainternacionaldocafe.com.br/. Acesso em: 28 fev. 2021.

de métodos de preparo foram sendo frequentemente mobilizadas como meios de distanciar os ditos "cafés especiais" em relação aos chamados "cafés *commodity*" (Manzo, 2010, 2015), criando-se um mercado de nicho para a comercialização e consumo dos cafés. Rosenberg *et al.* (2018), bem como Roseberry (1996), Tucker (2011) e Hamalainen (2018), por exemplo, delimitam as chamadas "ondas do café" como arranjos próprios de produção do café que atualizam imagens da qualidade do produto e constroem jeitos próprios de sentir e receber nas relações de consumo (Vob; Guggenheim, 2019, p. 225), distinguindo-se fatias do mercado de café como um todo.

Produzindo um ordenamento analítico influenciado pelo trabalho de Daviron e Ponte (2005), a gama de autores citados distingue as "ondas" de consumo e produção segundo atributos materiais, simbólicos e comerciais, delimitando-se um processo de singularização do mercado de café que ocorrera em três momentos distintos: haveria a "primeira onda" do café, vinculada aos anos de 1950 e ao consumo de massa do café; depois dela, a "segunda onda do café", dos anos 1970, que se aprimora com a franquia *Starbucks*, que se inicia pelos anos 1990 e começa a valorar e comercializar o denominado "café especial".

Remontando ao início dos anos 1950, a chamada "primeira onda do café" preservava os significados históricos vinculados a bebida ao menos desde o século XV, quando o café é descoberto no Iémen e é extensamente relacionado a seus efeitos estimulantes, provenientes, como sabemos hoje, da cafeína (Standage, 2012). O café, nesse caso, passa a ser um produto voltado à massa dos trabalhadores, marcado pela trajetória de substituição da bebida da rotina nutricional matutina — que era até então a cerveja morna — pelo fato de ser um estimulante não depressor de racionalidade (Slingerland, 2021), que aos poucos deixa de estar restrito ao tradicional ambiente das cafeterias e passa a ser massivamente direcionado ao ambiente doméstico, adentrando o supermercado. Produzido e trocado agora como uma *commodity* global, ou seja, como um produto de significações gerais e com pouca ou nenhuma distinção (Kopytoff, 1986, p. 09), o uso da "torra escura" — como bem observa Rosenberg *et al.* (2018) — é empregado na medida em que o café, para ser utilizado como bebida caseira, necessita de um preparo que ao transformar o "grão verde" em "grão torrado" consiga manter um padrão de homogeneização do sabor, independente das diferentes regiões de origem dos grãos de café.

Além disso, observa-se que a comercialização do café, nesse momento, encobria temas que são objetos de crítica de vários dos envolvidos com as "ondas" subsequentes, tais como exploração de trabalhadores e desvalorização do pequeno produtor, bem como o fato de o café ter um preço negociado principalmente na bolsa de valores de Nova York, deslocando-se o *lócus* de valorização do produto dos seus contextos locais e produzindo um sistema de exploração mundial de mão de obra campesina.

Esse primeiro momento de massificação da cafeína encontra um problema justamente quando a produção gigantesca do café começa a sofrer com a piora das condições climáticas mundiais, com o aumento do número de pragas e com a instabilidade da demanda pelo produto em meio a radicais quedas nos valores da commodity durante os anos 1960 (Tucker, 2011, p. 114). Tais percalços foram utilizados como mecanismos de surgimento da "segunda onda do café" — cujo marco temporal está cravado no surgimento da franquia *Starbucks*, em 1971 — no qual se registra um aumento progressivo da preocupação dos consumidores quanto a qualidade da bebida ingerida e com a forma de sua produção, segundo argumenta Mathieu (1999). A onda subsequente a primeira buscaria, portanto, resolver alguns dos problemas ambientais e sociais vinculados à produção do café, estendendo um olhar sobre como o café vendido é efetivamente produzido. Aliado a isso, há todo um intenso trabalho de produção de novas receitas para a tradicional bebida matinal das massas, acrescentando-se a vaporização com leite, o uso de *chantillys* e novas receitas que passam a povoar as cafeterias.

É com a segunda onda do café que passam a circular alguns dispositivos mercantis com intuito de diferenciar e caracterizar a produção de café, criando suas próprias marcas (Tucker, 2011, p. 03). Os certificados de denominação de origem, os certificados de sustentabilidade e de troca justa passam então a habitar esse mundo mercantil, tendo por função clássica mitigar as falhas anteriores do modelo de mercado anterior e pontuar informações que ajudem o consumidor a tomarem conhecimento do tipo de produto que se consome (Busch, 2020, p. 38). Assim, o café, nesse momento, preserva suas conexões globais — tendo a *Starbucks* empreendido um trabalho com grãos de café de diferentes origens, como Etiópia e Quênia, por exemplo, abandonando o extenso uso do café robusta[5] da onda anterior — e passa a ser comercializado como um produto de maior singularidade, principalmente em decorrência da presença de selos de denominação de origem que dão garantia de que, ainda que em uma escala de produção global, o produto assenta significações locais e características únicas, diferenciadas da homogeneidade *commodity* (Gronow, 2004).

É importante reparar, contudo, que a qualidade do café é atestada principalmente pelo acionamento de meios institucionais de julgamento (Allaire, 2004, p. 65), ou seja, por meio de certificadoras globais caracterizadas pelos altos custos de avaliação da produção de café. Além disso, a propalada "nação Starbucks" (Mathieu, 1999,

---

5. Trata-se de uma variedade de café recorrentemente hierarquizada em relação à variedade arábica. Enquanto o café robusta é reconhecido como de menor qualidade, levando em conta sua estrutura genética e as possibilidades de cultivo, em geral em regiões mais baixas e com pluviosidade irregular, a variedade arábica é associada a grãos de alta qualidade, o que relaciona suas potencialidades organolépticas às dificuldades inerentes ao seu cultivo, normalmente associadas à necessidade de maiores altitudes e regiões com índices de pluviosidade e temperatura mais balanceadas. Assim, segundo sua qualidade intrínseca, genética e biológica, a variedade robusta é associada ao café commodity, e a variedade arábica ao café especial

p. 117) ainda não utilizava de uma torra específica para cada tipo de grão regional, justamente por conta de seu cosmopolitismo. Como uma rede internacional, ela aplicava a torra média, o que determina ainda alguma homogeneidade dos grãos vendidos, apesar de vendê-los como sabores únicos — com um *terroir* específico — em geral preparados nas máquinas de expresso e combinados com uma série de outros ingredientes de preparação. Esses são, inclusive, os dois principais motivos pelos quais o tal projeto moral da "segunda onda" também não se viu isento de críticas.

A partir de então, nos anos 1990 elencam-se alguns questionamentos em relação ao modelo Starbucks, como a ausência de uma relação efetivamente direta e duradoura com os pequenos produtores — o que "terceiriza" o *direct trade* e o conhecimento dos grãos com que se trabalha ao trabalho de cooperativas e revendedores de grande porte, pouco conectadas com as especificidades da produção do grão e com as histórias de vida dos produtores (Holland *et al.*, 2015; Smith, 2010). Além disso, o caráter de franquia da rede *Starbucks* contribuíra para a suposta perda do controle dos protocolos de qualidade do café arábica, uma vez que, vendendo-se e se comprando em larga escala, a torra tende a ser mais homogênea e pouco singularizada, o que diminui a capacidade de explorar as potencialidades únicas do terroir dos grãos e impede a realização da compra de microlotes, tão valorizados na terceira onda do café justamente pela especificidade e singularidade do produto.

Por isso, uma "terceira onda" se inicia, começando a investir em torras claras e a buscar uma série de produtores até então desconhecidos por cooperativas e revendedores. Valorizando-se o contato direto com esse produtor, a definição dos padrões singulares e potencialidades únicas de cada grão de café acaba sendo realizada sem a presença de intermediários ou de empresas especializadas em certificação, sendo comum que alguns baristas e cafeterias entrem em contato direto com seus produtores e eles mesmos avaliem o café que compram. Uma vez que se trata de um mercado de menor alcance no qual as avaliações de qualidade dos grãos produzidos são primeiramente acordadas entre cafeterias e produtores, a "terceira onda de café" se apresenta como uma modalidade na qual os baristas, os estudiosos educadores sobre o café (Manzo, 2010), trabalham nas cafeterias e por vezes acompanham de perto o que se passa nas regiões produtoras.

Nesse ínterim, urge considerar a radical modulação de gosto que se estabelece como contraparte do consumo de tal produto, no qual os consumidores se deparam com um café "mais fraco", "suave", "sem amargor" e com "notas de fruta" — sendo essas algumas das expressões recorrentemente empregadas no léxico das cafeterias a trabalharem com esse produto. Nesse caso, tal modulação de gosto consolida transformações nas relações de consumo e produção, fazendo com que a qualidade do café esteja vinculada não apenas a importância do *fair trade* (Jaffee, 2007) e do contato direto com o pequeno produtor (Holland *et al.*, 2015) como também à experienciação de um complexo léxico de gostos e modos de avaliação das bebidas que, tão prenhe de complexidades, envolvem múltiplos métodos de preparo, diferentes tipos de manejo, variáveis formas de torra e amplas dimensões de avaliação e identificação do café, que passam a movimentar uma nova onda de consumo e produção do café na atualidade e a ampliar quadro de valorização do café iniciado na onda anterior (Hamalainen, 2018).

As convenções nos engajam no mundo social: o aporte teórico da obra de Laurent Thévenot (2006)

Sabendo-se que avaliações sensoriais do café passam a ditar o novo enquadramento mercantil da chamada "terceira onda" (Goldstein, 2011), produz-se um novo padrão de atitudes e experiências voltadas ao uso de técnicas e posturas que visam descrever e perceber as características do café comercializado. Tal forma de relação é analisada aqui pela via da chamada sociologia dos regimes de engajamento, que é iniciada ainda nos anos de 1990 e propõe sobre a já clássica dicotomia "agencia" x "estrutura" um outro ponto de partida: ao invés de nos questionarmos sobre qual das instâncias dicotômicas fomentam a realidade social em última instância — podendo explicar, por exemplo, o que faz com que as pessoas se aventurem nas experiências de café especial — deve-se buscar compreender, tão somente, como se dá a passagem da escala individual à escala social, ou seja, como as experiências com esse café, por exemplo, produzem um acoplamento de ações sociais que configuram essas próprias experiências individuais.

Thévenot, então, busca construir um retrato das múltiplas formas pelas quais é possível habitar e agir socialmente. O autor apresenta um mapeamento das várias maneiras pelas quais o que se chama de convenções[6] assentam a coordenação das ações individuais (Thévenot, 1990, 2006), apontando registros mais ou menos públicos que exigem mais ou menos competência dos atores envolvidos em seu engajamento com os outros (Thévenot, 2015). Sendo assim, trata-se de compreender as relações de interação entre os

6. Integrando um movimento teórico denominado de Economia das Convenções, originado pelo fim dos anos 80, Thévenot leva a cabo um trabalho de compreensão de como os quadros sociais impactam e formatam a realidade econômica. Por fugir do escopo deste capítulo uma discussão aprofundada sobre esta tradição teórica, vale definir aqui o principal instrumento teórico dela, contida na ideia de convenção. Essas são tratadas como "modelos compartilhados de interpretação da situação de troca e planos de curso da ação que são mutualmente compreensíveis e envolvem prestação de contas, ou seja, promovem uma base de julgamento comum sobre o que é apropriado nas ações suas e dos outros" (Biggart; Beamish, 2003, p. 444). Assim sendo, cada regime de engajamento fala de uma composição específica de sociabilidade, um modo próprio de interpretar e agir no mundo com os outros segundo diferentes conveniências, "convenções coletivas mais legítimas" (Thévenot, 2006, p. 122), "modos de apreciação" (Ibid, p. 121) que servem como marcos para a coordenação das ações.

atores sociais a partir do seu esforço de formar o plural, ou seja, de produzir formas específicas de agir que dependem de um conjunto amplo de situações definidas, julgadas e legitimadas como socialmente qualificadas e corretas.

Na busca do mapeamento dos modos pelos quais as convenções organizam a experiência social, o autor apresenta diferentes tipos do que denomina de regimes de engajamento (Thévenot, 2006), esses quadros de relação com os outros que produzem o convívio comum e que tem como base algum princípio de julgamento, qualificação e entendimento. Os chamados regimes de engajamento, portanto, tem como chave interpretativa das relações sociais as distintas modalidades segundo as quais a coordenação entre os atores está baseada, ajustando-se às ações dos atores individuais a um modo de funcionamento social, estipulado por ações convenientes partilhadas e julgadas como convenientes pelas pessoas que participam de determinadas situações. Segundo o autor Thévenot:

> A ideia da ação que convém ilumina a relação entre dois termos: 'agir' e 'convir'. Ela nos incita a modificar as funções normalmente atribuídas à uma certa noção de ação que fecha em si mesma a iniciativa individual e à uma noção de convenção que supõe todas as exigências da realização de um acordo. Ela, na verdade, é solidamente ancorada em uma linguagem onde nós dispomos de uma larga paleta de qualificações para designar a governança de um ato, dizendo ser ele ajustado, adequado, apropriado, feliz, bem-sucedido, normal, natural, razoável. Estes epítetos têm em comum o fato de colocar uma intervenção no mundo em perspectiva de julgamento sobre sua própria realização. Intervir implica um engajamento singular com as coisas e pessoas, modificando um estado de mundo que não é só composto por palavras. O julgamento sobre o caráter convencional das relações sociais supõe basear essas relações singulares em generalidades governáveis ou convencionais. Isso as escreve em uma

> linguagem onde se encontram qualificações dos elementos das ações, o que leva uma disputa baseada na incerteza com relação a adequabilidade de uma ação singular e as qualificações da convenção (Thévenot, 1990, p. 14).

Investigando as "aderências entre individualidades e lógicas coletivas de ação" (Thévenot, 2006, p. 50), delimitar a coordenação da ação entre as pessoas constrói certos "quadros vivos" (Ibid, p. 63) que identifica segundo quais princípios — convenções — elas fazem o comum. Aqui, longe de sugerir que os atores seguem apenas "normas sociais interiorizadas", Thévenot está preocupado em compreender lógicas situadas de atuação no mundo social (Ibid, p. 87) que são profundamente cambiantes a depender dos "marcos de juízo da ação" e do "entorno qualificado comum", partilhado entre os que atuam em determinado contexto. Afinal, as convenções são situadas, delimitadas em certos momentos que podem mudar de forma imprevista a depender dos juízos coletivos instaurados.

A partir disso, a sociologia dos regimes de engajamento busca analisar um trabalho constante de qualificação da própria atuação no mundo pelos atores, segundo aquilo eles delimitam como modo mais apropriado e ajustado aos contextos em que interagem (Ibid, p. 105). Este trabalho analítico leva a considerar três principais dimensões que permitem delimitar as lógicas particulares de engajamento com o coletivo (Thévenot, 2012): uma dessas dimensões se refere à ideia de formatação da realidade; outra faz referência à produção de marcos de conveniência, e, por fim, uma última fala sobre a identidade dos atores, numa perspectiva situada.

Quanto ao trabalho de definição e formatação da realidade social (Thévenot, 2001, p. 408), trata-se de considerar diferentes formatações do tempo e do espaço nas circunscrições situadas da relação entre os atores sociais, produzindo a partir daí uma configuração específica de atuar sobre um mundo que é também qualificado de maneira específica. Por isso mesmo, cada regime de engajamento trabalhado pelo autor estipula quadros referenciais específicos da realidade, definindo-se um contexto segundo diferentes formas investidas (Thévenot, 1986) que são capazes de formatar a realidade e as interações entre os atores e desenhar o grau de compatibilidade entre a ação individual e seu contexto mais amplo (Thévenot, 2015, p. 86).

Compreendendo a existência de diferentes "filtros de admissibilidade" (Ibid, p. 116) segundo os quais a forma de agir no mundo dos atores é adequada ou não, para cada formatação de realidade existem então marcos de conveniência que operam nos enquadramentos de atuação conjunta e que, por sua vez, dependem de uma capacidade de interpretação dos atores sociais que os reconhece e os põe em ação. Por exemplo, definir uma realidade como nitidamente formatada por uma relação de proximidade, como uma relação de amizade entre barista e cliente, por exemplo, exige como contrapartida uma capacidade de entendimento de ambas as partes para levar a cabo tal configuração de interação, fazendo o comum também por meio de suas compreensões coordenadas sob esta relação. Por isso mesmo, o modelo de Thévenot também estipula uma "economia cognitiva da ação" (Thévenot, 2006, p. 157) no sentido de que a inteligibilidade do mundo social é ao mesmo tempo definida — ou seja, formatada de uma determinada forma — e valorada, interpretada e compreendida, permitindo aos atores "colocar em forma" (Thévenot, 2007) um determinado valor que passa a mobilizar as ações do conjunto de atores. Isso quer dizer que, para cada regime de engajamento, há uma forma específica de se portar (operar valor) e uma forma específica de interpretar (informação que utilizamos sobre o mundo em que agimos) (Thévenot, 2001, 2006, 2012).

Estabelece-se, a partir daí, uma paridade entre o formato do comum e a maneira comum de atuar socialmente. Disso, Thévenot (2023, p. 64) pressupõe que as relações sociais são construídas em um tipo de "ambiente" que, na verdade, opera a própria propriedade humana que está em meio a uma relação social. A identidade, nesse caso, é produzida pela construção de uma determinada realidade em que operam certos tipos de coordenação que, a depender da forma como são operados, se competentemente ou não, qualificam o próprio operador. Em suas palavras:

> A gênese de cada um dos regimes de engajamento que compõem a identidade dinâmica de uma personalidade é esclarecida por um descentramento ambiental que relaciona cada um dos regimes a um tipo distinto de dependência do vivente de seu ambiente. Essa dependência (...) é objeto de uma metamorfose que valora como propriamente humana para construir um modo de engajamento do ser humano. O engajamento é definido como um modo de coordenação temporal consigo mesmo, comumente tido como benéfico, sustentado por certa dependência de um ambiente apropriado (Ibid).

Portanto, os regimes de engajamento são formas de estar socialmente no mundo, permitindo descrever como e de que forma as pessoas se envolvem em comportamentos comuns. Falar em tais regimes pressupõe considerar a formatação de uma realidade situada, composta por marcos de conveniência e identidades que se projetam a partir delas, permitindo aos atores sociais agirem de forma coordenada, sob uma mesma lógica de atuação. Com a obra *L'action au pluriel* (2006), certamente um marco teórico acabado nas suas discussões sobre os modos de coordenação dos atores, o autor considera a gama de registros de valor que atuam sobre a própria coordenação cotidiana das interações entre as pessoas (Thévenot, 2001b, 2007) destacando três regimes específicos (Thévenot, 1995, 2001, 2006, 2007, 2014) que mais tarde foram interpelados por pelo menos outros dois modelos de regime de engajamento (Auray, 2011, 2013; Werneck, 2020).

A começar pelos regimes originais da obra de Thévenot, temos um "regime de engajamento no próximo", um "regime de engajamento no plano" e um "regime de engajamento justificado" (Thévenot, 2006).

O regime de engajamento no próximo é basicamente um regime familiar em que "desgastados, modelados pelo uso que os damos, as coisas domesticadas alimentam nossa intimidade nos fazendo recordar os caminhos que abrimos de comum acordo com aqueles com quem temos intimidade" (Thévenot, 2006, p. 124). A realidade conformada neste regime comunica a pessoalidade e os vínculos pessoais e íntimos como motor das ações entre os atores, fazendo-os compor uma modalidade de interação pautada na usualidade, na plena confiança entre os que se relacionam e no amor e o cuidado entre eles, de forma a conferir a definição do social por meio de uma atenção pessoalizada a cada ator da situação (Thévenot, 2001, 2006, 2012).

Há também o regime de engajamento no plano, ganhando a forma de uma "relação objetivada em formato de plano" (Thévenot, 1995, p. 418) que coloca o ato de se engajar com o coletivo não mais como uma relação afetiva e cotidiana, mas sim como uma atividade condicionada a determinado fim e decomposta por métricas instrumentalizadas e funcionais. O objetivo dessa configuração de interação é fazer com que as pessoas "sigam um plano", produzindo-se um ambiente regrado (Thévenot, 2006, p. 141), cercados de indicações prescritivas, receitas e modos de fazer, apresentados geralmente nas relações de trabalho ou em convivências com um propósito especificado e diretivo.

Por fim, há o regime de engajamento justificado, no qual o que mobiliza a relação entre os atores sociais é a produção de uma justificativa comum sobre algum fator do mundo, o que se faz pela qualificação em diferentes grandezas que delimitam o valor correto e acertado das ações postas em escrutínio crítico (Thévenot, 2001, 2006, 2012). A figura do juiz e a ação de julgamento caracterizam este regime, em que as ações de todos são colocadas em questão e fiscalizadas, balizadas e decompostas em termos de justo ou injusto.

Na esteira dos regimes inicialmente mapeados na obra de Thévenot, Nicolas Auray (2011) propõe uma outra modalidade de engajamento que pouco tempo depois seria apropriada pelo próprio

Thévenot (2015). Avaliando os impactos da "sociedade em rede" e a configuração das relações atuais entrecortadas pelo uso das tecnologias da informação, Auray delimita um "regime exploratório" caracterizado pela serendipidade (Auray, 2011), pela disposição intencional de estar aberto às novidades e se excitar e impressionar com o novo que a cada segundo aparece nas telas e jornais (Auray, 2013, p. 164). Trata-se de uma modalidade de engajamento voltada à adoção de uma postura curiosa e porosa em relação aos estímulos do mundo, comunicando à abertura ativa às experiências do mundo por um modo de reagir devotado ao agir reflexivo, que busca novidades e novas informações (Auray, 2011, 2013).

Há de se citar também a contribuição brasileira de Werneck (2020), que desenvolve o modelo de um engajamento circunstancial voltando-se particularmente às interações motorizadas. Tal engajamento compõe uma "coordenação com o mundo e com os outros em termos das contingências à medida que se colocam" (Werneck, 2020, p. 350), onde se está "aberto para um perene estado de contingência e surpresa, na medida das circunstâncias que vão se impondo ad hoc, coordenando-se com os outros de forma também concebidas para o momento" (Ibid, p. 348). Nesse sentido, a coordenação entre os atores sociais compõe um modelo de interação no qual um perene estado de atenção é adotado de forma a promover às circunstâncias o status de elementos decisivos do enquadramento das ações, quase como um jogo de estímulo e resposta no qual um novo elemento aparece no mundo para os atores e a ele se dirige uma reação circunscrita.

Como se vê, a sociologia dos regimes de engajamento tem movimentado uma série de reflexões quanto às modalidades de coordenação das ações entre os atores sociais no mundo, de forma a propor distintas configurações da realidade, marcos de conveniência, arranjos cognitivos e formas identitárias capazes de fornecer indicativos da forma pelas quais os atores atuam conjuntamente e como eles formam o social. Sob tal aspecto, ao investigar a degustação no desenho mercantil do café especial, busco sugerir uma complementação aos esforços de atualização do modelo de Thévenot, sugerindo o "regime de engajamento na atenção" a partir de uma teoria fundamentada no caráter das relações sociais produzidas pelo dispositivo de degustação nesse mercado.

O "plural" da degustação

Como demonstra Jonathan Crary (2001[1999]), a capacidade de "prestar atenção" é histórica e socialmente construída e compunha um objeto de pesquisa que encontrava ampla discussão na filosofia pelo menos desde os anos de 1870, nas figuras clássicas de George Herbert Mead e John Dewey, filósofos de vertente pragmática. Tais discussões iniciais são rearranjadas no cenário contemporâneo, colocando-se como questões a forma como os atores sociais organizam seletivamente as informações de suas experiências no mundo, delimitando certos fenômenos como dignos de atenção (Ibid, pp. 21-24; Zerubavel, 2018) ou, ainda, como o regime de produção capitalista direciona a atenção dos indivíduos aos produtos produzidos (Citton, 2014).

Inspirado nesses trabalhos, que postulam uma construção social sobre o uso da atenção, proponho uma compreensão de uma modalidade de fazer comum — nos moldes discutidos por Thévenot — voltada a simultaneidade do atentar-se, uma coordenação entre os atores sociais cuja modalidade de relação, a formatação da realidade e a postura cognitiva socialmente adotada esteja voltada à sensibilidade para com os estímulos do mundo e na sua tradução e enquadramento, produzindo uma reflexão que toma distância da naturalidade do mundo e que é feita simultaneamente com a participação dos outros. Tomando a degustação no mercado de café especial como modalidade de interação voltada a partilhar e processar uma experiência perceptiva (Chateauraynaud; Bessy, 1995, p. 175), tornando-a comum, busco descrever um regime de engajamento que fundamenta uma relação de coordenação de ações voltada a perceber a interação com o próprio mundo social.

De partida, a atenção será definida aqui pelo aporte de Zerubável (2018), referindo-se ao ato de produzir uma "subversão cognitiva" sobre o ordinário e tomar algo aparentemente dado e natural em um fenômeno digno de nota, "marcado", delimitado a partir de um sentir enfático e significativamente inteligível. Por isso, considero o proposto regime de engajamento na atenção como uma modalidade de relação social no qual as pessoas envolvidas circunscrevem sua atuação no mundo social de maneira a estabelecer uma posição ativa que busca perceber os estímulos à sua volta e os ordenar conjunta e convenientemente (Reckwitz, 2017). Aqui, portanto, o ato de perceber é aquele que coordena as práticas sociais entre os atores, investindo formas (Thévenot, 1986) voltadas a guiar a percepção de si com os outros para consolidar uma identificação, organização e classificação das sensações por meio de um gesto perceptivo[7].

Como exemplo do que quero dizer, a partir de um olhar para a relação mercantil desenhada no encontro entre o barista e o consumidor no mercado de café especial, mobilizo principalmente o

---

7. De certo, é preciso considerar que há toda uma discussão por parte de uma vertente pragmática da sociologia que emprega a necessidade de definição das situações que experienciam os atores sociais nas suas interpelações valorativas diárias (Thomas; Thomas, 1938 [1928], p. 572), levando em conta um processo de abdução relativo de cadeias de símbolos pelos quais construímos concepções de inteligibilidade do mundo (Peirce, 1868) e isso nos permite colocar em termos a forma pela qual, em um processo inerentemente investigativo (Dewey, 1938, 1949), as situações são entendidas e nos localizamos nelas. Não é o caso da aposta analítica circunscrita aqui, que não toma a atenção como um processo inerente à vida social e sim como um fazer comum, combinado e coordenado que tem no ato de perceber o principal elemento de produção de relações sociais. Ou seja, não busco realizar uma discussão sobre como as pessoas percebem as coisas do mundo social ou como o processo de percepção é indissociável de nossa atuação nele, mas sim pensar de que forma, pela atenção, produzimos sociabilidades situadas.

material proveniente de minha observação participante (Becker, 1997) em um evento de degustação de cafés realizado ainda em 2020, que, de certa forma, coaduna grande parte da habitualidade dos consumidores para com esse mundo mercantil e expressa de modo habitual a gama de práticas que o envolve. No evento referido, a cafeteria da cidade do Rio mobilizada no início deste capítulo foi selecionada para servir como local onde as amostras de grãos de café selecionadas na já mencionada Semana Internacional do Café (SIC) daquele ano seriam colocadas à prova para que o público consumidor, a partir de sua avaliação, escolhesse o café merecedor do prêmio *Coffee of the Year*.

Segundo a descrição do evento no site da SIC, o concurso conta com duas fases: na primeira, recebem-se amostras de produtores de todo o Brasil, que são torradas de maneira padrão pela comissão organizadora do evento e provadas por profissionais especialistas na prova e definição sensorial dos cafés. Na segunda fase, as melhores amostras selecionadas são submetidas ao público geral. No caso de 2020, foram selecionadas 21 amostras agrupadas em 4 grupos gerais — 10 amostras de arábica, 5 de robusta, 3 de fermentação induzida arábica e 3 de fermentação induzida robusta — nos quais os consumidores deveriam eleger o melhor café de cada categoria. Os cafés participantes, então, eram preparados pelos baristas em diferentes cafeterias do Brasil, diretamente em uma máquina de café coado, todos de forma mecânica e sem nenhuma interferência dos profissionais, para não haver alteração notável de sabor no café produzido a partir da habilidade individual de cada barista.

No caso do evento no Rio, depois de prontos, os cafés foram colocados em garrafas térmicas e servidos na parte de fora da cafeteria (posto ser necessário preservar o distanciamento entre as pessoas e o mínimo de contato entre elas, por conta da pandemia da Covid-19) e cada interessado em prová-los deveria pegar um copo descartável, provar cada uma das amostras e indicar a de preferência no aplicativo da SIC voltado diretamente ao prêmio *Coffee of the Year*.

Nesse evento, organizei minhas observações em duas frentes: uma voltada para a interação de quatro grupos formados ao longo da tarde de degustação e outra direcionada a uma análise mais geral das interações no evento e seu impacto nos fluxos da cafeteria, circulando entre as pessoas e observando suas ações e comentários com relação ao que viviam ali, por vezes interpelando os próprios baristas da cafeteria receptora do evento.

Figuras 1 e 2: Evento de degustação de cafés realizado pela SIC 2020, em uma das cafeterias acompanhadas na etnografia.
FONTE: Logo do site da SIC 2020 e imagem autoral.

Com relação ao primeiro grupo citado na observação, nele havia cerca de cinco pessoas, dentre as quais uma era barista. São dois os principais destaques da interação entre eles: Primeiramente, é importante considerar que um assunto delongadamente conversado nesse grupo foi a ideia de que consumir café especial era "um caminho sem volta". Isso ocorreu principalmente no momento em que a terceira rodada estava para ser preparada e as pessoas geralmente se voltavam para o barista falando da importância de terem ouvido esses profissionais sobre "prestar atenção no café", realizando um processo gradual de mudança de hábitos de consumo e se voltando exclusivamente ao consumo dos "cafés de qualidade". Inclusive, um senhor integrante do grupo disse que o café *commodity* era "impraticável" em casa atualmente, mobilizando a ideia de que o "próprio corpo" rejeitava seu consumo. Ainda foi curioso reparar que apenas o barista não ingeria qualquer tipo de alimento para além do café, enquanto outras pessoas do evento compravam docinhos e bolos da cafeteria para acompanhar a rodada de degustação. A única coisa que o barista fazia era tomar o café que selecionou em pequena quantidade, prestar atenção ao que sentia na boca — o que era percebido por suas expressões faciais, que sugeriam estar concentrado ao ingerir o alimento, olhando pra baixo e forçando a boca, como se examinasse o que havia na língua — e logo depois, antes de ingerir outra amostra de café, tomava água com gás na provável tentativa de "limpar" o sabor prévio do café.

Já o segundo grupo observado era composto por três rapazes, em que um não apenas tecia comentários técnicos de avaliação do café, falando do "corpo", do "tipo de fruta" e de como ele era percebido em sua língua, como fazia uma clara separação entre o que o "aroma" e o "sabor" realmente apresentavam, classificando a bebida em variáveis distintas e intercomunicantes mas plenamente técnicas. Os outros dois rapazes eram bem menos técnicos, limitando-se a dizer que amostra eles haviam preterido e a apontar termos genéricos como "mais leve" ou "mais doce", circulando mais pelo evento do que o outro e assim observando os métodos da cafeteria, os preparos dos baristas para o evento e por vezes consumindo algo do estabelecimento. Como estavam sentados os três à mesa, haviam consumido bolos, salgados e outras bebidas, tendo a maior parte da degustação servido de palco para discussões voltadas para o trabalho, posto que pareciam ser colegas que haviam acabado de sair para o almoço. Por conta disso, o café das amostras era o protagonista apenas nos momentos em que era servido, e, nesse momento, efetivamente, dominava a conversa entre os integrantes do grupo, preenchendo a interação por completo.

Nisso, esse grupo era radicalmente diferente do primeiro, bem como do terceiro, nos quais a bebida monopolizou as conversas mesmo quando não se tratava do momento em que o café era servido.

Nesse terceiro grupo, certamente o maior, com cerca de dez pessoas, a maior parte seguramente era de clientes da cafeteria, posto que muitos conversavam com a barista dona do estabelecimento. Além disso, as pessoas desse grupo voltavam sua atenção também para os outros participantes da degustação. Eles analisavam conjuntamente o que parecia para eles ser a preferência das pessoas com relação ao café degustado por todos. Uma moça, inclusive, perguntou a barista da cafeteria:

> — Rafa, fala a verdade, qual desses você mais gostou? Porque, assim, né, se você falar que gostou do que eu escolhi é porque ele é bom mesmo.
> — O pessoal gosta desses cafés fermentados, né? Eu prefiro um café mais comum, que dá pra tomar todo dia de forma repetida. Esses diferentões cansam às vezes, ai não dá para você fazer sempre quando acorda pela manhã.

Nesse grupo, o café era avaliado de acordo com o sabor mais imediato, e não segundo as métricas isoladas — recurso técnico utilizado por um dos rapazes do grupo dois. Em vez disto, ouvia-se comentários genéricos, nitidamente voltados à identificar por analogia um sabor característico do café e definir o "melhor" café de cada rodada:

> — Esse tem gosto de uísque!
> — Eca, eu tô sentindo parafina nesse aqui! E olha que eu surfava, sei o que eu estou falando
> — Esse aqui tem uma coisa meio velha, tipo uva passa
> —Tem cheiro de chocolate, mas quando tomo me lembra uma coisa mais amêndoa.
> — Achei esse mais melado que aquele.

O quarto e último grupo era composto por dois rapazes, que classificavam o café entre o que chamavam de "cafés de entrada" e "cafés exóticos", diferença entre os cafés com paladar mais convencional (como chocolate) e aqueles mais frutados ou florais (como o caso daquele com gosto de parafina). Os considerados melhores por eles eram os "exóticos", em relação aos quais debatiam os sabores — como em todos os grupos —, por vezes segundo um ou outro apontamento mais técnico, tais como "grau de acidez" e sabor mais bem delimitado, conversando também sobre a história de cada um com a bebida e sobre os métodos de preparo preferidos e usuais na rotina de cada um.

Como disse, além dos grupos, analisei também as interações no evento em geral, muito relacionadas ao atendimento em cafeterias de café especial que contribui na identificação das ações do evento. Uma observação relevante é que a delimitação em grupos não foi apenas um exercício metodológico de organização dos dados, mas uma dinâmica muito própria das interações mesmas da SIC 2020. Os visitantes tendiam a compartilhar suas impressões e poucos eram as pessoas sozinhas, no final das contas. Pessoas que não se conheciam logo interagiam umas com as outras, tendo o "sensorial" como motor dessas interações. É o caso, por exemplo, do café com sabor de "parafina", que fez com que um rapaz que havia acabado de chegar ao evento se dirigisse ao grupo três, pedindo licença e se desculpando pela intromissão que o fazia "concordar demais" com aquele "sabor estranho" que uma das meninas havia comentado — nas palavras dele. Por isso mesmo, degustar o café parecia ser uma dinâmica a ser empreendida com o outro, pela interpelação de opiniões e pelo fomento de noções comuns daquilo que se percebia (Eymard-Duvernay, 1989, p. 332).

Outro fato curioso a ser reparado é que as notas sensoriais do café, amplamente mobilizadas como conteúdo das interações entre os participantes, nunca eram efetivamente definidas, apresentando-se como parte de uma indefinição na situação amplamente compartilhada. Quanto mais se debatia e mais se compartilhava as opiniões sobre os sabores e percepções, mais incerteza era fomentada sobre o perfil de cada café. Por vezes, algumas pessoas diziam não "saber mais" o que realmente estavam sentindo, ora levadas a crer que sentiam o que o outro afirmava sentir, ora apontando o quanto ouvir o comentário dos outros as fazia perceber outras nuances da bebida que experimentavam.

Tanto a formação dos grupos quanto às discussões sobre os sabores do café eram caracterizados pelo alto grau gesticular das interações. As pessoas não apenas se mostravam nitidamente compenetradas nas análises das bebidas, ingerindo pequenas quantidades, avaliando a textura e o sabor na língua e denotando tal ação por meio de expressões claramente indicativas de atenção e concentração, como também se interpelavam sobre os sabores por meio de gestos, caretas e expressões corporais voltadas a expressar o máximo possível o que sentiam em cada bebida. As reações corporais aqui não eram apenas aquelas vinculadas ao aprazível e/ou do repulsivo, mas indicavam também um posicionamento de busca e exploração sobre a própria percepção, posto que muitos utilizavam expressões de dúvida e busca, com sobrancelhas franzidas e olhares fixos aos copos.

Guardadas as indefinições com relação ao perfil de sabor exato de cada café e a mobilização conjunta de julgamentos entre os atores, altamente expressiva e corporificada, trato ainda de um caso paradigmático relacionado à maneira como as pessoas compareceram ao evento. De um lado, havia aqueles ali presentes de forma "acidental", que passavam pela cafeteria quando tomaram conhecimento da possibilidade de "tomar café de graça" (e se sentiram curiosos pelo evento) e/ou que provaram um ou dois cafés e logo foram embora, sem sequer avaliar as bebidas da forma esperada pela organização da SIC. Por outro lado, havia aquelas pessoas previamente informadas do evento, participando ativamente da eleição do melhor café — como no caso da maior parte dos grupos analisados. É claro que há ainda um contingente de pessoas não informadas sobre o evento e que ao ali passarem se mostraram interessadas em participar dele, como uma senhora que não apenas se dirigiu à barista para saber "o que estava acontecendo" como ficou até o final, comprando alguns cafés e consumindo na própria cafeteria que abrigava o evento.

Observei como ela "se localizou" no evento de degustação de cafés: a barista lhe preparou um café coado, colocando-a em frente ao balcão, explicando a origem do grão com que trabalhava (mostrando a embalagem, com uma série de indicativos da "identidade" do produto), descrevendo sua relação com a fazenda produtora, pesando os grãos, moendo-os, oferecendo-os moídos para que a senhora o cheirasse e falasse um pouco do que sentia. Logo depois, a profissional escaldou o filtro do método utilizado, explicou as características daquele modo de preparo enquanto filtrava o café e finalmente o entregou à cliente, novamente interpelada quanto ao que sentia e o que tinha gostado nele.

Utilizo essa cena no intuito de demonstrar como as modalidades de interação próprias ao evento de degustação do café especial guardam relações implícitas com as práticas de mercado mais amplas e cotidianas das cafeterias de especialidade. Como se vê, a degustação assume um lugar no modo engajado do consumo do café, pensada como um recurso da interação destinado a partilhar e processar uma experiência perceptiva (Chateauraynaud; Bessy, 1995, p. 175) e instaurar uma pragmática da atenção que coordena uma relação entre corpos, valores e dispositivos de julgamento (Hennion, 2015) mobilizados no intuito de fazer perceber diferenças vinculadas ao produto comprado. Sob tal aspecto, enquadra-se um plano de experiências que permite fixar certas modalidades de funcionamento do próprio mercado. Contudo, longe de tratar a degustação apenas como uma modalidade meramente mercantil de ajustamento entre oferta e demanda (Méadel; Rabeharisoa, 2013, p. 191-193), acredito ser possível considerá-la segundo a configuração comum que ela atualiza nas próprias relações sociais, pensando-a como um marcador de sociabilidade, uma maneira pela qual os atores sociais atuam no mundo social, agindo em conjunto por meio da atenção.

O regime de engajamento na atenção

Como uma coordenação das ações voltadas ao sentir e perceber os acontecimentos do mundo, ordenando-os em quadros de inteligibilidade, o engajamento na atenção permite perceber e identificar o perfil sensorial do café, isolando-o em alguma dimensão descritiva (como chocolate, fruta ou flor, utilizando da símile). Tal atividade é baseada em um plano conjunto de ações que estimula o sentir com o outro, pautando uma relação que tem o propósito de atentar-se ao mundo e a percebê-lo comumente. Inclusive, como pode se ver em alguns momentos, isso fazia com que as pessoas "sentissem" um gosto no café somente porque os outros afirmavam tê-lo sentido. Além disso, torna-se completamente compreensível o fato de a atividade de que a degustação no evento delimitou organicamente grupos — posto que se tratava de desenhar marcos comuns sobre as percepções variadas, tornando a experiência sensorial um elemento comum de definição da qualidade — e foi marcada pela indefinição sobre o sabor último de cada café — uma vez que a percepção comum sobre a bebida é, antes de mais nada, um processo interativo e investigativo voltado às formas de avaliar e processar as experiências do paladar.

Nesse caso, ainda que perceber e classificar o mundo seja traço característico de todos os regimes de engajamento, argumento que em nenhum deles essa é uma atividade tratada como conteúdo principal da interação entre os atores, caracterizando a atenção não como elemento fundamental das sociabilidades, mas sim como modo implicitamente cognitivo de as realizar, uma característica inerente à atuação no social. Como argumento, o regime de engajamento na atenção institui-se por uma configuração de situação na qual os atores sociais encontram-se convocados a identificar algo que se passa no mundo, traduzindo-o de uma maneira ordenável e caracterizável por meio de um exercício de percepção sobre algo tomado em conjunto e construído de maneira coordenada. Refiro-me aqui a uma versão reflexiva e socializada da definição da situação que não está estipulada na percepção comum que sustenta todos os outros regimes de engajamento do modelo de Thévenot, posto que o que está implicado é um tipo de partilha singular do mundo interior de sensações desenvolvido em uma operação social de legibilidade.

Ainda sob este argumento, torna-se importante delimitar algumas das diferenças entre o regime que proponho e o regime no plano (Thévenot, 1995, 2006) e o regime exploratório (Auray, 2011, 2013), por conta de suas características similares. Primeiramente, em vez de tratar a percepção dos atores a partir de uma perspectiva funcional e prescritiva, construída por passos e metas acordados a um plano futuro, o regime de engajamento na atenção é sobremaneira voltado ao presente, a identificação e atenção sobre alguma coisa que ocorre naquele momento, sem vistas a tecer qualquer objetivo futuro. Isso posto, trata-se de um regime calcado nas sensações comuns e nos quadros de percepção comum das sensações do mundo, não de uma escala métrica que traça as percepções e as alinha em um determinismo objetivo. Digno de nota, o próprio evento de degustação poderia ser observado como a junção do regime no plano (avaliar um café) com o da atenção (degustar e perceber os gostos), sem, necessariamente, excluir um ou outro.

Por outro lado, é evidente que a atividade de perceber sensações e estímulos externos também se realiza por meio de uma postura investigativa, tendo a curiosidade e a exploração como categorias da ação dos atores que se faz presente tanto no regime da atenção quanto no regime exploratório (Auray, 2013). Contudo, há uma diferença substancial entre esses dois regimes: enquanto para a atividade exploratória o que mais importa é o ato de investigação, ou seja, a coordenação das ações que se caracteriza pelo ato de viajar nas experiências e fazer descobertas a partir delas, adotando-se uma postura reflexiva sobre a serendipidade (Auray, 2013, p. 164; Auray, 2011, p. 337), no regime de engajamento na atenção o enfoque recai sobre a atividade de depuração da descoberta, ou seja, a aquilo que se faz quando a experiência de navegação e serendipidade se depara com algo, ordenando, classificando e enquadrando o que foi descoberto por um processo comum de tradução conveniente de legibilidade. Sendo assim, enquanto um regime enquadra as interações pelo agir investigativo e curioso, o outro caracteriza o ato de ordenação e caracterização da percepção de algo que busca ser determinado, estimulando uma atividade comum de atenção e enquadramento do mundo.

O curioso, nesse caso, é que delimitar o regime de engajamento na atenção me fez perceber que a atividade reflexiva que caracteriza a atuação dos atores nessa coordenação de ações também pode ser voltada a ela mesma, de forma a fazer refletir sobre a própria forma como os atores percebem e prestam atenção no mundo social. No momento em que esses se veem questionando como o mundo social aparece para eles e de que forma as sensações de suas interações interpelam sua própria agência, como no caso da identificação do gosto do café, por exemplo, direciona-se uma coordenação de ação que se volta a ordenar tais estímulos mas, também, a fazer um duplo questionamento: como eu percebo e direciono a própria atenção? O que quero dizer com isso é que no engajamento, na atenção é frequente a possibilidade de que os atores busquem destacar partes do corpo ou formas específicas de dar atenção à algo de modo a permitir ler como eles mesmos exercem uma atenção para com o mundo. Como no caso do café, era frequente os baristas mencionarem partes da língua na definição dos sabores ou mesmo o "céu da boca" para direcionarem uma atenção ao "corpo" do café.

De certo, o regime de engajamento na atenção é passível de caracterizar uma série de outras relações que não aquelas figuradas apenas em momentos de degustação, tratando-se de um regime de sociabilidade e não de uma configuração de situação específica. Justamente por isso, encerro minhas considerações para com o regime de engajamento na atenção complementando o quadro esquemático de diálogo direto com Thévenot (2012), apresentando-o como regime que busca classificar, depurar e perceber as experiências por um aparelhamento de sensações comuns:

TABELA 1 | **Acréscimo ao modelo heurístico dos regimes de engajamento, baseado no quadro esquemático apresentado em Thévenot (2012)**

REGIMES DE ENGAJAMENTO	ENGAJAMENTO NO PROXIMO	ENGAJAMENTO NO PLANO	ENGAJAMENTO JUSTIFICADO	ENGAJAMENTO NA ATENÇÃO
Capacidade investida	Acomodação pelos vínculos pessoais	Autonomia do planejador	Qualificação do bem comum	Aparelhamento das sensações
Bem engajado	Comodismo (conveniência pessoal)	Projeto (conveniência no plano)	Bem comum (convenção comum)	Percepção (conveniência classificada)
Realidade configurada	Pessoalmente acomodada	Funcional	Comunalidade	Inteligível
Formato da informação	Local e pessoal	Indicação de funcionalidade	Grandeza e legitimação	Classificada e ordenada
Posicionamento: a) Certeza b) Duvida	a) Rotineiro b) Tateável	a) Funcional b) Falha	a) Justificado b) Criticado	a) Identificada b) Apercebida
Temporalidade	Legado passado	Projeto futuro	Variável	Presente
Engajamento mutuo	Atencioso e carinhosamente próximo	Planejado em comum e por contrato	Qualificado no bem comum	Decodificador de experiencias
Ajuda ao envolvimento dos outros	Solicitude e cuidado com o próximo	Confiança no planejamento	Qualificação publica	Metapercepção
Retificação doa relação com os outros	Abuso dos laços de proximidade	Exploração instrumental do outro	Redução do objeto qualificado	Efeito manada de sensações

Desse modo, delimito aqui uma modalidade de relação na qual se exerce uma capacidade perceptiva das sensações conjuntamente com os outros para ordená-las em quadros de convenção legíveis e partilhados de interpretação. Sustento, então, que esse regime de engajamento se institui nos momentos em que cabe aos atores sociais perceberem conjuntamente uma coisa ou outra e, justamente neste processo, diferenciarem e organizarem os múltiplos estímulos relativos à sua interação no mundo social, ordenando-os em quadros reconhecíveis, convencionais e estabilizados de significação. Como se pode reparar, grande parte das situações descritas no texto segue alguns dos processos destacados: perceber o sabor do café escolhido, tornando perceptível algum traço dele por meio de um trabalho de percepção fomentado comumente.

Conclusões

O propósito deste capítulo foi propor uma nova modalidade dos regimes de engajamento apresentados na obra de Laurent Thévenot (1990, 2006), apostando em uma forma de inteligibilidade do mundo social no qual os atores se envolvem em um processo de identificação e depuração dos estímulos do mundo. Tal construto teórico é resultado de uma busca por compreender como o mercado de café especial institui um processo de captura comercial (Callon, 2021) que enquadra esse produto em um investimento de valor específico voltado ao reconhecimento de sua qualidade singular (Karpik, 2010), investindo formas (Thévenot, 1989) sob seu consumo de modo a fazer o café estar associado à prática de degustação.

A partir de uma discussão que apresenta a teoria de Thévenot, busquei desenhar o chamado regime de engajamento na atenção com o propósito de dar conta de um processo coordenado e coletivo pelo qual as experiências de consumo do produto tomam forma (Thévenot, 2001a, 2001b, 2006, 2007). Mobilizando a ideia de que o gosto pelo café é antes uma atividade prática que uma disposição, destaco a atividade de perceber e definir em conjunto como a fórmula prática segundo a qual a singularidade do café é mobilizada nos marcos de ação dos envolvidos no mercado, identificamos como traduzimos e transmutamos nossos sentidos corporais em relações sociais (Low, 2012). Nesse sentido, argumento aqui que a "captura comercial" do mercado de café especial — ou seja, o processo de conversão da experiência da bebida *commodity* à bebida especial — passa pela coordenação das sensações produzida nas análises sensoriais que são, elas mesmas, formas específicas de produção de relações sociais — e por isso mesmo, instauradas sob a forma de um regime de engajamento.

REFERÊNCIAS

ALLAIRE, Gilles. Quality in economics: a cognitive perspective. In: HARVEY, Mark, WARDE, Alan, MCMEEKIN, Andrew. *Qualities of food*. Manchester University Press: Manchester. 2004.

BIGGART, Nicole W., BEAMISH, Thomas D. "The Economic Sociology of Conventions: Habit, Custom, Practice, and Routine in Market Order". *Annu. Rev. Sociol.* Vol. 29, 2003, pp. 443-464.

BECKER, Howard. *Métodos de pesquisa em ciências sociais*. São Paulo: Hucitec, 1997.

BUSCH, Lawrence. Contested Terrain: The Ongoing Struggles over Food Labels, Standards and Standards for Labels. In: LAURENT, Brice; MALLARD, Alexandre. *Labelling Economy:* Qualities and Values in Contemporary Markets. London: Palgrave Macmillan, 2020.

CALLON, Michel. *Markets in the making:* Rethinking competition, goods and inovation. New York: Zone Books, 2021.

CHATEAURAYNAUD, Francis; BESSY, Christian. *Experts et faussaires:* pour une sociologie de la perception. Paris: Métailié, 1995.

CITTON, Yves. *L'économie de l'attention:* horizon ultime du capitalisme? Paris, La Découverte, 2014.

CRARY, Jonathan. *Suspensions of perception:* attention, spectacle and modern culture Massachussetts Press edition, 2001[1999].

COULANGEON, Philippe. *Sociologia das práticas culturais.* São Paulo: Editora Sesc. 2014[2005].

DEWEY, John. *Logic:* The Theory of Inquiry. Nova York: Henry Holt and Company, 1939.

EYMARD-DUVERNAY, François. *Conventions de qualité et formes de coordination*. Revue économique, vol. 40, n. 2, 1989, pp. 329-360.

GOLDSTEIN, Elaine. *The "Coffee Doctors":* The Language of Taste and the Rise of Rwanda's Specialty Bean Value". Food and Foodways, Vol. 19, n.1, 2011.

GRONOW, Jukka. Standars of taste and varieties of goodness: the (um)predictability of modern consumption. In: HARVEY, Mark, WARDE, Alan, McMEEKIN, Andrew. *Qualities of food.* Manchester University Press: Manchester, 2004.

HAMALAINEN, Mirja. *Better Coffee?* The Intertwining of Ethics and Quality in the Third-Wave Coffee Subculture. Dissertação (Mestrado) — Departamento de Política e Ciências Econômicas, Universidade de Helsinki, Finlândia, 2018.

HENNION, Antoine, GOMART, Emilie A sociology of attachment: Music amateurs, drug users. In: LAW, J.; HASSARD, J. (eds.) *Actor Network Theory and After.* Oxford, Sociological Review and Blackwell, 1999, pp. 220-247.

HENNION, Antoine; TEIL, Geneviève. Discovering quality or performing taste? A sociology of the amateur. In: HARVEY, M.; McMEEKIN, A.; WARDE, A. *Qualities of Food.* Manchester University Press: Manchester, 2004b, pp. 19-37.

HENNION, Antoine. *Music lovers:* taste as performance. Theory, Culture and Society, vol. 18, no. 5, 2001, pp. 1-22.

HENNION, Antoine. *Une sociologie des attachement:* D'une sociologie de la culture à une pragmatique de l'amateur. Sociétés n° 85, 2004, pp. 9-24.

HENNION, Antoine. *Those things that hold us together:* taste and sociology. Journal of Cultural Sociology, vol. 1, n. 1. 2007, pp. 97-114.

HENNION, Antoine. The Price of the People. Sociology, Performance, Reflexivity. In: WARDE, Alan; SILVA, Elizabeth B. *Cultural Analysis and Bourdieu's legacy*. London: Routledge. 2010.

HENNION, Antoine. *Pragmática do gosto*. Desigualdade & Diversidade — Revista de Ciências Sociais da PUC-Rio, nº 8, 2011, pp. 253-277.

HENNION, Antoine. Paying attention: What is tasting wine about?. In: BARTHOIN, A.; HUTTER, M.; START, D. (eds.). *Moments of valuation:* Exploring sites of dissonance. Oxford: Oxford University Press. 2015, pp. 37-56.

HOLLAND, E.; KJELDSEN, C.; KERNDRUP, S. *Coordinating quality practices in Direct Trade coffee*. Journal of Cultural Economy. Volume 9, Issue 2, 2015, pp. 186-196.

JAFFEE, Daniel. *Brewing Justice:* Fair Trade, Sustainability, and Survival. University of California Press, Berkeley, 2007.

KARPIK, Lucien. *Valuing the unique:* The economics of singularities. Princeton University: New Jersey. 2010[2007].

KOPYTOFF, I. The cultural biography of things: commoditization as process. In: APPADURAI, A. *The Social Life of things:* commodities in a cultural perspective. Cambridge: Cambridge University Press. 1986.

MATHIEU, Paula. *Economic Citizenship and the Rethoric of Gourmet Coffee*. Rethoric Review, Vol. 18, No. 1, 1999.

MANZO, John. *Coffee, Connoisseurship, and an Ethnomethodologically Informed Sociology of Taste*. Human Studies, vol. 33, 2010, pp. 141-155.

MANZO, John. *Third Wave Coffeehouses as Venues for Sociality:* On Encounters between Employees and Customers. The Qualitative Report. Vol. 20, n. 6. 2015.

MEADEL, Cécile; RABEHARISOA, Vololona. Taste as a form of adjustment between food and consumers. In: COOMBS, R.; GREEN, K.; RICHARDS, WALSH, V. (org.). *Demand, Markets, Users and Innovation*. Cheltenham: Edward Elgar. 1999.

PEIRCE, Charles Sanders. *Semiótica*. São Paulo: Perspectiva, 1977[1893].

RECKWITZ, Andreas. How the senses organize the social. In: LITTIG, Beate; JONAS, Michael, *Praxeological Political Analysis*. Londos: Routledge, 2016.

ROSEBERRY, William. *The Rise of Yuppie Coffees and the Reimagination of Class in the United States*. American Anthropologist, New Series, Vol. 98, No. 4, 1996.

ROSENBERG, Lauren; SWILLING, Mark; VERMEULEN, Walter. *Practices of Third Wave Coffee:* A Burundian Producer's Perspective. Business Strategy and the Environment. Vol. 27. 2018, pp. 199-214.

SLINGERLAND, Edward. *Drunk:* How We Sipped, Danced, and Stumbled Our Way to Civilization. Little Brow Spark, New York. 2021.

SMITH, Julia. Fair trade and the Specialty coffee market: growing alliances, shifting rivalries. In: MOBERG, Mark; LYON, Sarah. *Fair trade and social justice:* Global ethnographies. New York University Press, 2010.

SOLANO, Denia. Cultura, sabor e mercado do café: uma leitura antropológica. In: MENASCHE *et al.* (org.). *Dimensões socioculturais da alimentação*. Porto Alegre: Editora da UFRGS. 2012.

THÉVENOT, Laurent; STAVO-DEBAUGE, Joan. Sociologia Pragmatique. In: *Encyclopedia universalis*. 2016.

THÉVENOT, Laurent. Une jeunesse difficile: Les fonctions sociales du flou et de la rigueur dans les classements. *Actes de la Recherche en Sciences Sociales*. vol. 26-27, 1979, pp. 3-18.

THÉVENOT, Laurent. Les investissement de forme. In: *Conventions Économiques:* Cahiers du Centre d'Étude de l'Emploi, 29. Paris: PUF. 1986.

THÉVENOT, Laurent. L'action qui convient. In: *Les formes de l'action.* 1990, pp. 39-69.

THÉVENOT, Laurent. *Organized Complexity:* Conventions of Coordination and the Composition of Economic Arrangements. European Journal of Social Theory, Vol. 4, n. 405. 2001a.

THÉVENOT, Laurent. Pragmatic regimes governing the engagement with the world. In: SCHATZKI, Theodore, KNORR-CETINA, Karin, SAVIGNY, Eike. *The Practice turn in Contemporary theory.* London: Routledge, 2001b.

THÉVENOT, Laurent. Conventions of co-ordination and the framing of uncertainty. In: FULLBROOK, Edward. (org.). *Intersubjectivity in Economics*, London, Routledge, 2002, pp. 181-197.

THÉVENOT, Laurent. *The Plurality of Cognitive Formats and Engagements:* Moving between the Familiar and the Public. European Journal of Social Theory Vol.10, N.3, 2007. pp. 409-423.

THÉVENOT, Laurent. *Powers and oppressions viewed from the sociology of engagements:* in comparison with Bourdieu's and Dewey's critical approaches of practical activities. Irish Journal of Sociology, Vol.19, nº1, 2011, pp. 35-67.

THÉVENOT, Laurent. The Invested Human Being: Four Extensions of the Notion of Engagement. In: ARCHER, Margaret e MACCARINI, Andrea. (org.). *Engaging with the World: Agency, Institutions, Historical Formations*, London: Routledge, 2012.

THÉVENOT, Laurent. Making commonality in the plural on the basis of binding engagements. In: DUMOUCHEL, Paul; REIKO, Gotoh Reiko. (org.). *Social Bonds as Freedom:* Revising the Dichotomy of the Universal and the Particular, Oxford — New York, Berghahn, 2015, pp. 82-108.

THÉVENOT, Laurent. *La acción en plural:* Una introducción a la sociología pragmática. Buenos Aires: Siglo Veintiuno, 2017[2006].

THÉVENOT, Laurent. Os passivos da humanidade comum. In: WERNECK, Alexandre e FERREIRA, Letícia. (org.). *Questões de moral, moral em questão:* estudos de sociologia e antropologia das moralidades. Rio de Janeiro: Mórula, 2023.

THOMAS, William. I.; THOMAS, Dorothy S. *The Child in America:* Behavior Problems and Programs. Nova York: A. A. Knopf, 1938[1928].

TUCKER, Catherine M. *Coffee Culture:* Local Experiences, Global Connections. Routledge: Nova Iorque. 2011.

VOB, Jan-Peter; GUGGENHEIM, Michael. *Making Taste Public:* Industrialized Orders of Sensing and the Democratic Potential of Experimental Eating. Politics and Governance. Vol. 7, n.4, 2019, pp. 224-236.

ZERUBÁVEL, Eviatar. *Takenfor Granted:* The Remarkable Power of the Unremarkable Princeton, NJ: Princeton University Press, 2018.

Valorações e coordenações

Robôs sociáveis

sobre a moral do processo de produzir bem um *chatbot*

OLGA CHRISTINA DE OLIVEIRA ZUNINO

Introdução

Este capítulo propõe uma análise do *chatbot*, um dispositivo computacional cada vez mais presente no cotidiano contemporâneo. Essa tecnologia é concebida como um programa utilizado para simular interações comunicativas com usuários humanos, sendo um tipo específico de *social bot*[1]. No contexto comercial, os *chatbots* desempenham o papel de assistentes digitais ou virtuais, ajudando os consumidores durante a navegação nos sites das empresas contratantes. Suas funções incluem a emissão de alertas em forma de *pop-ups* para ofertas de produtos, recomendações de alternativas durante a interação com o consumidor e auxílio na resolução de problemas ou dúvidas sobre os produtos ou serviços adquiridos. Essas tecnologias são facilmente identificáveis, por exemplo, ao acessar o site de um *e-commerce* no qual uma janela de bate-papo é aberta no canto inferior esquerdo da tela com a mensagem inicial: "Olá, eu sou [*nome do chatbot*], como posso ajudar?". Muitas vezes, o usuário também pode visualizar um avatar do *chatbot*, geralmente com características femininas.

---

1. Esse é um tipo específico de *software* destinado a interagir com os usuários em diferentes plataformas, incluindo as redes sociais.

Esse conjunto de ações está diretamente relacionado ao propósito dos *chatbots*: dialogar com usuários humanos como se fossem atendentes reais. Os limites desse "como se" variam em cada caso. Alguns usuários sabem que estão falando com uma máquina, enquanto outros podem interagir sem perceber isso, devido a performance tão simpática[2] (Clark; Schmitt, 2006; Clark, 1997) do *chatbot*. Neste capítulo, o foco é analisar como essa interação básica é constantemente (re) imaginada e (re)discutida pelos profissionais que precisam criar um programa de computador eficaz e capaz de interagir.

Investiga-se então como os especialistas dedicados à criação do chatbot julgam o que é *produzir bem* um *chatbot*. Neste sentido, trata-se de compreender os princípios mobilizados nesse processo como valores investidos por esses agentes, os desenvolvedores, para aproximar essa tecnologia comunicacional do seu ideal de um bom *chatbot*. Portanto, seguindo a proposta de Callon (1998), é necessário entender como esses agentes conseguem transformar seus princípios em valores. Esses valores se configuram como bens[3] utilizados, por exemplo, para justificar a ocupação do desenvolvedor na organização laboral ou para negociar uma habilidade comunicacional que consideram importante incorporar ao *chatbot*.

---

2. Como será aprofundado mais adiante, o que se compreende aqui como uma interação simpática corresponde à abertura que os indivíduos têm uns com os outros quando conseguem estabelecer um laço social através de mecanismo de empatização, em que um agente é capaz de assumir o papel de outro agente.
3. Essa noção está ligada aos diferentes modos de um agente se engajar com um ambiente e se coordenar com outros agentes. Envolve a mobilização de gramáticas orientadoras para apresentar as grandezas em jogo em uma situação, definindo o curso de ação adequado para atingir o bem comum entre os especialistas, bem como o consenso técnico entre eles, as demandas dos usuários e das empresas contratantes.

Como meio de acesso a esses profissionais, foi escolhida a rede de negócios *LinkedIn*[4]. Foi realizada a busca pela palavra "*chatbot*" no site, revelando uma diversidade de trajetórias profissionais e acadêmicas nos currículos dos especialistas. Assim, a concepção de quem é considerado um especialista em *chatbots* se afasta de uma visão idealizada por um determinismo tecnológico, que supõe que o agente dedicado a essa tarefa teria uma natureza puramente técnica e estaria alienado de pressões políticas ou interesses comerciais. Dessa forma, apoiou-se na proposta do modelo ator-rede, especialmente a desenvolvida por Steve Woolgar (1985) e Bruno Latour (2005), que argumenta que as entidades não humanas são formadas por empreendimentos que definem aquilo que é considerado eficiente através de práticas que também são socialmente constituídas. Isso inclui desde as disputas de saberem em relação ao melhor desenvolvimento da tecnologia, o papel que ela assume para a empresa que a encomenda, até o tipo de interação que ela tem com o usuário e como ela influencia as expectativas sobre como deve ser uma interação comercial no meio digital.

Na medida em que as entrevistas, de caráter semiestruturado e compreensivo (Kaufmann, 2013), avançavam, foi possível classificar esses especialistas em duas categorias: os *backend* e os *frontend*. Os profissionais *backend* garantem a eficiência técnica do robô, assegurando respostas rápidas e contextualizadas às demandas dos usuários, cuidando da usabilidade do *chatbot* nos bastidores. Eles se preocupam com aspectos como tempo de resposta e a sua relevância. Por sua vez, os especialistas *frontend*, alguns que se autointitulavam *designers*, garantem a eficiência linguística do *chatbot*, criando os diálogos para interação com o usuário. Eles desenvolvem sequências de perguntas e respostas com base nas principais demandas

4. O *LinkedIn* é uma plataforma social direcionada a negócios e emprego. Por lá os usuários podem, por exemplo, contatar profissionais do mesmo ramo, vagas de emprego e ter acesso a informações sobre cursos profissionalizantes.

dos usuários e monitoram a sua atividade para melhorar sua experiência. Seu objetivo é criar mensagens que atraiam a atenção do consumidor para garantir sua reincidência no uso do *chatbot* através da humanização dessa ferramenta. Enquanto os *backend* lidam com aspectos invisíveis ao usuário, isso é, nos bastidores da confecção do *chatbot*, os *frontend* atuam na interface visível das interações entre o consumidor e o *chatbot*, no palco.

Através do contato com diferentes profissionais, foi observada uma variedade de crenças e métricas próprias sobre o funcionamento ideal de um *chatbot*, ou seja, quais eficiências mencionadas anteriormente seriam prioritárias na criação dessa tecnologia. Tal observação direcionou a pesquisa a investigar as diferenças epistemológicas entre esses profissionais. Isso ficou evidente na adaptação contínua do roteiro de entrevista ao universo semântico dos entrevistados, ou seja, suas expressões, palavras e valores que guiam seu trabalho. Essa adaptação foi feita para entender melhor a perspectiva autorreflexiva dos entrevistados sobre seu papel na organização e seus processos de justificação e prestação de contas sobre o próprio trabalho. Os entrevistados desempenharam um papel ativo na criação da ferramenta de coleta de dados, ao incluírem suas próprias categorias de questionamento sobre suas atividades. Por exemplo, mencionaram a "usabilidade" no caso dos especialistas *backend* e a "humanização" no caso dos profissionais do *frontend*.

Assim, ao contrário de outros modelos de *social bots* utilizados em campanhas políticas para hostilizar a imagem do adversário, esse *social bot* é o resultado do empenho dos especialistas em reproduzir um repertório expressivo que promova uma interação cordial o bastante para incentivar o consumidor a retornar e consumir um produto ou serviço no *e-commerce* por meio dessa ferramenta. O que as entrevistas ajudaram a consolidar foi como esse processo pode ser analisado como um esforço para construir uma fachada (Goffman, 2002[1978]; 2002[1959]) bem-sucedida capaz de definir uma situação (Thomas, 1969) que passe a impressão para o usuário de estar participando de uma interação simpática (Clark, 1997). A forma como as pessoas percebem e interpretam uma situação influencia suas ações e, consequentemente, o resultado dessa situação. Isso pode incluir, por exemplo, o uso de signos culturalmente disponíveis como recursos para aprimorar a fachada do *bot*. Um exemplo disso é a generificação, onde os *bots* assumem atributos femininos devido à representação social da mulher como principal agente administrador dos cuidados emocionais em seu núcleo íntimo.

Assim, para abranger os diferentes métodos de planejamento de interações com o usuário, que transmitem diferentes formas de tratamento, foi necessário desenvolver um conceito que considerasse a importância da eficácia dessa fachada, "robôs sociáveis". Os *chatbots* estudados nesta pesquisa são dispositivos projetados para serem percebidos como sociáveis, através da operação eficiente de sua sociabilidade simpática. Eles são produtos que se integram no contexto comercial como artefatos com a capacidade de influenciar emocionalmente a interação do usuário com determinado negócio digital.

Como mencionado brevemente, a construção dessa fachada[5] (Goffman, 2002[1978]; 2002[1959]) envolve a combinação de diferentes epistemologias que estabelecem diversas prioridades sobre como deve ser uma interação comercial entre *chatbot* e usuário. Essas epistemologias podem ser vistas como derivadas de metafísicas que orientam os especialistas sobre a melhor forma de condução dessa atividade. Essas metafísicas, analisadas através do conceito de cités de Boltanski e Thévenot (2020), baseiam-se em princípios que são considerados mais adequados em determinadas situações. Esses princípios são escolhidos e defendidos como os mais justos durante momentos críticos (Boltanski; Thévenot, 1999), nos quais os

5. Nesse sentido, entende-se a fachada como um *self* composto da linha (um repertório comunicativo) escolhida pelos indivíduos, de acordo com a situação, e das impressões dos agentes que avaliam essa fachada.

agentes apresentam provas para sustentar o valor de suas preferências. Assim, como observado nas entrevistas, esses princípios podem ser mobilizados em momentos em que os agentes precisam prestar contas sobre suas ações (Scott; Lyman, 1968) ou quando precisam expor seus motivos ou avaliar os motivos de terceiros (Mills, 1940).

Há circunstâncias nas quais os agentes concluem que diferentes grandezas precisam coexistir de forma a alcançar o desfecho mais apropriado para as partes incluídas. Isso pode ser conceituado como a coexistência de três grandezas: a *cité* industrial, pautada no princípio da eficiência e produtividade, a *cité* inspirada, alinhada com o que é mais criativo ou daquilo que é mais investido de graça e, por fim, da *cité* da opinião, em que a sua grandeza reside no que é mais notório. Num primeiro olhar, o *chatbot* seria compreendido primariamente como um dispositivo industrial, uma tecnologia que precisa performar com eficiência uma determinada tarefa. No decorrer das entrevistas e na análise dos currículos desses especialistas percebeu-se, entretanto, que essa grandeza estava em disputa com outras grandezas.

Os especialistas *frontend* destacaram a importância de produzir *chatbots* empáticos e proativos, capazes de entender as "dores dos clientes". Eles devem considerar as particularidades raciais, etárias e de gênero dos usuários para garantir que voltem a usar a ferramenta, evitando que os *chatbots* não tenham graça. Em contraste, os especialistas *backend* acreditam que os *chatbots* devem ser funcionais e práticos, atendendo usuários objetivos que querem resolver seus problemas rapidamente. Para eles, a estética do *chatbot* e as características do usuário são secundárias, desde que o *chatbot* "resolva o problema do cliente". No processo de criação dos *chatbots*, as dimensões técnica e linguística não são os únicos fatores relevantes. Embora os especialistas não sejam responsáveis pelas campanhas de *marketing*, eles precisam atender às demandas da empresa ao criar fluxos de diálogo e atributos como avatar e nome. Assim, os *chatbots* também funcionam como dispositivos de *marketing*, melhorando a reputação da empresa.

A pesquisa identificou ainda uma tensão entre diferentes visões morais na priorização de atributos técnicos ou comunicativos na definição de um bom *chatbot*. Os especialistas fundamentam suas prioridades com base na forma como veem os usuários: os especialistas *frontend* consideram que fatores sociais influenciam a interação com a tecnologia, enquanto os especialistas *backend* acreditam que o usuário está mais preocupado com a gestão do tempo. Ambos os grupos partem do pressuposto de que os usuários geralmente não têm interesse na interação com *chatbots* e tendem a ter uma visão negativa da tecnologia. Para os especialistas *frontend*, essa visão negativa surge da percepção de que os usuários evitam interações com *chatbots* por serem muito "robotizadas". Já os especialistas *backend* argumentam que os usuários demonstram desinteresse na tecnologia devido à ineficiência dos *chatbots* ou a existência de etapas excessivas nos processos de resolução dos problemas apontados pelo usuário.

A análise das perspectivas dos especialistas sobre o desempenho desses *chatbots* indicou que um *chatbot* de qualidade, nesse contexto, precisa ser criado equilibrando três princípios avaliativos distintos. Segundo o modelo das economias da grandeza (Boltanski; Thévenot, 2020, 1999), esses três registros são o inspirado, o industrial e o do renome. As cités serão aprofundadas no próximo tópico.

Fricções produtivas: cités em disputa e a produção valorativa dos *chatbots*

O especialista *frontend* vê o *chatbot* como um atendente abnegado no qual a prioridade está em satisfazer o cliente através de um atendimento empático em que o retorno comercial pode assumir uma posição secundária. De modo que a realização desse especialista está em perceber que seu usuário esteja contente e realizado com o atendimento performado pelo *chatbot*. Nos termos do modelo das economias da grandeza (Boltanski; Thévenot, 2020), isso corresponde a uma justificação baseada em uma metafísica inspirada. Para isso, os entrevistados assumem os atributos particulares dos usuários para justificar a caracterização do próprio *chatbot*. Isso envolve a incorporação de funcionalidades linguísticas e visuais para se aproximar do usuário, evitando funcionalidades consideradas excessivamente robóticas e adotando aquelas que tornam a interação quase indistinguível de uma entre humanos. Quando os *chatbots* não se enquadram nessa orientação, os entrevistados o descrevem como um "robô seco" ou "um robô sem graça".

Essa questão pode ser exemplificada pelo tema da acessibilidade, frequentemente abordado nas entrevistas. Os entrevistados enfatizaram a necessidade de desenvolver ferramentas que permitam que o *chatbot* seja utilizado de forma adaptável à situação do usuário, seguindo as boas práticas do campo. Isso inclui utilizar termos que sejam familiares aos usuários para descrever produtos ou serviços, como destacado por um especialista *frontend* de uma empresa de seguros. Ele ressaltou a importância de criar diálogos compreensíveis para diferentes públicos, especialmente para os mais velhos:

> — [Imagina] um senhor que trabalha o dia inteiro, mas as coisas quebram em casa e ele não tem com quem resolver, isso ajuda na hora que eu vou construir. A tarefa de um UX é guiar, mas agora mais detalhado, eu preciso deixar o mais claro possível pra ele, mais prático, porque ele não entende. Porque o sifão da pia dele tá vazando e ele não sabe o que é um sifão (...) — (Entrevistado J, especialista frontend, UX writer, Relações Públicas, 31/05/2021).

Quando se pergunta ao mesmo entrevistado o motivo de incluir essas boas práticas, ele prossegue listando: "humanidade, empatia, ter proximidade com todo mundo...". A entrevista seguiu e o tema voltou novamente à tona quando perguntei novamente sobre a relação dessas boas práticas com as estratégias comerciais da empresa e a resposta expressou um exemplo metafórico sobre um conflito entre essa boa prática e o princípio comercial:

> — Às vezes a empresa quer usar essa cor, mas essa cor não dá porque a pessoa é daltônica. "Ah, mas essa é a cor da empresa." Mas as pessoas não vão enxergar isso direito, vamos repensar essa cor, então. A gente sempre tenta trazer esses pontos, tentar incluir essa minoria também.

Os especialistas *frontend* justificam a qualidade de seus *bots* ao construir narrativas que se baseiam na caracterização identitária de seu usuário, incorporando essa visão na tecnologia. Por outro lado, os especialistas *backend* fundamentam sua lógica na administração eficiente da economia do tempo. Nesse sentido, os *chatbots* são considerados de qualidade quando conseguem economizar tempo por meio de processos simples e objetivos na gestão das necessidades dos clientes. Essa abordagem reflete uma metafísica industrial, conforme destacado por Boltanski e Thévenot (2020[1991]), na qual conceitos como usabilidade e simplicidade são essenciais para atender às demandas dos usuários focados na realização de seus objetivos, independentemente dos meios empregados.

> — Ninguém acorda querendo conversar com um robô. Você quer resolver seu problema [*e*] o quão mais sem fricção você tiver melhor, porque você tem coisas pra fazer. Se você quer fazer isso com botões, com texto livre, tanto faz, tem que ser a forma mais simples pro usuário. (...) [*S*]e o usuário conseguir apertar o botão e magicamente conseguir a segunda via, está ótimo. Eu brinco até com a galera de São Paulo,[*eu falo pra eles*]: "Sem tempo, irmão!". Eles queriam aplicar uma pesquisa de satisfação com mais de dez perguntas. Pra quê que eu vou obrigar o usuário a passar por várias etapas? (...) [*Falando de um projeto de bot antigo:*] Nossa, a estética

> dele era horrível, cheia de botão, mas era funcional pra caramba! (...) Quando você lida com o público, não precisa ter tanta inteligência artificial assim. Às vezes você atrapalha mais do que ajuda querendo colocar uma baita experiência e tal... Será? Você coloca um bot totalmente humano falando: "Como posso te ajudar?". Aí o usuário fica: "Como assim? Tô cheio de problema na minha vida, minha mulher me largou, eu recebo pouco...". Então, quando você abre muitas possibilidades também é ruim, porque o seu usuário fica perdido (Entrevistado H, especialista backend, Gerente de Tecnologias, Engenheiro da Computação, 28/05/2021).

A interação entre especialistas *frontend* e *backend* revela uma fricção significativa no processo de criação de *chatbots*. Para os especialistas *frontend*, a falta de graça em um *bot* (ou seja, a ausência de singularidade) resulta em uma interação rejeitada pelos usuários devido à percepção de ser muito "seco" ou "robotizado". Já para os especialistas *backend*, a qualidade do *bot* é comprometida quando aspectos linguísticos são priorizados em detrimento das funcionalidades automatizadas, o que, na visão deles, pode levar os usuários a evitarem a interação por considerá-la uma perda de tempo. Além disso, a empresa contratante poderia considerar essa ferramenta um investimento de alto custo, pois precisaria adquirir habilidades que não são essenciais para a funcionalidade da ferramenta.

Dessa forma, os especialistas enfatizam a necessidade de considerar cuidadosamente os requisitos para alcançar um objetivo específico, o que é crucial na criação de *chatbots*. A partir da perspectiva de Bruno Latour (2011), esse processo pode ser equiparado a um laboratório, onde experimentos são conduzidos e métricas são aplicadas para avaliar o sucesso das tecnologias na interação com os usuários. Os especialistas desenvolvem suas métricas com base em suas representações dos usuários, interpretando diariamente o fluxo de informações obtidas através das interações e feedbacks dos usuários, além da análise dos diálogos registrados no *framework* do especialista *backend*. Essa interpretação dos dados permite aos especialistas identificar distinções significativas e estabelecer estratégias adequadas. Os critérios de avaliação derivados dessa interpretação são essenciais para qualificar *software* e são incorporados a ele.

Nesse contexto, as ferramentas utilizadas pelos especialistas desempenham um papel importante na decisão sobre quais aspectos são relevantes para ajustar continuamente o comportamento e as capacidades do *chatbot*. Isso significa determinar quais dados contar, quais métricas são mais precisas e quais representações do usuário são mais adequadas para interações comerciais específicas. Seguindo a abordagem de Michel Callon e Fabian Muniesa (2005), essas *ações calculativas* evidenciam a eficácia dos agentes de mercado na gestão de situações complexas. Em um cenário de abundância de informações, quem utiliza métodos mais eficazes para interpretá-las possui uma vantagem competitiva.

Um entrevistado destaca o esforço em produzir *chatbots* capazes de analisar sentimentos dos usuários, usando métricas como a análise de sentimentos para quantificar interações com base nas palavras usadas pelos clientes. Essa métrica não só ajuda a avaliar o valor comercial dos *chatbots* da empresa, mas também reflete o esforço do entrevistado em harmonizar diferentes princípios avaliativos no desenvolvimento dessas funcionalidades.

O cálculo é uma atividade distribuída entre pessoas e instrumentos. Tanto os agentes humanos quanto suas métricas são responsáveis por estabelecer equivalências e oportunidades. Os especialistas e os instrumentos associados devem estar alinhados com princípios avaliativos específicos, considerando a ecologia de seus ambientes de trabalho. Como observado, os especialistas desenvolvem suas métricas através da "prova" (*épreuve*), conforme descrito por Boltanski e Thévenot (2020), submetendo-as ao escrutínio de outros especialistas. Embora eficazes na validação, essas ferramentas podem tanto moldar percepções quanto obscurecer outras. Por isso, nas entrevistas, os especialistas, tanto os *backend* quanto *frontend*, se esforçam para adotar a perspectiva do usuário ao discutir suas métricas ou exemplos de *chatbots* considerados bons, semelhantes a um pesquisador que fundamenta suas conclusões em evidências de campo. Assim como os *traders* estudados por Daniel Beunza e David Stark (2004), compreender o "sentido do mercado" é crucial para garantir que as métricas reflitam adequadamente a realidade das interações entre robôs e humanos.

Dessa forma, os especialistas tanto de *frontend* quanto de *backend* defendem seus pontos de vista, permitindo um processo de depuração que busca um compromisso entre as prioridades linguísticas e informáticas dos *chatbots*. A empresa contratante se insere nessa criação como um regulador dedicado a permitir que essa fricção produtiva desenvolva produtos passíveis de serem usados comercialmente, inicialmente como agente potencializador das trocas mercantis — seja como vendedor, seja no pós-venda —, mas também para alavancar a reputação da empresa frente ao mercado. Isso significa, portanto, que para além da solução industrial/inspirada alcançada pelos agentes responsáveis pela criação do *chatbot*, essa ferramenta também poderá ter essa eficiência, baseada em múltiplos princípios avaliativos, operacionalizada a serviço da reputação da empresa.

Além disso, os especialistas entrevistados destacaram que no mercado das empresas desenvolvedoras de *chatbot* existem práticas essenciais para criar tecnologias que minimizem o desconforto dos consumidores finais. Eles observaram que, ao ocupar o papel de atendente virtual, que tradicionalmente seria desempenhado por um agente humano, o *chatbot* pode gerar estranhamento, desconfiança e até desprezo por parte dos usuários. Para modificar essa percepção, os técnicos desses robôs colaboram com profissionais de publicidade, *marketing* e relações públicas dentro das empresas. O objetivo é associar a inovação tecnológica a experiências de atendimento ao cliente positivas, construindo assim confiança com os usuários e fortalecendo a reputação dos *chatbots*, o que por sua vez pode impulsionar a marca da empresa.

A metafísica moral de Boltanski e Thévenot (2020), conhecida como cité/mundo da opinião, é útil para entender como as empresas utilizam *chatbots* na construção de reputação. Um *chatbot* de renome estabelece sua conexão com o usuário através da associação com a imagem da empresa — e, em alguns casos, vice-versa. Assim, eles adotam dispositivos de identificação como nome, perfil e personalidade. Essa abordagem eficaz ocorre porque o *chatbot* de renome funciona como um instrumento de *marketing*, ajudando a aumentar a visibilidade da empresa e reforçar sua reputação através da criação de uma entidade atraente, persuasiva e amigável.

Durante as entrevistas, os especialistas mencionaram *chatbots* que consideravam eficazes e explicaram as características que os destacaram. Um exemplo é a Lu, da Magazine Luiza, uma empresa do setor varejista. Lu não apenas influencia os consumidores, que reconhecem a empresa através dela, mas também é vista pelos desenvolvedores como um modelo de eficiência. Ela desempenha um papel central na imagem da Magazine Luiza enquanto referência no comércio digital, sendo notória tanto em termos de funcionalidade quanto de interação agradável.

Pode-se analisar esse exemplo, conhecido como "*case*" no *marketing*, através do conceito de dispositivo de mercado de Fabian Muniesa, Yuval Millo e Michel Callon (2007). Nessa abordagem, os dispositivos de mercado são conjuntos de objetos e discursos que ajudam na construção dos mercados. Eles possuem agência ao articular ações, influenciando diretamente ou motivando outros a agir. Um *chatbot* pode ser visto como um dispositivo de mercado porque reconfigura a experiência de adquirir produtos ou serviços no ambiente digital. Além de suas funções práticas, como auxiliar nas decisões de compra e responder a perguntas, como no caso da Lu da Magazine Luiza, ele também desempenha o papel de transmitir uma mensagem que assimila uma experiência positiva de consumo aos valores da empresa.

Robôs sociáveis: o processo de construção da fachada simpática

A pesquisa destaca o caráter social do desenvolvimento de *chatbots* e a relevância dessas teorias para entender esses empreendimentos tecnológicos, alinhando-se a estudos influentes da teoria ator-rede, como os de Steve Woolgar (1985) e Bruno Latour (2005), com o propósito de compreender essas máquinas como manifestações de uma sociabilidade definida por uma rede de agentes humanos. Portanto, o objetivo é explorar o caráter sociológico desses procedimentos tecnológicos ao evidenciar como as sociabilidades são concebidas nesse campo. Esse movimento considera a relação homem/máquina como recíproca buscando entender, seguindo a abordagem de Brian Christian (2011), como essas tecnologias também alteram a expectativa dos agentes sobre as interações a partir, por exemplo, de como redefinem o caráter humano ou avaliado como "maquínico" nas interações tradicionalmente atribuídas aos humanos. Essa questão é explorada através das teorias de Goffman (2002[1978]; 2002[1959]) e Clark (1997). Na medida em que, produzir uma fachada simpática significa administrar os limites daquilo que pode ser humanizável daquilo que precisa ser mecanizável.

Para iniciar, proponho uma releitura do Teste de Turing [6], especialmente devido ao seu papel central na epistemologia do desenvolvimento de tecnologias de linguagem natural [7]. Embora, como expressado por Steve Woolgar (1985), ele seja ineficaz para medir a

---

6. O teste de turing trata-se do que inicialmente foi nomeado como o "jogo da imitação" pelo matemático Alan Turing. Nesse jogo há dois jogadores humanos e uma máquina, um dos jogadores precisa decidir qual dos outros participantes é uma máquina ou outro jogador humano. No cenário inicial o jogador avaliador era um homem e um dos jogadores avaliados era uma mulher.
7. Ele não é usado atualmente para seu propósito operacional (aferir a inteligência de fato das máquinas), mas se inclui na história do conhecimento da programação.

inteligência de uma máquina — já que confunde sinais linguísticos momentâneos de inteligência com processos psicológicos, sociais e neurológicos que avaliam a inteligência em diferentes contextos — suas contribuições para desenvolver uma perspectiva sociológica no desenvolvimento dessas tecnologias não são esgotadas.

No artigo de Turing (1980[1950]) "*Computing Machinery and Intelligence*", o avaliador deve identificar qual das duas figuras é uma mulher e qual é uma máquina, com base em mensagens enviadas por um teclado. O jogador utiliza suas percepções sociais sobre o que é ser uma mulher e uma máquina para fazer essa distinção de forma satisfatória. Enquanto isso, a máquina tem o objetivo de confundir o jogador para que ele tome a decisão errada. O teste é bem-sucedido em revelar ao avaliador sua própria representação social do que é ser mulher, com base no que ele considera como boas evidências. Portanto, o foco não está no avaliado, mas no avaliador. Está, como expressado por Mead (2022[1934]) em como os agentes preenchem lacunas interpretando os indícios em uma situação. A máquina, portanto, torna-se um dispositivo para agenciar representações sociais sobre identidades.

No teste, o que está em julgamento não é a inteligência da máquina, mas sim o conceito de inteligência do avaliador humano — o que ele considera como evidências que atestam a inteligência de algo ou alguém. Esse julgamento é influenciado por concepções e representações sociais incorporadas pelos agentes, baseadas em suas experiências no mundo, usadas para avaliar outros agentes ou justificar-se perante eles em determinadas situações. Assim, a interação entre homem/máquina pode ser compreendida através dos estudos das interações humanas e como essas interações são mediadas por evidências comunicativas que contribuem para auxiliar os agentes na definição da situação. Assim, a pesquisa engloba a compreensão de que as características sociais que definem o que é considerado "inteligente" são moldadas por avaliações valorativas de agentes humanos em contextos específicos. Em outras palavras, essas características dizem respeito ao que é percebido, avaliado e justificado como inteligente por esses agentes. É um processo no qual especialistas elaboram justificações incorporadas à tecnologia para demonstrar sua inteligência, enquanto uma contraparte humana avalia implicitamente ou explicitamente essa tentativa.

Os *chatbots* relatados pelos entrevistados são vistos como dispositivos capazes de reproduzir uma sociabilidade através da demonstração de empatia com o usuário. Ou seja, eles mostram sua abertura para o outro. Como produto, integram-se ao contexto comercial como artefatos destinados a influenciar emocionalmente a interação do usuário com o comércio digital. Assim, são investidos de saberes para criar uma aparência convidativa, agradável e pessoal, visando estabelecer uma conexão com o potencial consumidor. Assim, esse tópico aborda inicialmente a construção dessa aparência convidativa do *chatbot*, com base em Goffman (2002[1978]; 2002[1959]), e em seguida discute o caráter simpático e cordial dessa apresentação conforme Clark (1997) e Clark Schmitt (2006). A partir disso, visa apresentar o caráter sociável desses robôs como fundamental para compreender essa operação a partir da efetividade do dispositivo e não de sua característica intrínseca, como o conceito de *social bots* busca abarcar.

A construção da fachada dos robôs sociáveis: a teatralidade da interação homem/*chatbot*

De acordo com Goffman (2011[1967]), o conceito de fachada (*front*) consiste em uma imagem do *self* delineada nos termos de atributos sociais aprovados. A respeito dos atributos convencionalizados do encontro, o indivíduo terá um pequeno conjunto de linhas abertas para escolher. Uma pessoa está fora da fachada quando participa de um contato com os outros sem ter uma linha, esperada por participantes de uma determinada circunstância. Portanto, uma pessoa, ao ingressar em uma situação, para manter sua fachada precisa assumir a responsabilidade de vigiar o fluxo dos acontecimentos diante dela. Ela precisa manter uma ordem expressiva de forma que qualquer interação contribua para manter a ordem expressiva de forma que qualquer interação contribua para a constância de sua fachada. A partir dessas condições, uma pessoa mantém uma fachada quando a linha efetivamente assumida por ela apresenta uma imagem dela consistente com os juízos e evidências comunicadas por outros participantes e por agentes impessoais na situação.

A manutenção da fachada é obtida por meio de um processo de comprovação das evidências expressivas desenvolvidas pelos atores. Na continuidade do argumento, o conceito de *face-work*, também de Goffman, indica que em uma situação os atores em suas atividades adotarão ações consistentes com suas fachadas para neutralizar incidentes capazes de ameaçar essa fachada. Assim, os agentes, na perspectiva de Goffman (2011[1967]), são considerados atores sociais, pois é normalmente por meio de suas fachadas que seus *selves* interagem e eles exercem seus papéis sociais para uma audiência em um determinado cenário. É por meio das evidências expressivas encontradas na situação que os atores constroem o sentido dessas circunstâncias, e suas ações influenciarão a definição da situação a ser apresentada:

> Em todo caso, na medida em que os outros agem como se o indivíduo tivesse transmitido uma determinada impressão, podemos ter uma perspectiva funcional ou pragmática, e considerar que o indivíduo projetou "efetivamente" uma certa definição da situação e "efetivamente" promoveu a compreensão obtida por um certo estado de coisas (Goffman, 2002[1978], p. 16).

A situação é construída a partir da apreensão das evidências expressivas promovidas pelos atores e esses, por outro lado, precisam construir a impressão que querem oferecer aos participantes da situação. Esse processo contribui para a efetivação de uma determinada situação e simultaneamente contribui para comprovar seu entendimento sobre a disposição dos elementos encontrados em cena. Em resumo, essa perspectiva sociológica implica, portanto, que os atores assumem o sentido dos estados das coisas nas situações por meio das evidências apreendidas e pelo processo de administração das impressões. É por meio da fachada, portanto, que os atores se comunicam tanto entre si quanto consigo mesmos, e a sua boa manutenção implica que os atores efetivamente operam a partir dos atributos encontrados na situação.

Esse caráter teatral da vida cotidiana expressada por Goffman (2002[1978]) pode ser uma janela analítica para compreender o modelo de sociabilidade imputado nos robôs sociáveis, isso é, os elementos que auxiliam na caracterização do que o tornam um ser sociável estão na construção bem-sucedida de sua fachada — e consequentemente de um *self* — pelos especialistas. Se a amistosidade é o objetivo na criação dessa tecnologia, os especialistas se preocupam em selecionar as linhas expressivas que poderão proporcionar a impressão para o usuário de que ele está sendo atendido por um agente amigável:

> — O bot da Ambev eu gosto muito. O nome dele é Beto e foi feito pensando nos donos dos bares que costumam ser homens e às vezes com pouca instrução. Eu converso muito com a UX writer de lá e a ideia é que o bot seja percebido como um amigo do cara: "Ah vou falar com o Beto pra pedir um freezer novo de bebida" (Entrevistado K, especialista frontend, UX Writer, Bacharelado em Design, 10/05/2021).

A manutenção da fachada do *chatbot* se encontra em sua capacidade de desempenhar linhas linguísticas capazes de projetar um personagem adequado para aquele fim comercial. De acordo com

Goffman (2002[1978]), "[*p*]ede-lhes para acreditarem que o personagem que veem no momento possui os atributos que aparenta possuir, que o papel que representa terá as consequências implicitamente pretendidas por ele e que, de um modo geral, as coisas são o que parecem ser" (p. 25). Dessa forma, a construção bem-sucedida da fachada do *chatbot* contribui para projetar uma definição da situação que pode ser seguida pelo usuário se o *bot* for capaz de performar eficientemente essa fachada e, como consequência, passar as impressões adequadas para que a interação possa prosseguir.

Os especialistas entrevistados, quando perguntados sobre o que seria um bom *bot*, expressam primeiramente a necessidade de afastar suas tecnologias de impressões negativas que o usuário possa ter tido com outras ferramentas e em seguida incluir em suas tecnologias interações comerciais amigáveis e cordiais que passem uma impressão positiva para o usuário de forma que esse não sinta a diferença ou a considere irrelevante no curso de sua interação com o *chatbot*:

> — Ser agradável, né, ser algo que ela veja que foi bem atendida e não "Ai, que saco, vou falar com um robô". Tem gente que já entra falando: "Não quero, não gosto de falar com robô. Aí, vocês que ficam substituindo as pessoas...". Só que não, se for um atendimento bom e amigável, por que não? Às vezes eu converso com um bot que passa por um humano e nem percebo. Nossa, é isso: não perceber a diferença! (Entrevistado J, especialista frontend, UX Writer, Relações Públicas, 31/05/2021)

Se, como analisado por Goffman (2002[1978]), os atores só precisam estar familiarizados a um pequeno vocabulário de fachada e saber como responder às expectativas a fim de se orientarem numa grande variedade de situações, os *chatbots* também precisam ser ensinados a mobilizar um vocabulário de fachada para desenvolver seu aparato expressivo e responder assertivamente as demandas dos usuários. É por meio das interações malsucedidas que os especialistas apreendem os tipos de respostas apropriadas para serem inseridas no *chatbot* e aperfeiçoam sua capacidade de efetivamente atender às expectativas dos consumidores. Dessa forma, compreendo haver um processo de socialização na medida em que a representação de um *chatbot* é moldada e modificada para se ajustar à compreensão e às expectativas do grupo de usuários que ele estará encarregado de atender. Em resumo, esse cenário indica que a relação entre usuário e *chatbot* passa pela produção de evidências expressivas fornecidas como forma de atender às expectativas do usuário sobre o curso de uma interação cordial. Como consequência, a expectativa dos especialistas é que os usuários se engajem com o *bot* de forma a comprovar a sua capacidade de efetivar uma situação comercial.

O papel da simpatia no processo de criação da fachada do robô sociável

A construção da fachada de um robô sociável, como visto anteriormente, está relacionada com a sua capacidade de operacionalizar um aparato expressivo que proporcione a impressão de que o usuário está participando de uma interação cordial. A partir dessa apresentação é possível adentrar no processo de construção dessa cordialidade e qual é o processo que contribui para que uma interação seja percebida como cordial para o usuário. Para auxiliar nessas reflexões, parte-se da forma como Candace Clark (1997) trabalha com a ideia de "simpatia" para compreender o caráter cordial da interação entre usuário e robô sociável. A partir do relato dos entrevistados, é possível aferir que a cordialidade desempenhada pelos *bots* está relacionada a um processo de empatia incorporado pelos especialistas no *bot* que provoca, por outro lado, um processo de simpatia do usuário.

O estudo de Candace Clark (1997) concentra-se em compreender primeiramente a simpatia como um sentimento construído socialmente em determinado grupo e como elemento formador e reforçador de laços sociais. Ela inicialmente apresenta sua concepção de simpatia: em uma escala organizacional, a simpatia é compreendida como um processo de coesão social, isso é, há uma economia socioemocional que conecta membros de grupos e comunidades a partir de redes baseadas na reciprocidade emocional. Nessa economia, há regras e lógicas que promovem um sentido do que é justo em relação a quais emoções os indivíduos devem receber e doar. Esse conceito foi aprofundado por Hochschild (2012). Em seu estudo, ele observou que as situações demandam regras de sentimentos — momentos em que as emoções são negociadas para determinar quais sentimentos são legítimos em relação à métrica sentimental escolhida, especialmente em contextos comerciais.

Na escala da interação entre indivíduos, a simpatia atua como um processo de sensibilização de um simpatizante em relação a situação de sofrimento de um simpatizado. Esse processo passa por três etapas: a da empatização, a da sensibilização e a da exibição. A autora expressa a necessidade de utilizar o termo simpatizado (*sympathizee*) para demonstrar que o agente receptor da simpatia pode assumir um papel ativo na dinâmica. Ele pode enviar "pistas" capazes de convidar potenciais simpatizantes para a sua situação de sofrimento.

No contexto contemporâneo, em que as preocupações societárias são compreendidas a partir da valorização do indivíduo a despeito da coletividade, a simpatia torna-se uma das "pequenas oferendas" que afirmam o valor social do ator, suavizam as interações sociais e enrijecem os laços sociais (Clark e Schmitt, 2006). Os simpatizantes devem mobilizar uma grande constelação de modos de exposição, como, por exemplo, o tom da voz, a postura corporal, as expressões faciais, a escolha da frase, o contato — os *chatbots*, nessa perspectiva, são dispositivos receptores desses traquejos típicos de interações face a face (Goffman, 2011[1967]), em que devem performar um conjunto de signos que cativem a atenção dos simpatizados; nesse caso, os usuários.

A interação entre simpatizante e simpatizado inicia-se no processo de *empatização*. Parte importante do processo de simpatização concentra-se na capacidade do simpatizante em "ler" o simpatizado, isso é, assumir seu papel. Em resumo, a empatia para Clark consiste na habilidade de um agente social em assumir o papel de outro agente social. Esse processo contribui para a segunda etapa, a da sensibilização, em que o simpatizante reconhece o sofrimento na situação do simpatizado. A última etapa configura-se na exibição, em que o simpatizante demonstra sua simpatia para outros agentes podendo desenvolver uma rede de solidariedade. É importante considerar, como foi apontado por Clark, que a sensibilização pode não ser uma consequência imediata da *empatização*, mas que a empatia possibilita a sensibilização por encurtar as distâncias sociais entre agentes ou promover a abertura necessária para que a transação emocional possa ocorrer.

No decorrer da pesquisa, foi observado que os especialistas, em especial os *frontend*, criam suas tecnologias ao redor de seu próprio entendimento de como o usuário é no seu dia a dia e como se relaciona com atendentes digitais. Para isso, eles performam um exercício de observação contínua do comportamento do usuário na interação com o *bot* e dialogam entre si sobre qual é a identidade desse usuário e como essa identidade se relacionaria com o uso de sua tecnologia. Essa atividade é feita com a expectativa de que desenvolver uma tecnologia próxima da realidade de seus usuários representa a possibilidade de encurtar a distância entre os usuários e os atendentes digitais. O encurtamento desenvolverá a abertura necessária para garantir uma janela de reciprocidade entre o cliente e o *chatbot*, contribuindo para o aumento do uso da ferramenta: "Uma vez a simpatia pode criar pontes sociais e produzir laços sociais, uma transação de simpatia pode determinar como as pessoas envolvidas se relacionarão no futuro" (Clark, 1997, p. 18).

O encurtamento da distância entre o *chatbot* e o usuário poderá despertar um comportamento de simpatia. O elemento de amistosidade na interação com um robô sociável está relacionado com sua capacidade de demonstrar que é capaz de assumir o papel do usuário humano. Dessa forma, a maneira pela qual os especialistas promovem o afastamento de suas tecnologias de uma fachada "robotizada" passa por aproximá-las de seus usuários por meio do processo da empatia. Os *chatbots*, portanto, assumem o papel de simpatizados na qual os especialistas fabricam uma fachada capaz de atrair a atenção dos usuários que assumem o papel de simpatizantes.

Portanto, quando os especialistas mobilizam o termo *persona* para basear a imagem de suas tecnologias, compreendo como uma categoria construída por esses atores para conceber metafisicamente os usuários e assim melhor assumir os papéis que os mesmos desempenham quando em contato com as tecnologias de atendimento digital. Como consequência, eles incorporam esse processo no robô a partir da criação de sua fachada: o robô sociável, portanto, pode ter um nome, uma aparência e um aparato expressivo específico para construir uma situação que o aproxime do usuário.

A construção da fachada sociável do *chatbot* está também relacionada em como as empresas constroem sua imagem ao redor desses artefatos. As empresas podem selecionar o público no qual estão interessados a partir da inserção de fluxos de diálogos direcionados a sensibilizar o grupo que sofre uma determinada circunstância. O exemplo da campanha contra o assédio do Bradesco[8] é um exemplo de como os *chatbots* podem ser empregados como dispositivos para a exibição de simpatia por uma empresa. Nesse caso, BIA assumiria um papel de simpatizante com a causa antiassédio como forma de demonstração de sua amistosidade perante usuários que sofram

8. Essa campanha é feita a partir da mudança das respostas dadas pela atendente Bia a mensagens de assédio dos usuários. É uma estratégia do Bradesco para mostrar a posição da empresa em relação a violência contra a mulher.

com ou simplesmente desaprovam essa conduta. Isso significa que a cordialidade dos robôs sociáveis é seletiva em relação à interação com o usuário: os especialistas deverão decidir por imputar no *bot* a distância de certas condutas, como a dos assediadores, em prol da aproximação de outras, das vítimas e das pessoas respeitadoras.

Conclusão

Este estudo examinou a complexidade inerente ao desenvolvimento e à implementação de *chatbots*, destacando as abordagens distintas adotadas por especialistas de *frontend* e *backend*. A análise revelou como esses diferentes saberes, derivados de metafísicas morais específicas, moldam a concepção do comportamento ideal de um *chatbot* em interações comerciais. As disputas entre essas epistemologias geram compromissos produtivos que ajustam a tecnologia para alcançar objetivos comerciais específicos. Dessa forma, este estudo estreitou as distâncias entre os empreendimentos tecnológicos e as abordagens sociológicas clássicas, corroborando argumentações anteriores da Teoria Ator-Rede (TAR) a partir da análise de um campo contemporâneo.

A empresa contratante, atuando como reguladora, facilita a fricção produtiva entre princípios distintos, garantindo que o produto final seja comercialmente viável e beneficie a reputação da empresa. Assim, os *chatbots* podem funcionar como dispositivos de mercado, influenciando significativamente a imagem e o prestígio das marcas, como exemplificado pelo caso da Lu. Esses dispositivos estabelecem uma conexão emocional com os usuários, o que aumenta a aceitação da tecnologia e fortalece a relação com a empresa. Esse trabalho emocional é viabilizado pela criação de um repertório expressivo, fruto da colaboração interdisciplinar e da compreensão das dinâmicas de interação entre humanos e tecnologia, refletidas nas fachadas desses robôs sociáveis.

REFERÊNCIAS

BEUNZA, Daniel; STARK, David. *Tools of the trade:* the socio-technology of arbitrage in a Wall Street trading room. Industrial and corporate change, v. 13, n. 2, 2004. p. 369-400.

BOLTANSKI, Luc; THÉVENOT, Laurent. *A justificação:* sobre as economias da grandeza. Rio de Janeiro: Editora UFRJ, 2020.

BOLTANSKI, Luc; THÉVENOT, Laurent. *The sociology of critical capacity.* European journal of social theory, v. 2, n. 3, 1999. p. 359-377.

CALLON, Michel. *The laws of the markets.* Oxford: Blackwell Publishers, 1998.

CALLON, Michel; MUNIESA, Fabian. *Peripheral vision:* Economic markets as calculative collective devices. Organization studies, v. 26, n. 8, 2005. p. 1229-1250.

CHRISTIAN, Brian. *The most human human:* What talking with computers teaches us about what it means to be alive. Anchor, 2011.

CLARK, Candace. *Sympathy and Misery.* 1997.

GOFFMAN, Erving *et al. The presentation of self in everyday life.* London: Harmondsworth, 1978.

GOFFMAN, Erving. *Ritual de interação:* ensaios sobre o comportamento face a face. 2011.

KAUFMANN, Jean-Claude. *A entrevista compreensiva:* um guia para pesquisa de campo. Petrópolis: Vozes; Maceió: Edufal, 2013.

LATOUR, B. *Ciência em ação:* como seguir cientistas e engenheiros sociedade afora. [s.l.] Editora Unesp, 2011.

LATOUR, Bruno. *Reassembling the social:* An introduction to social life. 2005.

MEAD, George Herbet. *Mente, self e sociedade:* Edição definitiva. Editora Vozes, 2022.

MUNIESA, Fabian; MILLO, Yuval; CALLON, Michel. *An introduction to market devices*. The sociological review, v. 55, n. 2_suppl, 2007. p. 1-12.

SCHMITT, Christopher S.; CLARK, Candace. Sympathy. In: *Handbook of the sociology of emotions*. Springer, Boston, MA, 2006. p. 467-492.

SCOTT, Marvin B.; LYMAN, Stanford M. *Accounts*. American sociological review, 1968. p. 46-62.

THOMAS, W. I. *The unadjusted girl:* with cases and standpoint for behavior analysis. Montclair, N.J: Patterson Smith, 1969.

TURING, Alan M. *Computing Machinery and Intelligence*. Creative Computing, v. 6, n. 1, 1980. p. 44-53.

WOOLGAR, Steve. *Why not a sociology of machines?* The case of sociology and artificial intelligence. Sociology, v.19, n. 4, 1985. p. 557-572.

WRIGHT MILLS, Charles. *Ações situadas e vocabulários de motivos* ["Situated Actions and Vocabularies of Motive"]. American Sociological Review, vol. 5, n. 6, 1940.

O plano de Arkadi

educação econômica e liberdade agencial em "O adolescente", de Fiódor Dostoiévski

SAMANTHA SALES

Foi aos 13 anos de idade, em seu quarto no internato de Touchard, em Moscou, que Arkadi Makárovitch Dolgorúki descobriu sua ideia. Em sua autobiografia, escrita ainda aos 20 anos, o adolescente[1], narrador em primeira pessoa que dá título ao romance de Fiódor Dostoiévski, conta que a ideia surgiu em um daqueles momentos em que, envolvido no cobertor, "no mais perfeito isolamento"[2], reconstituía a vida a sua maneira, em um "intenso estado contemplativo". E que, desde então, ela "não [*o*] abandonou talvez por um único instante" — "Absorveu toda a minha vida".

Antes de revelar sua ideia, Arkadi compartilha algumas informações biográficas, no intuito declarado de mostrar quem ele é e onde

---

1. Na Rússia dos anos 1870, quando "O adolescente" foi publicado, atingia-se a maioridade social e jurídica aos 21 anos. Por isso Arkadi, aos 20, era considerado adolescente. Ultrapassaria os limites deste texto discutir os temas da formação e da geração nesse romance e na obra de Dostoiévski. Para uma análise da semântica do substantivo *podróstok* (adolescente), que intitula o romance no original e sua relação com as ideias de geração e formação, ver Bezerra (2020). Para uma discussão sobre a qualificação de "O adolescente" como romance de formação, fundamentada na observação de que Arkadi é um "adolescente" em formação que fala de um sistema também "adolescente" em formação, ver Bezerra (2020, pp. 597-604).

2. Todas as citações a "O adolescente" são a partir da edição brasileira da Editora 34 (São Paulo, 2020), tradução de Paulo Bezerra. Os trechos apresentados em citação sem indicação são todos do romance.

estava antes dos acontecimentos que deseja registrar e compartilhar — "[*P*]ara que seja compreensível ao leitor e a mim mesmo". Ele conta que é filho ilegítimo de um senhor de terras, Andriêi Pietróvitch Viersílov, com uma humilde serva, Sófia Andrêievna. Seu pai legítimo, Makar Ivánovitch Dolgorúki, jardineiro e ex-servo de Viersílov, fora incumbido pelo pai de Sófia, em seu leito de morte, de terminar de criá-la e se casar com ela, e assim o fez — Arkadi se pergunta se Makar teria se casado "com grande prazer ou apenas cumprindo uma obrigação". Mais tarde, em visita a sua fazenda na província de Tula, Viersílov, já viúvo, conheceu Sófia, engravidou-a e a tomou de Makar[3]. Por ser bastardo, Arkadi recebeu o patronímico[4] Makárovitch (filho de Makar), em vez de Andrêievitch (filho de Andriêi) — "De sorte que sou um filho legítimo, embora seja ilegítimo no mais alto grau e minha origem não deixe a mínima dúvida".

Como se tudo isso não bastasse, Arkadi é amaldiçoado por seu sobrenome, homônimo ao do príncipe Iúri Vladímirovitch Dolgorúki, fundador da cidade de Moscou, em 1147, e conquistador de Kiev, em 1149, quando tornou-se grão-príncipe e ali governou por dois períodos, até a sua morte. O adolescente conta que sempre que era obrigado a informar o sobrenome, perguntavam-lhe: "Príncipe Dolgorúki?". E, todas as vezes, era "obrigado a esclarecer a toda aquela gente ociosa": "Não, simplesmente Dolgorúki" — "Ao ouvir que eu era simplesmente Dolgorúki, o interrogador costumava me medir de cima a baixo com um olhar obtuso e cheio de uma parva indiferença, prova de que ele mesmo ignorava por que perguntara, e ia embora". Tendo sofrido desde a tenra infância com essa infeliz

---

3. Quando Arkadi nasceu, o regime de servidão em vigor na Rússia conferia direito irrestrito do senhor (*bárin*) sobre seus servos. Por isso, Makar não teve alternativa senão aceitar que Viersílov tomasse dele Sófia.

4. Os nomes russos são compostos por três elementos: o prenome; o patronímico, formado pelo prenome do pai acrescido de sufixos como *-evich* e *-ovich* para os homens (e.g. Ivánovitch, filho de Iván) e *-evna* e *-ovna* para as mulheres (e.g. Aleksandrovna, filha de Aleksandr); e o sobrenome ou nome de família.

coincidência, ele acredita ser "difícil que alguém tenha sentido tanta raiva de seu sobrenome [*como ele sentiu*] em toda a [*sua*] vida" — "Não há nada mais tolo do que alguém se chamar Dolgorúki sem ser príncipe. Essa tolice eu carrego comigo sem culpa".

Membro do que ficou conhecido na Rússia do fim do século XIX como família casual ou por acaso, "constituída por nobres de linhagem com representantes de camadas socialmente inferiores"[5] (Bezerra, 2018, pp. 108-109), Arkadi cresceu longe dos pais e da mãe, tendo sido criado por tutores na fazenda de Viersílov e educado em um internato de elite, onde morava com filhos de nobres e políticos (que viviam o importunando), mas ocupava um "quarto de um filho de ninguém". Quando se forma na escola, em Moscou, decide ir a São Petersburgo em busca de seus parentes — e, como mostra Bezerra (2018, 2020), em busca de si.

A origem do personagem nessa configuração familiar e sua formação para aspirar à nobreza são a chave interpretativa de sua jornada de busca por autodefinição. Quando O adolescente foi publicado, em 1875, na revista literária *Otechestvennyua Zapiski*[6], a Rússia, de tradição agrária, passava por uma profunda transformação: fazia a transição para o capitalismo, que teve início com a abolição da servidão na reforma de 1861, empreendida pelo czar Pedro, o Grande, abrindo uma "janela para a Europa" (Bezerra,

5. Na Rússia do fim do século XIX, as famílias casuais ou por acaso eram cada vez mais comuns. Nobres muitas vezes mantinham uma ou mais famílias constituídas com servas e suas famílias legalmente constituídas, o que era interpretado por Dostoiévski como um sinal da decadência da nobreza e, por consequência, da família tradicional russa (Bezerra, 2020).

6. Revista literária de extrema esquerda, publicada mensalmente em São Petersburgo de 1818 a 1884, que pregava o retorno a valores comunitários do campesinato russo. O título já foi traduzido de formas variadas, como "Anais da Pátria, Notas Patrióticas" ou "Notas da Pátria". Para conhecer a polêmica da publicação de "O adolescente" nessa revista, especialmente a posição política de Dostoiévski e sua relação com a *intelligentsia* russa, ver Pevear (2003).

2020, p. 615)[7]. A modernização burguesa e, com ela, a decadência da nobreza e o espraiamento do dinheiro para todas as esferas da vida social provocavam uma instabilidade generalizada. Dostoiévski, muito preocupado com a desintegração social da ordem até então conhecida e com a falta de definição da nova ordem que se estabelecia, chegou a intitular o romance de "Desordem":

> O título do romance será *Desordem*. Toda a ideia do romance é verificar que hoje a desordem é geral, é uma desordem que está em toda parte e em tudo; na sociedade, em suas atividades, nas *ideias diretrizes* (que para tais coisas não existem), nas convicções (que por isso mesmo não existem), na desintegração do princípio familiar... *Ideias morais não existem, de repente não sobrou nenhuma delas, de tal forma que é como se nunca tivessem existido* (Dostoiévski, 1976, pp. 80-81 *apud* Bezerra, 2020, p. 606, grifos meus).

Naquele contexto, eram os adolescentes — isso é, a nova geração — que deveriam preencher as "lacunas em assuntos para os quais a Rússia não dispunha de pessoal qualificado, suprindo uma necessidade decorrente do desenvolvimento acelerado da nova sociedade capitalista, sobretudo da nova formação jurídica resultante da ampla reforma do judiciário e da criação do tribunal do júri" (Bezerra, 2020, p. 595). Mas eram eles também os mais seduzidos — Dostoiévski diria ameaçados — pelas novas possibilidades oferecidas

---

7. Ultrapassaria os limites deste texto fazer um aprofundamento na biografia de Dostoiévski e analisar a relação entre suas obras e sua leitura dos acontecimentos na Rússia na transição para o capitalismo. Essa é, no entanto, uma importante chave interpretativa de suas histórias e personagens, sendo vastamente discutida. Ver, por exemplo, Hudspith (2004), Knapp (2013) e Bezerra (2020).

pelo dinheiro[8], não ficando mais encerrados em seus círculos sociais, convivendo com gente de diferentes origens.

A preocupação de Dostoiévski era sobretudo com a falta de ideias diretrizes, ideias morais capazes de guiar o povo russo naquele momento de conturbação — para ele, de desintegração social, de decadência social e moral[9]. Uma fala de Viersílov, na interpretação Bezerra (2020) um "pensador meio porta-voz" do autor — voltaremos a isso adiante —, é ilustrativa:

> O egoísmo substituiu a antiga ideia cimentadora e tudo se decompôs na liberdade dos indivíduos. Os libertos, ao ficarem sem o pensamento cimentador, acabaram de tal forma privados de qualquer laço superior que até deixaram de defender a liberdade concedida. Mas o tipo russo de nobreza nunca se pareceu com o europeu.

A "ideia cimentadora", explica Viersílov — e, ao que tudo indica, Dostoiévski —, é "aquilo de onde emanou a vida viva, isso é, uma ideia não tirada da cabeça nem fictícia, mas, ao contrário, não enfadonha e sim alegre". Chegamos, assim, a nosso adolescente, que, desnorteado, na falta de um conjunto de valores surgido da experiência do povo russo que o orientasse e a toda a sua geração, inventou sua própria ideia.

Arkadi a apresenta em poucas palavras: "Minha ideia é tornar-me um Rothschild". Convidando o leitor a ter calma e seriedade, repete: "minha ideia é tornar-me um Rothschild, vir a ser tão rico como Rothschild; não apenas rico, mas tal qual Rothschild". Ele se referia a James Mayer de Rothschild, "o de Paris", banqueiro franco-alemão

---

8. Para uma discussão sobre o dinheiro como fator de desestabilização, desintegração e destruição da psique humana na obra de Dostoiévski, ver Bezerra (2020, p. 601).

9. Para uma discussão acerca da "ideia russa" e de sua relação com a obra de Dostoiévski, ver Hudspith (2004) e Bezerra (2020).

biliardário, fundador da filial francesa do banco da família, que chegou a dominar as finanças internacionais na fase final das Guerras Napoleônicas[10] e a quem até governantes e o papa deviam dinheiro[11]. Seu objetivo, como veremos adiante, é o isolamento; mas, antes de revelá-lo, Arkadi narra seu engajamento em um processo de acumulação capitalista a fim de tornar-se tão afortunado assim.

O objetivo deste texto é analisar a educação econômica do personagem a partir de seu engajamento em um processo de planejamento voltado para a acumulação de dinheiro e pensar a relação desse com a liberdade agencial. Para isso, a análise lança mão de uma abordagem pragmatista (Peirce, 1992; James, 1907; Dewey, 1939), pragmática (Boltanski; Thévenot, 2020; Thévenot, 2006) e compreensiva (Weber, 2001) que privilegia as representações dos atores para analisar as operações de *accountability* social (Scott; Lyman, 2008). Concentro-me em dois episódios do romance com elementos centrais para a discussão aqui proposta: em um deles, o personagem apresenta sua ideia e os primeiros passos de sua educação econômica; no outro, narra sua primeira experiência no mundo dos negócios, em um leilão em São Petersburgo.

Pretendo mostrar que, para Arkadi, a força do dinheiro está nesse, quando acumulado em montantes insuperáveis e tornado de quantitativo — certa quantidade de dinheiro — em qualitativo — a riqueza de um Rothschild (ver Werneck; Perrota, 2024) —, ser mais que um equivalente universal e um dispositivo agêntico, tornando-se o actante dotado sempre da maior actancialidade nos quadros situacionais. Por actante, conceito originado na semiologia de Greimas

---

10. Para uma síntese da história de como a família Rothschild – notadamente Mayer Amschel Rothschild e seus cinco filhos, Nathan, Amschel, James, Carl e Salomon – construiu sua fortuna, ver Ferguson (2017, pp. 78-90). Para uma história mais detalhada, ver Ferguson (1999, 2000).

11. Em 1841, o poeta alemão Heinrich Heine declarou: "O dinheiro é o deus do nosso tempo e [*Nathan*] Rothschild é o seu profeta" (Ferguson, 2017, p. 84).

(1976) e mais tarde incorporado por Latour (1999) à sua teoria ator-rede, entende-se um ente (humano ou não humano) que pratica ou sofre um ato, sendo dotado da capacidade de fazer a diferença na narrativa, de determinar, influenciar, as ações de terceiros. Nesse sentido, a riqueza de um Rothschild seria invariavelmente o ente com a maior influência, independentemente da configuração situacional. Não estou, com isso, fazendo uma afirmação sociológica de que o dinheiro acumulado nessas proporções tenha essa actancialidade ímpar, mas que ele é assim tomado pelo protagonista de O adolescente. Adoto, neste texto, uma postura compreensiva (Weber, 2001) para levar a sério a forma como o personagem pensa, seu ponto de vista específico sobre o dinheiro e o mundo. O que me interessa é compreender como o dinheiro comparece em seu mundo, como a ele é atribuída uma força e como ela é justificada.

Há, ainda, outra camada a ser considerada na análise. Dostoiévski, que tinha uma visão crítica e pessimista a respeito da relação da juventude russa com o dinheiro e o capitalismo, provoca, questiona, tensiona Arkadi e sua ideia. Como aponta Bakhtin (2010), o jovem, como personagem dostoievskiano, tem a última palavra sobre si e sobre o mundo que nos apresenta, mas isso não impede que o autor se contraponha a essa palavra. Bakthin argumenta que Dostoiévski faz isso dialogando com o protagonista, por meio de outros personagens críticos à sua ideia e que defendem ideias diferentes — e, eu acrescentaria, faz isso também colocando o protagonista em situações que desafiam seu discurso, suas crenças e suas certezas. O próprio Dostoiévski registrou em seu caderno pessoal que "O adolescente" contém "todos os elementos" da sociedade russa de seu tempo, por meio de personagens-tipo que personificam, entre outros grupos, a *intelligentsia* desesperada com a nova ordem, a antiga família russa, o que há de bom na nova Rússia e a nova geração (ver Pevear, 2003). Viersílov e Makar, por exemplo, personificam, respectivamente, a *intelligentsia* nobre decadente e a família camponesa, a tradição agrária da Santa Rússia. Nesse sentido, é possível interpretar Arkadi como um emissário da crítica de Dostoiévski à relação dos russos, sobretudo os mais jovens, com o dinheiro e ao processo de modernização burguesa da Rússia.

Pois bem, na leitura de mundo de Arkadi, a riqueza de um Rothschild comparece como o elemento mais forte na definição (Thomas, 1969) de toda e qualquer situação, assumindo a forma de agência da actância e tendo sempre a maior actancialidade. O adolescente não deseja ser imensamente rico para gastar sem se preocupar com o futuro ou com a justiça mercantil (Boltanski; Thévenot, 2020), tampouco para exercer poder de governo. O que ele busca é deter uma quantia tão grande de dinheiro que, como "um Rothschild", se transforme em uma singularidade incomparável, conquistando a maior liberdade agencial possível e — e esse parece ser seu objetivo final — saindo do social, não ser obrigado a interagir.

O plano (nada matemático) de Arkadi

Assim que revela a ideia de tornar-se um Rothschild, Arkadi posterga a revelação de seu objetivo, mas promete demonstrar que sua obtenção está "matematicamente garantida": "A coisa é muito simples, todo o segredo consiste em duas palavras: obstinação e continuidade". Antevendo a possível crítica de que nisso não haveria nenhuma novidade, explica:

> Os senhores asseguram que já ouviram falar disto, mas acontece que não ouviram nada. É verdade que numa coisa os senhores até estão certos: se eu disse que isso é uma coisa "muito simples", esqueci-me de acrescentar que é também a mais difícil. Todas as religiões e todas as moralidades do mundo se resumem a isto: "É preciso amar a virtude e fugir dos vícios". O que, parece, poderia ser mais simples? Pois bem, façam algo virtuoso e fujam de ao menos um vício — que tal experimentar, hein? Neste caso também.

> Eis por que vossos inumeráveis *Vaters* durante inumeráveis séculos podem repetir essas duas palavras surpreendentes, que constituem todo o segredo [*obstinação e continuidade*], mas enquanto isso Rothschild continua único. Então ora é assim, ora não, e os *Vaters* repetem uma ideia bem diferente.

A virtude, para o personagem, está em ter a força de caráter necessária para perseguir seu objetivo e, uma vez alcançado, renunciar à riqueza acumulada — "A simples consciência de que tive milhões nas mãos e os joguei na lama me alimentaria em meu deserto". O valor de sua ideia, assim, não está simplesmente em querer enriquecer, como ele acusa ser o caso dos inúmeros *Vaters*, mas na garantia de coerência entre vontade e ação. Isso, como veremos, não é de fato nada simples e tampouco está "matematicamente garantid[*o*]", mas depende de uma passagem complexa da intenção à ação. Sociologicamente, o que Arkadi chama de força de caráter só é possível graças a um tipo específico de agência, a agência planejadora.

Ele, como todos nós, é um agente planejador, dotado de duas capacidades fundamentais: a de agir com propósito e a de criar e executar planos — a segunda, é claro, depende da primeira (Bratman, 1999). Como colocam, a partir de diferentes perspectivas teóricas, vários autores (Mead, 1932; Schütz, 1967; Dewey, 1998; Bratman, 1999; Thévenot, 2006; Mische, 2009; Tavory; Eliasoph, 2013), para alcançarmos objetivos complexos precisamos coordenar nossas ações presentes e futuras. É justamente a agência planejadora que permite sustentar essa coordenação, esse autogoverno através do tempo; afinal, para efetivar a passagem da intenção à ação é preciso mais do que simplesmente querer ou desejar.

A intenção, diferentemente dos desejos comuns, que são influenciadores em potencial da ação (Bratman, 1999), envolve uma forma específica de compromisso: aquela de comprometer-se no presente a se fazer algo no futuro, a efetivar a ação intencional. Isso quer dizer que a intenção influencia a ação futura e, nesse sentido, tem a capacidade de controlar, ainda que principalmente, a conduta. Bratman argumenta que as intenções são tipicamente elementos de planos maiores:

> Formamos intenções voltadas para o futuro como parte de planos maiores, planos que desempenham papéis característicos na coordenação e na razão prática contínua; planos que nos permitem estender a influência da deliberação presente no futuro. Intenções são, por assim dizer, os blocos de construção de tais planos; e os planos são intenções em grande escala (Bratman, 1999, s/p).

A intenção evita custos excessivos na coordenação graças à sua resistência à reconsideração no curso da ação: ela é dotada de certa estabilidade ou inércia característica (Bratman, 1999). Se há uma intenção identificada (digamos, a de ir a um restaurante italiano no próximo fim de semana), não há por que continuar deliberando sobre a possibilidade de a ação ocorrer (ir ou não ao restaurante). Como coloca ainda Bratman (2009), os atores sociais, quando reconhecem uma intenção, tendem a entender a questão como resolvida e a continuar com ela até o momento da ação:

> Estabelecemos antecipadamente planos prévios e parciais e tendemos a reconsiderá-los somente quando nos deparamos com um problema. A capacidade de estabelecer antecipadamente esses planos nos permite atingir metas complexas que, de outra forma, não conseguiríamos atingir (Bratman, 1999, s/p).

Nesse sentido, com a descoberta de sua ideia, Arkadi se compromete, naquele momento presente, a ter no futuro tanto dinheiro quanto um Rothschild, em vez de simplesmente imaginar-se um Rothschild ou desejar sê-lo (Bratman, 1987). E, para isso, ele precisa traçar um plano, engajando-se em um processo de planejamento de acumulação de dinheiro. A coerência entre desejo e ação é sustentada pelo investimento da ação intencional na forma[12] objetivável de um plano de ação — nesse caso, um plano de acumulação (Weber, 2004) — e do engajamento nesse plano.

O engajamento no plano é um dos três regimes de engajamento propostos por Thévenot (2006)[13] para compreender como as pessoas se envolvem em comportamentos comuns ("no plural", em seus termos), coordenando-se entre si — os outros dois são o engajamento justificado e o engajamento no próximo. O que o autor busca é identificar os "diferentes registros de ação a partir das formas de se levar em conta a relação do agente com o ambiente (pessoas e coisas) para compreender a ação humana e avaliar sua efetivação" (p. 94). No regime de engajamento no plano, o indivíduo, autônomo, é "portador de um plano de ação que define a avaliação do que importa" (Thévenot, 2006, p. 14), o que quer dizer que, para que o plano seja executado, a avaliação dos entes, das ações e das

---

12. Consistindo em convenções, os investimentos de forma (Thévenot, 1986) servem como referências comuns a facilitarem a coordenação na vida social, oferecendo parâmetros para as ações e evitando custos com novas formatações e renegociações do sentido comum no futuro. Assim como os investimentos entendidos no sentido econômico, os investimentos de forma (em formas cognitivas, jurídicas, econômicas, sociais etc.) dependem do equilíbrio entre um sacrifício e seu grau de generalidade. Eles são custosos, demandam tempo e energia para serem constituídos, visto que pretendem conferir regularidade às ações e um ponto de apoio para os atores se coordenarem na vida social. Thévenot chama de "fórmula de investimento" aquilo que garante o acesso a um bem, possibilitando o acesso a estados superiores por meio de um sacrifício — por exemplo, o limite da criatividade devido à padronização.

13. A partir do enquadramento original do autor, regimes de engajamento distintos foram propostos por outros pesquisadores, como os de engajamento no exploratório (Auray, 2011) e de engajamento no circunstancial (Werneck, 2020).

situações[14] a ele relacionados passa necessariamente pelo filtro do projeto. Por avaliação, entende-se:

> A ponderação da magnitude do peso de algo segundo um valor (isto é, a medida do quanto algo A vale em termos de valor B) e a comparação ponderada entre diferentes coisas segundo esse mesmo critério (isto é, a definição de que coisa, C ou D, apresenta mais do valor B, sendo mais valiosa que a outra segundo esse parâmetro) (Porto; Werneck, 2021, p. 569).

Nesse regime, ainda, "[o] ambiente material é capturado em funcionalidades que apoiam a realização do plano e, portanto, do indivíduo" (Thévenot, 2006, p. 14). O tipo de agência construída no engajamento no plano é a do planejador, e a competência de planejamento é o que mantém esse engajamento. A ação planificada, por sua vez, consiste em uma "extensão temporal de um formato de ação intencional que exprime o vocabulário da ação" (Thévenot, 1995, p. 416), utilizando-se de dispositivos de informação e explicitação a outros envolvidos e a elementos do ambiente de que ali há um plano.

O plano de acumulação capitalista, então, como já nos mostrou Weber (2004), é a forma objetivável em que Arkadi investe sua ideia. Isso fica explícito na passagem em que ele diz que, com a descoberta da ideia, "todas as [*suas*] fantasias logo passaram de tolas a sensatas e da forma sonhadora de romance transbordaram numa forma

---

14. O conceito de situação diz respeito a uma circunscrição no espaço e no tempo na qual uma configuração de signos é definida ela própria como um signo (Peirce, 1977), isto é, uma configuração na qual as pessoas possam dizer que alguma coisa está acontecendo e, mais que isso, a definir (Thomas, 1969). As origens do conceito estão no pragmatismo filosófico americano (de Charles S. Peirce, William James, John Dewey e William I. Thomas). Em uma abordagem pragmatista, pragmática e, logo, situacionista, o julgamento é necessariamente *situado* (Cicourel, 1964; Knorr-Cetina, 1981), dissociável das próprias ações e ancorado na seleção do que é pertinente para avaliar o que se passa.

racional de realidade" (grifo meu). A partir de então, o personagem passa a antever o futuro e se mover no mundo, em um processo de investigação (*inquiry*), no sentido de Dewey (1938)[15], isso é, empreendido pelos atores quando se deparam com uma situação indeterminada e precisam entendê-la e a definir. A partir disso, lê todas as situações pelo filtro do projeto de tornar-se um Rothschild, coordenando suas ações a partir desse fim. Isso exige dele uma gestão da atenção (Citton, 2014) capaz de a concentrar na execução do plano, viabilizando que certas vontades fossem sacrificadas em favor de uma de maior importância. Esse movimento consistiria, diria Dewey (1998), em antever consequências das ações passíveis de influenciar as deliberações no presente; ou, como poderia dizer Mead (1932), de distanciar-se do presente e do ambiente sensorial imediato por meio da imaginação, da seleção de estímulos importantes para o plano de ação, exercitando uma atitude deliberativa capaz de engajar múltiplos horizontes temporais na ação; ou ainda, como diria Schütz (1967), de organizar o horizonte imaginativo de múltiplos planos, possibilidades e caminhos de ação.

Vejamos, então, como Arkadi narra essa passagem da intenção ao plano. O adolescente conta que, antes de partir para "a própria ação", fez, ainda em Moscou, uma série de "experimentações". Ele desejava averiguar se estaria "apto a viver em um mosteiro ou no enclausuramento", se podia querer o suficiente para atingir seu

---

15. Como apontam Ogien e Quéré (2005, p. 7), Dewey introduziu a situação na lógica filosófica, fazendo um uso da noção que não era nem metodológica nem semântica, mas dotada de um caráter praxiológico: "tratava-se de elucidar as condições e a modalidade da organização da experiência, seja qual for o domínio, e de mostrar como a 'investigação' intervém como um 'processo contínuo' de estabilização e de resolução de situações particulares".

objetivo. A princípio, detinha uma quantia de cem rublos[16], além de "a coragem, a obstinação, a continuidade, o mais pleno isolamento e o segredo". No primeiro mês, sobreviveu apenas a pão e água, "talvez prejudicando um pouco o estômago", e se livrou de toda a comida que recebia; no segundo mês, juntou "ao pão uma sopa e uma xícara de chá pela manhã e à noite", "gozando de perfeita saúde e satisfação e, no aspecto moral, embevecido e num enlevo permanente e secreto". Decidiu não mais usar carruagens para se locomover — "[*D*]era minha palavra de honra (de outro modo não teria economizado sessenta rublos)". Economizava meticulosamente cada copeque (cem copeques equivalem a um rublo) que sobrava da

---

16. Segundo Owen (1989), estimar o valor de um rublo na Rússia do século XIX e tentar criar uma série temporal para fins comparativos é desafiador porque o governo czarista não conseguiu manter uma moeda estável. Vários tipos de rublos — de prata, cobre, ouro e papel (assignat) — circulavam e seus valores flutuavam uns em relação aos outros. Para se ter uma ideia, diz Owen (1989, p. 700): "No século XIX (...) o rublo de prata gradualmente perdeu sua posição central para o ouro. Um novo papel-moeda — o rublo de crédito — substituiu o assignat em 1841, mas (...) no final de 1863 (...) o rublo de crédito também declinou em relação ao de ouro até a introdução do padrão ouro em 1897". "O adolescente", publicado em 1875, não oferece muitas pistas sobre o custo de vida em São Petersburgo naquela época. Sabemos que Arkadi ganhava 50 rublos por mês quando trabalhou para um príncipe fazendo tarefas como passar a limpo rascunhos, escrever cartas e organizar papelada. Para fins de comparação, em 1874, segundo Allen e Khaustova (2017), o salário de carpinteiros em São Petersburgo era de 1 rublo por dia; já o de trabalhadores da construção civil era de 0,7 rublo por dia — os autores explicam que os salários desses profissionais figuram em praticamente todos os estudos sobre salários históricos porque "eram contratados pelas instituições cujos registros são a principal fonte histórica de salários e preços históricos" (p. 3). Além disso, Arkadi diz que "dois rublos de pão darão para muito tempo", mas não sabemos quanto. Em outra passagem, em que faz uma crítica misógina a mulheres, critica uma mulher rica que "passa por um bulevar arrastando a calda de mais de um metro de seu vestido e levantando poeira (...). Além do mais, sua cauda é de seda, ela a arrasta pelas pedras da rua por três vertas só porque está na moda, mas seu marido ganha quinhentos rublos por ano no Senado [*de São Petersburgo*]; é aí que entram as propinas!". Ou seja, 500 rublos por mês não sustentariam, segundo Arkadi, a ostentação da riqueza daquela mulher.

mesada a ele enviada em nome de Viersílov. Ao fim do ano, uma vez tendo comprovado que conseguia suportar as privações, decidiu se alimentar melhor, juntando-se às outras pessoas nas refeições.

Já em São Petersburgo, resolveu "não gastar mais de cinquenta copeques com a alimentação" — "[*D*]ecidi, por exemplo, passar às vezes dois dias seguidos apenas a pão e sal, para no terceiro gastar as economias feitas nesses dois dias". Além disso, foi viver na rua, pernoitando em abrigos e vestindo apenas dois ternos, "um para a batida e outro bastante bom", convicto de que durariam mais, graças a uma técnica de escovação dos tecidos, e um par de botas, também economizadas — "[*O*] segredo consiste em dispor o pé com cautela, toda a sola de uma só vez, pisando de lado com a maior raridade possível. Isso se pode aprender em duas semanas, o resto vem de modo inconsciente [*isto é, rotinizado, incorporado*]. Com esse método as botas duram em média um terço a mais". Essas experimentações são narradas de forma entremeada com referências que o inspiram a manter a obstinação e a continuidade. Entre elas, reportagens sobre um mendigo encontrado morto com 3 mil rublos costurados em seus andrajos e outro preso portando 5 mil rublos.

O que suas experimentações nos dois primeiros anos após a descoberta da ideia mostram é que aquele momento de epifania no internato de Touchard foi decisivo e definidor — nos termos de Thomas (1969[1923]), de definição da situação, "um estágio de exame e deliberação (...) preliminar a qualquer ato comportamental autodeterminado". Ele rotiniza estratégias em sua educação econômica, mas a rotina é tensa, em que ele precisa refletir o tempo todo sobre o mundo para alterá-lo, em um permanente estado de engenharia.

Nessas experimentações, na testagem de suas hipóteses sobre como o mundo funciona — por exemplo, sobre a conservação do bom estado dos ternos e da bota e a possibilidade de uma dieta a base de pão e água —, o adolescente engaja-se em um processo investigativo e desenvolve um racionalismo, "uma atitude pragmática, orientada para a consecução imediata de objetivos e fins utilitários" (Sell,

2012, p. 156), na busca pela realização de si na execução do plano — "Foi uma prova muito difícil; porém, ao chegar a Petersburgo pouco mais de dois anos depois, eu tinha no bolso, além de outro dinheiro, setenta rublos decorrentes apenas dessas economias".

O leilão: uma passagem na educação econômica

Depois de provar sua capacidade de sobreviver em condições de enorme escassez, já em São Petersburgo Arkadi volta-se à questão da poupança e dos investimentos:

> Meu conhecimento da Bolsa, das ações, das atividades bancárias e tudo o mais, é claro, ainda era por demais precário. Em contrapartida, porém, sabia como dois e dois são quatro que, no momento oportuno, viria a conhecer e estudar como ninguém todas essas bolsas e atividades bancárias, e que essa sabedoria me chegaria com absoluta simplicidade, pela única razão de que a coisa atingiria esse ponto. Isso demandaria muita inteligência? Uma sabedoria de Salomão? *Bastaria ter o caráter*; o saber, a habilidade, a ciência viriam naturalmente. *Era só não deixar de "querer"* (grifos meus).

Estabelece, então, para si duas máximas, centrais para a compreensão de uma passagem em sua educação econômica. A primeira, sua "regra principal", é "não arriscar com nada", o que segundo ele é perfeitamente possível quando se tem caráter. Para falar sobre risco, ele conta a seguinte anedota, imaginando-se na situação:

> Ainda recentemente, já depois de minha chegada, houve em Petersburgo uma subscrição para ações de uma estrada de ferro; quem conseguiu subscrevê-las ganhou muito dinheiro.

> Durante certo tempo, as ações foram às nuvens. E eis que um retardatário ou avarento, vendo ações em minhas mãos, de repente me propusesse comprá-las mediante certa porcentagem no lucro. Pois bem, eu as venderia no mesmo instante. Zombariam de mim, é claro: sabe como é, se esperasse mais um pouco conseguiria dez vezes mais! Pois é, mas meu lucro é mais seguro porque já está no bolso, ao passo que o de vocês ainda está voando. Alguém dirá que assim não hei de ganhar muito; perdão, aí está o erro de vocês, o erro de todos os nossos Kókoriev, Polyakóv, Gubónin [*capitalistas russos que enriqueceram muito jovens*]. Conheçam uma verdade: a continuidade e a obstinação no lucro, e sobretudo na acumulação, são mais fortes que as vantagens momentâneas, mesmo as de cem por cento!

A segunda máxima é "lucrar forçosamente por dia qualquer quantia acima do mínimo gasto com [*sua*] manutenção, para que a acumulação não seja interrompida nem um só dia" — afinal, "[*n*]o lucro está a independência, a paz de espírito, a clareza do objetivo":

> Tive forças para não comer e, partindo de copeques, economizar a quantia de setenta e dois rublos; e as terei o suficiente para, em pleno turbilhão da febre que se apoderou de todos os outros, conter-me e preferir uma quantia segura a uma grande. Sou pequeno nas pequenas coisas, nas grandes, não. (...) Em suma, *não lucrar, não aprender a lucrar seria antinatural* (grifos meus).

A primeira experiência do personagem no mundo dos negócios, em uma transação mercantil, se deu em um leilão, em que conseguiu, "de um golpe", um lucro de sete rublos e noventa e cinco copeques. Arkadi diz que essa experiência não foi um experimento como aqueles feitos em Moscou, mas um "jogo", um "passatempo": "[*T*]ive vontade de furtar um minutinho ao futuro e experimentar como me conduziria e agiria". Isso porque aquela seria a primeira vez em que ele negociaria com outras pessoas, em vez de, como em suas experimentações, explorar as possibilidades do econômico sem necessariamente coordenar-se plenamente no social. Sua única certeza era que, mesmo desconhecendo a prática, "passara três anos consecutivos matutando" — leia-se aprendendo, se educando — "e não podia ter dúvida":

> Tenho caráter, e com um pouco de atenção hei de aprender tudo. Será possível imaginar que, com uma contínua obstinação, uma contínua perspicácia e uma contínua reflexão e cálculo, desenvolvendo uma atividade ilimitada mergulhado no corre-corre não se acabe sabendo como ganhar a cada dia vinte copeques a mais?

Ele desejava fazer um "teste" tão logo recebesse seus primeiros vencimentos em Petersburgo, e aproveita a oportunidade ofertada em um anúncio de jornal, desenvolvendo, em sua educação econômica, o que tenho chamado de um senso do oportuno (Sales, 2021), fundamental para investidores se movimentarem no mercado. Tratava-se do anúncio de um leilão em que seriam oferecidos os bens móveis de uma senhora recém-falecida. Arkadi se recorda com vividez de seus sentimentos quando se deparou com essa oportunidade: "Para todos os outros, isso não passava de um leilãozinho insignificante, à toa; para mim, era a primeira viga do navio em que Colombo partiu para descobrir a América".

Chegando ao evento, incerto sobre o que fazer, ao olhar ao redor ele se questiona: "Onde vou meter esses candelabros de bronze, será que atingirei meu objetivo, será que é assim que se faz negócio, será que meu cálculo vai dar certo?". Assim descreve sua sensação na ocasião:

> Era uma sensação semelhante à que se experimenta diante de uma mesa de jogo no momento em que a gente ainda não deitou a carta, mas foi até lá com vontade de deitá-la: 'se quiser, deito-a, se quiser, vou embora — está na minha vontade [*lê-se em sua agência*]'. O coração ainda não palpita, mas de certo modo para ligeiramente e estremece — uma sensação que não deixa de ser agradável. (...) Não falo do leilão, falo apenas de mim: quem mais sentiria o coração bater num leilão?.

É então que fica sabendo do pregão de um álbum de família, "encadernado em marroquim vermelho, já usado, com desenhos de aquarela e nanquim, em estojo com entalhe de marfim e fechos de prata: dois rublos". Mesmo notando um defeito no entalhe de marfim, decide arrematá-lo por dois rublos e cinco copeques. Sem saber o que faria com o objeto, concluindo ter "fracassado" em seu empreendimento — e segundo ele "se havia algo que ninguém devia fazer era justamente isso" —, depara-se com um senhor que chegara atrasado e estava muito interessado em comprar o álbum. A passagem do diálogo narrado por Arkadi é extensa, mas vale a pena citá-la na íntegra:

> — Ah, cheguei atrasado! É do senhor? O senhor o arrematou? — soou subitamente a meu lado a voz de um senhor de sobretudo azul, de boa aparência e bem-vestido. — Cheguei atrasado. Ah, que pena! E por quanto?
>
> — Dois rublos e cinco copeques.
>
> — Ah, que pena! E o senhor não o cederia a mim?
>
> — Saiamos — sussurrei-lhe ao ouvido, o coração batendo.
>
> Saímos para o patamar da escada.
>
> — Eu lho cederia por dez rublos — disse, sentindo um frio nas costas.
>
> — Dez rublos! Caramba! O senhor, hein!
>
> — Se quiser é assim.

Fitou-me com um olhar perscrutador; eu estava bem-vestido, sem nenhuma aparência de *jid*[17] ou açambarcador.

— Tenha dó, pois isso é um reles álbum velho, que serventia tem? O estojo propriamente não vale nada; ora, o senhor não vai achar quem compre.

— Mas o senhor quer comprá-lo.

— Sim, mas tenho um motivo especial, e só ontem fiquei sabendo: sou o único a quem isso interessa.

— Eu deveria lhe pedir vinte e cinco rublos; *mas como, apesar de tudo, há o risco de que o senhor desista do negócio, peço-lhe apenas dez, por uma questão de segurança.* Não abaixo um copeque.

Dei meia-volta e fui embora.

— Aceite quatro rublos — já me alcançou no pátio —, vamos, cinco!

Eu calava e caminhava.

— Tome, receba! — Ele tirou dez rublos, eu lhe entreguei o álbum. — Convenhamos que isso é desonesto! Dois rublos e dez rublos, hein?

— *Por que desonesto? É o mercado.*

— *Que mercado há nisso?* — (Estava zangado.)

— *Onde há procura, há mercado*; se o senhor não procurasse, eu não o teria vendido nem por quarenta copeques.

Embora eu não disparasse uma gargalhada e estivesse sério, gargalhava por dentro — e não gargalhava propriamente de exultação, eu mesmo não sei por quê; estava ofegante.

— Escute — murmurei sem absolutamente me conter, mas em tom amistoso e com enorme apreço por ele —, escute: quando o falecido James Rothschild, o de Paris, aquele que deixou um bilhão e setecentos milhões de francos (ele meneou a cabeça), quando, ainda jovem, soube por caso, algumas horas antes dos outros, do assassinato do Duque de Berry, foi logo tratando de avisar a quem de direito, e só com isso, num

---

17. A palavra *jid* era usada na Rússia para designar pejorativamente um judeu, em contraposição à palavra *ievriêi.*

> piscar de olhos, ganhou vários milhões — eis como se faz.
> — Então o senhor é um Rothschild, é? — gritou-me indignado, como se se dirigisse a um imbecil.
> Saí rápido do prédio. *Apenas um passo — e sete rublos e noventa e cinco copeques de lucro!* O passo não tinha sentido, era uma brincadeira de criança, concordo, mas mesmo assim coincidia com a minha ideia e não podia deixar de me emocionar de maneira extraordinariamente profunda... Pensando bem, nada de descrever sentimentos. A nota de dez rublos estava na bolsa de meu colete, enfiei dois dedos nele para apalpá-la — e assim fui caminhando, sem retirar a mão. Ao me distanciar uns cem passos da casa, tirei a nota para examiná-la, examinei-a e tive vontade de beijá-la.

Em sua saída, ao observar uma jovem rica descer de uma carruagem à entrada de uma casa, finalmente beijou sua cédula de dez rublos.

Note-se que, corroborando o argumento de que o plano de Arkadi e seu segredo da obstinação e da continuidade nada têm de matemático, ele conta ainda com a sorte, com o acaso. Quando decide ir ao leilão, sem saber o que encontraria por lá, o adolescente, movido pela curiosidade, se coloca aberto ao inesperado, à perturbação, à serendipidade, mas buscando ganhar, aprender algo com isso. Comentando o acaso do leilão, ele diz:

> Há em Petersburgo tantos leilões, liquidações, pequenos brechós e pessoas necessitadas que, tendo-se comprado um objeto por certo preço, é impossível não o revender um pouco mais caro. Com um álbum, eu tivera sete rublos e noventa e cinco copeques de lucro contra dois rublos e cinco copeques de capital aplicado. Esse lucro colossal fora obtido sem risco; pelos olhos do comprados eu vi que ele não desistiria. *Claro que compreendo muito bem que aquilo fora mero acaso; mas acontece que são acasos assim o que procuro*, e para isso resolvi viver na rua (grifos meus).

Uma parte fundamental de sua educação econômica, então, é o engajamento em um processo de exploração, no sentido de Auray (2011), que propôs, a partir do trabalho de Thévenot (2006), um regime de engajamento no exploratório. A exploração, segundo o autor, "não é uma simples passividade distraída a um evento inesperado", mas uma modalidade de abertura atencional, baseada em uma atenção curiosa que "supõe um trabalho anterior [por exemplo, andar por um lugar estudando-o com atenção] e uma acumulação ulterior [seguindo o exemplo, transformar o garimpo em conhecimento organizado]" (Auray, 2011, p. 332). Nela, os atores direcionam intencionalmente a contingência de modo que beneficie a coordenação — no caso de Arkadi, a execução de seu plano.

O episódio do leilão ilustra como Arkadi passa de experimentador do econômico e de poupador a negociante, fazendo uma importante transição em sua educação econômica ao compreender, na prática, a lógica mercantil — em que o princípio de avaliação é a ponderação das coisas diante de trocas, com a ideia de justo substancializada especialmente nos preços (Smith, 2002). Para o homem que chegou atrasado ao leilão, o álbum de família tinha um valor afetivo; para Arkadi, era apenas uma mercadoria que lhe renderia lucro.

A experiência obtida no evento seria desafiada quando, mais adiante, o adolescente passaria a frequentar casas de jogos, viciando-se na roleta, que colocaria sua força de caráter à prova, desviando-o de seu plano com o enredamento em situações nas quais não contava com tanta agência quanto nos experimentos em Moscou ou no leilão em São Petersburgo. Aliás, o tema do vício no jogo aparece também em outro romance de Dostoiévski, "O jogador", escrito em 1866. Nele, o protagonista Aleksei Ivánovitch, assim como o próprio Dostoiévski, que frequentava cassinos em suas viagens ao exterior e chegou a perder muito dinheiro no jogo (ver Figueiredo, 2017), se envolve compulsivamente no jogo da roleta em Roletemburgo, cidade fictícia na Alemanha, sendo um emissário da crítica de Dostoiévski aos poderes destrutivos do jogo e do dinheiro.

Também nesse romance o dinheiro perpassa toda a história, está na boca de todos os personagens, sendo uma força ameaçadora da ordem e do destino dos russos. Aleksei, professor de origem humilde que aspirava à ascensão social, buscava no dinheiro, assim como Arkadi, a solução para os seus problemas.

Uma ascese intramundana antimundana

Todo o objetivo da ideia de Arkadi, como já disse, é o isolamento:

> Estou triste de desiludir meu leitor logo no início, triste e também alegre. É bom que saibam que nos objetivos de minha "ideia" não existe nenhum sentimento de "vingança", nada de byroniano — nem maldição, nem lamentações de órfão, nem lágrimas de bastardo, nada, nada. Na palavra, uma senhora romântica, se meus escritos lhe caíssem nas mãos, no mesmo instante ficaria murcha. *Todo o objetivo de minha "ideia" é o isolamento.*
> — Mas se pode chegar ao isolamento sem essa excitação para se tornar um Rothschild. O que Rothschild tem a ver com isso?
> — É que, além do isolamento, também preciso de poderio (grifos meus).

O personagem não é singular em seu desejo de acumular riqueza, mas se distingue dos demais — dos *Vaters* (pais, em alemão), representativos dos homens comuns — por perseguir um objetivo peculiar: ser tão rico a ponto de, como Rothschild, conquistar *poderio* e, a partir disso, isolar-se, excluir-se da sociedade, da *accountability* social (Scott; Lyman, 2008[1963]), isso é, da prestação de contas em termos morais:

> O poderio! Estou convencido de que muitas pessoas achariam muito engraçado se soubessem que semelhante "rebotalho" aspirava ao poderio. Mas eu as deixarei ainda mais surpresas: é possível que desde minhas primeiras fantasias, isto é, desde a primeira infância *eu não pudesse me imaginar senão em primeiro plano*, sempre e em todas as circunstâncias da vida. Acrescento uma confissão singular: talvez isto ainda perdure. E ainda observo que não peço perdão (grifos meus).

Ele é um moralista e, mais que isso, um misantropo, odeia o social: "[*S*]ou taciturno, estou sempre retraído. Às vezes tenho vontade de largar a sociedade". Como agente competente, no sentido de Garfinkel (2009), Arkadi é capaz de observar valorativamente o mundo e de julgar as ações, suas e dos outros. Ao longo do romance, sobretudo na segunda parte, quando passa a frequentar casas de jogos, seu caráter é repetidamente colocado à prova. Ele luta o tempo todo contra forças externas que ameaçam sua ideia, tentando corrompê-lo moralmente — um personagem em especial, Lambert, cumpre esse papel de forma paradigmática. Mobilizando essa competência moral, coteja seu "caráter" com o de outras pessoas e, a partir disso, intensifica sua grandeza e rebaixa a dos demais (Boltanski; Thévenot, 2020), valorizando o valor de si (Werneck, 2019). Sua postura moral pode ser compreendida nos termos do que Werneck chamou de moralismo ostentatório:

> Uma modalidade de posicionamento moral em que se aliam dois eixos: a) uma simplificação da complexidade moral do mundo em favor de uma moralidade única e em detrimento de um universo moral plural, de múltiplos mundos; b) uma performance dessa opção como única e inegociável, nos marcos de uma ostentação da intransigência desse posicionamento (Werneck, 2021, p. 1).

A passagem a seguir é ilustrativa dessa postura moral em Arkadi, inclusive mostrando sua propensão à crítica acusatorial ("quando se busca um culpado, simplificando-se a complexidade moral do mundo em favor de uma única moralidade, idealizando-se uma necessária punição" (Werneck; Loretti, 2018, p. 981):

> [*A*] culpa de tudo está em meu caráter. Desde os doze anos, acho eu, isto é, quase a partir do momento em que comecei a pensar direito, deixei de gostar das pessoas. Não é que não gostasse, é que as pessoas se tornaram meio desagradáveis para mim. (...) há muito tempo, quase desde minha infância, eu notara em mim a peculiaridade de acusar com demasiada frequência, a excessiva propensão de acusar os outros; contudo, era assaz frequente que essa propensão logo fosse seguida de outro pensamento, este já demasiado penoso para mim: 'Será que eu mesmo sou o culpado e não eles?'. E quantas vezes me acusei em vão! Tentando evitar resolver semelhantes problemas, procurava naturalmente a solidão. Para culminar, nada encontrava no convívio com as pessoas por mais que me empenhasse, e eu me empenhava; pelo menos todos os meus coetâneos, todos os meus colegas, todos sem exceção, era inferiores a mim em matéria de pensamento; não me lembro de nenhuma exceção.

Arkadi é, mais que um moralista, um moralista ostentatório, pois performa seu moralismo para uma plateia, seu leitor. Apesar de afirmar escrever apenas para si mesmo, não visando aos elogios do leitor, mas apenas registrando os acontecimentos, ele está, como vimos em vários dos trechos até aqui apresentados, o tempo todo consciente de que será lido:

> [*T*]alvez o leitor fique horrorizado com a franqueza de minha confissão [*referente a precisar de poderio para isolar-se*] e candidamente se pergunte: como o autor não corou? Responderei

> que não escrevo para ser publicado; terei um leitor talvez daqui a dez anos, quando tudo estiver tão definido, passado e provado que não haverá mais nada que faça corar. Assim sendo, se nestes escritos às vezes me dirijo ao leitor, isto é apenas um procedimento. Meu leitor é uma pessoa fantástica.

Considerando-se que o personagem é, no sentido forte do termo, um antissocial, que deseja sair do social, é possível dizer que a forma de ascetismo que incorpora em seu processo de acumulação capitalista é uma ascese intramundana antimundana[18]. Para abrir mão de suas vontades em favor de uma vontade maior, Arkadi precisa de um "espírito", de uma ética, um conjunto de motivos que, embora estranhos em sua finalidade à lógica capitalista, o mantenham querendo, concentrado em suas ações favoráveis à acumulação. Pois foi justamente esse problema do caráter absurdo da acumulação que instigou Weber (2004) a fazer sua tese sobre o "espírito" do capitalismo a partir das afinidades eletivas entre o capitalismo e a ética protestante, investigando qual era a fonte de entusiasmo, as poderosas razões morais, para o engajamento no processo de acumulação. Para Arkadi, a recompensa da acumulação, para além de econômica, é moral: sempre que consegue poupar e lucrar, obtém mais uma prova de sua autodeterminação, de sua força de caráter e, por consequência, da força de sua ideia.

Até aqui, ele não se distingue do protestante pré-capitalista, que, por meio da ascese intramundana, trabalhava e acumulava dinheiro com vistas a obter sinais do sucesso no cumprimento da vocação religiosa, da predestinação à vida eterna (Weber, 2004, p. 91). Como nos mostrou Weber, o engajamento no processo de acumulação capitalista depende de razões morais, de uma ética; uma vez que a acumulação pela acumulação é a princípio absurda, esse engajamento precisa ser dotado de sentido, de modo a oferecer recursos

---

18. Agradeço a Alexandre Werneck pela contribuição para este trabalho com essa expressão.

para diminuir a preocupação provocada por questões relacionadas à fonte de entusiasmo para ele e para justificar, em termos de bem comum, a participação da empresa capitalista, que implica a defesa contra acusações de injustiça do sistema (Weber, 2004; Boltanski; Chiapello, 2009).

Mas o que Arkadi busca é uma liberdade diferente da própria liberdade oferecida pelo dinheiro como dispositivo agêntico:

> Em parte, minha ideia consiste exatamente em que me deixem em paz! Enquanto eu tiver dois rublos, quero viver só, não depender de ninguém (fiquem tranquilos, conheço as objeções), e *não fazer nada* — nem mesmo para o grande futuro da humanidade, a serviço da qual nos convidou para trabalhar o senhor Kraft. A liberdade individual, isto é, a minha própria liberdade em primeiro plano; e depois nada mais me interessa (grifos meus).

Seu plano é uma representação de um processo tradicional de acumulação capitalista, tal como o descrito por Weber (2004), mas com um objetivo que ultrapassa os fins usuais dos acumuladores — inclusive aquele de sempre buscar potencializar o lucro, como na máxima de Benjamin Franklin que se inicia com "Lembra-te que o dinheiro é procriador por natureza e fértil" (Weber, 2004, p. 43). Tornar-se um Rothschild, para nosso adolescente, significa conquistar a maior liberdade agencial possível, aquela de se poder fazer qualquer coisa, ainda que não se faça nada, inclusive retirando-se do social.

A força do dinheiro

A ideia de Arkadi é condição *sine qua non* para a conquista de poderio, apresentado pelo personagem não em um registro da ordem mercantil ou do poder de governo, mas como um meio de ficar de fora do jogo avaliativo do social:

> Não preciso de dinheiro, ou melhor, *não é de dinheiro que preciso*; e nem mesmo de poderio; preciso apenas do que se conquista com o poderio e sem poderio não se pode conquistar: a consciência solitária e tranquila da força [*isto é, da liberdade agencial*]! Eis a mais plena definição de liberdade, pela qual tanto se bate o mundo! Liberdade! Enfim escrevi esta grande palavra... Sim, a consciência solitária da força é fascinante e bela. *Tenho a força, e estou tranquilo.* Os raios estão nas mãos de Júpiter, logo, ele está tranquilo; será frequente ouvi-lo trovejar? Ao imbecil ele parece dormir. Agora ponham no lugar de Júpiter algum literato ou uma camponesa imbecil e terão trovões à vontade (grifos meus).

O personagem dá ainda um passo além em relação à definição de sua ideia. Diz que, após conseguir o montante de Rothschild, tornando-se miserável "ficaria duas vezes mais rico".

> Então, nem por tédio nem por uma inútil melancolia, *mas por querer infinitamente mais*, daria todos os meus milhões às pessoas: que a sociedade distribua toda a minha riqueza, enquanto eu — eu torno a me confundir com a nulidade! É até possível que eu me transforme naquele mendigo que morreu no navio [*com três mil rublos em cédulas costuradas em seus andrajos*], com a diferença de que nada encontrarão cosido aos meus andrajos. *A simples consciência de que tive milhões nas mãos e os joguei na lama me alimentaria em meu deserto.* (...) *E saibam que preciso justamente da minha vontade viciosa, de toda ela, só para provar a mim mesmo que sou capaz de renunciar a ela* (grifos meus).

Para compreender sociologicamente a força do dinheiro para Arkadi, vale retomar o modelo das Economias da Grandeza (EG) proposto por Boltanski e Thévenot (2020). Segundo esse modelo, a ocorrência de fenômenos sociais se dá com a participação de uma matriz avaliativa na qual os atores justificam — isso é, dão conta em termos de justiça — aos outros seus passos por conta de uma demanda mútua de justiça incorporada aos sensos morais perenemente operantes na vida social. Aqui, a questão é como Arkadi justifica seu processo de acumulação capitalista como o meio mais eficiente para conquistar "poderio" e, a partir disso, alcançar seu objetivo de isolamento.

Pois bem, essa justificação se dá por valores — chamados pelos autores de grandezas, pois passíveis de comparação valorativa —, isso é, por um modo de avaliação para definir o que é mais valoroso de acordo com um princípio de determinada ordem valorativa, correspondente a diferentes formas de construir provas de realidade e possibilitar o acordo, a ação em comum. O modelo compreende seis ordens valorativas (ou ordens de grandeza), chamadas de cités. São ordens de relações baseadas em princípios de coordenação convencionados com base na ideia de justiça que, por isso, estabelecem a equivalência entre os seres e a alocação de seus estados valorados, seus valores relativos, segundo algum tipo de bem comum — a forma modelar do justo. As cités (doméstica, da opinião, inspirada, cívica, mercantil e industrial) foram pensadas a partir de textos canônicos da filosofia política[19] e suportam modos de justificação, isso é, de *accountability* de justiça, específicos. Assim, delineiam os modelos de competência necessários nos momentos de disputa.

---

19. Essa modelização é analógica, isto é, os textos clássicos da filosofia política são adotados como obras sintéticas, formalizações, de utopias pragmaticamente operadas pelas pessoas em suas vidas sociais e empiricamente observadas nas pesquisas de campo dos dois autores. Assim, o enquadramento com base nessas obras não quer dizer (como deixam claro Boltanski e Thévenot) que as pessoas leram nenhuma delas (como "A cidade de Deus", de Santo Agostinho, texto-base da cité inspirada; "A riqueza das nações", de Adam Smith, fundamento da cité mercantil; ou o *Système industriel*, de Saint-Simon, obra modelar da cité industrial). Significa, em vez disso, que essas obras dão conta de sintetizar princípios valorativos operados pelos atores na vida social.

Cada cité se concretiza na forma de um mundo correspondente (doméstico, da opinião, inspirado etc.), uma ordem pragmática habitada por seres e coisas que podem ser mobilizados como dispositivos na construção das provas das grandezas, das competências — traços de ações que, quando percebidos, legitimam essas mesmas ações, tornando-as efetivas (Werneck, 2012), como a justiça, que, se reconhecida em uma ação, possibilita efetivá-la como justa (Boltanski, 1990). Assim, as grandezas atribuídas precisam ser provadas pelos/para os agentes, e isso é feito por meio de comprovações de realidade (*épreuves*), do modo de expressão do julgamento e da forma de evidência adequada a cada cité. Afinal, toda ação que busque se justificar com referência a uma cité pode ser colocada à prova, por meio de críticas referenciadas a certo tipo de bem comum.

Com o modelo das EG, é possível compreender as metafísicas das quais os agentes lançam mão para efetivar um conjunto de ações moralmente orientadas (Werneck, 2012). Arkadi, graças a seu senso do justo, à sua capacidade crítica (Boltanski; Thévenot, 2020), parece ter uma compreensão nativa de como a justificação opera e a recusa. É aqui que entra sua valoração do dinheiro: para ele, o dinheiro acumulado em quantias insuperáveis não tem valor simplesmente como equivalente universal ou como dispositivo agêntico, mas, principalmente, como o actante sempre dotado da maior actancialidade. A riqueza de um Rothschild é, assim, um *meio* de sair do jogo avaliativo e valorativo do social, por obliterar todos os demais valores e quadros de valores, e sair da *accountability* social:

> O cerne de minha ideia, o cerne de sua força residia em que *o dinheiro é o único caminho que conduz até uma nulidade ao 'primeiro plano'*. Talvez eu não seja sequer uma nulidade, mas sei, por exemplo, pelo que vejo no espelho, que minha aparência me prejudica porque tenho um rosto ordinário. *Mas se eu fosse rico como Rothschild, quem se preocuparia com o meu rosto e quantos milhões de mulheres não voariam para mim com sua beleza, bastando apenas que eu assobiasse? Estou*

> *até convencido de que elas mesmas acabariam me achando belo, e com toda sinceridade*. É possível que eu até seja inteligente. Se eu fosse um poço de sabedoria, logo encontrariam na sociedade alguém que fosse um poço e meio, e eu estaria perdido. *Mas, se eu fosse Rothschild, esse sabichão, poço e meio de sabedoria, significaria alguma coisa ao meu lado?* Ora, aí nem sequer o deixariam abrir a boca! Sou talvez espirituoso; mas vamos que a meu lado eu tivesse Talleyrand[20], Piron[21] — então estaria eclipsado: *mas fosse eu um pouquinho Rothschild, o que seria feito de Piron e talvez até de Talleyrand?* O dinheiro, evidentemente, é um poderio despótico, mas ao mesmo tempo é a suprema igualdade e nisto reside sua força principal. O dinheiro nivela todas as desigualdades! Foi tudo isso que decidi ainda em Moscou (grifos meus).

Já sabemos, desde Simmel (2008), que o dinheiro, além de ser mediador das trocas econômicas, é um fim em si mesmo por ser desejado, valorizado, tomado como propósito absoluto. Ele não tem valor intrínseco, mas é um meio absoluto "que se torna psicologicamente o propósito absoluto para a maioria das pessoas, o que faz dele, de uma forma estranha, um símbolo no qual os principais reguladores da vida prática estão congelados" (p. 232). Para Marx (2011), o dinheiro também se torna um propósito absoluto: "[*t*]oda mercadoria, ao entrar em circulação, mudando pela primeira vez de forma, entra nela para sair e ser substituída por outra. O dinheiro, ao contrário, desempenha, continuamente, seu papel" (p. 143). Assim, assume a função de moeda na circulação das mercadorias, constituindo ele mesmo uma mercadoria usada para medir valor de outras, mas mantendo sua separação na forma-dinheiro.

---

20. Segundo nota do tradutor Paulo Bezerra, Charles-Maurice de Talleyrand-Périgord (1974–1868) foi um notável diplomata francês.

21. Segundo nota do tradutor Paula Bezerra, Alexis Piron (1689–1773) foi poeta, autor de comédias e óperas cômicas.

É, entretanto, uma mercadoria especial: os homens desejam substituir as outras mercadorias por ela, sem trocá-la novamente. O trabalhador, subordinado à produção do capital, submete-se então à lógica de trabalhar para sempre terem dinheiro e suprirem suas necessidades humanas, sendo explorado na produção de valor. Tem início, então, o processo de entesouramento, ou de acumulação do dinheiro e, consequentemente, do capital, por meio da exploração do trabalhador gerador de mais-valia e do tratamento da força de trabalho como mercadoria, comprável com dinheiro e paga em forma de salário: "O valor [de troca] se torna valor em progressão, dinheiro em progressão e, como tal, capital" (Marx, 2011, p. 185).

Marx argumenta, assim, que o fetichismo do dinheiro é, na verdade, expressão do fetichismo da mercadoria. Como diz nos Grundrisse (2011), os homens depositam no dinheiro uma confiança que não estão dispostos a depositar em si mesmos. Isso porque o dinheiro é valor de troca reificado, ou seja, apesar de tornar-se cada vez mais independente das relações sociais, como mediador de trocas econômicas produz novas relações. Contudo, diz Marx, ele recebe essa confiança como garantia em virtude de sua qualidade social simbólica, possível graças à alienação das relações sociais na forma de objeto. Enfim, na lógica da reificação, o dinheiro é uma mercadoria em forma abstrata, representando o valor de todas as outras mercadorias. Esse lugar de equivalente universal possibilita que ele seja transformado também em um meio de dominação, como ilustrado pela explicação da exploração na relação entre comprador e vendedor de força de trabalho, sendo um símbolo crucial e efetivador do modo de produção capitalista — essa efetivação, como mostra Weber (2004), depende de um "espírito" que justifique a acumulação capitalista tanto em termos de racionalidade econômica como em termos morais, de modo que os capitalistas se defendam contra acusações de injustiça do sistema: pode haver capitalistas porque o benefício por eles auferido com a acumulação é equivalente ao benefício auferido pelo trabalhado com o salário (Boltanski; Chiapello, 2009).

Também nos *Grundrisse*, Marx apresenta o dinheiro como relação social, vínculo, poder social reificado que pode ser carregado no bolso. Simmel (1971) usa essa mesma expressão: "Com dinheiro no nosso bolso, nós somos livres, entretanto o objeto nos fez dependente das condições de sua conservação e frutificação" (p. 23). Ele fala ainda no "obscurecimento progressivo dos valores qualitativos por um meramente quantitativo" (Simmel, 1971, 24) e sobre como, no fim das contas, apenas os valores qualitativos satisfazem nossas necessidades.

Weber (2009), por sua vez, ao tratar dos tipos de relação comunitária e associativa, fala sobre a crescente calculabilidade que acompanha a dissolução da comunidade doméstica e o nascimento das sociedades modernas mercantis, sobretudo por meio do desenvolvimento da troca monetária: "A economia monetária, por um lado, resulta na calculabilidade objetiva do rendimento da atividade aquisitiva de cada pessoa e de seu consumo e, por outro, abre aos indivíduos (...) a possibilidade de satisfazer livremente suas necessidades pessoais" (Weber, 2009, p. 259).

Os três autores clássicos concebem o dinheiro como dispositivo privilegiado que confere liberdade agencial. Mesmo em Marx, trata-se um "poder social reificado que pode ser carregado no bolso", conferindo liberdade e poder de exploração aos acumuladores, embora subordine os trabalhadores ao regime de produção de capital. Para Arkadi, contudo, a força do dinheiro não estaria apenas nisso, mas em esse ter a maior actancialidade em toda e qualquer comparação valorativa. O dinheiro, em sua visão de mundo, seria o dispositivo privilegiado que influencia na definição do que é mais valioso e valoroso, independentemente da ordem valorativa em questão. Arkadi, assim, explicita seu não reconhecimento do pluralismo de ordens de valor, de efetivação (Werneck, 2012), reforçando sua postura moralista e a superioridade que confere ao valor riqueza de um Rothschild em relação a todos os demais valores. Para ele, beleza, sabedoria, espirituosidade, todos os valores seriam obliterados diante do valor supremo de se deter essa riqueza. Aliás, não apenas obliteradas, mas com grandezas intensificadas ou rebaixadas — como explicitado na passagem em que o personagem diz estar "até convencido de que elas mesmas [*as mulheres*] acabariam [*o*] achando belo, e com toda sinceridade".

Nesse sentido, o dinheiro comparece como elemento forte, isto é, com forte actância, na definição das situações, sendo capaz de ao mesmo tempo "[*conduzir*] até uma nulidade ao *primeiro plano*". Nisso reside seu "poderio despótico".

> É faquirismo, é a poesia da nulidade e da impotência! — decidirão as pessoas —, é o triunfo da falta de talento e da mediocridade!' Sim, confesso que em parte é o triunfo tanto da falta de talento como da mediocridade, mas da impotência é improvável. Eu gostava demais de me imaginar um ser deveras desprovido de talento e medíocre, postado diante do mundo e dizendo-lhe com um sorriso: vós sois os Galileu e os Copérnico, os Carlos Magno e os Napoleão, os Púchkin e os Shakespeare, os marechais de campo e de corte, mas *eu sou uma nulidade e uma ilegitimidade, e ainda assim sou superior a vós*, pois vós mesmos vos submetestes a isso. Confesso-o, levei essa fantasia a tais extremos que até esqueci minha formação. Pareceu-me que seria mais belo se um homem assim fosse até sordidamente inculto (grifos meus).

Arkadi acredita, então, ter encontrado uma forma de intensificar sua grandeza ao tornar-se uma singularidade incomparável — o maior capitalista entre os capitalistas — acumulando o bem que, segundo Dostoiévski, era o mais valorizado na Rússia do fim do século XIX, o dinheiro. Tornando-se um Rothschild, o adolescente não mais precisaria justificar seu moralismo, sua recusa de um universo moral plural, de múltiplos mundos, podendo ostentá-lo (Werneck, 2021) à vontade e manifestá-lo em seu isolamento.

O dinheiro, acumulado por meio da ascese intramundana antimundana, lhe conferiria liberdade agencial suficiente para rejeitar as regras de um processo fundamental de operação do valor, a avaliação, e, a partir isso, sair do social, desobrigando-se a interagir, isolando-se com sua grandeza desmedida. Era essa, ao menos, sua ideia. Mas, se, para Arkadi, o isolamento é uma crítica *exit* (Hirschman, 1970), isso é, um rompimento unilateral com a ordem que ele desprezava, em outra camada é por meio dele e de sua ideia que Dostoiévski faz uma crítica *voice* (Hirschman, 1970) à modernização burguesa da Rússia e ao fetichismo do dinheiro, manifestando sua preocupação com o destino dos russos e, sobretudo, com a nova geração encantada pelo capitalismo.

REFERÊNCIAS

AURAY, Nicolas. Les technologies de l'information et le régime exploratoire. In: VAN ANDEL, Pek; BOURSIER, Danièle. (org.). *La sérendipité*: Le hasard heureux. Paris: Hermann, 2011, pp. 329-343.

BERDYAEV, Nicolai. *Dostoievsky*: An interpretation. San Rafael: Sematron Press, 2009.

BEZERRA, Paulo. Um novo romance no sistema Dostoiévski. In: DOSTOIÉVSKI, Fiódor. *O adolescente*. 2.ed. São Paulo: Editora 34, 2020, pp. 595-620.

BEZERRA, Paulo. Um adolescente à procura de seu eu. *Literatura e Sociedade*, n. 28, 2018, pp. 102-122.

BOLTANSKI, Luc. *L'amour et la justice comme compétences*: Trois essais de sociologie de l'action. Paris: Métailié, 1990.

BOLTANSKI, Luc; THÉVENOT, Laurent. *A justificação*: As economias da grandeza. Rio de Janeiro: Editora UFRJ, 2020.

BOLTANSKI, Luc; CHIAPELLO, Ève. *O novo espírito do capitalismo*. São Paulo: Martins Fontes, 2009.

BOURDIEU, Pierre. *Razões práticas*: Sobre a teoria da ação. Campinas: Papirus, 1996.

BRATMAN, Michael E. *Practical Rationality, and Self-Governance*. Ethics, vol. 119, n. 3, 2009, pp. 411-443.

CITTON, Yves. *L'économie de l'attention*: Nouvel horizon du capitalisme? Paris: La Découverte, 2014.

CORREIA, João Gabriel Antonio. *A singularidade do romance "O adolescente" no conjunto literário de Fiódor Dostoiévski de 1861 a 1881*. Trilhas da História, vol. 8, n. 15, 2018, pp. 165-179.

DEWEY, John. Events and Future. In: HICKAMN, Lary; ALEXANDER, Thomas. (org.). *The Essential Dewey*: Volume 1, Pragmatism, Education and Democracy. Indianapolis: Indiana University Press, 1998, pp. 181-194.

DEWEY, John. *Logic*: The Theory of Inquiry. Nova York, Henry Holt and Company, 1939.

DEWEY, John. *Theory of Valuation*. International Encyclopedia of Unified Science, vol. II, n. 4. Chicago: University of Chicago Press, 1910.

DOSTOIÉVSKI, Fiódor. *O adolescente*. 2.ed. São Paulo: Editora 34, 2020.

DOSTOIÉVSKI, Fiódor. *Podróstok*: Rukopísnie redaktsii (O adolescente: manuscritos). Leningrado: Naúka, 1976.

EMIRBAYER, Mustafa; MISCHE, Anna. *"What is Agency?"*. American Journal of Sociology, vol. 103, n. 4, 1998, p. 962-1023.

EGDORF, Brian. *Arkady Dolgoruky's Alibi of Excess:* Fyodor Dostoevsky's The Adolescent and the Architectonics of Author and Hero. The Dostoevsky Journal: An Independent Review, n. 12-13, 2011/2012, pp. 15-36.

FERGUSON, Niall. *A ascensão do dinheiro*: A história financeira do mundo. 2.ed. São Paulo: Planeta, 2017.

FERGUSON, Niall. *The House of Rothschild, vol. 2*: The World's Banker: 1849-1999. Londres: Penguin Books, 2000.

FERGUSON, Niall. *The House of Rothschild, vol. 1*: Money's Prophets: 1798-1848. Londres: Penguin Books, 1999.

FIGUEIREDO, Rubens. Apresentação. In: DOISTOIÉVSKI, Fiódor. *O jogador*. São Paulo: Companhia das Letras, 2017.

GARFINKEL, Harold. O que é etnometodologia. *Teoria e Cultura*, vol. 4, n. 1-2, 2009, pp. 113-134.

GREIMAS, Algirdas J.; COURTÉS, Joseph. *Dicionário de Semiótica*. São Paulo: Cultrix, 1979.

HEINICH, Nathalie. *Des valeurs*: Une approche sociologique. Paris, Gallimard, 2017.

HORVÁTH, Géza S. *Poetics of Writing in Dostoevsky's Adolescent*. The Dostoevsky Journal, n. 10-11, 2009/2010, pp. 1-9.

HUDSPITH, Sarah. *Dostoievsky and the Idea of Russianness*: A New Perspective on Unity and Brotherhood. Londres/Nova York: Routledge-Curzon, 2004.

IZOLAN, Maurício Lemos. *Dostoiévski e a experiência de Deus*. Revista de Letras, vol. 5, n. 1, 2012, p. 88-96.

JAMES, William. *Pragmatism*: A New Name for Some Old Ways of Thinking. Cambridge: Harvard University Press, 1907.

LATOUR, Bruno. On recalling ANT. In: LAW, John; HASSARD, John. *Actor Network Theory and After*. Oxford: Blackwell Publishing, 1999, pp. 15-25.

MARX, Karl. *O capital*: Crítica da economia política, vol. 1. Rio de Janeiro: Civilização Brasileira, 2011.

MARX, Karl. *Grundrisse*. Rio de Janeiro: Editora UFRJ/Boitempo, 2011.

MEAD, George Herbert. *The Philosophy of the Present*. Londres: The Open Court Company, 1932.

MISCHE, Ann. *Projects and Possibilities:* Researching Futures in Action. Sociological Forum, vol. 24, n. 3, 2009, pp. 694-704.

PEIRCE, Charles. How to Make our Ideas Clear. In: *The Essential Peirce, Volume 1*: Selected Philosophical Writings, (1867-1893). Bloomington: Indiana University Press, 1992, p. 124-141.

PEVEAR, Richard. Introduction. In: DOSTOEVSKY, Fyodor. *The Adolescent*. Londres: Everyman's Library, 2003.

SALES, Samantha. *Investir em si*: Um estudo sobre moralização a partir da educação para as finanças. Qualificação (Doutorado em Sociologia) — Universidade Federal do Rio de Janeiro, Rio de Janeiro, 2021.

SCHÜTZ, Alfred. *The Phenomenology of the Social World*. Evanston, IL: Northwestern University Press, 1967.

SCOTT, Marvin; LYMAN, *Stanford*. Accounts. Dilemas, Rev. Estud. Conflito Controle Soc., Rio de Janeiro, vol. 2, n. 2, 2008, pp. 139-172.

SELL, Carlos Eduardo. *Racionalidade e racionalização em Max Weber*. RBCS, v. 27, n. 79, 2012, pp. 153-233.

SIMMEL, Georg. *The Philosophy of Money*. Oxon/Nova York, Routledge, 2008.

SIMMEL, Georg. *On Individuality and Social Forms*. Chicago/Londres: The University of Chicago Press, 1971.

TAVORY, Iddo; ELIASOPH, Nena. *Coordinating Futures:* Toward a Theory of Anticipation. American Journal of Sociology, vol. 118, n. 4, 2013, pp. 908-942.

THÉVENOT, Laurent. *L'action au pluriel:* sociologie des régimes d'engagement. Paris: La Découverte, 2006.

THÉVENOT, Laurent. *L'action en plan*. Sociologie du Travail, vol. 37, n. 3, 1995, pp. 411-434.

THÉVENOT, Laurent. Les investissements de forme. In: *Conventions économiques*. Paris: PUF, 1986, pp. 21-71.

THOMAS, William I. *The Unadjusted Girl*: With Cases and Standpoint for Behaviour Analysis. Monclair, Patterson Smith, 1969.

WEBER, Max. *Economia e sociedade*: Fundamentos da sociologia compreensiva. Brasília: Editora UnB, 2009.

WEBER, Max. *A ética protestante e o "espírito" do capitalismo*. São Paulo: Companhia das Letras, 2004.

WEBER, Max. A "objetividade" do conhecimento na ciência social e na ciência política. In: *Metodologia das ciências sociais*. São Paulo: Cortez, 2001.

WERNECK, Alexandre; PERROTA, Ana Paula. *O preço da estimação:* um estudo de despesas veterinárias como elementos de valorização da existência de animais de companhia. Antropolítica, v. 56, n. 1, 2024, pp. 1-25.

WERNECK, Alexandre. *Covid para bater boca*. Dilemas: Revista de Estudos de Conflito e. Controle Social, Rio de Janeiro, Seção excepcional "Reflexões na Pandemia", 2021, pp. 1-25.

WERNECK, Alexandre. *Obstáculos na "pista livre":* Algumas considerações sobre a pragmática dos dispositivos da 'Lei do Trânsito' no Rio de Janeiro. Antropolítica, n. 50, 2020, pp. 327-355.

WERNECK, Alexandre. *O milagre da multiplicação*: Sobre "A lenda do santo beberrão", de Joseph Roth. Texto de trabalho, Necvu, UFRJ, 2019.

WERNECK, Alexandre. Sociologia da moral, agência e criatividade. In: WERNECK, Alexandre; CARDOSO DE OLIVEIRA, Luis Roberto. (org.). *Pensando bem*: Estudos de sociologia e antropologia da moral. Rio de Janeiro: Casa da Palavra, 2014, pp. 114-138.

WERNECK, Alexandre. *A desculpa*: As circunstâncias e a moral das relações sociais. Rio de Janeiro: Civilização Brasileira, 2012.

WERNECK, Alexandre; PORTO, Camille. *O valor de uma existência*: Uma análise pragmática de valorizações da vida humana em situações envolvendo dinheiro. Sociedade e Estado, vol. 36, n. 2, 2021, pp. 563-589.

O que organizar quer dizer?

Pensando a ação de organizar do ponto de vista de uma sociologia pragmática da moral

VICTOR PIMENTEL FERREIRA[1]

O que descobrimos? A humanidade não possui outra atividade a não ser a atividade organizacional, não há outros problemas senão problemas organizacionais.

[**ALEXANDER BOGDANOV**, TEKTOLOGY]

Introdução

No dia 12 de agosto de 2022, primeiro dia da edição do Personal Organizer Brasil (POB)[2] daquele ano, saí do meu local de hospedagem, fora da cidade onde moro, às 7h27. Planejava chegar ao centro de convenções Expo Center Norte, onde acontecia "o maior evento de organização [pessoal] da América Latina", por volta das 8h devido ao horário do credenciamento (entre 7h30 e 8h30) e porque pensei

---

1. Doutorando pelo Programa de Pós-Graduação em Sociologia e Antropologia (PPGSA/UFRJ) e pesquisador associado ao NECVU (UFRJ).

2. O Personal Organizer Brasil é o maior evento do mercado de organização no país e ocorre anualmente desde 2014 (Cunha, 2022). Conferir: https://personal organizerbrasil.com.br/pob2022/#. Acesso em: 13 jan. 2023.

que, a essa hora, já haveria algumas pessoas lá concentradas. Como parte da minha pesquisa de mestrado (Ferreira, 2023), a ideia era realizar uma breve observação participante do evento em questão. De onde eu estava até o local em que ele ocorria, na Vila Guilherme (SP), a distância não era uma grande barreira, mas o trânsito sim. Em uma quinta-feira normal de agosto, por volta das sete da manhã, a capital paulista fervilhava de carros, motos, buzinas e sirenes.

Não havia muito o que fazer diante da ameaça de atraso — e talvez até de perda do evento, considerando que provavelmente eu não conseguiria me credenciar e, consequentemente, realizar de fato minha etnografia. Diante disso, comecei a anotar no caderno de campo coisas como "muito trânsito, era mais distante do que eu pensava" ou "preciso me planejar melhor", afinal, com sorte, e credenciado, eu teria que retornar ao evento no dia seguinte. Já bastante imerso no tema da pesquisa aqui apresentada, escrevi, logo em seguida às primeiras anotações, "acho que eu preciso me organizar melhor para sair de casa". De fato, se fosse possível coletar relatos dos profissionais por mim pesquisados a respeito do meu atraso, certamente a falta de organização figuraria como a minha principal "falha" naquele dia.

Na verdade, não só naquele dia, mas também no anterior — afinal, uma das atitudes que eu poderia ter tomado para me organizar melhor em relação ao evento teria sido planejar com antecedência o meu itinerário. Distraído, ao chegar em SP não verifiquei se o trânsito naquele trecho costumava ser intenso ou se havia obras ali, informações que poderiam ser coletadas pela internet ou por conversas com familiares que moram na capital paulista. Sabendo disso, o ideal teria sido, por exemplo, acordar e pedir o carro de aplicativo mais cedo, ações que seriam tomadas com o objetivo de evitar o trânsito, o caminho com obras, a angústia diante da possibilidade de se chegar atrasado. Em suma, essas ações me auxiliariam na tentativa de evitar problemas, que, nos exemplos mencionados, se traduzem como obstáculos, desajustes e atravancamentos nos vínculos por mim estabelecidos com diferentes elementos dispostos naquela situação (o horário do credenciamento, o trânsito na cidade, o meu trabalho como pesquisador etc.). Evidentemente, a organização não evita todos os problemas — afinal, não é possível controlar contingências. Contudo, do ponto de vista dos materiais analisados para essa dissertação, organizar-se permite diminuir consideravelmente a possibilidade de emergência desses conflitos na relação entre indivíduo e sociedade.

Felizmente, o trânsito passageiro não me impediu de chegar ao evento no horário pretendido. Como comentado acima, o POB representa um espaço importante para o desenvolvimento desse tipo de mercado de serviços pessoais (Dios, 2020) no país. O seu público majoritário, consultores de organização pessoal, também conhecidos como *personal organizers* (POs), são, junto aos manuais de organização, os principais objetos da pesquisa aqui discutida e desenvolvida ao longo do meu mestrado. Eles constituem um corpo de prestadores de serviços que efetuam um trabalho baseado na mobilização de práticas sequenciadas (triagem, categorização etc.) cujo principal objetivo é estabelecer maior praticidade, funcionalidade e otimização em diferentes dimensões da vida de uma pessoa, como as dimensões espaciais (cozinha, quartos, banheiros, ambientes corporativos etc.), temporal (agenda, rotina, compromisso, tarefas etc.) e comportamental (criança de novos hábitos, transformações de comportamento, reorientação de prioridades etc.).

Por meio da análise das justificativas morais mobilizadas por tais profissionais e das definições explicitadas nos manuais, argumento que a investigação sociológica a respeito desses objetos permite explicitar um aspecto significativamente importante da realidade social: a possibilidade de emergência de *conflitos* entre o ator social e seu entorno, entorno este entendido aqui de modo abrangente, como um termo que designa o conjunto de entes variados com os quais o sujeito se relaciona cotidianamente (por exemplo, objetos, dinheiro, tempo, espaço etc.). Dito de outro modo, busco complexificar a discussão sobre os regimes de engajamento (Thévenot, 2016) a partir da ideia de que certos atravancamentos e obstáculos podem surgir nos vínculos estabelecidos entre atores sociais e elementos distintos que compõem o mundo social, tornando potencialmente conflituosa a própria operacionalização das modalidades de engajamento por eles empreendida cotidianamente. Esses "conflitos", por sua vez, podem aparecer a esses mesmos atores como problemas que os demandam ajustes capazes de reestabelecer, ainda que temporariamente e de modo precário, uma ordem à situação.

Tanto consultores quanto manuais de organização pessoal constroem moralmente a organização como um tipo específico de ação capaz de reduzir consideravelmente a possibilidade de emergência desses conflitos entre o sujeito e o seu entorno. Obviamente, tal construção é conformada pelo fato de que eles estão vendendo um serviço, o que os exige um *accountability* social (Scott; Lyman, 2008), típico dessa e de outras ocupações, que explicite as razões pelas quais tal serviço deve ser considerado algo bom e necessário. No caso aqui analisado, os POs identificam a "bagunça" e a "desorganização" como um problema, um mal a ser evitado — o que os caracteriza como representantes de uma espécie de "cruzada moral" (Gusfield, 1963) —, e a organização como um "bem de todos" (Werneck, 2021) — isso é, como um princípio que deve orientar as ações de todos os indivíduos para que as relações sociais, de modo geral, se tornem mais "pacíficas", harmoniosas, equilibradas.

Embora eu me considere uma pessoa organizada, seja interessado nas formas como as pessoas, elas mesmas, se organizam cotidianamente e, como um pesquisador em formação, obedeça aos princípios organizadores de uma disciplina específica e do meio acadêmico em que me insiro, não considero as caracterizações dos manuais e dos POs em torno da ação de organizar como as explicações definitivas do que seja organização. Elas são, certamente, uma forma possível de conceituação desse termo, forma essa influenciada pela situação aqui analisada, em que a ação de organizar é vendida como um produto, um serviço. Diante disso, o ponto central da minha investigação diz respeito ao fato de que, ao explicitarem a associação de certos quadros valorativos à ação de organizar, POs e manuais permitem a observação da possibilidade de que os vínculos estabelecidos entre atores sociais e o seu entorno sejam significativamente conflituosos. Consequentemente, a pesquisa desenvolvida também possibilita uma aproximação analítica em torno da pluralidade de formas passíveis de serem mobilizadas pelos sujeitos a "pacificação" desses conflitos.

De uma sociologia das organizações a uma sociologia pragmática da organização

A análise em torno da ação de organizar partiu de duas inquietações minhas. Inicialmente, em um registro mais particular, sempre me impressionou a variação de contextos contemplados pela ideia de organizar. Não foram (e continuam não sendo) poucas as vezes em que ouvi colegas relatando precisar "se organizar para um processo seletivo" ou necessitar organizar a casa e o quarto antes de me receber. Também são frequentes as situações em que ouvimos — principalmente no meio acadêmico — que alguém "precisa organizar a cabeça", "organizar as próprias ideias".

Para marcar um compromisso, precisamos organizar — nesse caso, não só o próprio compromisso, como também a agenda, dispositivo igualmente fundamental na hora de planejar uma viagem. Para isso, é necessário organizar não apenas a agenda, mas também as malas, que carregam nossas roupas — outro elemento ao qual a organização, mesmo que partindo de uma noção vaga, é frequentemente associada. Se queremos começar uma dieta, precisamos organizar nossos hábitos alimentares, o "menu semanal", o necessário a comer no dia a dia, a fim de que a alimentação, agora regrada, ao mesmo tempo seja nutritiva e não invadida por refeições e alimentos indesejados.

Para fazer uma prova, faz-se necessária a organização das dimensões temporal (agendas e compromissos) e comportamental de nossas vidas, uma vez que precisaremos ajustar nossa conduta para uma rotina diferenciada em relação a estudos, testes e exercícios. No controverso campo da política, bastante tributária de uma vulgata militar, ouvimos com frequência que "a esquerda precisa se organizar" (ou "reorganizar", após uma derrota; ou se coordenar como um bloco conjunto) ou, então, que "a direita é muito mais organizada". E não são raras as vezes em que a crítica principal a alguma instituição — como o governo ou a universidade, por exemplo —, entidades, afinal, tratadas por nós, sociólogos, como "organizações", é que ela consiste em um espaço desorganizado.

Essa não é uma descrição exaustiva, tampouco normativa, das utilizações corriqueiras da noção de organização. São apenas alguns dos exemplos que me levaram a pensar sobre a pergunta inicial da pesquisa desenvolvida: o que é a ação de organizar? A partir deles, comecei a reparar que, ao falarem sobre organização, os próprios atores parecem demonstrar reconhecer em determinadas ações (e/ou em conjuntos de ações específicas) alguns traços valorativos que permitem a sua alocação em uma determinada "gramática actancial" (Werneck, 2009, p. 113). Dito de outro modo, eles atuam como "agentes competentes" (Garfinkel, 1967[2018]), como "seres dotados de capacidade de julgamento das ações" (Werneck, 2013, p. 706) e, portanto, de avaliação sobre os aspectos que tornam uma ação organizada/organizadora.

Com isso, quero dizer que os atores sociais avaliam que certas ações são constituídas por elementos específicos e desempenham certos efeitos cujas consequências possibilitam a identificação dessas ações como organizadas e/ou organizadoras (isso é, com efeitos de organização). Nesse sentido, nota-se que os próprios atores sociais, nas mais variadas situações da vida cotidiana, realizam um movimento de conexão entre ações específicas "e uma determinada gramática actancial moral (um princípio, uma metafísica moral)" (Werneck, 2013, p. 706). Ou seja, os atores associam certas ações a "um quadro generativo das indicações e orientações para a agência" (Talone, 2019, p. 402). Nos exemplos colocados, a gramática actancial moral em jogo é aquela associada à organização como um parâmetro de avaliação (portanto, como valor) e de, com isso, interpelação das ações.

As preocupações a respeito da questão da organização não são novas no campo das ciências sociais[3]. Desde os fundadores da sociologia — como em Durkheim (2019), Mead (1932) e Weber (2015, p. 30-37) —, a disciplina busca refletir e investigar a dinâmica e os impactos das organizações sobre o tecido social. O campo da sociologia das organizações (Eldridge; Crombie, 2013; Godwyn, 2022; Grusky; Miller, 1970) ganha notoriedade após a Segunda Guerra Mundial (Clegg, 2012, p. 164) — devido, entre outras razões, à publicação de obras de fôlego como *The Organization Man* (Whyte, 2002) — e, mais recentemente, tem seus desenvolvimentos sociológicos incorporados às agendas de pesquisa relacionadas à sociologia econômica (Lima; Afonso; Walmrath, 2021) e aos estudos de administração (Besio; Du Gay; Serrano Velarde, 2020, p. 412).

Tradicionalmente, a sociologia das organizações enxerga a organização como uma "coisa" objetiva no mundo, como uma "entidade feita de entidades" (Lorino, 2018, p. 255) — de tal forma que podemos falar de "organizações", que "configuram unidades sociais distintas e ativas" (Dias, 2008, p. 16). Assim, o sentido de "organização/organizações" se aproxima da noção de "instituição/instituições", sentido esse registrado em alguns importantes dicionários de sociologia e teoria social lançados em português nas últimas

---

3. De acordo com Livian (2008, p. 9), a noção de organização constituiu inicialmente uma contribuição "à inteligibilidade das realidades econômicas do início do século XX". Para o autor, a ideia de organização-entidade — diferentemente daquela de "organização-processo", mais parecida com a ideia trabalhada na pesquisa — surge na passagem do século XIX para o XX, influenciada pela modernização das sociedades europeias cujos habitantes começaram, a partir de então, a dispender cada vez mais tempo em espaços como a "organização-escola", a "organização-empresa" e a "organização-hospital".

décadas. Em um deles, por exemplo (Outhwaite; Cabral, 1996) o verbete "organização" leva a seguinte definição, escrita por Hegedüs (1996, p. 537): "em sociedade a organização apresenta-se como uma unidade de pessoas e grupos separados pela divisão de trabalho mas também cooperando mutuamente". Caso parecido é encontrado em Johnson (1997, p. 287), que define organização como "um sistema social estruturado em torno de metas específicas e que, em geral, consiste de vários grupos ou subsistemas inter-relacionados". Em ambos os casos, o verbete "organização" é associado a outros, presentes nesses dicionários, como "ordem social", "estrutura social", "hierarquia", "ordem" etc.

A partir da segunda metade do século XX, uma série de pesquisadores passaram a enfatizar o caráter processual da organização, trazendo importantes reflexões sobre a constituição propriamente "agencial" da ação de organizar (Ahrne; Brunsson, 2019; Amblard *et al.*, 2005; Czarniawska, 2008; Mutch; Delbridge; Ventresca, 2006; Simpson; Den Hond, 2022, p. 135; Weick, 2010). Dessa maneira, boa parte das pesquisas em estudos sobre organizações foram direcionadas para assuntos como os processos de *sensemaking* empreendidos pelos seus membros (Weick, 2010), o papel de atores não-humanos na conformação da dinâmica organizacional (Czarniawska, 2008, 2013), a adequação de enquadramentos teóricos menos estruturalistas no estudo sobre organizações (Ortmann; Sydow; Windeler, 2023), a noção de processo aplicada à organização (Lorino, 2018, p. 255-289) etc. De acordo com Yves-Frédéric Livian (2008, p. 86-94), a sociologia das organizações contemporâneas pode ser dividida em três grandes correntes dedicadas à desconstrução da noção convencional de organização.

A primeira, fortemente inspirada pelo interacionismo simbólico, destaca que a organização não diz respeito a uma realidade objetiva no mundo. Elas são, na verdade, significações construídas e reiteradas continuamente pelos atores sociais em seus contextos de interação cotidianos (Lorino, 2018, p. 255). Representada principalmente por Karl Weick e pela sua teoria do *enactment* (Santos; Borges, 2023), tal corrente reforça a ideia de que a organização constitui um processo "que se elabora constantemente, articulando estreitamente fatos e significações" (Livian, 2008, p. 88). A segunda corrente abrange as análises que compreendem as organizações como sistemas de ação concretos, isso é, como conjuntos de interações estabilizadas entre atores em um determinado momento (Livian, 2008, p. 89). Nessa perspectiva, corporações/firmas/empresas são distinguidas dos mercados a partir dos seus níveis de formalização e estabilização, sendo aquelas caracterizadas por ações organizadas mais formalizadas e estáveis, e os últimos por ações mais flexíveis. É também em tal corrente que encontramos teorias organizacionais desenvolvidas em torno da noção de "rede" mobilizada comumente para designar organizações "com estrutura menos formalizada, menos especializada [e] com fronteiras menos marcadas que as estruturas clássicas (se comparadas àquelas das burocracias" (Livian, 2008, p. 91).

Por último, há as teorias pós-modernas, voltadas para o desvelamento das relações de poder em estruturas organizacionais. Dada a profusão atual de organizações "pós-industriais", caracterizadas pela sua dinâmica flexível e descentralizada, proporcionada em larga medida pelo desenvolvimento de tecnologias de informação e comunicação, os pesquisadores dessa corrente se deparariam com um vasto campo de análise nas últimas décadas. Assim, segundo Livian (2008, p. 93), tais investigadores reforçam em seus trabalhos os aspectos distintivos das "novas" organizações: mais ecléticas, menos hierarquizadas e contando com maior espaço para a interação entre os indivíduos.

Em que pesem as contribuições da sociologia das organizações para as ciências sociais de modo mais geral, busco efetivar um caminho alternativo em relação ao tema da organização. Nessa proposta, as agendas de pesquisa mais contemporâneas daquela corrente, embora tenham avançado consideravelmente no alargamento da noção de organização, também ainda se mostram consideravelmente "rígidas" para subsidiar a pesquisa aqui apresentada. Vejamos um exemplo.

Em Ahrne e Brunsson (2011), texto seminal para o desenvolvimento recente de investigações sobre a organização para além das organizações formais (Ahrne; Brunsson, 2019), os autores definem tal conceito como uma ordem deliberada cuja dinâmica fundamental inclui "um ou mais elementos de membresia, hierarquia, regras, monitoramento e sanções" (Ahrne; Brunsson, 2011, p. 2).

Dessa maneira, organizar significa *tomar decisões* sobre: (a) quem pode ser um membro dessa ordem; (b) as regras definidoras das expectativas referentes aos comportamentos dos membros; (c) o monitoramento sobre o que os membros fazem; (d) sanções positivas ou negativas relacionadas às condutas desses membros; (e) como decisões devem ser tomadas e quem deve realizá-las (Ahrne; Brunsson, 2019, p. 8). Todos esses "elementos organizacionais", como nomeado pelos autores, se encontram de modo mais evidente nas organizações formais, como empresas, firmas, sindicatos etc. Contudo, e essa é a proposta fundamental de tal agenda de pesquisa, é possível identificar esses mesmos elementos em outros espaços da vida social, não contemplados pela sociologia das organizações "tradicional", como em famílias, mercados, irmandades, movimentos sociais etc. (Ahrne; Brunsson, 2019, p. 5).

Segundo os autores, nessas esferas os atores sociais também costumam, tal qual funcionários e gestores de empresas, "aplicar" os elementos organizacionais aos seus pares, definindo critérios de membresia, estabelecendo ordenamentos hierárquicos etc. Percebe-se, portanto, que, a despeito do alargamento proposto pelos autores em relação ao tratamento sociológico convencional do tema da organização, a noção com que eles trabalham ainda é consideravelmente normativa[4] — isso é, se não estivermos traba-

4. Vale ressaltar que os próprios autores reconhecem que, em comparação à sociologia das organizações tradicional, o seu tratamento da noção de organização continua sendo consideravelmente conservador, "no sentido de que está intimamente ligado às maneiras pelas quais os primeiros pesquisadores de organização distinguiam as organizações formais de outros fenômenos sociais" (Ahrne; Brunsson, 2019, p. 4).

lhando com situações em que os atores nelas envolvidos precisem tomar decisões sobre os elementos organizacionais estabelecidos pelos autores, então não podemos falar propriamente de organização. Além disso, é notável o fato de que Arhne e Brunsson, bem como a agenda de pesquisa da organização "para além das organizações", pensam o tema restrito ao universo das relações interpessoais (e não das relações entre humanos e entidades não-humanas, por exemplo) e depositam uma atenção particular à ação coletiva (Ahrne; Brunsson, 2019, p. 15).

Em que pesem as inegáveis contribuições da sociologia das organizações para o campo das ciências sociais de maneira geral, busco efetivar um caminho alternativo em relação ao tratamento sociológico da organização. Para isso, a minha pesquisa visa deslocar a visão "estrutural" sobre a organização para uma investigação mais próxima do campo da agência e dos atores (Emirbayer; Mische, 1998), objetivando, assim, a operacionalização de uma "postura descritiva e interpretativa" (Reire, 2013, p. 722) em relação às definições e critérios mobilizados situacionalmente pelos próprios atores sociais.

Por essas razões, adoto como referencial teórico a sociologia da moral e a sociologia pragmática. A mobilização da primeira diz respeito a uma postura epistemológica, comum a outras pesquisas apresentadas neste livro, que identifica na moral uma dimensão constitutiva de qualquer fenômeno social. Tal dimensão, por sua vez, se refere à "interpelação das ações/situações pelos atores sociais em termos de valores" (Werneck, 2023, no prelo), interpelação essa que, desde Weber (2013), identificamos como aquilo que constitui propriamente o social. De acordo com o sociólogo alemão, a realidade social sempre se refere a um jogo intersubjetivo de atribuição de sentidos às ações por meio da qual os atores sociais, grosso modo, preenchem "coisas concretas" com "matérias abstratas" (valores), tornando esses últimos os conteúdos a serem mapeados pela análise sociológica (Porto; Werneck, 2021). Dessa maneira, a sociologia da moral aproxima a investigação de um interesse nos valores como "um tópico inseparável da análise e explicação sociológica da realidade social" (Brito; Freire; Freitas, 2020, p. 4).

Partindo da atenção dedicada à dimensão moral constitutiva de qualquer fenômeno social, a mobilização da sociologia pragmática se justifica pela sua concentração sobre as competências dos atores sociais (Boltanski, 1990) e sobre as gramáticas morais — isso é, os princípios abstratos — e os dispositivos por eles utilizados cotidianamente. Embora represente um campo amplo e variado, em largo desenvolvimento desde a década de 1980 (Dosse, 2018), tal corrente é aqui trabalhada fundamentalmente em relação ao modelo das Economias da Grandeza (EG) (Boltanski; Thévenot, 2020) e à sociologia dos regimes de engajamento (Thévenot, 2016). Considerando os intentos da pesquisa, o modelo das EG auxilia na identificação e no mapeamento dos quadros valorativos mobilizados por consultores e manuais em torno da ação de organizar (como os valores relacionados à eficiência, técnica, padronização etc.), assim como permite o reconhecimento dos elementos (dispositivos) responsáveis pela concretização da organização na realidade social (como potes, listas, etiquetas etc.). Já o debate sobre os regimes de engajamento, ao aproximar a investigação dos diferentes tipos de vínculo estabelecidos entre os atores sociais e seu entorno, possibilita a construção de uma teorização em torno das formas pelas quais as pessoas buscam dar ordem ao seu cotidiano.

Metodologicamente, a pesquisa em questão foi desenvolvida por três caminhos. Com os consultores de organização, realizei 16 entrevistas compreensivas (Kaufmann, 2013) e semiestruturadas cujo roteiro era orientado por questões que interpelavam os entrevistados a respeito das suas trajetórias, avaliação sobre o mercado de organização no país, descrição dos serviços oferecidos, definição do que é organizar, do que é ser um consultor de organização etc. Os profissionais que participaram dessa pesquisa foram contatados de formas variadas: por meio dos seus sites, perfis em redes sociais, e-mails, mensagens no celular etc. A principal forma de aproximação em relação a tais profissionais foi orientada pela metodologia de bola de neve — isso é, por meio da indicação de contatos por consultores já entrevistados por mim.

No que diz respeito aos manuais, efetuei uma análise documental prestando atenção às regularidades e aos padrões emergentes nas categorizações e definições por eles elaboradas em torno da ação de organizar. Boa parte dos manuais analisados foi escolhida por meio das entrevistas com consultores. Nelas, solicitei aos entrevistados que me recomendassem livros importantes na sua formação como consultor. Dessas recomendações, selecionei os que mais se repetiam e somei a outros livros de organização encontrados por meio do site da Amazon. Todos os manuais são identificados com uma letra M e um número, como explicitado na tabela a seguir[5]:

5. "T" se refere ao tipo de manual — isto é, sobre o conteúdo destacado na obra em questão. Assim, "E" compreende os livros que se concentram sobre a dimensão espacial, versando sobre organização de ambientes (no geral, ambientes domésticos e de trabalho) e objetos variados; "P" abrange o conjunto de obras que se dedicam à produtividade, envolvendo frequentemente as dimensões temporal e comportamental do dia a dia de uma pessoa. De modo geral, todos os manuais analisados versam, com maior ou menor destaque, sobre espaço, objetos e produtividade. Contudo, em alguns casos, é evidente que os conteúdos de certas obras se dedicam fundamentalmente a uma ou outra das dimensões tipificadas. Os manuais classificados como "E, P" representam exemplos de obras concentradas, de modo mais ou menos igual, sobre as dimensões espacial e da produtividade. "L" se refere à língua utilizada no manual: p = português; i = inglês.

ANO	TÍTULO	AUTOR(A)	EDITORA	PP.	T.	L.	SIGLA
2008	A tríade do tempo	Christian Barbosa	Editora Buzz	208	P	p	M1
2014	Vida organizada	Thais Godinho	Editora Gente	220	E, P	p	M2
2015	A mágica da arrumação	Marie Kondo	Editora Sextante	160	E	p	M3
2017	Organize sem frescuras	Rafaela Oliveira	Editora Astral Cultural	162	E	p	M4
2018	Viva a organização: motivação, conceitos e metodologia para uma vida mais organizada	Aline Santos	Formato Ebook Kindle (Amazon)[6]	15	P	p	M5
2019	Guia Simples e Prático para Manter a sua Vida Organizada	—[7]	Editora Autodesenvolvimento	37	E, P	p	M6
2019	Organize sua Mente: Um guia prático de organização que vai muito além da sua agenda	Aryanne Soares	Formato Ebook Kindle (Amazon)	28	P	p	M7

6. Os livros marcados como "Formato Ebook Kindle" estão disponíveis exclusivamente no site da Amazon por meio do formato de livro digital. Nesses exemplos, as obras são publicadas e disponibilizadas sem a mediação de uma editora.
7. Neste caso, a autoria do livro não foi explicitada pela editora.

ANO	TÍTULO	AUTOR(A)	EDITORA	PP.	T.	L.	SIGLA
2020	Planner Organizer: Guia prático para organização básica: ambiente, agenda, finanças, corpo, mente	Mônica Audrey	Formato Ebook Kindle (Amazon)	266	E, P	p	M8
2020	Vida em ordem	Morgana Britto	Formato Ebook Kindle (Amazon)	75	E, P	p	M9
2020	The Home Edit Life: the complete guide to organizing absolutely everything at work, at home and on the go	Clea Shearer e Joanna Teplin	Editora Mitchell Beazley	278	E	i	M10
2014	A mente organizada	Daniel J. Levitin	Editora Objetiva	688	P	i	M11
2007	The One-Minute Cleaner Plain and Simple: 500 Tips for Getting Your Life in Order	Donna Smallin	Storey Publishing	124	E	i	M12
2019	How to Organize Yourself	John Caunt	Kogan Page Ltd	207	P	i	M13

Por último, realizei uma observação participante (Becker, 1993; Geertz, 1981) no maior evento do mercado de organização da América Latina, o POB 2022. Nesse congresso, assisti integralmente às palestras realizadas e priorizei o estabelecimento de contatos informais com o público presente. Dessa maneira, conversei com várias consultoras de organização, visitei *stands* de lojas expositoras de produtos organizadores e retomei o contato com algumas das POs dias depois do término do evento. Todas as anotações referentes ao POB 2022 foram realizadas em diário de campo e por meio de notas de áudio.

Todos os dados coletados nos três caminhos metodológicos foram trabalhados a partir dos aportes da *Grounded Theory* (Glaser; Strauss, 1965). Isso significa que procurei mobilizar constantemente operações de codificação do material analisado e comparação entre os códigos estabelecidos (Charmaz, 2009) a fim de desenvolver reflexões fundamentadas sobre "uma sólida base empírica, isto é, [que fossem] extraída[s] a partir dos dados" (Tarozzi, 2011, p. 20). Dessa maneira, a pesquisa aqui apresentada teve como finalidade construir um tratamento sociológico da ação de organizar a partir de uma abordagem compreensiva (Weber, 2001[1904]), situacionista (Joseph, 2000) e pragmática (Boltanski; Thévenot, 2020) — ou, de outra maneira, a partir de uma abordagem concentrada sobre a "organização" como um *verbo* pessoal, que, assim como outros, "indica uma ação" (Bénatouïl, 1999, p. 382). Em suma, em vez de seguir na esteira da sociologia das organizações, proponho uma sociologia pragmática da organização.

Por fim, reforço que mobilizar consultores e manuais de organização não significa empreender um estudo sobre a organização em si — afinal, não proponho, nessa pesquisa, um acompanhamento etnográfico do trabalho dos consultores, tampouco uma observação participante de como atores sociais lançam mão de práticas organizadoras em diferentes situações no dia a dia. O estudo em questão busca se aproximar da ação de organizar por meio da análise dos discursos dos consultores e dos conteúdos prescritivos elaborados nos manuais (vários deles escritos também por POs). De certa maneira, desenvolvi meu trabalho partindo da aposta de que os sentidos e valores explicitados pelos objetos analisados falam sobre aspectos gerais da ação de organizar, possibilitando o início de uma reflexão mais abrangente, ainda em desenvolvimento, sobre como as pessoas se organizam cotidianamente. Por essa razão, a minha pesquisa se divide em três camadas diferentes, apresentando uma investigação sobre: pessoas que vendem uma atividade (consultores de organização); as representações dessas pessoas sobre essa categoria e essa atividade (o que elas entendem como organização); e a atividade por elas vendidas (a organização, cujas características principais também são acessadas por meio dos manuais).

Caixas organizadoras, gabaritos de dobras e "pastinhas de incêndio": os consultores e os manuais de organização pessoal

De acordo com os materiais analisados, organização diz respeito a um conjunto de operações práticas, concretizadas por dispositivos variados (como pastas, etiquetas, caixas, potes, listas etc.), cujo principal objetivo é evitar a emergência de atravancamentos e desajustes nas relações dos atores sociais com diferentes elementos de seu entorno. Tanto nas entrevistas quanto nos manuais, é possível observar que as operações de planejamento e categorização, operações constitutivas do que é organizar, são construídas pelos consultores como ações capazes de maximizar o bem — seja ele o bem de si, o bem do outro, o bem comum ou o bem de todos (Werneck, 2012). Ser organizado é, basicamente, ser uma pessoa mais produtiva (e, portanto, um profissional mais competente), mais habilidosa em lidar com contingências e mais presente na vida de seus amigos e familiares. Tudo isso seria possível pela aplicação de planejamentos e sistemas de categorias em relação a todas (ou quase todas) as esferas da vida do indivíduo que deseja se organizar.

Contudo, não é qualquer tipo de plano e categorização que leva a uma vida mais organizada, melhor. Todos os consultores entrevistados mobilizam uma gramática industrial (Boltanski; Thévenot, 2020) — isso é, um conjunto de valores orientados pela técnica, padronização, confiabilidade etc. — para justificar a necessidade de contratação de seus serviços. Devido ao conhecimento especializado, apreendido em uma série de capacitações voltadas para POs[8], os princípios organizadores por eles elaborados seriam capazes de entrar na rotina dos clientes como parte de seus hábitos e práticas costumeiras, fazendo sentido e, assim, sendo mantidos pelos últimos.

Nesse discurso é possível observar a construção de uma distinção moral entre o corpo técnico dos consultores de organização e as práticas "leigas" das demais pessoas (principalmente das faxineiras/empregadas, tidas como pessoas que, de modo geral, só saberiam "arrumar" ou limpar, e não organizar). Não basta, por exemplo, apenas separar um local para todos os botões — o que, por si só, já ajudaria na economia do tempo —, é necessário que o movimento de alocação de objetos seja ainda mais específico, separando-os por cores e tipos, o que evidencia a mobilização de uma operação moralista por parte dos consultores. No que diz respeito à organização, tais profissionais estabelecem normas do que é mais eficiente e otimizador — todas as práticas que não seguem a sua cartilha técnica são qualificadas como desorganizadas/desorganizadoras ou, então, como práticas que não organizam da melhor forma possível.

---

8. No que diz respeito à capacitação, o curso da OZ! (Organize sua Vida!) foi citado por cinco entrevistadas (Fabiana, Jenifer, Marina, Keila e Patrícia), enquanto o Método ReOrganize (Priscila Sabóia) foi citado em dois casos. Independentemente dos cursos, todos afirmam ter feito "laboratório", que é a forma como eles denominam o momento de teste, o "ensaio" de sua atuação como organizador profissional em algum espaço. Em vários momentos, esse "laboratório" é a própria casa do consultor, a casa de algum parente, da sogra, da parceira/do parceiro etc. Nessas casas, eles aplicam os conhecimentos aprendidos nos cursos e verificam se o "cliente" em questão aprova a ordem estabelecida.

Essa forma, por sua vez, aponta para a necessidade de que o indivíduo promova, para diferentes esferas de sua vida (trabalho, família, lazer, finanças etc.), um alongamento de um "engajamento no plano" (Thévenot, 2016) — ou seja, de uma forma de vinculação com o entorno baseada na formulação de um plano, constituinte da avaliação do que é pertinente nas situações, e no aproveitamento das funcionalidades do meio em que se colocam as ações. A extensão desse tipo de engajamento — como se ele estivesse sendo esticado — tende a subordinar ações corriqueiras do indivíduo (como acordar pela manhã ou realizar refeições ao longo da semana) a um plano específico mais abrangente (emagrecer, passar em um processo seletivo etc.) e a estabelecer vínculos funcionais em condutas caracteristicamente marcadas por "apegos familiares" (engajamento familiar) em relação ao entorno. Dessa maneira, ao estabelecer "um lugar em cada coisa" e "cada coisa em seu lugar", como falam constantemente os consultores de organização — sejam essas coisas "tênis esportivos" em gavetas, "tarefas profissionais" em pastas virtuais ou "compras do mês" em espaços específicos na geladeira —, os sujeitos, agora organizados, colaborariam para a construção de uma vida cada vez mais ordenada.

De acordo com os objetos analisados, a busca por dar mais ordem à vida levaria a benefícios significativos em relação à produtividade, ao trato com imprevistos e à experiência das relações interpessoais (principalmente entre amigos e familiares). Em comum a essas três dimensões está a centralidade do tempo, principal elemento mobilizado por consultores e manuais. Para eles, o objetivo fundamental da organização é economizar tempo. Se toda vez que precisar sair de casa você não demorar mais de dois minutos para encontrar a chave do carro, porque agora ela tem um local específico, prático e funcional, você deixa de perder tempo cotidianamente. Se as tarefas do trabalho estiverem organizadas (seja materialmente, em pastas, ou "mentalmente", digamos assim), é mais provável que, durante o expediente, seja possível dar conta delas de modo mais rápido

— ou seja, em menos tempo. Ao mobilizar técnicas personalizadas sobre si mesmo (Foucault, 1988; Freire; Brito, 2021), objetivando a criação de hábitos de organização, o indivíduo conseguiria, em teoria, cumprir mais tarefas, tornando-se mais produtivo.

Além do conselho a respeito da utilização frequente de listas, calendários, aplicativos de produtividade e outros tipos de práticas escriturais e gráficas (Lahire, 2002), há mais uma forma, bastante reforçada pelos objetos pesquisados, de aproveitamento do tempo: o encaixe de pequenas tarefas durante o período de execução de uma ou mais ações específicas. Como reforça a PO Donna Smallin, a ideia é que você possa "[t]ransformar o tempo de inatividade em tempo de organização" (M12, p. 76). No ambiente doméstico, por exemplo, tal conselho aparece regularmente vinculado ao espaço da cozinha: "[p]ara manter a cozinha organizada enquanto se cozinha, o segredo é ir preparando e cozinhando e limpando, sucessivamente" (M9, p. 15); "enquanto cozinha, lave a louça para não acumular bagunça na pia" (M4, p. 12).

De acordo com consultores e manuais, há uma avaliação geral de que "[a]s pessoas *perdem* muito do tempo que esperam" (M6, p. 17, grifo meu) — seja em filas de ônibus, caixas de banco, filas de supermercado etc. Contudo, o tempo de espera não precisa ser necessariamente um tempo perdido — afinal, "[v]ocê pode realmente usar esse tempo ocioso para fazer algumas coisas, há muitas maneiras de usar o tempo de espera mais *produtivamente* (ler, ouvir podcasts, ver vídeos, estudar)" (Idem, grifo meu).

Inclusive, uma das consultoras entrevistadas (Beatriz) mobiliza uma atividade chamada de "Ladrões do tempo". Por meio dela, a PO em questão estimula os clientes a refletirem sobre certas ações que estejam "roubando" o tempo do seu dia — como ela questiona, "o que você fez dentro daquela 1 hora e que você não precisava ter feito, que roubou seu tempo?". Segundo Beatriz, o principal objetivo desse exercício é eliminar as condutas que estejam desperdiçando seu tempo e acrescentar, no lugar delas, "atividades de organização".

Essa movimentação, por sua vez, seria responsável por aumentar a quantidade de tempo disponível para as pessoas no seu cotidiano: "vai chegar no final do dia e você vai perceber que ganhou meia hora, uma hora... e aí? O que você faz com essa uma hora a mais? Você pode estudar, ler um livro, fazer um curso...".

Dessa maneira, observei que termos como "qualidade de vida", "bem-estar" e "leveza", comumente mobilizados por consultores e manuais para caracterizar uma vida organizada, aparecem como metonímias para uma vida com mais tempo — isso é, uma rotina em que o tempo seja um elemento otimizado de modo eficaz na maior parte das ações efetivadas por uma pessoa e, assim, ela possa contar com uma quantidade maior de tempo para fazer aquilo que deseja[9]. Do mesmo modo, "ser mais produtivo" sugere "fazer mais tarefas em menos tempo", assim como "não se distrair" pode significar

---

9. Quase impossível não lembrar da obra *Cheaper by the Dozen*, na qual os autores relatam que seu pai, Frank Gilbreth, calculava efetivamente o tempo levado para a realização de tarefas corriqueiras, como abotoar o colete, atividade que sempre seguia uma ordem predefinida: sempre "de baixo para cima, em vez de de cima pra baixo, porque o processo de baixo para cima levou apenas três segundos, enquanto o processo de cima para baixo levou sete" (Gilbreth; Carey, 2002, p. 13). Nada escapava de seu cronômetro, nem mesmo o momento de se barbear. O patriarca dos Gilbreth usava dois pincéis de barbear para ensaboar o rosto "porque descobriu que, ao fazê-lo, poderia reduzir 17 segundos em seu tempo de barbear" (Idem). Em seguida, ele tentou utilizar duas navalhas, mas logo desistiu devido ao fato de ter descoberto, dolorosamente, que a economia de 24 segundos a partir do acréscimo da navalha também lhe custava ao menos dois minutos arrumando curativos para os cortes feitos ocasionalmente em seu rosto e na sua garganta (Idem).

não perder tempo[10] com aquilo que não constitui prioridade para o sujeito. Portanto, se uma vida leve e tranquila é uma vida com mais tempo, então a economia desse recurso, proporcionada, de acordo com consultores e manuais, pela ação de organizar, aparece, na sua visão, como a chave fundamental para a construção e experiência de uma boa vida.

Para além da questão da produtividade, a gestão ótima do tempo também aumentaria a competência do indivíduo para lidar com contingências cotidianas. Afinal, por mais que a ação de organizar seja relacionada frequentemente por consultores e manuais a um ímpeto de "manter tudo sob controle" (M2, p. 33), o controle total sobre a experiência cotidiana de alguém é impossível (Langer, 1975). Logo, a gramática industrial implicada na ação de organizar não procura o pleno controle, algo fora da realidade, mas sim o estabelecimento do melhor controle possível — isso é, de uma condição otimizada de controle[11]. Como ressalta uma das POs entrevistadas (Keila), diante de contingências, o sujeito organizado — ou seja, o sujeito que elabora planos otimizados para diversas áreas da sua vida — consegue "pensar com menos ansiedade" e "não agir por impulso", o que significa que ele se torna capaz de responder de

---

10. Diante das definições dos objetos pesquisados, é possível observar que o tempo livre oriundo da organização é identificado como um tempo livre melhor. É como se o acréscimo de tempo fruto dos esforços individuais em torno da necessidade de organização fosse um tempo de maior qualidade. Logo, a utilização dessa quantidade específica de tempo livre, possibilitada pela organização, também seria a melhor utilização possível do tempo. Ou seja, há uma construção moral em torno da relação entre tempo e organização, construção essa que parece influenciar significativamente a associação entre as noções de vida boa, tempo livre e agência — uma vida boa é aquela em que há mais tempo livre, tempo esse liberado pela mobilização individual de esforços de organização, a ser utilizado do melhor modo possível (na visão dos objetos analisados): o modo organizado.
11. Também no livro de Donna Smallin a autora argumenta que: "quanto mais controle você exercer sobre o seu planejamento, mais controle você exercerá sobre a direção da sua vida" (M12, p. 105).

maneira eficiente e adequada à situação de imprevisibilidade em questão. Segundo a entrevistada, "a sua decisão é mais assertiva quando você é mais organizado. Você não age pelo impulso daquela urgência, né? Você já sabe o que pode acontecer". A mesma ideia é encontrada em um dos manuais analisados, no qual o autor reforça que "[u]ma mente organizada nos leva sem esforço à boa tomada de decisão" (M11, p. 21).

Um dos exemplos mais curiosos mobilizados por duas das entrevistadas em relação à questão das contingências diz respeito à "pastinha de incêndio". Como indica a PO Keila:

> — Uma das coisas que eu organizo na casa dos clientes é uma pasta de documentos importantes: RG, CPF, documento da casa etc. Eu sempre organizo essa pasta e a gente escolhe um local pra essa pasta ficar. Esse local tem que ser o mais fácil e o mais intuitivo possível. Por quê? Se a casa estiver pegando fogo e você precisar salvar alguma coisa, você vai pegar essa pastinha, pegar seus filhos e ir embora. Essa pastinha é aquilo que você não pode perder. Muitas vezes... quantas pessoas tiveram problemas em incêndios porque precisavam achar alguma coisa? (...) Essa história do incêndio às vezes choca. Porque quando a casa tá pegando fogo você não pensa o que tem que fazer. Você vai salvar as pessoas e nada mais, deixa a casa queimar, porque senão você não vai conseguir salvar a vida de quem você ama. Essa pasta é a pasta da única coisa que você vai salvar com documentos, que é o mais difícil de a gente ter, de identificar. Tudo isso leva embora. Eu tenho essa pasta e eu faço isso na casa dos meus clientes, a pastinha com os documentos importantes. (...) Pode ser uma caixinha, mas sempre perto da porta, né? Porque quando você tiver saindo e tal você vai levar aquela coisa. Geralmente eu deixo um arquivinho perto da porta ou numa gavetinha perto da porta.

Esse exemplo ilustra um ponto fundamental da relação entre organização e contingências. Baseado em estudos sobre a disposição espacial de objetos em cozinhas, o sociólogo francês Bernard Conein (1990) argumenta que é possível decompor a capacidade de planejamento dos atores sociais em pelo menos dois tipos: o plano orientado para o futuro, elaborado geralmente antes da realização de uma determinada ação, e o plano orientado para o presente, desenvolvido à medida em que determinadas ações são concretizadas. De fato, as técnicas organizadoras transmitidas por POs e manuais geralmente enfatizam o primeiro tipo de plano, incentivando que a pessoa incorpore uma atitude constantemente reflexiva em relação ao futuro, de tal forma que ela consiga planejar sua alimentação, seu dinheiro, sua rotina, seus objetivos de vida etc. No que diz respeito à organização espacial, por exemplo, os POs aconselham que o indivíduo organizado, assim como os cozinheiros estudados por Conein (1990), desenvolva uma organização do seu ambiente de tal forma que a própria disposição dos objetos naquele espaço possa funcionar como um "recurso cognitivo para organizar as tarefas, simplificando os raciocínios (...) a fim de ganhar tempo" (Idem, p. 106).

Contudo, os objetos analisados também parecem argumentar que a incorporação de hábitos organizadores torna mais estreita, do ponto de vista de uma pessoa específica, a relação entre planejamento e ação. Diante do hábito de estabelecer planos em diferentes áreas da sua vida, o sujeito organizado conseguiria planejar mais rapidamente as possíveis soluções para impasses contingenciais, aperfeiçoando, assim, a sua capacidade de agir de modo competente em situações de imprevisto. O exemplo da pastinha de incêndio ilumina uma situação em que esses dois tipos de planejamento se relacionam de modo decisivo.

Por um lado, há uma planejamento prévio, que dispõe documentos importantes em um pasta específica, alocada a partir de então em um ponto particular do ambiente, próximo a alguma saída da casa. Por outro lado, na hipotética situação de incêndio, o planejamento previamente estabelecido — isso é, a própria pasta, localizada em um espaço predeterminado — auxilia a elaboração de um planejamento orientado para o presente, constituído pela recuperação da pasta e provavelmente pelo resgate de familiares e outros pertences. Nesse caso, é como se a organização colocada em operação antes da situação de incêndio, quando ela era apenas hipotética, colaborasse para que o sujeito se organize durante um determinado acontecimento — mesmo que ele seja uma situação aflitiva, como um incêndio na sua casa, que, assim como outros eventos parecidos, tende a atrapalhar a capacidade de raciocínio e planejamento dos atores ali envolvidos.

Para Márcia, uma das entrevistadas, o sujeito organizado aprende que a operação de planejar diz respeito a uma negociação constante entre o planejador e os aspectos específicos das situações em que ele se envolve. Nas suas palavras, a organização permite às pessoas planejarem "sem inocência", diminuindo a expectativa de que o próprio ato de planejar garantiria o êxito do plano em questão. Ao levar em consideração a possibilidade de fracasso dos planejamentos e ao identificar claramente as suas prioridades, o sujeito organizado conseguiria, de acordo com a entrevistada, "ser mais eficiente quando surgem os desafios no meio do caminho".

Além disso, se um determinado objetivo não consegue ser alcançado, o indivíduo, agora apoiado sobre modelos mentais de organização que "permitem que (...) [se] descubra o que está acontecendo" (Norman, 2006, p. 100), dispõe da capacidade de reavaliar as suas próprias ações cotidianas (o exemplo mais evidente talvez seja o controle do orçamento doméstico) de tal forma a reajustá-las de acordo com as metas definidas e com os obstáculos a serem evitados. Portanto, ele não precisa ser criativo, inventivo ou saber "improvisar" — afinal, o ideal é que os seus planejamentos contemplem os recursos necessários para agir competentemente diante de imprevistos. No mundo da organização, a recorrência ao improviso é entendida como um sinal de falta de planejamento adequado — se você precisou lançar mão da criatividade é porque não estava suficientemente organizado. Se, para Lahire (2002, p. 138), "[u]ma 'boa' planificação é um planejamento realista, que já leva em conta [...] as pressões específicas às situações reais", pode-se dizer que, para os POs, uma boa organização é aquela que já tenta prever as possíveis contingências de uma dada situação.

Por fim, para além da produtividade e do trato com os imprevistos, a organização também é associada constantemente pelos objetos pesquisados às relações interpessoais, principalmente entre amigos e familiares, conectando esse tipo de ação, comumente pensada como algo de ordem exclusivamente individual, a uma dimensão mais coletiva da vida cotidiana. Os supostos efeitos positivos da organização aparecem atrelados a uma melhoria nos relacionamentos — isto é, a uma diminuição de conflituosidade nas relações com outras pessoas.

No campo da organização de espaços e coisas — em que a organização residencial figura como o principal serviço —, a figura fundamental desse caráter coletivo é a família (ou as pessoas que moram juntas em um mesmo espaço), como mostram alguns dos consultores entrevistados: "Porque uma casa desorganizada tem sempre um grito, tem sempre alguém brigando... numa casa organizada isso não existe, entendeu? Tem uma harmonia entre as pessoas..." (Sérgio); "Eu já tive casos de pessoa cujo marido falou que, caso ela não se organizasse, ele ia se separar dela" (Marina); "Quando a sua casa tá organizada, você briga menos com as pessoas ao seu redor" (Renata). No POB, duas consultoras me disseram que, além de gerar mais estresse nas pessoas, uma casa bagunçada dificulta sobremaneira a realização da faxina e a própria manutenção do ambiente doméstico. A *personal organizer* Kivia Nunes (2019, p. 48) reforça que "de nada adianta [se organizar] se não houver esse costume entre todos os moradores da casa". Segundo os manuais, "[*a*] organização tem a capacidade de melhorar (...) as suas relações com familiares e amigos" (M9, p. 5); "[sendo organizado] você consegue dar atenção aos seus filhos, namorado, cônjuge, amigos, família, porque consegue administrar o tempo" (M2, p. 9).

Segundo uma das POs entrevistadas (Keila), organização significa "respeito ao tempo do outro", ideia semelhante àquela trabalhada em um dos manuais (M2, p. 9), cuja autora argumenta que "[quando se é organizado] você respeita as pessoas", reforçando, assim, a compreensão de que "a organização é fundamental (...) pra se viver em comunidade, pra conviver com outros indivíduos", como falado por Jenifer (PO), e por Renata (PO), que argumenta que "a organização é uma ótima forma de respeito"[12]. No campo da organização e produtividade — em que a organização da rotina/da agenda figura como o principal serviço —, a dimensão coletiva da ação de organizar é representada principalmente pela figura do ambiente de trabalho. O empresário José Luiz Cunha, responsável por trazer o mercado de organização para o Brasil (Ferreira, 2023, p. 99-126), ressaltou em nossa conversa que um dos motivos pelos quais começou a pensar em investir nesse campo foi o fato de ver o quanto as pessoas desorganizadas prejudicam o rendimento de trabalho de toda a empresa.

Uma outra consultora entrevistada (Márcia) destaca que a organização, ao trazer mais clareza em relação às prioridades do indivíduo, isso é, em relação aos seus valores fundamentais, colabora para que as pessoas identifiquem os seus próprios limites e, a partir disso, consigam desenvolver o costume de se comprometer apenas com as tarefas e pendências em relação às quais elas poderão dar conta. Ao reconhecer suas limitações, o sujeito organizado seria capaz de

---

12. Além disso, alguns manuais destacam sobremaneira o papel do *descarte* na organização como uma operação que possibilita a realização de doações a pessoas carentes: "Se você tem bagunça, você é mais rico do que pensa. Olhe para o descarte como uma oportunidade de *compartilhar* sua abundância — as coisas das quais você não precisa — com pessoas que poderiam realmente usá-las" (M12, p. 31, grifos da autora).

apresentar mais claramente as suas condições no que diz respeito ao vínculo com os outros, evidenciando as fronteiras do que é possível ou impossível, desejável ou não, de ser feito (de acordo com a sua visão). Logo, para Márcia, a organização mental, responsável pela comunicação assertiva e pela identificação de limites individuais, cumpriria um papel importante na manutenção de relações pessoais e profissionais ao torná-las mais dialógicas.

No POB 2022, uma das POs com as quais conversei informalmente reforçou que a aplicação de princípios organizadores na sua vida cotidiana possibilitou um aproveitamento melhor e mais frequente do tempo com o seu marido e com o seu filho, além de permitir que a sua agenda tenha mais espaço para encontros semanais com amigos. Por último, a consultora Aline, em nossa entrevista, argumentou sobre a possibilidade de que uma vida mais organizada opere efeitos positivos também em relação a instituições públicas:

> — Imagine que uma cidade resolve organizar os seus processos de saúde... então agora a gente vai definir como vai funcionar aqui, vai unificar todos os sistemas, vai fazer um sequenciamento... então todo o serviço de saúde agora do município do RJ vai funcionar de acordo com essa nova organização, novo critério, novo sistema, novo tudo... cara, isso faz uma diferença na vida das pessoas imensa! (...) Porque quando você começa a organizar lá [no coletivo] tem um potencial gigantesco pra organizar o Brasil como um todo e ao mesmo tempo pra você economizar o tempo das pessoas no individual. Por isso que uma coisa tá ligada à outra. Imagina se uma prefeitura faz uma ação dessas e organiza os processos de saúde... quantas coisas que a gente vê no jornal acontecendo hoje que não iam acontecer mais? Pessoas na fila por horas e horas, agendamento que não acontece, aí o sistema não funciona, sai do ar... só o tempo dessas pessoas todas... elas iam trabalhar mais, iam viver melhor... elas iam ter mais tempo.

Dessa maneira, nota-se que a organização é qualificada, por consultores e manuais, não só como uma operação que busca diminuir os possíveis obstáculos emergentes nas relações de uma pessoa com espaços, objetos e rotinas, mas também como uma ação que visa evitar ou abrandar o possível caráter problemático das relações entre atores sociais. Nesse sentido, o sujeito organizado não colaboraria para a criação de obstáculos no ambiente de trabalho, evitando, assim, que os demais funcionários perdessem tempo em imbróglios desnecessários e, consequentemente, se estressassem. Dentro de casa, o engajamento da pessoa organizada nos planejamentos dos espaços, pertences e rotinas de cada um dos moradores fomentaria um ambiente harmonioso no qual, dada a diminuição de desajustes e atravancamentos rotineiros nas relações de cada um com o ambiente doméstico, as possibilidades de conflitos entre as pessoas ali presentes seriam consideravelmente reduzidas. Como reforça a PO Renata em nossa entrevista, de acordo com essa perspectiva, "não existe eu ser organizado e isso só me beneficiar: todo mundo que se relaciona comigo vai se beneficiar com a minha organização".

Considerações finais: da organização ideal à organização na prática

Como colocado anteriormente, a despeito da postura compreensiva adotada, não trato as caracterizações de consultores e manuais como os elementos definitivos do que seja a ação de organizar. É claro que, dado o ímpeto dos consultores de construir moralmente a organização como um produto vendável, um serviço que deve ser contratado por todos, as qualificações por eles explicitadas permitem uma aposta de que os traços valorativos (técnica, confiabilidade, planejamento, categorização etc.) e os dispositivos (listas, caixas, anotações, potes, etiquetadoras, alarmes etc.) vinculados à organização, elementos esses mapeados ao longo da pesquisa, possam ser generalizados em relação ao entendimento ordinário a respeito dessa ação. Contudo, me mantenho aberto, nesse ponto, à pluralidade de formas e contextos passíveis de serem atravessados pela "organização", termo que pode ser utilizado de formas diversas pelos atores sociais, com sentidos mais ou menos abrangentes, e que pode ou não ser uma questão, um problema para alguns — é evidente que os assim identificados "bagunceiros" não necessariamente vivem uma vida pior por "falta de organização".

O que foi possível pensar a partir dos objetos investigados diz respeito à ideia de que a noção de conflito, comumente associada às relações interpessoais, também pode se estender às associações estabelecidas pelos indivíduos com outros elementos componentes do mundo social. Assim, argumento que a análise dos consultores e manuais de organização descortina uma operação propriamente social, reveladora da possibilidade de emergência de atravancamentos e desajustes nos vínculos entre atores sociais e o seu entorno. Dessa maneira, as vinculações entre uma pessoa e o seu dinheiro, tempo, compromissos, valores, planejamentos e emoções podem assumir, em determinados momentos, configurações problemáticas, que podem (ou não, a depender do caso) demandar certos ajustes por sua parte.

No caso aqui estudado, tais "ajustes" são entendidos pelos consultores e manuais pelo nome de "organização", guarda-chuva conceitual responsável por abrigar, em sua visão, as melhores formas possíveis de ajuste. Contudo, penso que a constatação, oriunda da análise desses objetos, de que, em determinados momentos, os atores sociais buscam dar ordem aos seus vínculos com o mundo social, em graus variados e com mais ou menos frequência, por meio da efetivação de ajustes na dinâmica dessas relações possa trazer contribuições para o campo da sociologia e incentivar caminhos analiticamente profícuos de pesquisa.

Como visto ao longo do texto, a proposta de construção de uma sociologia compreensiva da ação de organizar diz respeito à "colocação em comum das condutas" (Thévenot, 2016, p. 30), ao "viver juntos", à, nos termos do sociólogo francês, "ação no plural". Se essa passagem ao plural pode ser atravessada constantemente por elementos conflituosos, tornando problemáticos os agenciamentos constitutivos das relações do indivíduo com a vida social, pode-se concluir que, embora os agentes sejam competentes (Garfinkel, 2018[1967]) e consigam responder de modo conveniente às situações (Thévenot, 1989), o estabelecimento das modalidades de engajamento — ou seja, de seus vínculos com o entorno — pode não ser algo "pacífico". Assim, essa pesquisa e os seus possíveis desdobramentos futuros carregam o potencial de contribuir significativamente para uma complexificação do debate, típico da sociologia pragmática, sobre as modalidades de engajamento, ressaltando o potencial de emergência de conflitos nas relações entre indivíduo e sociedade.

Seguindo nesse raciocínio, acredito que há algumas possibilidades, a serem desenvolvidas no futuro, de complexificação da proposta teórica aqui esboçada. Penso que uma forma possível seria continuar seguindo os atores (Latour, 2011) em momentos críticos e situações indeterminadas (Dewey, 1938), sobretudo aquelas relacionadas a processos de mudança de vida (Bessin; Bidart; Grossetti, 2009; Corrêa, 2021; Porto, 2019; Talone, 2023; Teixeira, 2011). De que maneira as mudanças consideradas significativas pelos indivíduos nelas envolvidos operam modificações expressivas nas relações estabelecidas por eles com o mundo social? Ou, em outras palavras, de que maneira processos de mudança exigem das pessoas uma reorganização/um reajuste de certos aspectos e dimensões da sua vida?

Se os momentos críticos (Boltanski; Thévenot, 1999) e as situações de controvérsia (Lemieux, 2017) permitem ao investigador analisar as produções de caixas-pretas nos laboratórios (Latour; Woolgar, 1986) e as gramáticas morais mobilizadas pelos atores sociais em momentos de disputa (Boltanski; Thévenot, 2020[1991]), então acredito que tais situações de indeterminação também guardam o potencial analítico de iluminar as operações de ajuste efetivadas cotidianamente pelos atores sociais em relação aos seus vínculos com entes variados. Nesse sentido, a aposta aqui esboçada é de que a investigação de processos de mudança de vida permitiria observar esse ajustamento (ou, no termo dos consultores e dos manuais, essa organização) "em vias de se fazer" (Latour, 2011).

Uma proposta como essa também poderia se valer de referenciais ligados à antropologia contemporânea, sobretudo aqueles que dizem respeito às maneiras pelas quais os atores sociais se relacionam com tempo e dinheiro em diferentes situações (Araujo, 2017; Cottereau; Marzok, 2012; Motta, 2014, 2020), dada a importância significativa desses elementos no presente estudo. De acordo com as pesquisas citadas, parece que as situações de mudança de vida são capazes de alterar significativamente as modalidades de engajamento estabelecidas pelos indivíduos com o seu entorno, demandando deles uma mobilização *explícita* de esforços de ajustamento/ de organização que os auxiliem a *dar conta* (Araujo, 2022) e a *dar ordem*[13] *à* sua vida diante de tal situação. Portanto, tais processos parecem figurar como elementos profícuos para a continuação de um dos principais esforços desta pesquisa: investigar a relação entre

---

13. Por construírem a organização como uma atividade *necessária* para a experiência cotidiana, consultores e manuais partilham de uma perspectiva que considera os arranjos e sistemas organizacionais como princípios *imanentes* da vida social – ou, como disse uma das entrevistadas (Quésia), como "a mola-mestre de tudo". Inclusive, em duas das entrevistas realizadas, as consultoras relacionaram a questão da organização a Deus, argumentando que o fundamento básico da realidade é uma entidade superior... organizadora. Essa mesma ideia foi reforçada na entrevista com a organizadora Renata, que, mobilizando princípios da filosofia africana, ressaltou que "a nossa função aqui na Terra é procurar a ordem, só que tudo ao nosso redor ativa o nosso caos: o nosso trabalho, as mudanças, se tem muita gente morando junto em um mesmo espaço etc.". Segundo Renata, é possível organizar praticamente tudo na realidade porque a organização é "o estado natural do ser humano". Embora sejam representativos de profissionais desejosos de *vender* a organização como um produto essencial para seus potenciais clientes, tais exemplos não deixam de ser interessantes para a reflexão a respeito de como os próprios atores sociais dão ênfase, em alguns momentos, à ordenação de sua realidade cotidiana.

indivíduo e sociedade por meio da ação de organizar — isso é, por meio dos agenciamentos e das relações construídas pelos atores sociais a partir de uma grande variedade de elementos situacionalmente dispostos.

REFERÊNCIAS

AHRNE, G.; BRUNSSON, N. *Organization outside organizations:* the significance of partial organization. Organization, v. 18, n. 1, jan. 2011, p. 83-104.

AHRNE, G.; BRUNSSON, N. *Organization outside Organizations*: The Abundance of Partial Organization in Social Life. London: Cambridge University Press, 2019.

AMBLARD, H. *et al. Les Nouvelles Approches Sociologiques Des Organisations.* Paris: Éditions du Seuil, 2005.

ARAUJO, M. *Obras, casas e contas:* uma etnografia de problemas domésticos de trabalhadores urbanos no Rio de Janeiro. 2017. 326 p. Tese (Doutorado em Sociologia) — Centro de Ciências Sociais, Instituto de Estudos Sociais e Políticos, Universidade do Estado do Rio de Janeiro. Rio de Janeiro, 2017.

ARAUJO, M. *As prestações de conta de um pequeno negócio.* Política & Trabalho, n. 56, 2022, p. 86-101.

BECKER, H S. *Segredos e Truques da Pesquisa.* Rio de Janeiro: Editora Zahar, 2007.

BESSIN, M.; BIDART, C.; GROSSETTI, M. *Bifurcations*: Recherches. Paris: La Découverte, 2009.

BESIO, C.; DU GAY, P.; SERRANO VELARDE, K. Disappearing organization? Reshaping the sociology of organizations. *Current Sociology*, v. 68, n. 4, 2020, p. 411-418.

BÉNATOUÏL, T. A tale of two sociologies: The critical and the pragmatic stance in contemporary French sociology. *European Journal of Social Theory*, v. 2, n. 3, 1999, p. 379-396.

BOLTANSKI, L. *El Amor y la Justicia como competencias:* tres ensayos de sociología de la acción. Argentina: Amorrortu, 1990.

BOLTANSKI, L.; THÉVENOT, L. *The Sociology of Critical Capacity*. European Journal of Social Theory, v. 2, n. 3, 1999, p. 359-377.

BOLTANSKI, L.; THÉVENOT, L. *A justificação:* sobre as economias da grandeza. Rio de Janeiro: Editora UFRJ, 2020.

BRITO, S. M.; FREIRE, A. T. F.; FREITAS, C. E. . Sociologia da Moral: Temas e Problemas. In: FAZZI, R.; LIMA, J. (org.). *Campos das Ciências Sociais* — figuras do mosaico das pesquisas no Brasil e em Portugal. Petópolis: Vozes, 2020, p. 481-496.

CHARMAZ, K. *A construção da teoria fundamentada*: Guia Prático para Análise Qualitativa. Porto Alegre: Artmed, 2009.

CLEGG, S. R. The Sociology of Organizations. In: RITZER, G. *The Wiley-Blackwell Companion to Sociology*. West Sussex: Blackwell Publishing, 2012, p. 164-182.

CONEIN, B. *Cognition située et coordination de l'action, la cuisine dans tous ses états*. Réseaux, v. 8, n. 43, 1990, p. 99-110.

CORRÊA, D. S. *Entre o querer e o não querer:* dilemas existenciais de um ex-traficante na perspectiva de uma sociologia dos problemas íntimos. Tempo Social, v. 32, n. 2, 2020, p. 175-204.

CORRÊA, D. S. *Esboço de uma sociologia dos problemas íntimos*. Revista Sociologia e Antropologia, v. 11, n. 2, 2021, p. 415-444.

COTTEREAU, A.; MARZOK, M. M. *Une famille andalouse*: ethnocomptabilité d'une économie invisible. Paris: Bouchene, 2012.

CUNHA, J. L. *Organizar do zero*: história do mercado de organização no Brasil. São Paulo: Editora Cosmos, 2022.

CZARNIAWSKA, B. *Organizing:* how to study it and how to write about it. Qualitative Research in Organizations and Management, v. 3, n. 1, 2008, p. 4-20.

CZARNIAWSKA, B. Organizations as Obstacles to Organizing. In: ROBICHAUD, D.; COOREN, F. (eds.). *Organization and Organizing:* Materiality, agency, and discourse. New York: Routledge, 2013, p. 28-51.

DEWEY, J. *Logic*: The Theory Of Inquiry. New York: Henry Holt and Company, 1938.

DIAS, R. *Sociologia das Organizações*. São Paulo: Editora Atlas, 2007.

DIOS, M. L. C. E. de. *A Construção Social de um Mercado de Serviços Pessoais*. Revista TOMO, n. 36, 1 fev. 2020, p. 231-266.

DOSSE, F. *O império do sentido*: a humanização das ciências humanas. São Paulo: Editora Unesp, 2018.

DURKHEIM, E. *Da divisão do trabalho social*. São Paulo: Martins Fontes, 2019.

ELDRIDGE, J.; CROMBIE, A. *A Sociology of Organisations*. London: Routledge, 2013.

EMIRBAYER, M.; MISCHE, A. What is Agency? *The American Journal of Sociology*, v. 103, n. 4, 1998, p. 962-1023.

FARIA, J H DE. *Weber e a sociologia das organizações*. Revista de Administração, v. 18, n. 2, 1983, p. 23-29.

FERREIRA, V.P. *Espaço, rotinas e relações:* um estudo sociológico sobre a ação de organizar a partir da atividade de "personal organizers". 2023. 185 p. Dissertação (Mestrado em Sociologia e Antropologia) — Programa de Pós-Graduação em Sociologia e Antropologia, Universidade Federal do Rio de Janeiro. Rio de Janeiro, 2023.

FOUCAULT, M. *Technologies of the self:* a seminar with Michel Foucault. Amherst: University of Massachusetts Press, 1988.

FREIRE, J. *Uma caixa de ferramentas para a compreensão de públicos possíveis*. Revista Brasileira de Sociologia da Emoção, v. 12, n. 36, 2013, p. 720-736.

FREIRE, A.; BRITO, S. *Civilidade e técnicas de si como conceitos para análise sociológica das moralidades. Interseções:* Revista de Estudos Interdisciplinares, v. 23, n. 1, 2021, p. 92-112.

FOUCAULT, M. *Technologies of the self*: a seminar with Michel Foucault. Amherst: University of Massachusetts Press, 1988.

GARFINKEL, H. *Estudos de etnometodologia*. Rio de Janeiro: Editora Vozes, 2018[1967].

GEERTZ, C. *A interpretação das culturas*. Rio de Janeiro: Editora LTC, 1981.

GLASER, B. G.; STRAUSS, A. L. *Discovery of Substantive Theory:* A Basic Strategy Underlying Qualitative Research. American Behavioral Scientist, v. 8, n. 6, 1965, p. 5-12.

GODWYN, M. (ed.). *Research handbook on the sociology of organizations*. Northampton: Edward Elgar Publishing, 2022.

GRUSKY, O.; MILLER, G. A. *The sociology of organizations*: basic studies. New York: Free Press, 1970.

GUSFIELD, J. *Symbolic Crusade:* Status Politics and the American Temperance Movement. Urbana: University of Illinois Press, 1963.

JOHNSON, A. G. *Dicionário de Sociologia:* guia prático da linguagem sociológica. Rio de Janeiro: Jorge Zahar, 1997.

JOSEPH, I. *Erving Goffman e a Microssociologia*. Rio de Janeiro: Editora FGV, 2000.

KAUFMANN, J-C. *A entrevista compreensiva*. Rio de Janeiro: Editora Vozes, 2013.

LAHIRE, B. *Homem Plural:* os determinantes da ação. Petrópolis: Editora Vozes, 2002.

LANGER, E. J. The illusion of control. *Journal of Personality and Social Psychology*, v. 32, n. 2, 1975, p. 311-328.

LATOUR, B.; WOOLGAR. *Laboratory Life:* The Construction of Scientific Facts. New Jersey: Princeton University Press, 1986.

LATOUR, B. *Ciência em ação*: como seguir cientistas e engenheiros sociedade afora. São Paulo: Ed. Unesp, 2011.

LEMIEUX, C. *Para que serve a análise de controvérsias?* Teoria e Cultura, v. 11, n. 3, p. 155-167, 2017.

LIMA, R. J DA C.; AFONSO, L. do A.; WALMRATH, L. L. A*presentação do Dossiê Sociologia Econômica:* mercado, trocas e arranjos econômicos. Revista Ensaios, v. 18, 2022. p. 91-96.

LIVIAN, Y.-F. *Organisation*: théories et pratiques. Paris: Dunod, 2008.

LORINO, P. *Pragmatism and organization studies*. Oxford: Oxford University Press, 2018.

MEAD, G. H. *The Philosophy of the Present*. Indiana: Open Court Publishing Company, 1932.

MOTTA, E. Houses *and economy in the favela*. Vibrant: Virtual Brazilian Anthropology, v. 11, n. 1, 2014, p. 118-158.

MOTTA, E. *Uma casa boa, uma casa ruim e a morte no cotidiano*. Etnográfica, v. 24, n. 3, 2020, p. 775-795.

MUTCH, A.; DELBRIDGE, R.; VENTRESCA, M. *Situating organizational action:* the relational sociology of organizations. Organization, v. 13, n. 5, 2006, p. 607-625.

NORMAN, D. A. *O design do dia a dia*. Rio de Janeiro: Rocco, 2006.

NUNES, K. Desapego: o que é?. In: ALARCON, A. (org.). *Personal Organizer*: mudando sua vida. Rio de Janeiro: Editora Conquista, 2019, p. 41-53.

ORTMANN, G.; SYDOW, J.; WINDELER, A. *Organisation as Reflexive Structuration*. Journal of Organizational Sociology, v. 1, n. 1, 10 jul. 2023, p. 109-140.

OUTHWAITE, W.; CABRAL, Á. (eds.). *Dicionário do pensamento social do século XX*. Rio de Janeiro: Jorge Zahar, 1996.

PORTO, C. *O que há de moral na carreira moral:* Sobre dispositivos de transformação de si em egressantes do sistema penitenciário. Dilemas: Revista de Estudos de Conflito e Controle Social, v. 12, n. 3, 2019, p. 477-498.

PORTO, C.; WERNECK, A. *O valor de uma existência:* uma análise pragmática de valorizações da vida humana em situações envolvendo dinheiro. Sociedade e Estado, v. 36, n. 2, 2021, p. 563-589.

RIGO, A. S. *Resenha Crítica do livro: Sociologia das organizações:* conceitos, relatos e casos. *Administração*: Ensino e Pesquisa, v. 20, n. 1, 2019, p. 231-237.

SANTOS, I. L.; BORGES, J. F. *Sensemaking:* uma revisão sistemática e uma agenda de pesquisa. Gestão.org, v. 21, n. 1, 6 out. 2023.

SCOTT, M. B; LYMAN, S. *Accounts*. Dilemas, 2008, p. 139-172.

SIMPSON, B.; DEN HOND, F. *The Contemporary Resonances of Classical Pragmatism for Studying Organization and Organizing*. Organization Studies, v. 43, n. 1, 1 jan. 2022, p. 127–146.

TALONE, V. A memória actancial: as consequências de situações de ferimento, tensão e morte. In: CANTU, R.; LEAL, S.; CORRÊA, DS.; CHARTAIN, L. (org.). *Sociologia, crítica e pragmatismo*: diálogos entre França e Brasil. São Paulo: Pontes Editores, 2019, p. 387-413.

TALONE, V. DA G. *A força da memória:* lembranças de situações de ferimento, tensão e morte. Rio de Janeiro: Mórula, 2023.

TEIXEIRA, C. P. *A Construção Social do Ex-bandido*. Um Estudo Sobre Sujeição Criminal e Pentecostalismo. 1ª edição ed. Rio de Janeiro, RJ: 7 Letras, 2011.

THÉVENOT, L. *L'action qui convient*. Raisons Pratiques, v. 1, 1989, p. 39-69.

THÉVENOT, L. *La acción en plural*: una introducción a la sociologia pragmática. Buenos Aires: Grupo Editorial Siglo Veintiuno, 2016.

WEBER, M. A "objetividade" do conhecimento na ciência social e na ciência política. In: WEBER, M. *Metodologia das ciências sociais*: parte I. São Paulo: Editora Cortez, 2001[1904]. p. 107-154.

WEBER, M. Conceitos sociológicos fundamentais. In: BOTELHO, A. *Sociologia Essencial*. Rio de Janeiro: Penguin Classics Companhia das Letras, 2013, p. 363-392.

WEBER, M. *Economia e Sociedade*. Brasília: Editora Universidade de Brasília, 2015.

WEICK, K. E. *Sensemaking in organizations*. Califórnia: Sage, 2010.

WERNECK, A. *Moralidade de bolso:* A "manualização" do ato de dar uma desculpa como índice da negociação da noção de "bem" nas relações sociais. Dilemas, 2009. p. 107-141.

WERNECK, A. *A desculpa*: as circunstâncias e a moral das relações sociais. 1a edição ed. Rio de Janeiro: Civilização Brasileira, 2012.

WERNECK, A. Sociologia da Moral Como Sociologia da Agência. *RBSE* — Revista Brasileira de Sociologia da Emoção, v. 12, n. 36, 2013. p. 707-726.

WERNECK, A. *Para uma sociologia pragmática da moral da política:* Crítica, "bem de todos"/"bem comum" e "comparecimento". Revista Política e Trabalho, n. 55, 2021. p. 113-128.

WERNECK, A. Is There Such a Thing as Moral Phenomenon, or Should We Be Looking at the Moral Dimension of Phenomena?. In: HITLIN, S.; LUFT, A.; DROMI, S. (org.). *Handbook of the Sociology of Morality*. Londres/Nova York: Springer, 2023, no prelo.

WHYTE, W. H. *The Organization Man*. Pennsylvania: University of Pennsylvania Press, 2002.

MANUAIS DE ORGANIZAÇÃO PESSOAL

AUDREY, M. Planner Organizer: *Guia prático para organização básica*: ambiente, agenda, finanças, corpo, mente. Ebook, 2020.

AUTODESENVOLVIMENTO. *Guia Simples e Prático para Manter a sua Vida Organizada*. Editora Autodesenvolvimento, 2019.

BARBOSA, C. *A tríade do tempo*. Rio de Janeiro: Editora Sextante, 2008.

BRITTO, M. *Vida em ordem*. Ebook, 2020.

CAUNT, J. *How to Organize Yourself*. Nova York: Kogan Page Ltd, 2019.

GODINHO, T. *Vida organizada*. São Paulo: Editora Gente, 2014.

KONDO, M. *A mágica da arrumação*. Rio de Janeiro: Editora Sextante, 2015.

LEVITIN, D J. *A mente organizada*. São Paulo: Editora Objetiva, 2015.

OLIVEIRA, R. *Organize sem frescuras*. Bauru: Astral Cultural, 2017.

SANTOS, A. *Viva a organização*: motivação, conceitos e metodologia para uma vida mais organizada. Ebook, 2018.

SMALLIN, D. *The One-Minute Cleaner Plain and Simple*: 500 Tips for Getting Your Life in Order. North Adams: Storey Publishing, 2007.

SOARES, A. *Organize sua Mente*: Um guia prático de organização que vai muito além da sua agenda. Ebook, 2019.

SHEARER, C.; TEPLIN, J. *The Home Edit Life* — The No-Guilt Guide to owning what you want and organizing everything. New York: Clarkson Potter Publishers, 2020.

Os autores, pesquisadores do Necvu

ALEXANDRE WERNECK é professor associado do Departamento de Sociologia da Universidade Federal do Rio de Janeiro (UFRJ) e (desde 2014) de seu Programa de Pós-Graduação em Sociologia e Antropologia (PPGSA), do qual foi coordenador (2022-2023), e coordenador do Núcleo de Estudos de Cidadania, Conflito e Violência Urbana (Necvu) da UFRJ. É bolsista de produtividade PQ2 do CNPq e pesquisador Jovem Cientista do Nosso Estado da Faperj. Fez pós-doutorado no Instituto de Filosofia e Ciências Sociais (IFCS) da UFRJ (2009-2011). Tem doutorado (2009) em sociologia pelo PPGSA da UFRJ (com estágio doutoral na École des Hautes Études en Sciences Sociales, EHESS), produzindo um trabalho recebedor de Menção Honrosa no Prêmio Capes de Tese 2010 e que resultou no livro *A desculpa: As circunstâncias e a moral das relações sociais* (2012). Graduou-se em Comunicação Social na Escola de Comunicação (ECO) da UFRJ (2001) e tem mestrado pelo Programa de Pós-Graduação em Comunicação e Cultura, da mesma casa (2004). Tem experiência na área de sociologia, com ênfase em sociologia da moral, sociologia dos conflitos e teoria sociológica, especialmente em pragmatismo e sociologia compreensiva. É também tradutor de inglês e francês, especializado na área de ciências sociais.

AILTON GUALANDE JUNIOR é doutorando e mestre em sociologia pelo Programa de Pós-Graduação em Sociologia e Antropologia da Universidade Federal do Rio de Janeiro (PPGSA/IFCS/UFRJ). Graduado em ciências socais (licenciatura e bacharelado) pela Universidade Federal Fluminense (UFF). Atua como editor em *Enfoques*, revista discente do PPGSA. Tem interesse em pesquisas nos campos da sociologia e antropologia do urbanismo, sociologia da moral e dos problemas públicos, mobilidade urbana, usos e conflitos dos/nos espaços públicos urbanos, sociologias pragmática e pragmatista.

ANA PADILHA LUCIANO DE OLIVEIRA é mestre em sociologia pelo PPGSA/UFRJ e graduada em direito pela Universidade Federal do Estado do Rio de Janeiro (1996). É membro do Ministério Público Federal, procuradora da República no Rio de Janeiro atualmente lotada no ofício da Cidadania e Minorias, com atribuição em temas envolvendo comunidades tradicionais, crianças, adolescentes, idosos, pessoas com deficiência, acesso a documentação e prestação de serviço público ao cidadão. Exerceu, de 2014 a 2022, o cargo de procuradora regional dos Direitos do Cidadão do Estado do Rio de Janeiro, com atuação em diversos temas de direitos humanos, como combate ao tráfico de pessoas, ao trabalho escravo, defesa de direito de migrantes e refugiados, da população LGBTQIA+, combate ao racismo, direitos referentes ao sistema prisional, entre outros. Tem experiência na área de direito ambiental, tendo atuado por oito anos em ofício de defesa do meio ambiente e do patrimônio histórico e cultural.

ARILEY RAINHO DIAS é doutorando e mestre em sociologia pelo PPGSA/UFRJ e bacharel em Ciências Sociais pela mesma universidade. Tem experiência em pesquisas nas áreas de sociologia da moral e sociologia urbana.

BARBARA MACHADO é pesquisadora audiovisual da TV Globo, doutoranda e mestre em sociologia pelo PPGSA/UFRJ e cursa Comunicação Social na Escola de Comunicação (ECO) da UFRJ, mesma universidade em que se graduou bacharel em ciências sociais. Seus interesses de pesquisa estão na sociologia da arte, das valorações e da criatividade.

GABRIEL GORINI é roteirista, compositor e pesquisador na revista USINA e na Cabra Filmes. É mestre pelo PPGSA/UFRJ, universidade em que se graduou em bacharel em ciências sociais.

CAMILLE PORTO é pesquisadora de pós-doutorado (Faperj/Nota 10) no PPGSA/UFRJ. É doutora em sociologia pelo Instituto de Estudos Sociais e Políticos (Iesp) da Universidade do Estado do Rio de Janeiro (Uerj) e pela École des Hautes Études en Sciences Sociales (EHESS), tendo realizado um estágio doutoral no Centre de Recherches Sociologiques sur le Droit et les Institutions Pénales (Cesdip) do Centre National de la Recherche Scientifique (CNRS). É vinculada ainda ao Centre dÉtudes des Mouvements Sociaux (CEMS) da EHESS. É mestre pelo PPGSA/UFRJ e graduada em ciências sociais pela mesma universidade.

DANIELLE RODRIGUES é professora de sociologia no Colégio de Aplicação do Instituto Nacional de Educação de Surdos (Ines). É mestre em sociologia pelo PPGSA/UFRJ e tem especialização em ensino de sociologia pela mesma universidade. Tem experiência nas áreas da sociologia do conflito, sociologia da moral, movimentos sociais e ensino de sociologia.

IGOR PERRUT é doutorando e mestre em sociologia pelo PPGSA/UFRJ (ambos os cursos com bolsa Nota 10 Faperj) e tem licenciatura em ciências sociais pela mesma universidade. Integra ainda o grupo de estudos sobre Crise, Incerteza e Sobrevivência (Krisis) da Universidade de São Paulo (USP) e o Núcleo de Pesquisas em Cultura e Economia (Nucec) da UFRJ. Tem interesse nas áreas de sociologia pragmática, sociologia dos mercados e sociologia do consumo.

MAÍRA LEMOS é bolsista de Treinamento e Capacitação Técnica do Necvu/UFRJ, com bolsa Faperj. É mestre em sociologia pelo PPGSA/UFRJ, e bacharel em ciências sociais pela mesma universidade. Tem ainda experiência na área de audiovisual, atuando profissionalmente como fotógrafa, editora audiovisual e montadora. Seus interesses de pesquisa se encontram em sociologia da Moral, Sistema de Justiça Criminal e analítica interseccional.

OLGA CHRISTINA DE OLIVEIRA ZUNINO é doutoranda em sociologia do PPGSA/UFRJ e mestre em sociologia pelo Instituto de Estudos Sociais e Políticos (Iesp) da Uerj. É graduada *summa cum laude* em bacharel em ciências sociais da UFRJ, onde ainda cursa licenciatura na mesma cadeira. É vinculada ainda ao Sociofilo: (Co) Laboratório de Teoria Social e ao Núcleo Interdisciplinar de Estudos Judaicos e Árabes (Niej), mabos da UFRJ. Suas principais áreas de interesse são sociologia do mundo digital, sociologia do valor, sociologia política e sociologia pragmatista.

ROBERTA CORÔA é pós-doutoranda em medicina na Université Lava, Canadál. É doutora e mestre em sociologia pelo PPGSA/UFRJ, mesma universidade em quse graduou em ciências sociais. Tem experiência nas áreas de saúde coletiva e teoria social, com ênfase na temática da agência de trabalhadores e usuários do SUS. Sua produção se concentra nas áreas da gestão do trabalho e educação profissional em saúde e da utilização de serviços públicos de saúde no Brasil.

SAMANTHA SALES é assessora técnica do Departamento Nacional (DN) do Serviço Nacional de Aprendizagem Comercial (Senac) e doutoranda e mestre (com bolsa Nota 10 Faperj) em sociologia pelo PPGSA/UFRJ, tendo feito estágio doutoral no Centre de Sociologie des Organisations (CSO), unidade mista de pesquisa do Institut d'Études Politiques de Paris (Sciences Po Paris) e do Centre National de la Recherche Scientifique (CNRS). É graduada em ciências sociais também pela UFRJ.

VICTOR PIMENTEL é doutorando pelo Programa de Pós-Graduação em Sociologia e Antropologia (PPGSA/UFRJ), mestre em Sociologia (com concentração em Antropologia) (PPGSA/UFRJ) e graduado em Ciências Sociais (IFCS/UFRJ). Pesquisador do Núcleo de Estudos de Cidadania, Conflito e Violência Urbana (NECVU/UFRJ). Pesquisa atualmente como as pessoas organizam diferentes dimensões do cotidiano (dinheiro, tempo, espaço etc.) a fim de tentar dar ordem à sua vida cotidiana. Tem interesse nas áreas de sociologia pragmática, sociologia da moral, sociologia dos problemas íntimos e teoria social. Tem experiência em revisão, formatação e tradução (inglês/espanhol/francês para o português) de textos acadêmicos.

VITTORIO TALONE é pesquisador de pós-doutorado do Programa de Pós-Graduação em Demografia (PPGDem) da Universidade Federal do Rio Grande do Norte (UFRN), com bolsa da Capes PDPG — Pós-Doutorado Estratégico e foi pesquisador de pós-doutorado (Faperj/Nota 10) no PPGSA-UFRJ. É doutor em sociologia pelo Instituto de Estudos Sociais e Políticos (Iesp) da Uerj, trabalho que resultou no livro *A força da memória: lembranças de situações de ferimento, tensão e morte* (2023), e mestre em sociologia pelo PPGSA. UFRJ, produzindo obra recebedora de Menção Honrosa no Concurso Anpocs para dissertação de mestrado em ciências sociais (2016). Tem interesse em sociologia da moral, sociologia urbana, sociologia do crime e da violência, teoria sociológica contemporânea e pragmatismo, tendo pesquisado principalmente em relação aos temas de violência, violência urbana, moralidades, confiança e desconfiança, memória, deslocamentos urbanos, afetos e emoções.

1ª edição	dezembro 2024
impressão	jmv
papel miolo	pólen natural 80g/m^2
papel capa	cartão triplex 300g/m^2
tipografia	cardea e AG book